Armenier in der Türkei vor 100 Jahren

MIT POSTKARTEN
DES SAMMLERS
ORLANDO CARLO CALUMENO

Armenier in der Türkei vor 100 Jahren

MIT POSTKARTEN DES SAMMLERS
ORLANDO CARLO CALUMENO

SERIE "VOR 100 JAHREN" – I

Originalausgabe:
Orlando Carlo Calumeno Koleksiyonu'ndan Kartpostallarla
100 Yıl Önce Türkiye'de Ermeniler
İstanbul, Januar 2005

Text
Osman Köker

Untersuchung armenischer Quellen
Garo Aprahamyan

Übersetzung aus den armenischen Quellen
Takuhi Tovmasyan Zaman
Arlet İncidüzen
Narod Erkol

Korrektur
Zeynep Taşkın

Buch- und Umschlaggestaltung
Rauf Kösemen (Myra)

© Birzamanlar Yayıncılık 2005
© Orlando Carlo Calumeno 2005
Fotokopie, Vervielfältigung und Nachdruck der im Buch abgebildeten Postkarten bedürfen der ausdrücklichen schriftlichen Genehmigung des Besitzers der Kollektion.

Übersetzung mit Unterstützung des Pressereferates der Deutschen Botschaft Ankara.

1. Auflage
İstanbul, September 2005

ISBN 975-6158-01-8

Farbtrennung & Druck
Stampa Basım San. Paz. ve Tan. Hiz. AŞ
Eburrıza Dergâhı Sokak 27 Dolapdere 34440 İstanbul
Tel: 0212 235 98 95

Abbildungen des Umschlags
Vorderseite
Das Armenierviertel von İzmit.

Rückseite
Das Waisenhaus der dänischen Mission in Mezre.
Das Surp Garabed Kloster in Kayseri.
Die Torkomjan Schule und die Surp Garabed Kirche in Bafra.
Armenische Frauen beim Spinnen in Van.
Eine armenische Frau aus İzmir in traditioneller Kleidung.
Der Glockenturm der Surp Giragos Kirche in Diyarbakır.

BİRZAMANLAR
YAYINCILIK

Hüsambey Sokak 2/6 Fatih 34083 İstanbul
Tel: +90 212 523 25 06 Fax: +90 212 523 25 11
www.birzamanlaryayincilik.com
info@birzamanlaryayincilik.com

Armenier in der Türkei vor 100 Jahren

MIT POSTKARTEN
DES SAMMLERS
ORLANDO CARLO CALUMENO

HERAUSGEBER

OSMAN KÖKER

AUS DEM TÜRKISCHEN VON

STEFAN HIBBELER

Geleit

OSMAN KÖKER

Wie schon der Titel „Die Armenier in der Türkei vor 100 Jahren" zeigt, verfügt dieses Buch über zwei Grenzen. Erstens wurden die im Buch zusammengestellten Informationen auf die Zeit vor 100 Jahren beschränkt. Im Allgemeinen wurde der Beginn des 20. Jahrhunderts, d.h. insbesondere die Zeit von 1900 bis 1914 zur Grundlage genommen und frühere oder ältere Informationen nicht übernommen. Die zweite Grenze ist eine geographische. Informationen zu Städten wie Thessaloniki, Aleppo, Jerusalem u.ä., die zu Beginn des 20. Jahrhunderts noch Teil des Osmanischen Reiches waren, heute aber nicht zur Türkei gehören, wurden nicht aufgenommen, demgegenüber jedoch solche zu Städten wie Kars, Ardahan und Artvin, die zu jener Zeit zum zaristischen Rußland gehörten.

Eine andere Beschränkung des Buches betrifft das verwendete visuelle Material – es stammt ausschießlich aus der Kollektion Orlando Carlo Calumeno.

In der Kollektion Orlando Carlo Calumeno befinden sich ca. 4.000 Postkarten, die mit verschiedenen Orten der Türkei in Verbindung stehen. Der Zeitraum von Produktion und Verwendung dieser Postkarten erstreckt sich vom Ende des 19. Jahrhunderts bis Anfang der 1920-er Jahre. Die Kollektion wird beständig durch die Aufnahme neuer Karten erweitert, ist bisher also nicht abgeschlossen. Eine Zusammenstellung der Karten zu „Schulen im Osmanischen Reich", ein Teil der Gesamtsammlung, sind bei der Nationalen Briefmarkenausstellung (17.-21.04.2004) von der türkischen Post, dem türkischen Philatelistenverein und dem Verkehrsministerium mit einer Goldmedaille ausgezeichnet worden.

Ein großer Teil der Postkarten in der Orlando-Carlo-Calumeno-Sammlung haben einen direkten oder indirekten Bezug zu Armeniern. Bei der Auswahl der Postkarten für dieses Buch haben wir neben ihrem Wert und philatelistischen Eigenschaften vor allem folgende Kriterien benutzt: Die Abbildung von armenischen Siedlungen, Kirchen, Klöstern, Schulen, Waisenhäusern und Friedhöfen; die Abbildung von Missionsschulen und -krankenhäusern, die sich vor allem an Armenier richteten und von ihnen genutzt wurden; die Veröffentlichung der Karte durch einen armenischen Verleger oder Aufnahme des Motivs durch einen armenischen Fotografen; ob Absender oder Empfänger Armenier waren oder armenische Schriftzeichen auf der Karte sind; die Erkennbarkeit von Fabriken, Hotels oder Handelshäusern, die Armeniern gehörte; sowie Ansichten von Städten zu Beginn des 20. Jahrhunderts, in denen Armenier gelebt haben.

Zeitlich decken sich die Texte des Buches mit den ausgewählten Postkarten. Ohnehin ist der Zeitraum vom Ende des 19. Jahrhunderts bis zum Ersten Weltkrieg das „goldene Zeitalter" für das Postkartenwesen in der Türkei. Die wirtschaftlichen, sozialen und politischen Bedingungen, die sich während des Krieges und danach herausbildeten, führten zu einem Rückgang bei der Verwendung von Postkarten. Zu den Ursachen zählen die Schwierigkeit, qualitativ hochwertiges Papier zu finden; die Tatsache, dass die Armenier und Griechen, deren Arbeit in diesem Sektor bestimmend war, zu einem großen Teil nicht mehr in der Türkei lebten; dass Missionseinrichtungen, die Postkarten zu Werbe- oder Finanzierungszwecken produzierten, das Land verlassen hatten sowie ähnliche Veränderungen unter den Bevölkerungskreisen, die Postkarten benutzten. Später verbreiteten sich Fotokarten, die nach einem anderen Verfahren hergestellt wurden. In diesem Buch wurden nur wenige solcher Karten mit Bezug zum Thema verwendet und versucht, solchen aus der osmanischen

Zeit den Vorzug zu geben. Auch wenn die für dieses Buch verwendete Postkartenkollektion einige Daten über das armenische Leben in der Türkei zu Beginn des 20. Jahrhunderts zu geben vermag, kann man jedoch nicht sagen, dass damit ein umfassendes Panorama entstünde. Zunächst einmal verteilen sich die Postkarten regional ungleichmäßig. Doch dies entspringt nicht einem Defizit der Kollektion. Weil Postkarten zu letztendlich kommerziellen Zwecken entwickelt und produziert werden, wurden zu den Orten an den wichtigen Handelswegen mehr Postkarten hergestellt. Auch war ein Teil der Postkartenhersteller Missionseinrichtungen. Darum gibt es eine große Zahl von Postkarten von Orten an denen sie ihre Tätigkeit konzentrierten wie Harput und Merzifon, wo sie wichtige Schulen unterhielten.

Die im Buch abgebildeten Postkarten werden mit kurzen Texten erklärt. Die Erläuterungen enthalten Angaben wie Maße, den Namen des Herausgebers, so wie er auf der Karte steht, die Daten, wann, von wo und wohin die Karte gesandt wurde u.ä.. Das Buch begnügt sich nicht mit diesen kurzen Bildunterschriften, es wurde auch zu jeder Provinz ein Text zum armenischen Leben verfaßt. In diesen drei- bis vierseitigen Texten für jede Provinz finden sich demographische Informationen; Hinweise zur Position der Armenier im wirtschaftlichen, sozialen und kulturellen Leben der Städte, in denen sie gelebt haben; Informationen zu Handels- und Produktonszweigen, auf die sie sich konzentrierten; Angaben, wo sich in den Städten ihre Siedlungen, Kirchen, Klöster und Schulen befanden; sowie eine Aufstellung, welche Zeitungen und Zeitschriften sie herausgegeben haben. So kurz und bescheiden diese Texte auch sind, erheben sie dennoch einen geschichtswissenschaftlichen Anspruch. Es ist bekannt, wie selten in einer Untersuchung zu den Armeniern in der Türkei gleichzeitig armenische, türkische und westliche Quellen benutzt werden. Darum glaube ich, dass dieses Buch im Hinblick auf die Nutzung verschiedener Quellen zugleich Beispiel wie auch Ansporn für weitere Arbeiten sein kann.

Um den Textteil des Buches nicht zu verlängern, werden die Quellen nicht als Fußnote angegeben. Aus diesem Grund möchte ich sowohl zur Information der Leser als auch für jene, die über die Armenier in der Türkei forschen wollen, Auskunft über die benutzten Quellen geben.

Die wichtigste für dieses Buch verwendete Quelle, die die Lage der Armenier im Osmanischen Reich vor 1915 beschreibt, ist das Buch von Raymond H. Kévorkian und Paul Paboudjian „Les Arméniens dans l'Empire Ottoman A la Veille du Génocide". Den Daten zu armenischen Schulen liegen die von der Bildungskommission des Istanbuler Patriarchats 1901 und 1902 verfaßten Dokumente „Widschagatsujts Kawaragan Askajin Warjaranats Turkio" (Register über die nationalen Schulaussenstellen in der Türkei) zugrunde.
Zur Feststellung der Kirchen in verschiedenen Siedlungsstätten wurden die Jahrbücher des Surp Prgitsch Krankenhauses von 1903 bis 1907 verwendet.
Eine weitere in dieser Hinsicht sehr nützliche Quelle ist die 1965-66 von Arschak Safrastjan in der Zeitschrift Etschmijadsin in armenischer Sprache veröffentlichte „Liste und Grundeigentumsaufstellung der Kirchen und Klöster, die seitens des Armenischen Patriarchats İstanbul dem Direktorat für Justiz und Konfessionen gegeben wurde". Diese Quelle, die bei der Interpretation des Osmanischen große Fehler und Unbestimmtheit aufweist, wurde hier nur genutzt, um Hinweise zu erhalten oder anderswo gefundene Informationen zu bestätigen. Eine in der Türkei recht unbekannte Quelle ist außerdem die in Sowjet-Armenien veröffentlichte Enzyklopädie mit dem Titel „Hajgagan Sowedagan Hanrakidaran". Bei einer Auswertung dieser Enzyklopädie trafen wir auf ungefähr 1.200 Einträge zu armenischen Siedlungen - überwiegend Dörfern - in der Türkei.
Die Bevölkerungszahl der Armenier in Provinzen und Bezirken haben wir vor allem durch den Vergleich von zwei Quellen gewonnen: den im Anhang des Buches „Die armenische Kirche" von Maghakja Ormanjan angegebenen Bevölkerungszahlen von 1912 sowie die Ergebnisse der osmanischen Volkzählung von 1914. Während wir für die Angaben zur Einwohnerzahl einzelner Dörfer vor allem armenische Quellen benutzten, haben wir, wenn sich größere Widersprüche ergaben, entweder diejenige benutzt, die uns einleuchtender erschien oder waren gezwungen, einen Durchschnittswert anzugeben.
Weil fast alle armenischen Siedlungen ihren Namen änderten, trat eine bedeutende Schwierigkeit bei der Zuordnung von in armenischen Quellen gefundenen Orten zu heutigen Ortsnamen auf. Für die Namen von Regionen und größeren Siedlungen haben wir das Lexikon osmanischer Ortsnamen (Osmanlı

Yer Adları Sözlüğü), für die der Dörfer verschiedene Veröffentlichungen des Innenministeriums sowie in osmanischer Zeit veröffentlichte Provinzjahrbücher benutzt. Jedoch konnten gerade im Osten in vielen Fällen die Probleme nicht gelöst werden.

Im Hinblick auf die osmanische Verwaltungsstruktur haben wir das Jahr 1907 zugrunde gelegt und dazu die Neuauflage des Atlas *Memâlik-i Mahrûse-i Şâhâneye Mahsus Mükemmel ve Mufassal Atlas* von M. Nasrullah, M. Rüşdü und M. Eşref verwendet. Alle Informationen zu den von Armeniern herausgegebenen Zeitungen und Zeitschriften gehen auf unseren Beiruter Freund Garo Aprahamyan zurück. Jedoch konnten wir von der Arbeit von Aprahamyan, der uns Informationen zu Schulen, Klöstern und ähnlichen Themen sandte, aus dem Bestreben, die Texte kurz zu halten, nicht in dem Maße Gebrauch machen, wie wir gewünscht hätten. Leider konnten auch armenische Bücher zur Regionalgeschichte (abgesehen von den Forschungen Aprahamyans), die ich von großer Wichtigkeit für unsere Regionalgeschichte halte, nicht ausreichend genutzt werden. Der aufmerksame Leser wird feststellen, dass die Kapitel zu Tekirdağ, Ankara und Maraş, wo ich diese Art Werke direkt benutzten konnte, umfassendere Informationen enthalten als die übrigen.

Zur Darstellung der Position der Armenier im Wirtschaftsleben war die wichtigste Quelle das Werk von Vital Cuinet *La Turquie d'Asie*. Die Angaben zu Einzelpersonen, vor allem zu den Editoren der Postkarten, beruhen auf den Ausgaben des *Annuaire Oriental* von 1894 und 1914.

Wenn nicht viele Freunde dieses Buch wie ihr eigenes angesehen und uneigennützig geholfen hätten, so glaube ich, wäre es unmöglich gewesen, es fertigzustellen. Und so zeuge ich grenzelose Dankbarkeit Arsen Yarman, der mich nicht nur mit dem Besitzer der Kollektion Orlando Carlo Calumeno bekannt machte, sondern auch in jeder Phase Ideen einbrachte und ermutigte; Takuhi Tovmasyan Zaman, Arlet Incidüzen und Narod Erkol für die Übersetzung der armenischen Texte auf den Karten sowie armenischer Quellen; Garo Aprahamyan, der nicht nur armenische Quellen für das Buch erforschte, sondern auch Beiträge zur Edition leistete; Sarkis Seropyan, Sirvart Malhasyan, Vağarşak Seropyan und vor allem mit Payline Tovmasyan dem Kreis um den Aras Verlag für die Hilfe beim Zugang zu armenischen Quellen; Mayda Saris, die mir ihre Übersetzung des Buches von Kévorkian-Paboudjian zur Verfügung stellte; Prof. Dr. Hermann Goltz, der die deutschen Postkarten transkribierte und erläuterte; Zeynep Taşkın, die diese deutschen Texte ins Türkische übersetzte; Candan Badem, die die russischen Texte auf den Postkarten übersetzte; Yavuz Selim Karakışla und Yücel Demirel, deren Hilfe ich in Anspruch nahm, wenn ich die osmanische Schrift von Karten nicht entziffern konnte; Rauf Kösemen, der das Design von Seiten und Umschlag entwarf; Gülderen Rençber und den Mitarbeitern von Myra für die Unterstützung bei der Umsetzung; Yorgo Benlisoy, Ali Çakmak, Ahmet Fethi Yıldırım und Ayşe Ozil für ihre Ideen und moralische Unterstützung in der Vorbereitungsphase des Buches; sowie meiner Tochter Yasemin, die, während ich mit dem Buch kämpfte, meine Abwesenheit ertragen mußte, und meiner Frau Neşe, die mich mit ganzer Kraft unterstützte.

Bei der deutschen Übersetzung wurde die Schreibweise von türkischen Ortsangaben und Namen im Original, d.h. auch mit türkischen Sonderzeichen belassen. Bei armenischen Namen wurde eine Schreibweise gewählt, die möglichst nahe an der deutschen Umschreibung liegt. Zwar gibt es verschiedene Modelle, nach denen armenische Schriftzeichen in lateinische Schrift transkribiert werden können, doch sprach zweierlei gegen ein solches Vorgehen: Zum einen lagen die armenischen Worte bereits in türkischer Umschreibung und nicht mehr in armenischer Schrift vor. Und zum anderen sind die unter Sprachwissenschaftlern verbreiteten Transkriptionstabellen für Laien nicht immer verständlich. Die lautliche Umschreibung stößt gleichwohl an Grenzen, da manche Töne der armenischen Sprache besonders sind. Die im Buch verwandte Schreibweise stützt sich auf die Arbeit von Raffi Kantian, der freundlicherweise eine Liste von armenischen Heiligennamen erstellte. Diese Liste, die auch die deutschen Entsprechungen der Heiligennamen wiedergibt, nach denen die Kirchen, Klöster und Schulen benannt wurden, ist befindet sich im Anhang. Für seine Mühe danke ich Raffi Kantian. Für die Unterstützung der deutschen Übersetzung danke ich dem Pressereferat der Deutschen Botschaft Ankara und für die moralische Unterstützung Dr. Ulrike Dufner, der Vertreterin der Heinrich Böll Stiftung in der Türkei. Dr. Stefan Hibbeler hat dieses Buch mit großem Engagement in sehr kurzer Zeit übersetzt und Zeynep Taşkın die Korrektur gelesen. Bei beiden bedanke ich mich für ihre Zusammenarbeit.

Danksagung

ORLANDO CARLO CALUMENO

Die 1987 begonnene Orlando Carlo Calumeno Kollektion gründet sich auf historische Dokumente. Die Kollektion setzt sich vor allem aus Postkarten und Briefkopfbögen, Briefumschläge, Fotos, Etiketten, Visitenkarten, Reklame, Rechnungen, Diplomen und Büchern Anatoliens osmanischer Zeit zusammen. Der Reiz dieser alten Drucksachen und Briefe besteht nicht zuletzt darin, dass sie anschaulich die soziale und wirtschaftliche Harmonie im Zusammenleben unterschiedlicher Kulturen in Anatolien zu osmanischer Zeit zeigen: So wie beispielsweise die von einem muslimischen Editeur in Trabzon hergestellte Karte mit einer griechischen Kirche, die ein armenischer Händler an einen jüdischen Kollegen in İzmir schickt.

Und dass manche Briefumschläge und Visitenkarten Aufschriften in fünf Sprachen – Armenisch, Griechisch, Ladino (Sprache der aus Spanien zugewanderten Juden), Türkisch (Osmanisch) und manchmal sogar Französisch - tragen, ist ein Spiegel des kulturellen Mosaiks Anatoliens. Ziel der Sammlung ist es, an dieses verloren gegangene Mosaik zu erinnern. Armenier, Muslime, Griechen, Juden, syrische Christen und die anderen Minderheiten sind das, was Anatolien ausmacht. Zauber und Kraft Anatoliens, einer Wiege der Zivilisation, entstammen diesem vielfarbigen kulturellen Mosaik. In diesem Werk wollten wir von den Armeniern, die ein wichtiger Teil dieses Spektrums sind, berichten. Wir hoffen, dass die nostalgischen Postkarten Ihnen, die Seiten der Geschichte zurückblätternd, ein einzigartiges und Interesse weckendes Bild vom Leben der Armenier in osmanischer Zeit vermitteln.

Der Beginn des Projekts „Die Armenier in der Türkei vor 100 Jahren" reicht ungefähr vier Jahre zurück. Arsen Yarman, ein Freund unserer Familie, ging die Postkarten-Kollektion auf der Suche nach Bildmaterial für die Vorbereitung eines Buches zu „Armenier im osmanischen Gesundheitsdienst und die Geschichte des Surp Prgitsch Krankenhauses" durch. Und der Gedanke, diese Kollektion in ein Buch zu verwandeln, ging zuerst von ihm aus. Es war eine große Überraschung, nach einigen Jahren herauszufinden, dass es noch jemanden gibt, der sich für das gleiche Thema interessiert. Osman Köker wollte die Postkarten-Kollektion zur Vorbereitung eines Buches, das die Geschichte der Armenier in der Türkei zu Beginn des 20. Jahrhunderts aus mehreren Perspektiven beschreibt und dazu Postkarten jener Zeit verwendet, benutzen. Osman Köker, den ich durch Arsen Yarman kennenlernte, hat mit großer Hingabe das Projekt verwirklicht und das Entstehen des Buches, das Sie heute in Händen halten, bewirkt.

Von ganzem Herzen möchte ich meiner Familie, einigen Kollegen und Freunden danken. So Arsen Yarman, der nicht nur den Gedanken des Buches aufbrachte, sondern der mich in jeder Phase der Vorbereitung der Veröffentlichung beriet; Ziya Ağaoğulları, Vorstandsvorsitzender des Istanbuler Zentrums für Philatelie und Kultur der Türkischen Föderation philatelistischer Vereine und Turan Erener, Vorstandsvorsitzender der Istanbuler philatelistischer Vereine, die mir ihre breiten Erfahrungen und Vorschläge zuteil werden ließen; Yaşar Temiz von Burak Filateli sowie meinen Freunden Uğur Göktaş, Hayg Papazyan und Mert Sandalcı, die mir stets zur Seite standen und mich unterstützten.

Auch meiner Schwester Serena Calumeno, die es nie an Unterstützung und Interesse fehlen ließ, möchte ich danken.

Unendliche Dankbarkeit zolle ich meinem Vater Antuan Calumeno, der mich bereits früh mit dem Sammeln in Berührung brachte und seine Erfahrungen mit mir teilte, und meiner Mutter Lüsi Calumeno, die mir die armenische Kultur nahebrachte und mich stets unterstützte.

Grenzenlose Dankbarkeit empfinde ich auch für meine Frau Gassia, die es vor acht Jahren auf sich genommen hat, von Montreal nach İstanbul zu übersiedeln, für Geduld und Beiträge während der Vorbereitung des Buches. In Liebe zu meinen Kindern Antonio Orlando und Ariana Tiala Calumeno, die mein Leben lang Quelle von Inspiration und Kraft sind.

Im Gedenken an meinen Großvater...

Inhalt

Die Provinz Edirne	12	Edirne, Tekirdağ, Gelibolu, Silivri
Der Bezirk Biga	26	Çanakkale, Ezine, Bozcaada
Die Provinz Hüdavendigâr	32	Bursa, Bilecik, Kütahya, Eskişehir, Uşak, Afyon, Balıkesir
Die Provinz İstanbul	66	Die Altstadt, Galata und Pera, Bosporus, Üsküdar, Kadıköy
Der Bezirk İzmit	102	İzmit, Adapazarı, Armaş, Bahçecik, Yalova
Die Provinz Aydın	118	İzmir, Ödemiş, Manisa, Aydın, Nazilli, Denizli
Die Provinz Konya	140	Konya, Akşehir, Niğde, Aksaray, Burdur, Isparta
Die Provinz Ankara	148	Ankara, İstanoz, Kırşehir, Kayseri, Yozgat
Die Provinz Kastamonu	168	Kastamonu, Bolu, Çankırı, Sinop
Die Provinz Trabzon	180	Trabzon, Giresun, Ordu, Samsun, Rize, Gümüşhane
Die Provinz Sivas	224	Sivas, Tokat, Amasya, Merzifon, Şebinkarahisar
Die Provinz Adana	242	Adana, Mersin, Tarsus, Sis, Haçin
Die Provinz Halep	266	Antakya, İskenderun, Antep, Kilis, Maraş, Urfa
Die Provinz Mamuretülaziz	298	Harput, Mezre, Arapkir, Eğin, Malatya, Çemişkezek
Die Provinz Diyarbakır	314	Diyarbakır, Ergani, Palu, Mardin
Die Provinz Erzurum	328	Erzurum, Bayburt, Kiğı, Erzincan, Kemah, Bayezid, Hınıs
Außerhalb osmanischer Grenzen	342	Kars, Ardahan, Artvin, Sarıkamış, Oltu
Die Provinz Bitlis	348	Bitlis, Muş, Bulanık, Siirt, Sasun
Die Provinz Van	352	Van, Gevaş, Hakkâri
Beitrag zur Postgeschichte	366	Armenische Briefumschläge mit Aufdruck und Stempeln
Anhang	376	Die deutsche Schreibweise der armenischen Heiligen
Literatur	377	
Index	380	

Die Provinz Edirne

Edirne, Tekirdağ, Gelibolu, Silivri

Die Provinz Edirne umfaßte im Westen mit Silivri beginnend ganz Thrakien. Neben dem Zentralbezirk Edirne setzte sie sich aus den Bezirken Kırkkilise (heute: Kırklareli), Tekfurdağı (heute: Tekirdağ), Gelibolu, Dedeağaç und Gümülcine zusammen. Dedeağaç und Gümülcine und ein Teil des Bezirk Edirne befinden sich heute außerhalb der Grenzen der Türkei.

Die Provinz verfügte in Edirne und in Tekfurdağı über zwei Bischofszentren, die zum Istanbuler Patriarchat gehörten. Zum Bistum Tekfurdağı gehörten außerdem Çatalca und Kala-i Sultani (heute: Çanakkale), die sich außerhalb der Provinzgrenze befanden.

Die vom Istanbuler Patriarchen Maghakja Ormanjan 1912 veröffentlichten Volkszählungsdaten geben die armenische Gesamtbevölkerung dieses Gebietes mit 33.000 an. Nach der osmanischen Volkszählung von 1914 wird die Zahl der Armenier in der Provinz Edirne mit 19.888 angegeben.

DER BEZIRK EDIRNE

Der Bezirk Edirne setzt sich aus den Kreisen Edirne, Cisr-i Mustafapaşa, Kırca Ali, Cisr-i Ergene (heute: Uzunköprü), Ortaköy, Dimetoka und Havza zusammen. Die im Bezirkszentrum Edirne lebenden 4.000 Armenier verfügten über drei Kirchen. Eine von ihnen, die Surp Toros Kirche, befand sich im Stadtviertel Kaleiçi. Neben der Kirche befanden sich für Jungen die Arschagunjan, für Mädchen die Hripsimjan Schule sowie ein Kindergarten. Beim Brand von Edirne am 20. August 1903 ist zusammen mit der griechischen und jüdischen Siedlung in Kaleçi (Burgviertel) auch die armenische Siedlung Firuz Ağa vollkommen abgebrannt. Nach diesem Brand, bei dem auch die Kirche und die sie umgebenden Gebäude nicht gerettet werden konnten, wurde für Kaleiçi ein neuer Bebauungsplan entworfen und auch die Kirche wieder aufgebaut. Außerhalb der Burg im Süpürgeciler Viertel befanden sich die Surp Garabed Kirche und die Torkomjan Schule. Die Armenier von Edirne beschäftigten sich hauptsächlich mit Handwerk und Handel. Ein großer Teil der Ladengeschäfte im Burgviertel und der Geschäfte in Ağaçpazarı gehörten ihnen.

Auch ungefähr 4 km südwestlich der Stadt, am Westufer des Meriç-Flusses, lebte eine armenische Gemeinde. In diesem Viertel, das über eine Bahnstation verfügte und den Charakter einer Pforte Edirnes nach Europa trug, gab es die Surp Krikor Lusaworitsch Kirche und die Lusaworitschjan Schule. In Karaağaç lebte außerdem eine französische Kolonie und ein Teil der armenischen Kinder besuchte das von Missionaren des Assumptionsordens gegründete französische Saint Basile Kolleg. Die Armenier von Karaağaç beschäftigten sich im Allgemeinen mit Gemüseanbau an den Ufern des Meriç.

Die armenischen Gemeinden in Dimetoka, Gümülcine und Dedeağaç, die sich heute außerhalb der türkischen Grenzen befinden, verfügten jeweils über eine Kirche und Schule.

In Cisr-i Ergene (heute: Uzunköprü), das zum Bezirk Edirne gehörte, lebte im Zentrum eine kleine armenische Gruppe.

DER BEZIRK TEKFURDAĞI

Zum Bezirk Tekfurdağı gehörten die Kreise Tekfurdağı (arm: Rodosto, heute: Tekirdağ) Çorlu, Malkara und Hayrabolu.

Die über 10.000 Armenier, die im Zentrum von Tekfurdağı lebten, konzentrierten sich auf zwei Stadtviertel, die ihren Namen von den dortigen Kirchen ableiteten. Das Takawor Viertel lag nahe an der Küste im Südwesten der Stadt, wo sich die Surp Takawor Kirche sowie die von Mädchen und Jungen besuchte Hownanjan Schule befand. Das Surp Chatsch Viertel (heute: Çiftlik) mit der Surp Chatsch Kirche und der Hisusjan Schule für Mädchen und Jungen lag im Nordosten der Stadt. In der Takawor Siedlung gab es neben den Armeniern, die traditionellen Gewerben wie Schuhmacherei, dem Schmiede- und Goldschmiedehandwerk oder der Tischlerei nachgingen, auch Rechtsanwälte, Apotheker und Ärzte sowie Ingenieure. Die meisten Armenier in der Surp Chatsch Siedlung waren Bauern.

In Tekfurdağı, wo ca. 50 katholische und 100 protestantische Armenier lebten, gab es in der Hafengegend eine protestantische Kirche. Ein Teil der armenischen Kinder besuchte die Schule der Protestanten in diesem Viertel.

In der Stadt, die über ein entwickeltes kulturelles Leben verfügte, wurde 1908 eine Zeitschrift mit dem Titel *Gajdser* („Funke") herausgegeben.

Im nordwestlich von Tekfurdağı gelegenen Malkara war rund ein Drittel der 10.000 Einwohner armenisch. In der Stadt gab es die Surp Teotoros Kirche, die Schulen Mamigonjan und Hripsimjanz und außerhalb die heilige Quelle Mowgim Kahana. Die Armenier des Kreises beschäftigten sich mit Handwerk und Handel und verfügten über Weinberge und Gärten, die ihren Obst- und Gemüsebedarf deckten.

Im an der Bahnstrecke İstanbul – Edirne gelegenen und darum gut entwickelten Çorlu lebten ungefähr 1.500 Armenier. In der Kreisstadt gab es die Surp Kework Kirche und eine gleichnamige Schule sowie einen Kindergarten. Am Tag des Surp Kework (St. Georgs-Tag) kamen aus der ganzen Umgebung, vor allem auch aus Tekfurdağı, Armenier hierher und blieben ungefähr eine Woche. Die Armenier in Çorlu sprachen häufiger Türkisch als Armenisch und beschäftigten sich vor allem mit Ackerbau, Tierzucht, Handwerk und Handel.

In Hayrabolu lebten ungefähr 100 Armenier.

DER BEZIRK KIRKKİLİSE

In dem Bezirk, der aus den Kreisen Kırkkilise (heute: Kırklareli), Tırnova, Midye (heute: Kıyıköy), Ahtabolu, Lüleburgaz, Vize und Babaeski bestand, lebte nur in Lüleburgaz eine kleine armenische Gemeinde.

DER BEZIRK GELİBOLU

Das europäische Ufer der Dardanellen gehörte zu Beginn des 20. Jahrhunderts zur Provinz Edirne. Der osmanischen Volkszählung zufolge lebten im Bezirk Gelibolu, der sich aus den Kreisen Keşan, Şarköy, Mürefte und Eceabad zusammensetzte, 1.246 Armenier.

Im mehrheitlich von Griechen bewohnten Provinzzentrum Gelibolu lebten ungefähr 1.200 Armenier. In der Stadt, in der die Armenier überwiegend Handwerk und Handel nachgingen, gab es die Surp Toros Kirche, für Jungen die Lusaworitschjan und für Mädchen die Hripsimjan Schule.

Auch in Keşan gab es eine kleine armenische Gemeinde, in Eceabad lebten nur wenige Armenier.

DER BEZIRK ÇATALCA

Der Bezirk Çatalca befand sich außerhalb der Provinz Edirne und war direkt dem Zentrum unterstellt. Wir greifen diesen kleinen Bezirk in diesem Kapitel auf, weil er zum einen zu Thrakien gehört und zum anderen Teil des Bistums Rodosto war.

Zu diesen Bezirk gehörten die Kreise Çatalca, Büyük Çekmece und Silivri. Während es in Çatalca und Büyük Çekmece nur kleine armenische Gemeinden gab, so fällt in Silivri eine starke armenische Präsenz ins Auge. In der überwiegend von Griechen bewohnten Kreisstadt versammelten sich ungefähr 1.000 Armenier um die Surp Kework Kirche. Auch wenn es in der Stadt eine Schule mit dem Namen Warwarjan gab, sandten doch viele Familien ihre Kinder ins nahe gelegene İstanbul zur Schule. Die Armenier von Silivri hatten sich einen Ruf für den Bau von Ruderbooten erworben.

Von Ermeniköy (heute: İhsaniye), der einzigen ländlichen armenischen Siedlung Thrakiens, ist zu dem Zeitpunkt, mit dem wir uns beschäftigen, nur der armenische Name geblieben. Die sich überwiegend mit Landwirtschaft beschäftigenden Armenier des Dorfes waren nach dem osmanisch-russischen Krieg von 1877-1878 auseinandergegangen.

001 Eine Karte der Provinz Edirne.
140 * 97 Tüccarzade İbrahim Hilmi, İstanbul.

002 Eine Postkarte mit vier Ansichten von Edirne, die am 16. März 1899 von Edirne nach Rumänien gesandt wurde.
139 * 90. Max Fruchtermann, İstanbul.
Der osmanische Text, der Auskunft über die Bilder gibt: „Stadt Edirne. Eine Anlegestelle am Fluß Tunca. Blick auf die Meriç Brücke, wenn man sich der Stadt annähert. Poststation und Militärbüro."

003 Eine Postkarte mit vier Ansichten von Edirne, die von Bedros Papasjan zum Austausch nach Paris an Frau Adele Rebin gesandt wurde. Auf der Rückseite befindet sich der Stempel von Papasjan, der in Bursa beim Tabakmonopol arbeitete.
142 * 89. Max Fruchtermann, İstanbul. Abgesandt am 20. Dezember 1902.

004 Die Selimiye Moschee auf einer Postkarte frankiert mit einer Briefmarkenserie von Edirne 1913 und mit einem Edirne Erinnerungsstempel. Der Ursprung der Armenier von Edirne geht auf ca. 250 Baumeister zurück, die Mimar Sinan mit ihren Familien zum Bau der Selimiye Moschee nach Edirne holte. Mimar Sinan selbst war armenischer Herkunft, jedoch als Kind im Zuge der „Knabenlese" in staatliche Obhut genommen und islamisch erzogen worden.
135 * 86. Isaak J. Canetti, Edirne, 1. Abgesandt am 28. November 1913.

005 Die Brücken von Tunca und Meriç auf einer von Arschag Mişirljan am 27. August 1904 zum Austausch nach Frankreich gesandten Karte.
143 * 88.

Stépan R. KERESTÉDJIAN

ANDRINOPLE

006 Das Rathaus von Edirne auf einer am 19. März 1904 von Stepan R. Kerestedschijan abgesandten Postkarte, deren Rückseite seinen Stempel trägt.
141 * 92.

007 Eine Postkarte, die eine neugebaute Straße des armenischen Quartiers nach dem Brand von 1903 im Burgviertel zeigt. Die Rückseite trägt den Stempel von Stepan R. Kerestedschijan, der sie an die Brüder Sarratjan in der Vapur İskelesi Caddesi (Hafenstraße) in Makrıköy (heute: Bakırköy) sandte.
137 * 87. Jaques Saül.

008 Eröffnung des Wasserturms in der abgebrannten Siedlung.
139 * 91. A. Ilieff, 6520.

009 Das Dschanik Hotel neben der Bahnstation von Karaağaç. Der Besitzer des 1894 erbauten Hotels war der zugleich im Weinhandel tätige Dikran Dschanik.
138 * 90. A. Ilieff, 6047

010 Die Bahnstation von Karaağaç auf einer im September 1912 von Mahmutpaşa (Istanbul) von Sareh Sakarjan abgesandten und mit „Wahram" unterschriebenen Postkarte.
138 * 87. Isaac J. Canetti. Edirne, 11.

011 Die Bahnstation von Karaağaç.
138 * 87. Isaac J. Canetti, Edirne.

012 Das französische Saint Basile Collège in Karaağaç.
138 * 90. L. F., Toulouse (Frankreich).

013 Die Abacılarbaşı Strasse in Edirne.
138 * 89. A. Ilieff, 6046.

014 Die Saraçlar Strasse in Edirne.
140 * 87.

015 Der Stadtpark Reşadiye im armenischen Viertel von Edirne.
138 * 88. Isaac J. Canetti, Edirne, 3.

016 Das französische Hospital in Edirne auf einer am 24. Juli 1912 von Heghine Papasjan von Edirne an Onnik Agonjan in Bulgarien gesandten Postkarte.
139 * 88. A. Ilieff, 8872.
Auf der Rückseite steht in Türkisch mit armenischen Buchstaben: „Geehrter Onnik Ağa, erlauben Sie mir zunächst, mich nach Ihrem Wohlergehen zu erkundigen. Wenn Sie nach uns fragen, so geht es uns gut und wir erwarten auch von Ihnen gute Nachricht. Sie schrieben, Sie würden die Post nun unterbrechen — Sie haben ja erhalten was Sie ohnehin wollten. Wie auch immer. Garabed ist nicht Soldat. Er hat es wohl extra geschrieben, damit Sie schnell antworten. Ich übermittele Ihnen und Ihrer Frau herzliche Grüße. Heghine Papasjan."
Armenisch: „Wie geht es Ihnen, meine geliebte Schwester? Wie verbringt Ihr die Zeit? Am Montag wird Anastasof nach Edirne kommen und für ein paar Tage unser Gast sein."
Auf der Vorderseite Armenisch: „Aus Saloniki ist Stanos Schwester gekommen. Sie blieben einen Tag bei uns zu Gast und werden heute Abend nach Tırnova weiterreisen."

017 Panorama von Kırkkilise (heute: Kırklareli) von Norden.
137 * 87. Is. [Isaak] Mitrani.

018 Der Hürriyet (Freiheit) Park in Kırkkilise.
136 * 87. Is. [Isaak] Mitrani.

019 Seeansicht von Tekfurdağı (arm. u. frz. Rodosto, heute: Tekirdağ) auf einer von Setrak A. Kulunkjan am 16. Juli 1904 nach Mailand gesandten Postkarte.
139 * 90. Carlino Rodosto [Tekirdağ], 1304. "Konsolosluklar Caddesi" (Straße der Konsulate).

020 Seeansicht von Tekirdağ.
137 * 86. Gebrüder Abdülcelil und İsmail Hakkı.

021 Eine Seeansicht von Tekirdağ auf einer vom Verleger Joseph B. Jerusalmi für Stepan Aktarjan angefertigten Postkarte.
136 * 89. Jos. [Joseph] B. Jerusalmi, für Stephan Aktarian, Rodosto (Tekirdağ).

022 Feier in Tekirdağ anläßlich der Wiedereröffnung des Osmanischen Parlaments nach der Revolution von 1908. Die Postkarte wurde am 31. Dezember 1909 von Stepan Mateosjan an die Kaufleute Gebrüder Kasasjan in Edirne gesandt.
137 * 87. Joseph B. Jerusalmi, Rodosto (Tekirdağ), 39312.

023 Eine Postkarte, die das Fischerviertel und den Holzverkaufsplatz von Tekirdağ zeigt.
137 * 88. Joseph B. Jerusalmi, Rodosto (Tekirdağ), 34335.
"Fischerviertel und Holzumschlagplatz"

024 Eine Randsiedlung von Tekirdağ.
137 * 88. Jos. [Joseph] Jerusalmi, für Stepan Aktarian, Rodosto (Tekirdağ).
"Marktstraße".

Vue générale de Gallipoli

Editeur Takvor J. Soukiassian, Gallipoli (Turquie).

Vue Générale de Gallipoli. — Poste et Télegraphe place d'Horloge, Tribunal.

Entrée du port, intérieur. — Gallipoli.

Vue du quartier Captan Mahalessi, prise du coté de la mer. — Gallipoli.

025 Seeansicht von Gelibolu auf einer vom armenischen Verleger Takwor Sukiasjan aus Gelibolu angefertigten Postkarte.
139 * 92. Takvor J. Soukiassian, Gelibolu, 8440.

026 Eine vom armenischen Verleger Sukiasjan hergestellte Postkarte mit der Aufschrift "Gelibolu" in vier Sprachen, Französisch, Griechisch, Armenisch und Osmanisch. Zu sehen sind das Post- und Telegrafenamt, der Uhrturm sowie das Gerichtsgebäude.
135 * 88. Takvor J. Soukiassian, Gelibolu, 6423.

027 Der Hafen von Gelibolu auf einer Postkarte von Sukiasjan.
139 90. Takvor J. Soukiassian, Gelibolu, 7 (8831).

028 Das Kaptan Viertel von Gelibolu auf einer Postkarte von Sukiasjan.
140 * 91. Takvor J. Soukiassian, Gelibolu, 8 (8832).

029 Windmühlen in Gelibolu auf einer Postkarte von Sukiasjan.
139 * 91. Takvor J. Soukiassian, Gelibolu 5 (8829).

030 Das Armenierviertel auf einer vermutlich nach 1918 veröffentlichten Postkarte, die Gelibolu als Teil Griechenlands darstellt.
137 * 87. G. Hadjigheorghiou, 5463.

TAKVOR . J . SOUKIASSIAN
Gallipoli -Turquie-

031 Der Leuchtturm von Gelibolu auf einer vom Verleger Takwor Sukiasjan an den in İstanbul Bahçekapı wohnenden Mihran Kasardschjan gesandten Postkarte. Auf der Rückseite der Postkarte befinden sich der Stempel des Verlegers und seine Unterschrift.
133 * 89. Takvor J. Soukiassian, Gelibolu, 66623.

032 Die Versteigerung von Waren, die nach einem Schiffbruch gerettet wurden, in einem Vorort von Gelibolu. Die von Sukiasjan angefertigte Postkarte trägt den Schriftzug „Gelibolu" in vier Sprachen: Französisch, Armenisch, Osmanisch und Griechisch.
136 * 87. Takvor J. Soukiassian, Gelibolu, 6423.

033 Eine andere Postkarte von Sukiasjan mit viersprachiger Aufschrift, die den Leuchtturm von Gelibolu zeigt.
139 * 90. Takvor J. Soukiassian, Gelibolu, 8441.

034 Kilid-i Bahir, das damals zum Bezirk Gelibolu gehörte, auf einer vom armenischen Editeur Gazarjan aus Çanakkale angefertigten Postkarte.
138 * 89, G. Gazarian, [Çanakkale], 14.

035 Eine Seeansicht von Eceabad, das zu jener Zeit zu Gelibolu gehörte, auf einer Postkarte von Gasarjan.
138 * 89, G. Gazarian, [Çanakkale].

036 Eine Straße in Keşan auf einer von Sukiasjan angefertigten Postkarte. Die Aufschrift „Keşan" ist in drei Sprachen geschrieben: Französisch, Griechisch und Osmanisch.
137 * 87, Takvor J. Soukiassian, Gelibolu, 6423.

Der Bezirk Biga

ÇANAKKALE, EZİNE, BOZCAADA

Der Bezirk Biga mit den Kreisen Kale-i Sultaniye (Çanakkale), Biga, Lapseki, Ayvacık und Bayramiç unterstand direkt der Zentralregierung. Im Gegensatz zur heutigen Provinz Çanakkale erstreckte sich der Bezirk nur auf Gebiete auf der asiatischen Seite der Dardanellen. Das europäische Ufer gehörte zum Bezirk Gelibolu der Provinz Edirne.

Die heute als Kreisstädte zu Çanakkale gehörenden Inseln Gökçeada (Imros) und Bozcaada (Tenedos) gehörten zu Beginn des 20. Jahrhunderts zur Provinz der Mittelmeerinseln (Cezayir-i Bahri Sefid) und waren an den Bezirk Limni angeschlossen. Weil von der Provinz der Mittelmeerinseln heute nur noch diese beiden Inseln zur Türkei gehören, behandeln wir sie in diesem Kapitel.

Der osmanischen Volkszählung von 1914 zufolge lebten im Bezirk Biga ca. 2.500 Armenier.

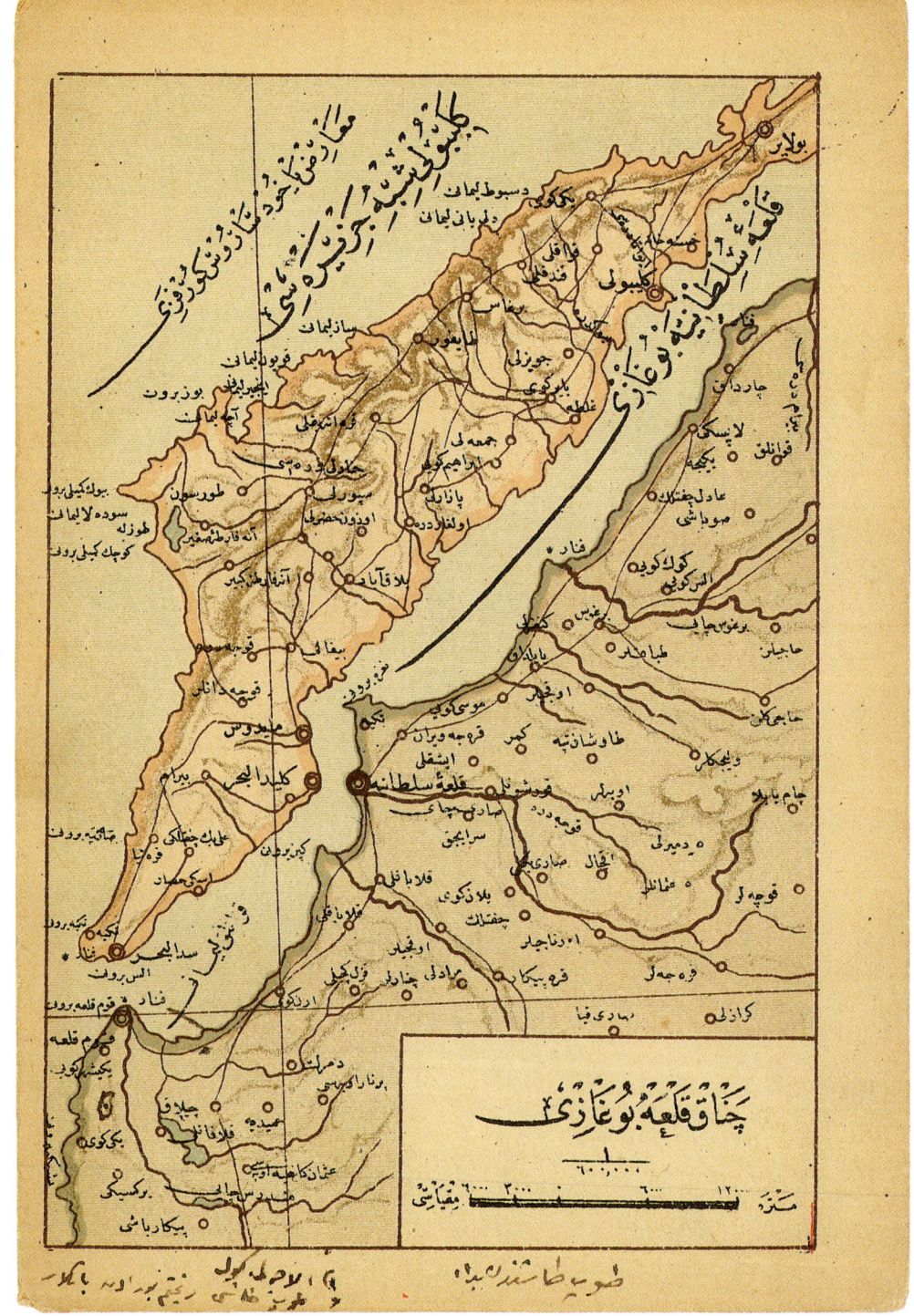

DER LANDKREIS ÇANAKKALE

Die in der Kreisstadt Çanakkale lebenden ca. 1.200 Armenier konzentrierten sich auf das als „Armenierviertel" bezeichnete, östlich der Çimenlik Festung und etwas landeinwärtsgelegene Quartier. In diesem Stadtviertel, das heute überwiegend in den Grenzen des Fevzipaşa Quartiers liegt, befanden sich die Surp Kework Kirche und zwei armenische Schulen. Die meisten der Armenier waren Gregorianer und gehörten dem Bistum Tekfurdağı (arm: Rodosto; heute: Tekirdağ) an. In der Stadt lebten außerdem ca. 50 protestantische Armenier.

Am Marmara Ausgang der Dardanellen gelegen, war die Stadt nicht nur eine strategisch wichtige Festung, sondern auch ein lebendiges Handelszentrum, wo Armenier Handel, Handwerk und Fischerei betrieben.

DIE ÜBRIGEN LANDKREISE

Die Kreisstadt Ezine, wo ca. 700 Armenier lebten, war nach Çanakkale die Siedlung mit der größten armenischen Bevölkerung. Hier befanden sich die Surp Kework Kirche und die Aramjan Schule. In Biga, wo mehr als 400 Armenier lebten, befanden sich die Nersesjan Schule und eine Kirche. In den Kreisstädten Bayramiç und Lapseki lebten jeweils ca. 50 Armenier. Ayvacık hatte die geringste armenische Bevölkerung.

BOZCAADA

Auf der Insel Imroz (heute: Gökçeada), auf der fast ausschließlich Griechen lebten, gab es keine Armenier. Auf Bozcaada, wo die Bevölkerung sich zu zwei Dritteln aus Griechen und zu einem Drittel aus Türken zusammensetzte, lebten ca. 20 Armenier.

038

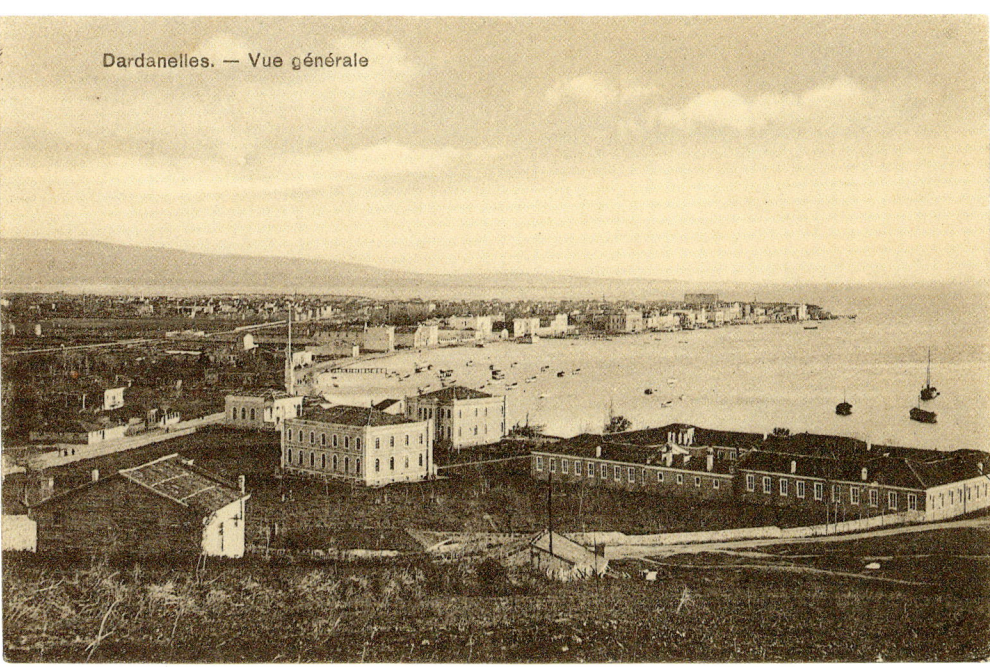

037 Dardanellen Karte.
101 * 145. Tüccarzade İbrahim Hilmi, İstanbul.

038 Ein Blick auf Çanakkale auf einer vom armenischen Verleger Gasarjan hergestellten Postkarte.
139 * 87. G. Gazarian, [Çanakkale], 13.

039 Der Hafen von Çanakkale auf einer Karte von Gasarjan.
137 * 88. G. Gazarian, [Çanakkale].

040 Der Hafen von Çanakkale auf einer Karte von Gasarjan.
140 * 90. G. Gazarian, [Çanakkale], 6.

039

040

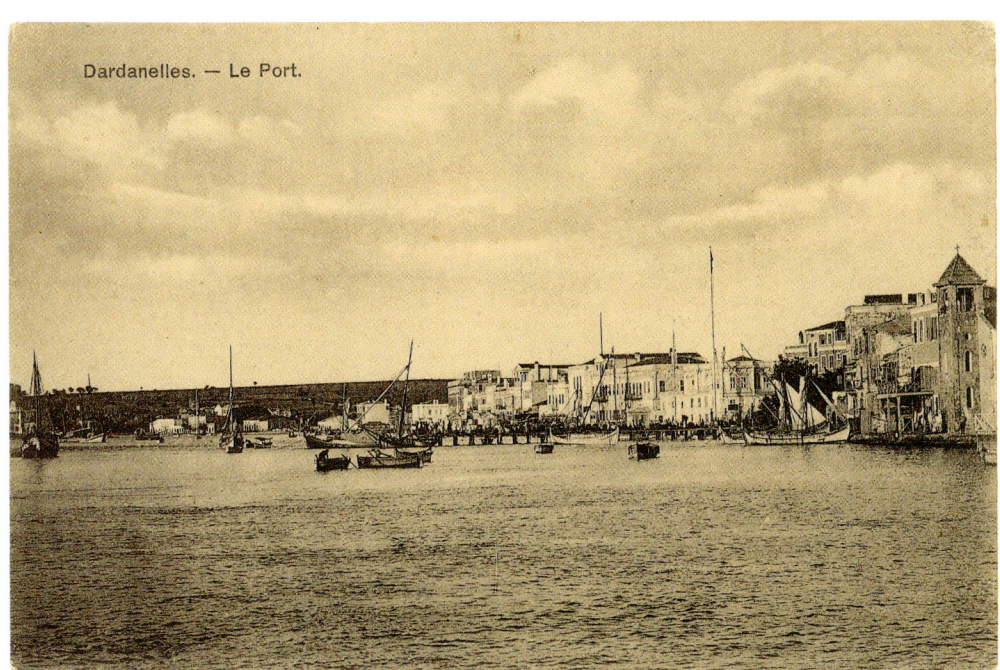

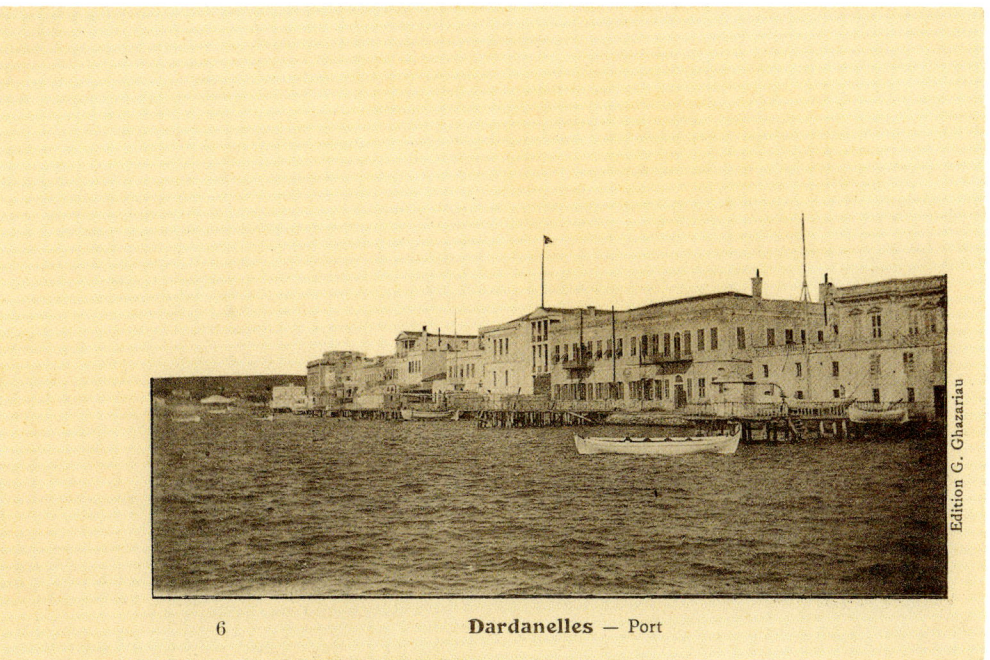

041 Die Surp Kevork Kirche im Zentrum von Çanakkale.
135 * 84. F. M. K., 2502.

042 Der Uhrturm von Çanakkale auf einer Karte von Gasarjan.
138 * 89. G. Gazarian, [Çanakkale].

043 Der Bauernmarkt auf einer Karte von Gasarjan.
137 * 88. G. Gazarian, [Çanakkale], 18.

044 Die Yalı Strasse auf einer Karte von Gasarjan.
88 * 137. G. Gazarian, [Çanakkale]. Abgesandt am 15. Oktober 1912 nach Galata.

045 Die Hasan Paşa Strasse in Çanakkale auf einer von den Brüdern Kischmischjan hergestellten Karte.
140 * 89. Gebrüder Kichmichian. Abgesandt am 1. Juli 1906 von Çanakkale nach Frankreich.

046 Die Hasan Paşa Strasse auf einer Karte von Gasarjan.
140 * 90. G. Gasarian, [Çanakkale], 4. Abgesandt am 27. November 1905 von Çanakkale nach Deutschland.

Dardanelles. — Rue Yali.

DARDANELLES. — Rue Hassan-Pacha.

Dardanelles — Boulevard Hassan Pacha

047 Çınarlık, einer der Ausflugsorte von Çanakkale.
140 * 89. Zoulidès, Çanakkale.

048 Gärten und Brücke von Çınarlık auf einer Karte von Gasarjan.
88 * 137. G. Gazarian, [Çanakkale], 12.

049 *Das italienische Konsulat in Çanakkale.*
139 * 90. Jean C. Alexiadès, 6258.

050 *Frenk Straße auf einer Karte von Gasarjan.*
137 * 88. G. Gazarian, [Çanakkale], 12.

051 *Der Hafen von Çanakkale und das französische Konsulat.*
141 * 89. Zoulidès. Çanakkale, 5105.

Provinz Hüdavendigâr

BURSA, BILECIK, KÜTAHYA, ESKIŞEHIR, UŞAK, AFYON, BALIKESIR

Die sich über Inneranatolien, Teile der Ägäis und des Marmara Gebietes erstreckende Provinz Hüdavendigâr mit den Bezirken Bursa, Ertuğrul (Bilecik), Karahisar-ı Sahip (Afyonkarahisar) und Karesi (Balıkesir) gehörte zu den größten des Osmanischen Reiches. In der Provinz befanden sich ein Erzbistum (Bursa) mit drei Bistümern (Balıkesir, Bilecik, Kütahya), also vier dem İstanbuler Patriarchat angehörende Kirchenkreise.

Den von Maghakya Ormanjan 1912 veröffentlichten Daten zufolge lebten in der Provinz 82.000 gregorianische, 5.500 katholische und 700 protestantische, d.h. insgesamt 88.200 Armenier (In diese Zahl sind die Armenier von Pazarköy nicht einbezogen. Zählte man sie hinzu, wären es mehr als 100.000). Der osmanischen Volkszählung von 1914 zufolge lag die armenische Bevölkerung bei mehr als 60.000.

DER BEZIRK BURSA

Der Bezirk Bursa setzte sich aus den Kreisen Bursa, Gemlik, Pazarköy (heute: Orhangazi), Mihalıç (heute: Karacabey), Mudanya, Kirmastı (heute: Mustafakemalpaşa) und Atranos (heute: Orhaneli) zusammen.

Die mehr als 10.000 Armenier im Zentrum von Bursa konzentrierten sich auf die Stadtviertel Setbaşı, Kurtoğlu und Emirsultan. Der Erzbischofssitz befand sich im Setbaşı Viertel, wo auch die Asdwadsadsin Kirche lag. Am gleichen Ort befanden sich für Jungen die Keworkjan, für Mädchen die Hripsimjan, für Jungen und Mädchen die Kalantarjan Schule sowie ein Kindergarten.

In Bursa, wo ungefähr 700 katholische Armenier lebten, befanden sich ein Bischofssitz und Schulen. In der Stadt, in der amerikanische Missionare tätig waren, existierte außerdem eine protestantische Schule. Eine andere protestantische Einrichtung war das Orient Waisenhaus (Şark Yetimhanesi).

Die Armenier hatten eine wichtige Stellung in zentralen Wirtschaftsaktivitäten der Stadt wie Seidenraupenzucht, Seidenweberei, Edelsteinschleiferei, Schmuckherstellung und Teppichweberei. Im für seine Thermalquellen berühmten Bursa gab es vor allem im Çekirge Viertel viele Hotels und Dampfbäder, von denen ein Teil von Armeniern betrieben wurde.

Aufgrund des Gewichts der Armenier im wirtschaftlichen und sozialen Leben der Stadt wurden einige Seiten der offiziellen Zeitung "Hüdawendigar" in türkischer Sprache mit armenischen Buchstaben gesetzt.

Gemlik, das im Norden des Golfs von İzmit liegt, hatte eine überwiegend griechische Bevölkerung. Die Armenier verfügten dort über die Surp Tateos Partoghimeos Kirche sowie die Surp Partoghimeos Schule. Die 7.000-köpfige Bevölkerung des Dorfes Benli im Landkreis Gemlik bestand ausschließlich aus Armeniern. Das Dorf, in dem sich die Surp Hagop Midzpina und die Surp Asdwadsadsin Kirche sowie zwei Schulen befanden, bestand aus Yukarı Benli (heute: Şahinyurt) und Aşağı Benli (heute: Cihatlı). Die Bevölkerung des Dorfes beschäftigte sich mit Landwirtschaft und Handwerk, wobei das Schmiedehandwerk am wichtigsten war.

Das nahe am İznik-See gelegene Pazarköy (heute: Orhangazi) war der Landkreis mit der größten armenischen Bevölkerung (laut der osmanischen Volkszählung von 1914 waren von den 34.769 Einwohnern 22.726 Armenier). Rund um den See befanden sich armenische Dörfer und Kleinstädte.

In Keramet mit seinen mehr als 1.000 Einwohnern, befand sich die Surp Asdwadsadsin Kirche sowie die Mamigonjan-Hripsimjan Schule für Jungen und Mädchen. Die Bevölkerung des Dorfes lebte von der Zucht von Wein, Obst, Oliven und Seidenraupen.

Das nördlich des İznik Sees gelegene Medz Norküğ (Büyük Yeniköy, das Große Neudorf; zu osm. Zeit Cedid, heute: Yeniköy) mit seinen ca. 8.000 armenischen Einwohnern erweckte den Eindruck einer etwas größeren Kleinstadt. Die Bevölkerung des Ortes, in dem sich die Surp Garabed Kirche sowie für Mädchen die Araradjan und für Jungen die Santuchdjan Schule befanden, lebte von Fischerei, Olivenzucht und Handwerk. Im Dorf wurden Blechverarbeitung, Messerherstellung, Seidenproduktion, Weberei, Stiefelmacherei und Saffian-Verarbeitung betrieben.

Das einige Kilometer nördlich gelegene Miçaküğ (Ortaköy) war ein armenisches Dorf mit 3.000 Einwohnern, wo sich die Surp Asdwadsadsin Kirche sowie für Jungen die Sahakjan und für Mädchen die Santuchdjan Schule befanden.

Das nahe an der Straße von Bursa nach Yalova gelegene Çengiler (heute: Sugören) gehörte zu den entwickelsten Dörfern der Region. In dem Dorf mit mehr als 5.000 Einwohnern befanden sich die Surp Minas Kirche, der Opferplatz Anardzad Wartabed sowie für Jungen die Mesropjan und für Mädchen die Hripsimjan Schule. In dem Dorf, bei dem die Olivenzucht die wichtigste landwirtschaftliche Tätigkeit war, waren unter den Handwerken Schmiedearbeiten, Leder-, Kupfer-, Zinnverarbeitung, Goldschmiedearbeiten sowie die Seidenherstellung weit entwickelt. An den Webstühlen waren hunderte von Arbeitern beschäftigt und die von den lokalen Unternehmern gegründete Kooperative lieferte Rohseide nach Marseille, Lyon, Mailand und London.

Das auf einem Hügel südwestlich des İznik Sees gegründete Sölöz (heute: Yenisölöz), wo sich die Surp Hreschdagabed Kirche sowie für Jungen die Lusaworitschjan und für Mädchen die Hripsimjan Schule befanden, war eine Kleinstadt mit einer armenischen Einwohnerschaft von 10.000, die vor allem dem Olivenanbau und der Seidenproduktion nachging. In der gleichen Gegend verfügte Gürle mit seiner mehr als 1.000-köpfigen armenischen Bevölkerung über die Surp Kework Kirche sowie für Jungen die Ghevontjan und für Mädchen die Hripsimjan Schule. Einige Kilometer westlich des Dorfes befand sich Karsak, ein armenisches Dorf, das aufgrund der vorteilhaften Lage an der Straße von İznik nach Bursa zu Reichtum gekommen war. Im Dorf befand sich die Sup Asdwadsadsin Kirche sowie für Jungen die Ghevontjan und für Mädchen die Santuchdjan Schule.

In der Hafenstadt Mudanya, die über eine Eisenbahnstrecke mit Bursa verbunden war, lebte unter der mehrheitlich griechischen Bevölkerung nur eine kleine armenische Gemeinde.

Im vor allem von Griechen bewohnten Mihalıç (heute: Karacabey) im Westen lebten im Umkreis der Surp Sarkis Kirche ungefähr 400 Armenier. Jenseits dieses Zentrums, das auch über eine Schule gleichen Namens verfügte, lebten mehr als 1.000 Armenier in kleine Gruppen, verteilt auf die verschiedenen Kleinstädte und Dörfer.

In Kirmastı (heute: Mustafakemalpaşa) mit seiner ungefähr 1.000-köpfigen armenischen Bevölkerung gab es die Surp Krikor Lusaworitsch Kirche sowie für Jungen die Torkomjan und für Mädchen die Armenuhjan Schule.

DER BEZIRK ERTUĞRUL

Im Bezirk Ertuğrul mit den Kreisen Söğüt, İnegöl und Yenişehir lebten ca. 20.000 türkisch sprechende Armenier.

In der Stadt Bilecik konzentrierten sich die ungefähr 4.000 Armenier auf das Yukarı Mahalle genannte obere Stadtviertel. In der Stadt befand sich die Surp Toros Kirche, die Hajgasjan Schule sowie eine weitere von Protestanten betriebene Schule. In der Region, die hauptsächlich von der Seidenraupenzucht lebte, wurden in von Armeniern betriebenen Fabriken Seidenstoffe hergestellt.

Nördlich der Stadt entlang der Bahnstrecke nach Adapazarı lebten Armenier außerdem in Vezirhan, Lefke (heute: Osmaneli) und Mekece.

Im zum Kreis Bilecik gehörenden Norküğ (heute: Gölpazarı), in dem sich die Surp Krikor Lusaworitsch Kirche und die Sahakjan Schule befanden, lebten ca. 500 Armenier. In Göldağ mit seiner 2.000-köpfigen armenischen Bevölkerung gab es die Surp Toros Kirche und die Lusaworitschjan Schule. Das Dorf Türkmen bzw. Terkmal verfügte im Gegensatz zu seinem Namen über eine ausschließlich armenische Bevölkerung. In dem Dorf mit 2.500 armenischen Einwohnern gab es die Surp Asdwadsadsin Kirche und die Torkomjan Schule.

In Söğüt konzentrierte sich die armenische Bevölkerung auf das Zentrum und vier Dörfer. Das größte von ihnen war Muratça mit 2.500 Einwohnern, wo sich die Surp Asdwadsadsin Kirche und die Aramjan Schule befanden. Im Dorf Yenipazar (mit altem Namen Kırka), dessen Bevölkerung sich aus Türken, Armeniern und Griechen zusammensetze, befand sich eine Kirche und die Chorenjan Schule. Die beiden anderen Dörfer waren Çalgara mit der Surp Asdwadsadsin Kirche und der Nersesjan Schule und Asarlık mit der Surp Howhannes Wosgeperan Kirche und der Wahanjan Schule.

In İnegöl konzentrierte sich die armenische Bevölkerung auf das Zentrum sowie zwei Dörfer. In Yenice lebten ungefähr 2.000 Armenier um die Surp Hagop Kirche. In Cerrah mit seinen 2.500 Einwohnern gab es die Hreschdagabed Kirche und eine Schule gleichen Namens.

In Yenişehir, südlich des İznik Sees gelegen, konzentrierten sich ca. 2.000 Armenier um die Surp Hagop Kirche. In der Stadt gab es die von Jungen und Mädchen besuchte Hagopjan Schule. Die zum Landkreis gehörende Siedlung mit der größten armenischen Bevölkerung war Marmaracık mit 2.500 Einwohnern und der Surp Howhannes Wosgeperan Kirche und der Mesrobjan Schule. Außerdem befand sich eine Kirche in İznik und die Surp Krikor Lusaworitsch Kirche im heute Yeniköy genannten İzniki Norküğh.

DER BEZIRK KÜTAHYA

Der Bezirk bestand aus den Landkreisen Kütahya, Eskişehir, Gediz, Uşak und Simav.

In Kütahya (arm: Gudina) befanden sich die Surp Asdwadsadsin und die Surp Toros Kirche sowie die Surp Etschmiadsin und die Hajuhijaz Schule. Unter den mehr als 3.000 Armeniern der Stadt traten vor allem die Kachelhersteller und Teppichweber hervor. Hatten die Armenier von Anfang einen wichtigen Anteil an der Kachelproduktion in Kütahya, so war ihre Position zu Beginn des 20. Jahrhunderts zurückgegangen und nur wenige Werkstätten verblieben in armenischem Besitz. Kütahya verfügte außerdem über eine katholisch-armenische Gemeinde von 650 Mitgliedern.

In Tavşanlı, einem Verwaltungszentrum mit 320 armenischen Einwohnern, befand sich die Surp Stepannos Kirche und die Mesrobjan Schule.

In Virancık, einem anderen Verwaltungszentrum, lebten 200 Armenier um die Surp Hatsch Kirche.

Im Zentrum des Landkreises Eskişehir konzentrierten sich über 4.000 Armenier auf das Hoşnudiye Viertel. In diesem im unteren Teil der Stadt am Porsuk Bach gelegenen Viertel befanden sich die Surp Jerrortutjun Kirche, die Mesrobjan und die Santuchdjan Schule sowie ein armenischer Club. In der Stadt, in der mehr als 300 armenische Katholiken lebten, gingen die armenischen Kinder außerdem auf das vom Assumptionorden eingerichtete Saint Croix Kolleg.

Das Dorf Alınca mit der Surp Krikor Lusaworitsch Kirche und der Mesrobjan Schule, das Dorf Arslanik mit der Surp Harutjun Kirche und das Dorf Çiftlik waren weitere ländliche Siedlungen mit armenischer Bevölkerung.

In Uşak, wo sich die Surp Asdwadsadsin Kirche und die Nersesjan Schule befanden, lebte die rund 1.000-köpfige armenische Bevölkerung im armenischen Viertel Sabah (heute: Kemalöz). Die Armenier von Uşak, die auf Familien zurückgehen, die im 17. Jahrhundert aus dem Iran eingewandert waren, haben sich mit dem für ihre Herkunftsregion typischen Woll- und Teppichhandwerk hervorgetan. In der Stadt lebte außerdem eine mit der griechisch-orthodoxen Hajhorum Kirche verbundene Armenisch sprechende Gemeinde. Außerdem gab es eine katholische Kirche und Schule.

DER BEZIRK KARAHİSAR-I SAHİP

Der auch Karahisar-ı Garbi genannte Bezirk umfaßte Afyon Karahisarı, Bolvadin, Sandıklı und Aziziye (heute: Emirdağ).

Im Bezirkszentrum Afyon Karahisar lebten mehr als 6.000 Armenier. In der Stadt befanden sich die Surp Asdwadsadsin Kirche und die Surp Toros Kirche sowie die Sahakjan Schule, vier private Grundschulen und ein Kindergarten. Die am Südhang der Burg lebenden Armenier von Afyon Karahisar, beschäftigten sich mit dem Anbau von Mohn und seinem Handel sowie Sattlerei, Marmorverarbeitung und der Herstellung von Holzgegenständen.

In Musulca, dem Zentrum des Landkreises Aziziye (heute: Emirdağ), wo sich die Surp Lusaworitsch Kirche befand, und im Zentrum des Landkreises Sandıklı lebten kleinere armenische Gemeinschaften.

DER BEZIRK KARESİ

Im Bezirk Karesi mit den Landkreisen Balıkesir, Ayvalık, Kemer-i Edremit (heute: Burhaniye), Edremit, Gönen, Sındırgı, Bandırma, Balya und Erdek, konzentrierte sich die armenische Bevölkerung vor allem auf die Region um Bandırma-Balıkesir.

In der Stadt Balıkesir konzentrierten sich die mehr als 3.000 Armenier auf das Viertel Ali Fakiye. In diesem Viertel befanden sich neben dem Bischofssitz auch die Asdwadsadsin Kirche sowie die Hajg-Hajguhjan Schule für Jungen und Mädchen.

In der Kreisstadt Bandırma, wo ca 3.500 Armenier lebten, gab es die Surp Asdwadsadsin Kirche und die Surp Minas Kirche sowie die von Jungen und Mädchen besuchte Lusaworitschjan Schule. Unter den Gewerben der Armenier traten Seidenraupenzucht, Weberei, Stickerei und Seidenhandel hervor. In Bandırma gab es mehr als 100 katholische und ca. 50 protestantische Armenier.

Das gegenüber der Stadt Bandırma auf der Kapıdağ-Halbinsel gelegene Ermeniköy (heute: Tatlısu) war mit mehr als 1.000 Einwohnern das größte armenische Dorf der Region. Das Dorf, in dem sich die vom Architekten Amira Baljan erbaute Surp Sarkis Kirche sowie die von Mädchen und Jungen besuchte Mesrobjan Schule befanden, war außerdem für sein köstliches Wasser berühmt. Die aus den Steinbrüchen von Ermeniköy gewonnenen Granitsteine wurden für Straßen und Gehsteige in İstanbul verwandt. Die Dorfbevölkerung sprach im Allgemeinen Türkisch und beschäftigte sich mit Landwirtschaft, Viehzucht, Seidenraupenzucht und Handwerk.

In der Edincik oder auch Aydıncık genannten Kleinstadt mit seiner mehr als 1000-köpfigen armenischen Bevölkerung befand sich die Surp Harutjun Kirche sowie die Ghevontjan Schule, die von Jungen und Mädchen besucht wurde.

In der gleichen Gegend lebten in Gönen und Manyas kleinere armenische Gruppen.

Im westlich von Balıkesir gelegenen Balya lebte im Umkreis der Bleimine eine kleinere armenische Bevölkerung. In der gleichen Gegend, bei Orhanlı besaß der Armenier Agop Efendi die Kreideabbau-Lizenz.

Noch weiter westlich, in den nahe an der Ägäis-Küste gelegenen Orten Edremit, Burhaniye und Havran lebten nur wenige Armenier. Während sich im fast ausschließlich von Griechen bewohnten Ayvalık kaum Armenier befanden, war das Dorf Yaya, das zu Emrudabad (heute: Gömeç) gehörte, zwischen Burhaniye und Ayvalık die einzige ländliche Siedlung, wo Armenier lebten.

052 Panorama von Bursa.
139 * 88. Max Fruchtermann, İstanbul, 37.

053 Panorama von Bursa auf einer Postkarte, die von Stephan Boghos Basmadschjan, der in Bursa Tücher herstellte und verkaufte, am 11. Juni 1906 nach Frankreich gesandt wurde.
140 * 89. 178.

054 Das Muradiye Viertel auf einer von Minas Minasjan, der in Bursa der Produktion und dem Handel mit Seide nachging, nach Frankreich gesandten Postkarte. Die Kirche in der Mitte des Fotos ist eine griechische.
140 * 90. Max Fruchtermann. İstanbul, 1168. "Die Muradiye Moschee mit ihren umliegenden Siedlungen".

055 Die Stadt Bursa und die Burg auf einer von H. M. Baldschjan am 20. Februar 1905 von İstanbul nach Italien gesandten Postkarte. Das auf der Rückseite aufgeklebte Etikett zeigt, dass Baldschjan im Topaljan Han in İstanbul über ein Geschäft verfügte, wo er mit Briefmarken und Postkarten handelte.
139 * 89. Max Fruchtermann, İstanbul, 337.

056 Yeni Kaplıca in Bursa auf einer von Takvor Kürkdschijan am 4. Februar 1903 nach Deutschland gesandten Postkarte, mit dessen Stempel auf der Rückseite.
139 * 89. Max Fruchtermann, İstanbul, 340.

057 Eine den Osten Bursas zeigende Postkarte. Das Gebäude vorn rechts ist der anläßlich des Besuchs von Sultan Abdülmecid 1844 gebaute Hünkâr Köşkü (Sultans Villa). Auf dem Hügel gegenüber ist die Militärschule zu sehen. Die Siedlung zur Linken ist das armenische Setbaşı Viertel.
Auf der Vorderseite der Karte befindet sich eine 1914 in London gedruckte "10 para" Briefmarke mit einer Ansicht von İstanbul-Fenerbahçe. Unter der Aufschrift "Postes Ottomanes" ist, wenn man das Filigran vergrößert, eine stilisierte armenische Schrift mit zwei Kreuzzeichen zu erkennen. Einige armenische Forscher geben an, dass die Briefmarke von einem Mann namens Hagop entworfen wurde, der die Filigranschrift ausgehend von dem Satz "martik bidi baschden sasdwatz" (Die Menschen werden Gott verehren) entworfen habe. Löste die Briefmarke zur Zeit ihrer Veröffentlichung einige Diskussionen aus, blieb sie doch lange in Umlauf. Bei der zweiten Ausgabe (die zweite Serie, London 1920) wurde dann das Filigran entfernt.
139 * 88. T. N. Bursa, M 63.
Am 25. Juli 1914 von Bursa nach Frankreich geschickt.

058 Das armenische Viertel Setbaşı. Das armenische Bischofszentrum, die Surp Asdwadsadsin Kirche und die Schulen befanden sich hinter der rechts zu sehenden Mauer.
139 * 88. A97697. Am 27. Juli 1912 von Bursa an Hagopik Miskdschijan in Paris gesandt. "Lieber Hagopik, als ich dieses Mal durch Bursa kam, habe ich für dich ein seidenes Taschentuch gekauft. Einheimische Produktion. Bitte nimm es an. Diese wertlose Erinnerung sende ich mit dem nächsten Brief von Mudanya. Hrant."

059 Die Irgandı Brücke. Die Aufschrift auf der Karte "Setbaşı Brücke" ist falsch.
140 * 90. Max Fruchtermann, İstanbul, 334.

060 Die Mahsin Brücke und der Gökdere Bach.
139 * 91. 488. Am 7. November 1906 von Bursa nach Frankreich gesandt.

061 Der Ausflugsort Pınarbaşı bei Bursa.
139 * 88. J. Ludwigsohn, İstanbul 4514. Am 3. September 1913 von Bursa nach İstanbul geschickt.

062 Ein Cafehaus in Pınarbaşı.
139 * 91. Verlag S. H. Weiss in Nachfolge E. Heydrich, İstanbul.

Souvenir de Brousse.   Vue prise du pont de Set-Bachi.

Pont de Mahsin et Guek dé é.   Salut de Brousse.

Salut de Brousse.   Pounar-bachi.

Brousse: Café à Pounar-Bachi.

DIE PROVINZ HÜDAVENDİGÂR
Bursa, Bilecik, Kütahya, Eskişehir, Uşak, Afyon, Balıkesir

063 Die Spinnerei der armenischen Familie Kölejan aus Bursa. Die Garne des Seidenproduzenten und -händlers J. Kölejan trugen das Markenzeichen JKF.
141 * 92. Le Cartophile. "Bursa. Kokon-Sortierung in der Spinnerei J. Kölejan-Söhne". Abgesandt am 2. Mai 1906.

064 Die Spinnerei der katholisch-armenischen Gebrüder Bay. Die Garne der Gebrüder Bay, denen das Französische Handelshaus gehörte, das auch ein Geschäft in Lyon unterhielt, trugen die Markenzeichen AB, BF, FBF, JB, LBL und RC. Außerdem hatten sie Vertretungen für die Royal Exchange Versicherung und die Société Generale d'Assurance Ottoman inne.
139 * 90. 517. Am 12. Dezember 1905 von Bursa nach Geyve gesandt.

065 Das Haus des französischen Konsuls Grégoire (Krikor) Baj neben der Irgandı Brücke. Grégoire Baj war außerdem Ehrenpräsident der französischen Handelskammer.
140 * 90. A3785. "Haus des französischen Konsuls. Erinnerung an Bursa". Am 12. Dezember 1905 von Bursa nach Geyve gesandt.

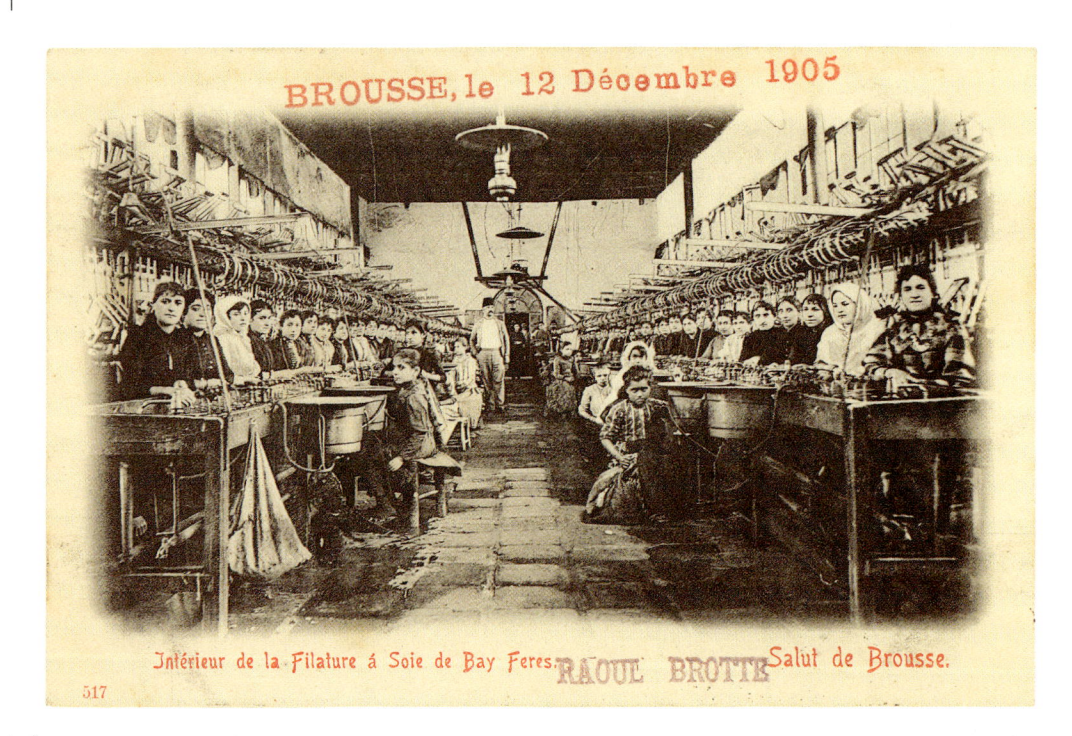

066 *Die Postkarte zeigt Kework Torkomjan in seinem Arbeitszimmer. Er gründete 1887 das Seideninstitut Bursa, das das Ziel hatte, die Seidenraupenzucht zu rehabilitieren. Anläßlich des 32. Gründungstages des Institutes von Kework Torkomjan an den Historiker Dr. Wahram Torkomjan gesandt.*
87 * 137.

067 *Das Seideninstitut Bursa auf einer am 20. Juli 1908 von Mihran Dökmedschijan nach Saloniki gesandten Postkarte.*
139 * 90. P. Eugenides, Bursa. 4805.

DIE PROVINZ HÜDAVENDİGÂR
Bursa, Bilecik, Kütaaya, Eskişehir, Uşak, Afyon, Balıkesir

39

Taillerie de Diamants Brousse.

068 Die Diamantenschleiferei der Minasjans.
136 * 90. P. Eugenides, Bursa, 7114.

069 Die Rückseite der an den Besitzer der Werkstatt
gesandten Karte:
"An Herrn Onnik Minasjan,
Diamanten Fabrik Bursa.
Mein Lieber Onnik,
an diesem Abend, Freitag, erreichte ich Istanbul. Drei Tage
blieb ich in Mudanya. Was ich erleiden mußte, weiß nur
ich allein – gut, dass ich nichts bei mir hatte. Ich berichte,
wenn ich zurückkomme. In 10 Stunden erreichten wir
Istanbul bei Nacht und gingen gleich schlafen. Wenn
möglich, sende ich Dir per Telegraph Geld. Wegen meiner
Begleiter kann ich seit drei Nächten nicht schlafen.
Mir geht es sehr schlecht.
Viele Grüße
Meine Veehrung für Frau Eftik und Monsieur Jetwart.
A. Güreshjan."
85 * 136. K&C, 634/2 [Made in Germany]

070 Das Orient Waisenhaus in Bursa auf einer Postkarte
von Manuk Tateosjan, Inhaber des Fotohauses Hilal in
Bursa. Die Karte wurde am 7. März 1910 von Garabed
Baghdasarjan, dem Direktor des 1875 von Krikor
Baghdasarjan gegründeten Waisenhauses abgesandt.
Mit der Karte wird die Bestellung einer Kopiermaschine
an Carl Hermann Serbe in Leipzig aufgegeben.
139 * 88. Photohaus Hilal, Manug Tateosjan, Bursa.
"Als Antwort auf Ihren geschätzten Brief vom 28. Februar sende
ich heute per Post-Überweisung den Betrag von 12,20 Mark
für eine Poligraph Maschine im Format 20 * 26 cm.
Hochachtungsvoll.
G. Baghdasarian.
P.S. Ich bitte um schnelle Zusendung."

071 Eine Postkarte, die die Front des von Garabed Papasjan betriebenen Splendid Hotels zeigt. Das Hotel mit seinen 80 Zimmern befand sich am Nordende des Platzes am Beginn des Uludağ Weges in Çekirge an einem Hang mit Blick auf das Tal. In seinem Garten befanden sich außerdem zwei Thermalbäder.
139 * 89. Jean P. Emirzé. İstanbul.

072 Eine Postkarte, die den Garten des Splendid Hotels und die öffentlichen Bäder zeigt.
137 * 90. Jean P. Emirzé. İstanbul.

073 Eine Postkarte mit den privaten Bädern des Splendid Hotels.
138 * 88. Jean P. Emirzé. İstanbul, Bursa.

074 Das Splendid Hotel mit seinem Personal.
139 * 90. Dimitri G. Kechaja, Bursa. Die mit Tokatljan-Krikorisjan unterschriebene Karte wurde am 25. April 1911 von Bursa nach İstanbul gesandt.

Hotel Splendide (Tchegirguée).

Salut de Brousse.

Dimitri G. Kechaja. Comissionaire de Brousse.

075 Das von Mihran Papasjan betriebene Grand Hotel Europa in Çekirge.
137 * 88.

076 Ein Panorama von Çekirge, wo viele Hotels von Armeniern betrieben wurden.
139 * 89.

077 Ansicht Çekirges aus der Ferne.
141 * 90. Am 12. Dezember 1905 von Bursa nach Geyve gesandt.

078 *Landansicht von Mudanya.*
139 * 90. 520.

079 *Das Ufer von Mudanya auf einer am 30. März 1904 von Bursa an den in İstanbul Pera lebenden Dr. Aram Torkomjan gesandten Postkarte.*
142 * 90. Gebrüder Ludwigsohn, İstanbul, 51182.
"30. März 1904. Geliebter Aram, dies ist die Anlegestelle von Mudanya. Hier kommen die Reisenden aus İstanbul an."

080 *Mudanya und Schiffe auf dem Marmara Meer.*
138 89. C. Melachrinos, 52875, am 28. November 1919 abgesandt.

DIE PROVINZ HÜDAVENDİGÂR
Bursa, Bilecik, Kütahya, Eskişehir, Uşak, Afyon, Balıkesir

45

ARMENIER IN DER TÜRKEI VOR 100 JAHREN
mit Postkarten des Sammlers Orlando Carlo Calumeno

081 *Seeansicht von Gemlik*
174 * 137. Am 26. April 1914 von Gemlik abgesandt.

082 *Eine am 8. August 1904 von Minas Minasjan nach Frankreich geschickte Postkarte mit der Gemlik Straße in Bursa. Auf der Rückseite befindet sich der französischsprachige Stempel von Minasjan.*
141 * 90. 524.

083 *Seeansicht von Gemlik.*
138 * 91. Foti Pandermali, 86876. Am 29. Juli nach Frankreich abgesandt.

084 Panorama von Bilecik.
139 * 92. Max Fruchtermann, İstanbul, 113.

085 Panorama von Bilecik.
141 * 89. 742.

086 Gleise der Bahnstrecke Bilecik-Adapazarı bei Vezirhan, eines der Kleinstädte, wo Armenier lebten.
136 * 84. 748.

087 Bahnanlage von Mekece an der Bilecik-Adapazarı Linie, einer Kleinstadt in der Armenier lebten,
138 * 89. 730.

088 Die Kleinstadt Leßke (heute: Osmaneli) an der Bahnstrecke Bilecik-Adapazarı, in der Armenier lebten.
138 * 89. 739.

089 Bekdemir, ein von Armeniern bewohntes Dorf an der Bahnstrecke von Bilecik nach Bozüyük.
140 * 89. 749. Am 5. Mai 1908 von Eskişehir abgesandt.

Salut de Vézir-Han.

Salut de Mékédjé.

Salut de Lefké.

Salut de Pekdémir.

DIE PROVINZ HÜDAVENDİGÂR
Bursa, Bilecik, Kütahya, Eskişehir, Uşak, Afyon, Balıkesir

090 Panorama von Yenişehir.
138 * 88. M. J. C., 99/7506

091 Westansicht der Kleinstadt Söğüt.
137 * 86. Hüseyin Hilmi. Am 14. Juli 1914 von Söğüt abgesandt.

092 Panorama von İnegöl.
138 * 88. M. J. C., 93/7508.

093 *Die Stadt Kütahya und ihre Burg.*
139 * 90. 732. Am 11. April 1908 von Eskişehir abgesandt.

094 *Blick über Kütahya. Auf der Karte ist hinter der rechts zu sehenden Moschee eine der Kirchen der Stadt und weiter dahinter der Glockenturm der Surp Asdwadsadsin Kirche zu erkennen.*
138 * 88. Max Fruchtermann, İstanbul, 1833.

095 *Burg und Stadt Kütahya.*
139 * 90. Max Fruchtermann, İstanbul, 1834.

096 Glockenturm der Surp Asdwadsadsin Kirche.
138 * 89. 66. Am 30. Mai 1907 von Kütahya abgesandt.

097 Ein Blick auf den Markt von Kütahya.
91 * 140. 75.

098 Ansicht von Eskişehir auf einer von Rupen Demirjan hergestellten Postkarte.
89 * 138. Rupen Demirian, [Eskişehir], 85086.

099 Panorama von Eskişehir auf einer von Garabed Hadschinlijan hergestellten Postkarte, bei dem er eine Vorlage des Fotografen Izmirlijan verwendete.
136 * 88. Garabed H. Hadjinlian und Söhne, [Eskişehir], Foto: Izmirlian.

Quartier Arménien
(Hochnoudiyé)

Cliché: Izmirlian

100 Das armenische Hoşnudiye Quartier in Eskişehir.
138 * 87. Garabed H. Hadjinlian und Söhne, Eskişehir.
Foto: Izmirlian. Am 24. April 1906 von Eskişehir abgeschickt.

101 Eine der Sozialeinrichtungen der Armenier in Eskişehir am Ufer des Porsuk Baches. Der Club neben der Yeni Köprü (Neue Brücke).
138 * 88. Garabed H. Hadjinlian und Söhne, [Eskişehir],
85890 Foto: Izmirlian.
Die osmanische Schrift: "Andenken an die Adana-Reise",
Eskişehir, 12.-13. März 331 [1915]"

102 Die Mesrobjan-Santuchdjan Schule am Ufer des Porsuk Baches.
137 * 89. Garabed H. Hadjinlian und Söhne, [Eskişehir],
Foto: Izmirlian.

103 Yeni Köprü (Neue Brücke) im armenischen Viertel Hoşnudiye.
138 * 87. Garabed H. Hadjinlian und Söhne, [Eskişehir],
Foto: Izmirlian.

104 Wolldepot der Firma "Oriental Carpet" in Eskişehir.
138 * 87. Garabed H. Hadjinlian und Söhne, [Eskişehir],
Foto: Izmirlian.

105 Eine Postkarte mit der Geschäftsstraße in Eskişehir, herausgegeben vom Schreibwarenhändler Rupen Demirjan.
139 * 89. Roupen Démirian, [Eskişehir]. Von Eskişehir abgeschickt.

106 Eine Meerschaum-Werkstatt in Eskişehir. Die Armenier hatten großes Gewicht bei der Meerschaum-Produktion, die eines der wichtigsten Produkte der Stadt war. Gemäß der Informationen im Handelsjahrbuch "Annuaires Orientales" waren die Inhaber von vier der elf in der Stadt tätigen Werkstätten, die Meerschaum verkauften, Armenier: Agop Garabed, Karniş Agopjan, Ohannes Marçosjan und Setrak Papasjan. Der einzige, der den Stein zu Pfeifenköpfen verarbeitete, war Tomas Tschukurjan. 1914 gehörten von sechs Firmen, die Meerschaum vertrieben, vier den Armeniern Agop Karniş, Sareh Agopjan, Garabed und Dschilbirjan sowie Kework Karakaschjan.
137 * 89. Garabed H. Hadjinlian und Söhne, [Eskişehir],
Foto: Izmirlian.

Fabrication d'Ecume de mer

Clichè: Izmirlian

DIE PROVINZ HÜDAVENDIGÂR
Bursa, Bilecik, Kütahya, Eskişehir, Uşak, Afyon, Balıkesir

57

107

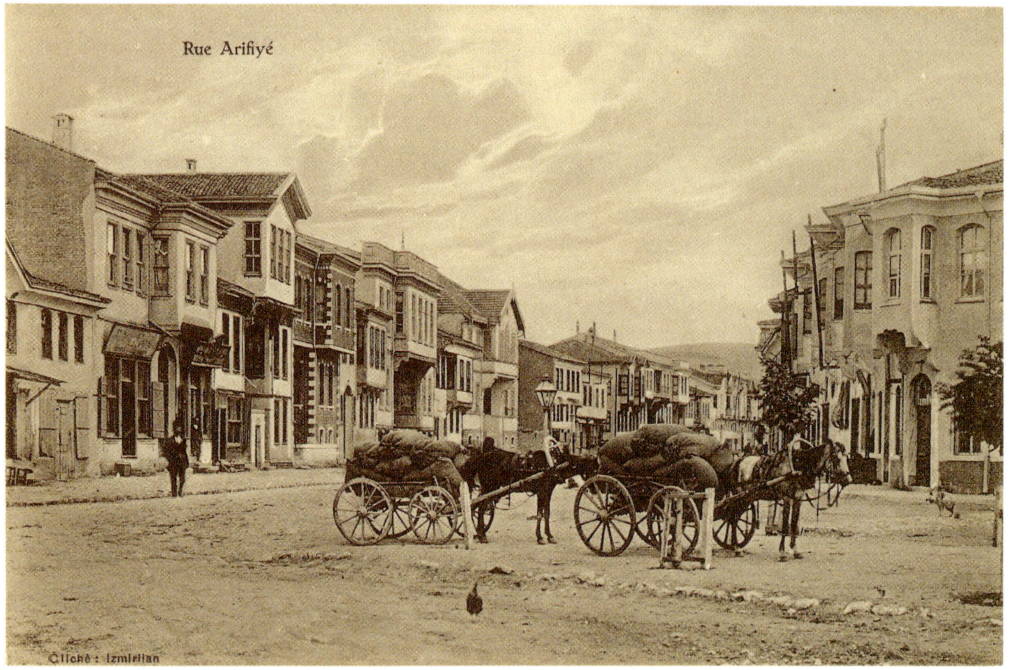

108

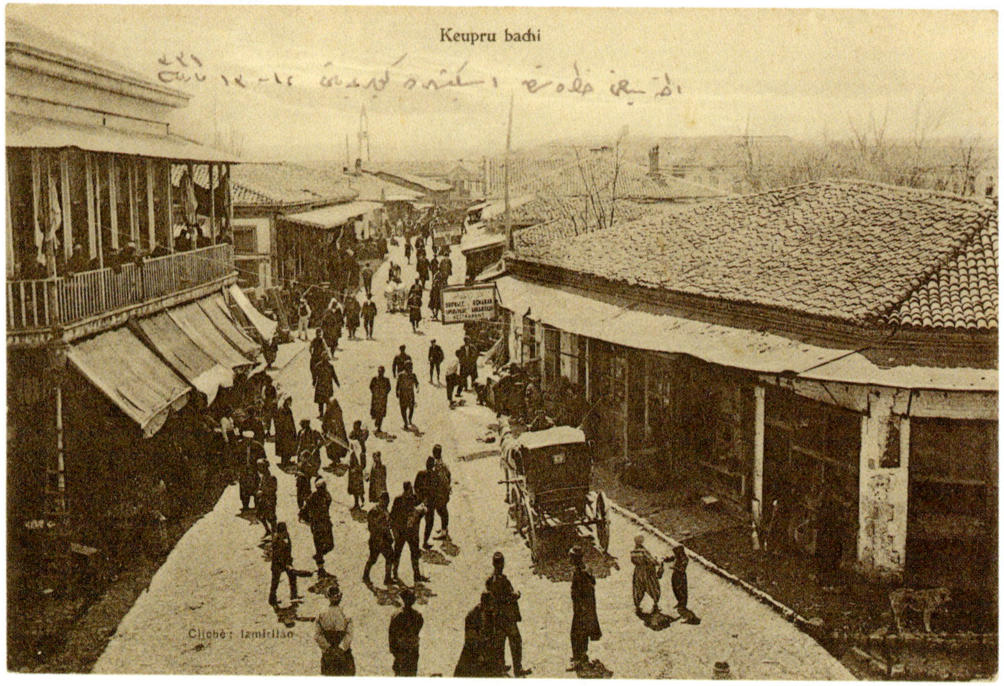

109

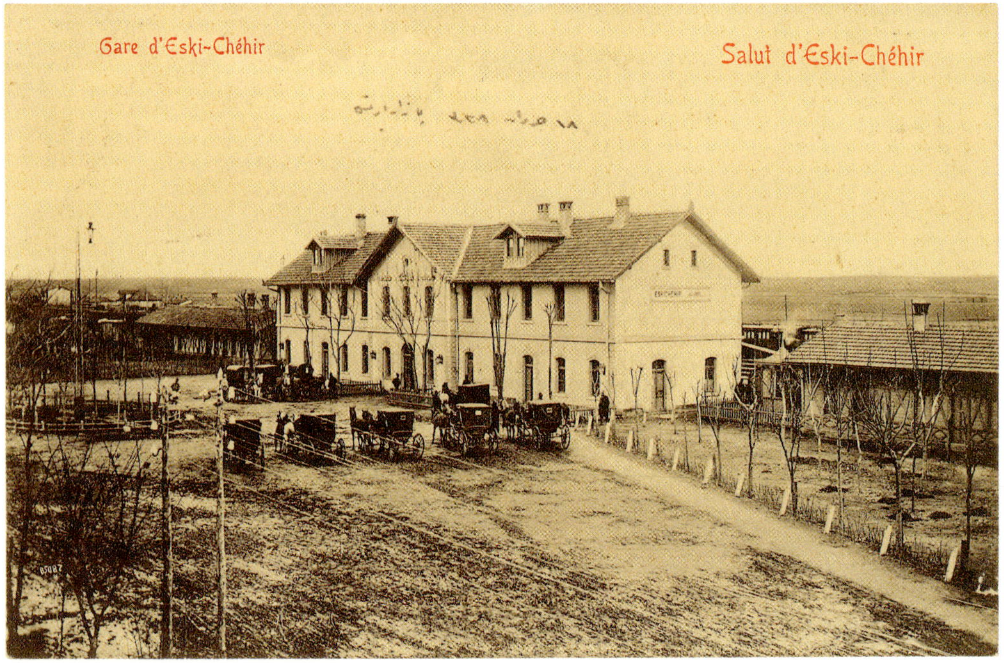

110

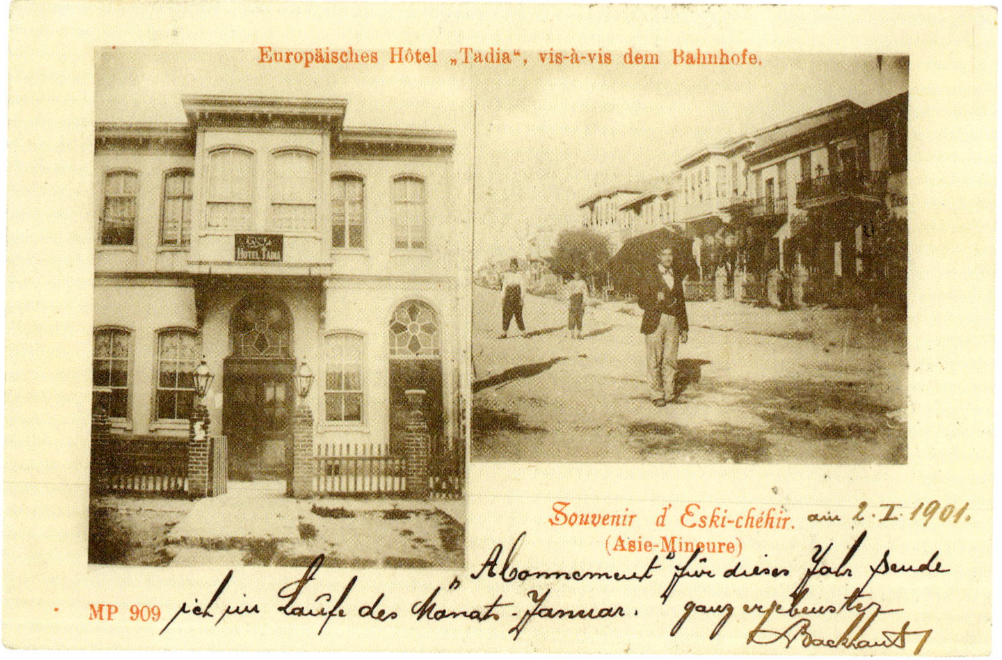

107 *Die Arifiye Straße in Eskişehir.*
138 * 88. Garabed H. Hadjinlian und Söhne, [Eskişehir],
Foto: Izmirlian.

108 *Einkaufsstraße des Köprübaşı Viertels von Eskişehir. Auf den Ladenschildern findet sich in osmanischer, armenischer, griechischer und jüdischer Schrift in türkischer Sprache die Aufschriften "Osmanisches Restaurant" und Französisch "Restaurant". Dem Hersteller der Postkarte Garabed Hadschinlijan gehörten im gleichen Viertel ein Eisenwaren- und ein Schreibwarenladen.*
137 * 90. Garabed H. Hadjinlian und Söhne, [Eskişehir],
Foto: Izmirlian. In osmanischer Schrift:"Andenken an die Adana-Reise, Eskişehir Köprübaşı 13.-14. März 331 [1915]".

109 *Bahnhof von Eskişehir.*
139 * 89. Roupen Démirian, [Eskişehir], 85087.
Osmanisch: "Montag, 18. Juni 328 [1912]."

110 *Das Tadya Hotel gegenüber dem Bahnhof von Eskişehir.*
141 * 90. M. P., 909, "Europäisches Hotel Tadya." Am 4. Januar 1901 nach Wien gesandt.

111 *Das von den Mönchen des Assumptionsordens geleitete Saint Croix (Heilig Kreuz) Collége in Eskişehir. Die Schule wurde von einer großen Zahl armenischer Schüler besucht.*
140 * 90. Fotograf: H. Izmirlian.

112 *Die Internatsschüler des Saint Croix College mit den Schulleitern und den Lehrern.*
139 * 90. Fotograf: H. Izmirlian. Am 12. Oktober 1914 abgesandt.

113 Färbung von Wolle für die Teppichproduktion in Uşak.
138 * 88. Decipris, İzmir, 145. Griechisch: "Boyacılar Sokağı (Färbergasse) in Uşak".

114 Teppichwebende Mädchen in Uşak. Weil sie ihre Köpfe nicht bedeckt haben, kann man annehmen, dass es sich um Nicht-Muslime handelt.
140 * 89. Decipris, İzmir. Griechisch: "Frauen bei der Teppichherstellung in Uşak." Französisch: "Türkische Frauen beim Teppichweben."
Am 13. September 1911 aufgegeben.

115 Teppichwebende Mädchen in Uşak.
138 * 89. Foto: Flabellin.

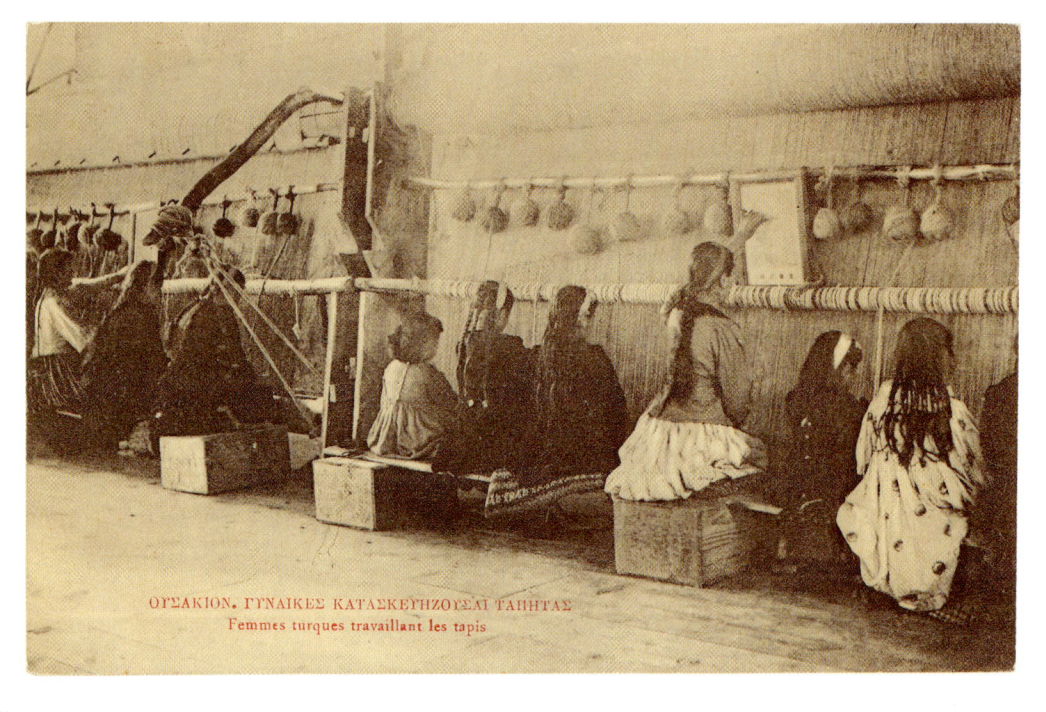

116 Bahnhof von Afyonkarahisar.
140 * 89.

117 Ansicht von Afyonkarahisar.
141 * 91. Max Fruchtermann, İstanbul, 187. Am 26. Juni 1902 nach Frankreich geschickt.

118 Panorama von Afyonkarahisar.
133 * 91. Aufgegeben am 12. März 1915.

119 Blick auf die Stadt Balıkesir auf einer von Haratsch Mijutjun hergestellten Postkarte.
136 * 87. Haratch Mioutune, Balıkesir, 5.

120 Das staatliche Gymnasium Mektep-i Sultani. Im Gegensatz zu vielen anderen Städten gab es in Balıkesir eine große Zahl armenischer Kinder an einer staatlichen Schule.
137 * 88. Haratch Mioutune, Balıkesir, 8.

121 Panorama von Balıkesir.
136 * 88. Haratch Mioutune, Balıkesir, 3.

122 Aussicht auf Balıkesir. In der Mitte des Fotos sind die griechisch-orthodoxe und die armenische Kirche zu sehen.
137 * 90. Haratch Mioutune, Balıkesir, 6.

Balikesser - Vue Générale

Souvenir de Panderma. Vue prise de Havouzlou Bagtché.

Souvenir de Panderma.

Souvenir de Panderma
3 Janvier 1909

Souvenir de Panderma.

123 *Aussicht auf Bandırma vom Viertel Havuzlubahçe.*
137 * 87. Gebrüder Batmanidès, [Balıkesir], 2.

124 *Anlegestelle von Bandırma auf einer von Jervant Kasandschijan hergestellten Postkarte.*
139 * 91. Yervant Kazandjian, [Bandırma].

125 *Aussicht auf Bandırma von See.*
134 * 86. Anastasse Pavlidis, Bandırma. Am 4. Januar 1909 in Bandırma aufgegeben.

126 *Panorama von Bandırma.*
140 * 89. Yervant Kazandjian, [Bandırma].

127 *Aussicht auf Ayvalık.*
138 * 91. C. D. Contaxis, Ayvalık, 15704. Am 22. August 1903 von Midilli abgesandt.

128 *Olivenernte in Edremit auf einer von Haratsch Mijutjun hergestellten Postkarte.*
139 * 88. Haratch Mioutune, Balıkesir, 7.

Die Provinz İstanbul

Die Altstadt, Galata und Pera, Bosporus, Üsküdar, Kadıköy

Die Provinz İstanbul umfaßte neben zehn Stadtbezirken die Landkreise Beykoz, Şile, Kartal, Gebze, Adalar (die Prenzeninseln) und Küçük Çekmece. Im Gegensatz zu heute endete die Provinz bereits vor Büyük Çekmece, reichte jedoch fast bis Hereke in der Nähe von İzmit.

Den von Maghakja Ormanjan 1912 veröffentlichten Daten zufolge belief sich die armenische Bevölkerung İstanbuls auf 161.000, wovon 10.000 Katholiken und 1.000 Protestanten waren. Die osmanische Volkszählung von 1914 gibt die Gesamtbevölkerung der Provinz mit 909.978 Einwohnern an, wovon, einschließlich der 9.918 Katholiken und 1.213 Protestanten, 84.093 Armenier waren.

Die osmanische Hauptstadt İstanbul war Sitz des greogorianischen Patriarchats, dem die meisten Armenier verbunden waren und Sitz des katholisch-armenischen Katholikosats.

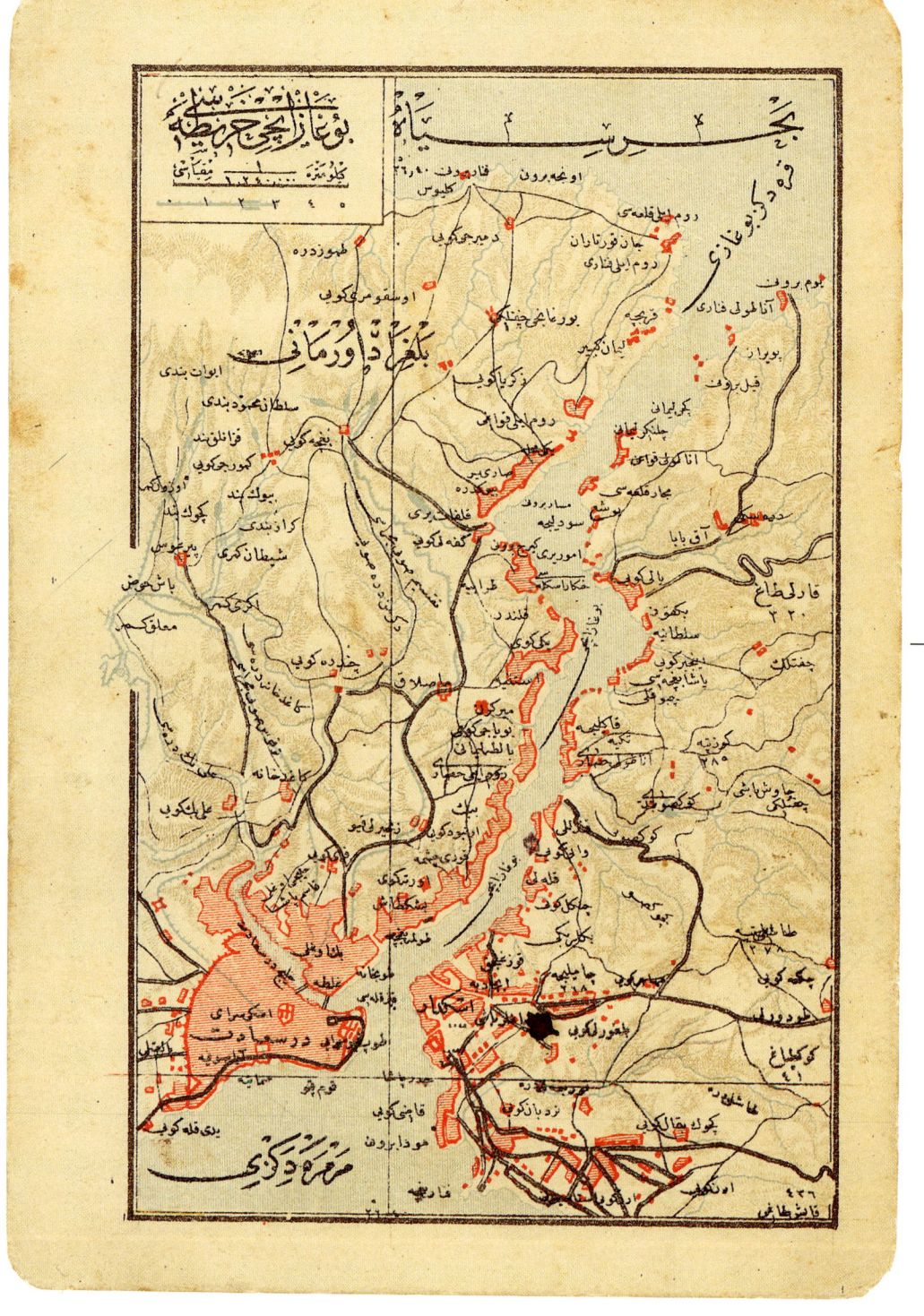

Auch wenn die Präsenz der Armenier in İstanbul bis auf die byzantinische Zeit zurückgeht, so wurden sie erst nach der osmanischen Eroberung zu einer bedeutenden Bevölkerungsgruppe, die über eigene Institutionen verfügte. Zu den Bevölkerungsgruppen, die Fatih Sultan Mehmed nach der Eroberung zur Belebung der Hauptstadt und zur Herstellung eines Bevölkerungsgleichgewichts ansiedelte, gehörten auch die Armenier. In den 450 Jahren von der Eroberung bis zu Beginn des 20. Jahrhunderts ist ihr Beitrag zur Entwicklung der Stadt deutlich erkennbar.

Armenier wurden im Staatsdienst vor allem mit technischen Funktionen betraut und nahmen Aufgaben in der Wirtschaftsführung und Diplomatie wahr. Es gab viele Armenier in den Berufen, die großes Kapital und internationale Beziehungen erforderten, wie der Seetransport, Außenhandel, im Bankwesen und Industrie. Dachte man in der Hauptstadt an Schneider, Juweliere, Bäcker, Schuhmacher, Maurer, Tischler oder Ziegelmacher, so kamen einem zunächst Armenier in den Sinn. Auch unter den freien Berufen wie Ärzte, Apothekern und Rechtsanwälten verfügten Armenier über eine wichtige Position. Viele Gebäude der Hauptstadt, darunter Schlösser, Villen und Moscheen trugen die Unterschrift armenischer Architekten.

Das Gewicht der Armenier im kulturellen und künstlerischen Leben der Stadt beschränkte sich nicht auf ihre eigene Gemeinschaft und Sprache. Armenische Schriftsteller, Komponisten, Schauspieler und Künstler trugen auch zum osmanisch-türkischen Kunst- und Kulturleben bei.

Auf kulturellem Gebiet leisteten die Armenier im Zeitungs-, Druckerei- und Verlagswesen einen wichtigen Beitrag. Die erste armenische Druckerei wurde 1567 in İstanbul gegründet. Zu Beginn des 20. Jahrhunderts gab es viele armenische Druckereien, die mit armenischen, osmanischen (arabischen) und lateinischen Buchstaben druckten.

DIE ARMENISCHE PRESSE

Beginnend 1832 mit dem osmanischen Staatsanzeiger *Takvim-i Vekayi* in armenischer Sprache unter dem Titel *Lro Kir Medsi Derutjanin Osmanjan* (Zeitung des großen osmanischen Staates) erschienen bis 1922 in İstanbul 442 Periodika in armenischer Sprache oder in Türkisch mit armenischer Schrift. Von diesen Zeitungen und Zeitschriften erschienen 158 in dem Zeitraum, der in diesem Buch behandelt wird, d.h. von 1900 bis 1914.

Folgende Periodika wurden bereits im 19. Jahrhundert herausgegeben und erschienen auch noch im 20. Jahrhundert: *Masis* (Ararat bzw. Ağrı Dağı), die von 1852 bis 1908 täglich, zweitägig, wöchentlich, zweiwöchentlich oder monatlich in unterschiedlichen Abständen erschien. *Awedaper* (Verkünder der frohen Botschaft), die von 1855 bis 1915 von amerikanischen Missionaren zunächst wöchentlich, dann zweiwöchentlich und monatlich verlegt wurde. *Giligija* (Kilikien), die von 1861 bis 1875 und dann 1909 zunächst wöchentlich, dann zweiwöchentlich und monatlich erschien. *Manzume-i Efkâr*, die von 1866-1896 in türkischer Sprache mit armenischer Schrift, von 1901 bis 1917 Armenisch erschien. *Puntsch* (Strauß), die 1866 bis 1908 zunächst täglich, dann alle drei Tage und wöchentlich veröffentlicht wurde. *Hajrenik* (Vaterland), die 1870 bis 1896 und 1909 bis 1910 zunächst täglich, dann wöchentlich erschien. *Awedaper* (Verkünder der frohen Botschaft), die von 1872 bis 1911 von amerikanischen Missionaren in türkischer Sprache mit armenischer Schrift herausgegeben wurde und ihre Beilagen *Awedaper Dghajoz Hamar* (Verkünder der frohen Botschaft für Kinder) und *Awedaper Manganz* (Verkünder der frohen Botschaft der Kinder), wie sie ab 1908 hiess und in Armenisch oder Türkisch in armenischer Schrift herausgegeben wurde. *Awedaper Çocuklar İçun* (Verkünder der frohen Botschaft für Kinder, türkisch), eine illustrierte monatlich erscheinende Zeitung, die wiederum von 1872 bis 1896 als Beilage der wöchentlichen *Awedaper* veröffentlicht wurde. *Püragn* (Tausend Quellen), die von 1882 bis 1908 zunächst als monatliche Zeitschrift veröffentlicht wurde, dann alle zwei Wochen erschien, 1900 als Zeitung und 1905 erneut als Zeitschrift herauskam, während sie sich schließlich ab 1906 zur wöchentlichen Handelszeitung wandelte. *Arewelk* (Orient), eine von 1884 bis 1896 und 1898 bis 1912 erscheinende Tageszeitung; die 1884 bis 1897 und dann 1900 bis 1910 vom armenischen Surp Prgitsch Krankenhaus herausgebenen Jahrbücher unter dem Titel *Intarzag Darezujz Askajin Hiwantanozi, Intarzag Orazujz Askajin Hiwantanozi* und *Intarzag Darekirk Askajin Hiwantanozi* (Jahrbuch bzw. Kalender des nationalen Krankenhauses). *Mecmua-i Ahbar*, die offizielle Veröffentlichung des armenisch-katholischen Patriarchats, die von 1884 bis 1906 zunächst in Türkisch mit armenischer Schrift, dann teilweise und später vollständig in Armenisch erschien. *Ceride-i Scharkiye*, die 1885 bis 1921 als Nachfolge der *Terceman-ı Efkâr* zunächst täglich, später alle drei Tage veröffentlicht wurde. *Dzaghig* (Blume), die 1886 bis 1911 zunächst alle zwei Wochen, dann wöchentlich und schließlich täglich herausgegeben wurde. *Jegeghezi Hajsdanjajz* (armenische Kirche) wurde 1888 bis 1889 in İstanbul und dann von 1890 bis 1901 in Manchester veröffentlicht. *Badger* (Bild) wurde 1890 bis 1901 vom armenisch-katholischen Patriarchat alle zwei Wochen herausgegeben, *Joghowrtagan Darezujz* (Jahrbuch für das Volk) erschien von 1894 bis 1908. *Lujs* (Licht) erschien von 1895 bis 1908 zunächst als Wochenzeitung, später als Zeitschrift. *Arattschnort Wadscharaganaz* (Handelsführer) wurde 1896 bis 1901 als monatliche Beilage der *Hanrakidas* veröffentlicht. *Puzantion* (Byzanz) war 1896 bis 1918 eine Tageszeitung. *Hanrakidas* (Enzyklopädie) war 1896 bis 1908 zunächst eine Zeitung und dann eine Zeitschrift. *Intarzag Hamaskajin Orazujz* (ausführlicher nationaler Kalender) wurde 1897 bis 1918 als Veröffentlichung eines Waisenhauses herausgegeben. *Mosajik* war eine Satirezeitschrift, die von 1897 bis 1898 erschien. *Surhantag* war eine 1899 bis 1908 veröffentlichte Tageszeitung. Sowie die *Nüt* (Thema oder Paragraph), die 1900 alle drei Tage erschien.

Zu Beginn des 20. Jahrhunderts wurden folgende Periodika begonnen: *Manzume-i Efkâr* war von 1901 bis 1909 und 1912 bis 1917 eine Tageszeitung, die in Armenisch und in Türkisch mit armenischer Schrift erschien. *Fonograf* war 1901 eine wöchentliche Satirezeitung. *Dsaghig Gananz Hadug* (Blumen, eigens für Frauen), erschien von 1905-1907 als illustrierte feministische Wochenzeitung. *Darezutjuz Nschan Babigjan* (Jahrbuch des Nschan Babigjan) erschien von 1905 bis 1908 als illustriertes Jahrbuch. *Hanrakidas Albom* (Enzyklopädisches Album) erschien von 1906 bis 1908 als Beilage der Wochenzeitung Hanrakidag. *Amenun Darezujz* (Jahrbuch für Jedermann) wurde 1907 bis 1923 zunächst in İstanbul, später in Europa veröffentlicht. *Lujs Gananz Hadug*

(Licht, eigens für Frauen), erschien 1907 als Nachfolger der *Dsaghig Gananz Hadug* als illustrierte Wochenzeitung. *Dsaghig* (Blume) war eine von 1907 bis 1908 eigens für Kinder und Jugendliche herausgegebene illustrierte Wochenzeitung. Sowie die *Mecmua-i Ahbar*, die von 1907 bis 1914 als Zeitung alle drei Tage erschien.

Mit der Wiederherstellung der Verfassung 1908 begann mit dem Erscheinen folgender Periodika ein regelrechter Presseboom: *Astag* (Wirkung) erschien von 1908 bis 1909 als Wochenzeitung. *Amanor* (Neues Jahr) wurde 1908 vom Surp Hagop Waisenhaus herausgegeben. *Arewdur* (Handel) erschien 1908 in Armenisch, Türkisch und Französisch als illustrierte Wochenzeitung und kann als Nachfolgerin der *Püragn* bewertet werden. *Asub* (Sternschnuppe) erschien 1908 mit nur einer Ausgabe. *Ardsiw* (Falke) erschien 1908-1909 als Wochenzeitung. *Sig-Sag* war eine 1908 alle drei Tage herausgegebene Satire-Zeitung. *Jamanag* (Zeit) wird seit 1908 bis heute als Tageszeitung herausgegeben – in der Zeit von 1920 bis 1924 erschien sie unter dem Namen *Joghowurti Zajni-Jamanag* (Volksstimme – die Zeit). *Gawrosch* wurde 1908 bis 1926 zunächst täglich, dann alle zwei Tage und wöchentlich als Satire-Zeitung herausgegeben. *Hajreniki Knar* (Harfe des Vaterlandes) war eine 1908 herausgegebene illustrierte wöchentliche Zeitung. Die *Bajkar* (Kampf) wurde 1908 veröffentlicht. *Knar Araradjan* (Ararat Harfe) erschien 1908 mit nur einer Ausgabe. *Knar Hajsagan* (Armenische Harfe) war eine 1908 alle zwei Monate veröffentlichte Musikzeitschrift. *Okkabas* (Gaukler) wurde 1908 als wöchentliche Satire-Zeitung in Armenisch, Französisch, Griechisch und Türkisch herausgegeben. *Fru-Fru* wurde 1908 bis 1909 als wöchtliche Satire-Zeitung veröffentlicht. *Asadamard* (Freiheitskampf) wurde 1909 bis 1914 und von 1918 bis 1921 als Tageszeitung veröffentlicht. *Amsorja Deghegadu* (Monatliches Bulletin) wurde von 1909 bis 1914 als Zeitschrift des Schülervereins zunächst monatlich, ab 1910 alle zwei Monate herausgegeben. *Arawod* (der Morgen) erschien 1909 bis 1914 als Wochenzeitung. *Awarajr* erschien 1909 alle zwei Wochen. *Araks* (Aras) erschien 1909. *Kaghapar* (Gedanke) war eine 1909 erscheinende Tageszeitung. *Kartal* (Falke) war eine 1909 herausgegebene illustrierte Satire-Zeitung. *Karun* (Frühling) erschien 1909 als Wochenzeitung. *Kidagiz* war eine 1909 veröffentlichte Zeitschrift. *Trachd* (Paradies) erschien von 1909 bis 1910 zunächst wöchentlich, dann alle zwei Wochen in Armenisch und Türkisch mit armenischer Schrift. *Lila* erschien 1909 alle zwei Tage als Satire- und Frauenzeitung. *Charasan* (Peitsche) war eine 1909 veröffentlichte Satire-Zeitung. *Dsiadsan* (Regenbogen) erschien 1909 bis 1910 sonntags. *Garapnad* (Guillotine) war 1909 bis 1910 eine illustrierte wöchentliche Satire-Zeitung. *Gigo* erschien zwischen 1909 und 1914 zunächst täglich, dann alle zwei, dann alle drei Tage und schließlich wöchentlich als Satire-Zeitung. *Gohag* (Große Welle) erschien 1909 bis 1914 und dann 1919 zunächst als illustrierte Wochenzeitung, später wurde sie alle drei und dann alle zwei Tage herausgegeben. *Haj Aschchar* (Armenische Welt) war eine 1909 bis 1914 und 1919 veröffentlichte Wochenzeitung. *Zajn Grtutjan* (Stimme der Erziehung) erschien 1909 als Wochenzeitung mit nur einer Ausgabe. *Necat-i Millet* erschien 1909 wöchentlich in armenischer und osmanischer Sprache. *Nor Hosank* (Neue Strömung) war eine 1909 herausgegebene Wochenzeitung. *Ttschah* (Fackel) war eine 1909 erscheinende Zeitschrift. *Sasun* erschien 1909 als monatliche illustrierte Zeitung. *Dadschar* (Heiligtum) erschien zwischen 1909 bis 1918 zunächst zwei Mal im Monat, danach wöchentlich. *Darezujz Lila* (Lila Jahrbuch) erschien 1909. *Orakir* (Tagebuch) war 1909 eine Tageszeitung. *Asadamard* (Freiheitskampf) erschien zwischen 1910 und 1911 wöchentlich als Beilage der gleichnamigen Zeitung. *Abaka* (Zukunft) erschien zwischen 1910 und 1914 als illustrierte Wochenzeitung. *Kritsch* (Stift) war eine 1910 erscheinende illustrierte Monatszeitung. *Jergrakordsagan Hantes* (Landwirtschaftszeitschrift) wurde 1910 mit nur einer Nummer als Wochenzeitung herausgegeben. *Gawrosch-Gigo* (die Zeitung erschien mal unter dem einen, mal unter dem anderen Namen) war eine zwischen 1910 und 1913 wöchentlich herausgegebene Satire-Zeitung. *Gawroschin Darezujz* (Jahrbuch des Gawrosch) wurde zwischen 1910 und 1927 herausgegeben. *Gigoji Darezujz* (Jahrbuch des Gigo) erschien 1910 bis 1915. *Haj Usanogh* (Armenischer Schüler/Student) erschien 1910 bis 1911 als illustriete Monatszeitung. *Hi-Hi-Hi* erschien 1910 als Satire-Zeitung im drei Tage Rhythmus. *Mer Darezujz* (Unser Jahrbuch) erschien zwischen 1910 und 1914. *Newa Gam Seda-j Ermenjan* wurde 1910 als Wochenzeitung veröffentlicht. *Nor Pem* (Neue Bühne) war eine 1910 herausgegebene Wochenzeitung. *Schogh* (Strahl) wurde 1910 bis 1913 von der Mechitaristen Schule zunächst monatlich, dann alle zwei Wochen als Zeitschrift herausgegeben. *Tschesok* (Unparteiisch) erschien von 1910 bis 1911 zunächst als Wochen-, dann als Tageszeitung. *Asdgh Petlehemi* (Stern von Jerusalem) war eine von 1911 bis 1912 herausgegebene Zeitschrift. *Pakin* (Tempel) erschien von 1911 bis 1912 als wöchentliche Beilage der *Asadamard*. *Kawarin Darezujz* (Jahrbuch der Provinz) erschien 1911. *Gugug* war eine 1911 sonntags erscheinde Satire-Zeitung. *Zurna* trat als ebenfalls sonntags erscheinende Satirezeitung von 1911 bis 1912 die Nachfolge der Gugug an. *Leblebidschi* erschien 1911 als wöchentliche Zeitschrift für Theater und Humor. *Lraper* (Berichterstatter) erschien 1911 mit nur einer Ausgabe als Zeitschrift. *Lusarzag* (Projektor) war eine 1911 bis 1914 erscheinende Tageszeitung. *Lusin* (Mond) erschien 1911 als Tageszeitung. *Gajds* (Funke) war eine 1911 bis 1914 herausgegebene monatliche Zeitschrift. *Gartazek Sis* (Lest mich) war eine 1911 bis 1912 herausgegebene wöchentliche Roma-Zeitschrift. *Hüs-ni Nijet* erschien 1911 mit nur einer Ausgabe als Monatszeitung. *Marmnamars* (Gymnastik) war eine zwischen 1911 bis 1914 erscheinde illustrierte Gymnastikzeitschrift, die zunächst monatlich, dann zwei wöchentlich herausgegeben wurde. *Schant* (Blitz) wurde 1911 bis 1915 und 1918 bis 1919 alle zwei Wochen als Zeitschrift herausgegeben. *Wosdan* (Hauptstadt) war eine von 1911 bis 1912 und von 1919 bis 1922 alle drei Monate erscheinende Zeitschrift. *Bajkar* (Kampf) erschien 1911 als Tageszeitung. *Rahnuma* erschien zwischen 1911 bis 1914 zunächst wöchentlich, danach alle zwei Wochen als Zeitung. *Usumnaran* (Erziehungsanstalt) war 1911 bis 1915 eine Monatszeitung. *Astag* (Wirkung) war eine Tageszeitung, von der zwischen 1912 bis 1913 drei Ausgaben erschien. *Aratschamard* (Bevorstehender Kampf) war eine 1912 herausgegebene Tageszeitung. *Pakin* (Tabernakel) war eine 1912 herausgegebene Tageszeitung. *Putania* (Izmit) erschien zwischen 1912 und 1913 als Tageszeitung. *Jergunk* (Geburtswehen) war eine 1912 bis 1914 erscheinende Monatszeitung. *Hajreni Darezujz* (Vaterlands-Jahrbuch) erschien 1912. *Murdsch* (Meißel) wurde 1912 als Tageszeitung herausgegeben. *Newsal-i Ermenjan* erschien 1912 bis 1914. *Nor Aschchar* (Neue Welt) war eine 1912 herausgegebene Tageszeitung. *Rahwira* war eine 1912 veröffentlichte Tageszeitung. *Sew Kadu* (Schwarze Katze) erschien von 1912 bis 1913 als wöchentliche Satire-Zeitung. *Sochag* (Nachtigal) erschien von

1912 bis 1913 als Monatszeitschrift. *Weradsnunt* (Renaissance) erschien von 1912 bis 1913 als Monatszeitschrift. *Petag* (Bienenkorb) wurde von 1912 bis 1914 als monatlich erscheinende illustrierte Zeitschrift veröffentlicht. *Papmir* erschien 1913 mit nur einer Ausgabe als Wochenzeitung. *Küşhadndes* (Landwirtschaftsexperte) war eine 1913 bis 1914 veröffentlichte illustrierte Zeitung. *Tajlajlig* wurde von 1913 bis 1914 alle zwei Tage als Zeitung verlegt. *Gadag* (Witz) war eine 1913 bis 1914 veröffentlichte Wochenzeitung. *Gindo* war eine 1913 bis 1914 verlegte illustrierte Satire-Zeitung. *Hajun Darezujz* (Jahrbuch des Armeniers) erschien 1913 bis 1914. *Herazajn* (Telefon) erschien 1913 als Tageszeitung. *Hugo* war 1913 eine wöchentliche Satire-Zeitung. *Hos-Hos* (Geschwätz) erschien 1913 als wöchentliche Satire-Zeitung. *Hujs* (Hoffnung) erschien 1913 bis 1914 als monatliche Zeitschrift des türkischen Vereins zur Bekämpfung des Alkohols. *Manana* erschien von 1913 bis 1914. *Meşhu* (Biene) war eine mit nur einer Ausgabe erschienene Tageszeitung. *Schant* (Blitz) war eine 1913 bis 1914 erscheinende Tageszeitung. *Schuschan* (Lilie) erschien 1913 als wöchentliche illustrierte Zeitung. *Sa-Ta-Na* war eine 1913 bis 1914 und 1919 veröffentlichte Satire-Zeitung. *Dadschar Manganz* (das Gotteshaus für Kinder) erschien 1913 bis 1915 als illustrierte Monatszeitschrift. *Ardas* erschien 1914 als Monatszeitung. *Panper* (Bote) war eine 1914 verlegte Tageszeitung. *Wertschin Lur* (Neueste Nachrichten) ist 1914 ab Nr. 92 als Fortsetzung des Panper erschienen. *Küşhandndesi Darezujz* (Jahrbuch des Landwirtschaftsexperten) erschient 1914. *Haj Tbroz* (Armenische Schule) wurde von armenischen Lehrern und Schülern der staatlichen İstanbuler Schulen als monatliche illustrierte Bildungszeitung herausgegeben. *Hoschosi Darezujz* (Jahrbuch des Geschwätzigen) wurde 1914 veröffentlicht. *Dschagadamard* (Krieg) erschien 1914 bis 1915 und 1918 bis 1924 als Tageszeitung. *Mangagan Gjank Gam Mer Porzer* (Welt der Kinder oder Unsere Erfahrungen) erschien 1914 als Monatszeitung. *Mehjan* (Tabernakel) erschien 1914 als Monatszeitschrift. *Mimos* (Nachahmer) war 1914 eine wöchentliche Satire-Zeitschrift. *Nawasart* (das vorchristliche Neujahr der Armenier) erschien 1914 als Jahrbuch. *Schark Salnamesi* (Orient Jahrbuch) erschien 1914. *Ramgawar* (Demokrat) erschien 1914 als Monatszeitschrift. *Sargawakin Darezujz* (Sargawak Jahrbuch) wurde 1914 bis 1927 veröffentlicht. *Vertschin Lur* (Neueste Nachrichten) war eine 1914 bis 1924 herausgegebene Tageszeitung. Ein Gesundheitsjahrbuch *Darezujz* (Kalender) erschien 1914. *Darezujz* (Kalender) erschien 1914. *Zolk* (Strahl) wurde 1914 von der Getronagan Schule als Monatszeitung veröffentlicht. *Pantir* wurde 1914 als Wochenzeitung herausgegeben.

SIEDLUNGSORTE

In der Liste im Anhang des Buches des armenischen Patriarchen Maghakja Ormanjan über armenische Kirchen werden für İstanbul zu jener Zeit 43 Kirchen in 38 Stadtvierteln benannt. Zu diesen auch heute noch größtenteils tätigen Kirchen müssen noch die katholischen und protestantischen armenischen Kirchen hinzugerechnet werden.

In İstanbul, wo sich mehr als 60 armenische Schulen befanden, ging ein bedeutender Teil der armenischen Kinder auf Schulen, die von katholischen oder protestantischen Missionaren gegründet worden waren.

Die wichtigsten armenischen Siedlungsorte, Kirchen und Schulen in İstanbul werden im Folgenden aufgeführt.

INNERHALB DER STADTMAUER

Die Siedlungen mit hoher armenischer Bevölkerung lagen alle am Ufer des Marmara Meeres, in dem Gebiet, das von der noch aus byzantinischer Zeit stammenden Stadtmauer umgeben war.

Kumkapı war das wichtigste Viertel der İstanbuler Armenier, nicht nur weil hier die meisten Armenier lebten, sondern weil es auch das religiöse und politische Zentrum war. Hier befand sich das Partiarchat der armenischen Kirche, mit dem die meisten der im Land lebenden Armenier verbunden waren. Die Patriarchatskirche war die Asdwadsadsin Kirche, in deren Innenhof sich noch die Surp Chatsch, die Surp Wortworz Worodman Kirche sowie die Surp Toros Quelle befanden. Besdschijan und Lusaworitschjan waren wichtige armenische Schulen des Viertels.

Außerhalb von Kumkapı, wo sich die Surp Harutjun Kirche befand, gab es die Boghosjan und die WarWarjan Schule.

Auch Gedikpaşa, gelegen auf dem abfallenden Hügelkamm vom größten Geschäftszentrum İstanbuls Richtung Marmara Meer, war aus armenischer Sicht ein wichtiges Viertel. Hier gab es die Surp Howhannes Awedaranitsch Kirche und die Surp Mesrobjan Schule. Hier, wo sich die größte armenisch-protestantische Kirche befand, gab es auch ein amerikanisches Missionshaus.

Die Siedlungen mit hoher armenischer Bevölkerung begannen in Kumkapı und Gedikpaşa und zogen sich am Marmara Meer entlang bis Yedikule an der Stadtmauer.

In Yenikapı, wo sich die Surp Tateos Partoghimeos Arakjalk Kirche befand, gab es die Surp Arakeloz Schule und direkt an den Gemüsegärten in Langa die Hajganuschjan Schule. In Samatya (heute: Kocamustafapaşa) befand sich die Surp Kework Kirche mit der Surp Howhannes Mgrditsch Quelle. Diese Kirche war bis zur türkischen Eroberung ein griechisches Kloster und wurde dann den Armeniern gegeben, die es bis 1641 als Patriarchat benutzten. In dem Viertel lagen neben der Sahakjan und der Nunjan-Wartuchjan Schule noch die katholisch-armenische Surp Anaradhghutjun Kirche und die Mesrobjan Schule. In Narlıkapı befand sich die Surp Howhannes Awedaranitsch Kirche und die Horenjan und die Warwarjan Schule. In Altımermer lagen die Hilhatır Surp Hagop Kirche und die Nersesjan Schule.

Das armenische Viertel in Topkapı, dem wichtigsten Landtor der Stadt, wurde von den Poscha genannten Armeniern mit Roma-Abstammung gegründet. In dem Viertel gab es die Surp Nigoghajos Kirche sowie die Lewonjan und die Wartuchdjan Schule.

In Balat, das am Goldenen Horn liegt, befanden sich in der armenischen Siedlung die Surp Hreschdagabed Kirche und die Horenjan Schule.

In Eminönü Fincancılar gab es die protestantische Emanuel Kirche. In dem sich von Eminönü, Sirkeci, Cağaloğlu über Sultanhamam, Bahçekapı, Mahmutpaşa und Kapalıçarşı erstreckenden Handelszentrum verfügten armenische Gewerbetreibende, Händler und Freiberufler über ein deutliches Gewicht.

AUSSERHALB DER STADTMAUER

Gegenüber von Yedikule, außerhalb der byzantinischen Stadtmauer befand sich das Surp Prgitsch Krankenhaus. Das als zu den bedeutendsten Gesundheitseinrichtungen seiner Zeit zählende Krankenhaus verfügte über ein

Panorama du Bosphore.

Waisenhaus, ein Altenheim, Werkstätten und die Surp Prgitsch Kapelle. Auch der größte armenische Friedhof befand sich in dieser Gegend. Im nächstgelegenen Zeytinburnu befand sich die Surp Hagop Kirche und die Surp Prgitschjan Schule.

In Makriköy (heute: Bakırköy) gab es die Asdwadsadsin Kirche sowie die Dadjan und die Besasjan Schule, im angrenzenden Azatlı (wo heute Ataköy liegt) lag die Surp Asdwadsadsin Kirche und in Ayastefanos (heute: Yeşilköy) befanden sich die Surp Stepannos Kirche und die Kapamadschjan Schule.

Auf der dem Goldenen Horn zugewandten Seite befand sich in Eyüp die Surp Asdwadsadsin Kirche und im Defterdar Viertel, das im gleichen Gebiet liegt, die Surp Jeghja Kirche sowie die Besdschijan Schule.

GALATA UND PERA

Die Surp Krikor Lusaworitsch Kirche, die zu den ältesten der Armenier in İstanbul zählt, und die Getronagan Schule, das größte armenische Gymnasium, befanden sich in Galata. Außerdem befand sich dort die Lusaworitschjan Grundschule. Die katholischen Armenier verfügten im Viertel über die Surp Hisus Prgitsch Kirche und eine Schule.

Dem Ufer des Goldenen Horns folgend befanden sich in Kasımpaşa die Surp Hagop Midzpina Kirche und die Mesrobjan Schule, sowie in Hasköy die gregorianisch-armenische Surp Stepannos Kirche und die Nersesjan Schule sowie eine Kirche der protestantischen Armenier.

Die Surp Jerrortutjun Kirche, in der sich außerdem die Surp Minas Kapelle befand, war die größte Kirche der gregorianischen Armenier in Pera. Im Viertel gab es außerdem die Surp Harutjun und die Surp Lusaworitsch Kirche sowie die Esajan, Naregjan, Lusaworitschjan und die Arschagunjan Schule.

Das Patriarchat der katholischen Armenier befand sich in der Sakızağa Caddesi, wo sich auch die Asdwadsadsin Kirche befand. Zu dieser Kirche gehörte außerdem die Lusaworitschjan Schule. Die beiden anderen Kirchen der katholischen Armenier in Pera waren die Surp Howhan Wosgeperan und die Surp Jerrortutjun. Die protestantischen Armenier besaßen die Avedaranagan Amenasurp Jerrortutjun Kirche.

Das von katholischen Armeniern gegründete Surp Hagop Krankenhaus befand sich an der Nordspitze Peras. Auf dem gegenüber des Krankenhauses gelegenen armenischen Friedhof gab es außerdem die Surp Lusaworitsch Kirche.

Im etwas weiter gelegenen Pangaltı befanden sich im Komplex der Mechitaristenmönche die Anaradhghutjun Kirche, die Mesrobjan Schule sowie ein Waisenhaus und eine Berufsschule, die zuvor in Yedikule eröffnet wurden, dann aber hierher verlegt worden waren.

In Şişli gab es einen gregorianischen und einen katholischen Friedhof der Armenier, in Feriköy die Surp Wartananz Kirche und die Mesrobjan Schule. Im Darülaceze, zu dessen Gründung auch Armenier mit Spenden beigetragen haben und in dem alte Menschen aus verschiedenen Religionsgemeinschaften untergebracht waren, befand sich die Surp Asdwadsadsin Kirche.

EUROPÄISCHES BOSPORUS-UFER

In der sich von Beşiktaş beginnenden bis zum Büyükdere in Sarıyer erstreckenden Region befanden sich viele Kirchen und Schulen der dort lebenden Armenier. In Beşiktaş gab es die Surp Asdwadsadsin Kirche und die Makruhjan Schule, in Ortaköy die Hntragadar Surp Asdwadsadsin Kirche und die Surp Tarkmantschaz, die Hripsimjanz und die Hegdarinjan Schule. In Kuruçeşme befand sich die Jerewman Surp Hatsch Kirche und die Surp Tarkmantschaz Schule, in Rumelihisarı die Surp Santuchd Kirche sowie die Surp Tateosjan Schule. In Boyacıköy die Surp Jeriz Manganz Kirche sowie eine gleichnamige Schule. In İstinye befand sich die Surp Howhannes Garabed Kirche, in Yeniköy die Surp Asdwadsadsin Kirche sowie die Mamigonjan Schule. Die Surp Hripsime Kirche sowie die Surp Hripsimjanz und die Mesrobjan Schulen in Büyükdere waren Einrichtungen der gregorianischen Armenier.

Die katholischen Armenier hatten in Ortaköy die Surp Krikor Lusaworitsch, in Yeniköy die Surp Howhannes Mgirditsch, in Tarabya die Surp Andon und in Büyükdere die Surp Boghos Kirche sowie zu jedem Kirchenkreis eine Schule.

ASIATISCHES BOSPORUS-UFER

Auf der anatolischen Bosporus-Seite gab es in Beykoz, Kuzguncuk und Üsküdar bedeutende armenische Gemeinschaften. In Beykoz gab es die Surp Nigoghajos Kirche sowie die Nigoghajosjan Schule, in Kandili die Jergodasan Arakjalk Kirche und die Surp Arakeloz Schule.

In Üsküdar mit seinem hohen armenischen Bevölkerungsanteil, konzentrierten sie sich auf drei Viertel. In İcadiye in Kuzguncuk gab es die Surp Krikor Lusaworitsch Kirche und die Nersesjan Jermonjan Schule. In der Oberstadt von Üsküdar in Selamiye bzw. Selamsız gab es die Surp Hatsch Kirche und eine Schule gleichen Namens. In der angrenzenden Siedlung Yenimahalle befand sich die Surp Garabed Kirche sowie die Dschemeran Schule. Der größte armenische Friedhof auf der asiatischen Stadtseite befand sich im etwas weiter gelegenen Bağlarbaşı.

KADIKÖY UND DAS UFER DES MARMARA MEERES

In Kadıköy verfügten die gregorianischen Armenier über die Surp Takawor Kirche und die Aramjan Schule und die katholischen Armenier über die Surp Lewon Kirche.

In Kartal befand sich die Surp Nischan Kirche und die Besdschijan Schule. Die einzige ländliche Siedlung der Armenier İstanbuls befand sich im nahe bei Alemdağ gelegenen Ermeniköy. Die Bevölkerung des Dorfes, wo sich die Surp Nischan Kirche und eine Grundschule gleichen Namens befand, lebte fast ausschließlich vom Holzgewerbe. Die in der Nähe des Dorfes gelegenen Landlokale waren beliebte Ausflugsorte, die die Armenier İstanbuls bei schönem Wetter aufsuchten.

DIE PRINZENINSELN

Auf den mehrheitlich von Griechen bewohnten Prinzeninseln lebten Armenier auf Büyükada, Kınalıada und Heybeliada.

Auf der einzigen Insel, wo die Armenier in der Mehrheit waren, auf Kınalıada, befand sich die Surp Krikor Lusaworitsch Kirche und die Nersesjan Schule. Auf Büyükada verfügten die katholischen Armenier über die Surp Asdwadsadsin Kirche.

132

Scutari
Serai-Spitze Sophien-Moschee Achmed Moschee
Hohe Pforte
Sophien-Moschee
Brücke zwischen Constantinopel u. Galata
Bosporus
Stambul
Scutari
Marmara-Meer
Constantinopel.
Friedhof in Scutari

133

VUE DE LA CORNE D'OR. (PRISE D' EYOUB)
ROBERT COLLÈGE
A ROUMÉLI HISSAR.
Souvenir de
CONSTANTINOPLE.
VUE DE BUYUKDÉRÉ (PRISE DU CÔTÉ DE LA MER.)
Max Fruchtermann, Editeur, Constantinople

134

Salut du Bosphore
(Constantinople)
Orta Keui
Débarcadère

129 Provinz-Karte von İstanbul.
144 * 104. Tüccarzade İbrahim Hilmi, İstanbul.

130 Bosporus-Karte.
103 * 147. Tüccarzade İbrahim Hilmi, İstanbul.

131 Ein Bosporus-Panorama für das ein Foto der armenischen Fotografen Gebrüder Gülmez verwendet wurde.
560 * 90. Max Fruchtermann, İstanbul, 1288/92.
Foto: [Gebrüder] Gülmez.

132 Eine İstanbul-Postkarte im Steindruck. Zu sehen sind Üsküdar, Sarayburnu, die Hagia Sophia und die Sultan Ahmed Moschee, Babıâli (Die Hohe Pforte), der Dolmabahçe Palast, der Friedhof von Üsküdar und ein Stadtplan.
138 * 91. Geographische Postkarten Wilhelm Knorr. Bürgerschuldirektor in Grottau (Böhmen), 141. Abgesandt am 25. März 1898.

133 Eine İstanbul-Postkarte im Steindruckverfahren. Zu sehen sind Eyüp, das Robert College und Büyükdere.
134 * 87. Max Fruchtermann, İstanbul.

134 Moschee und Anlegestelle von Ortaköy auf einer von Lewon Adschemjan in Bursa an Jerwant Adschemjan in Saloniki am 10. (gem. neuem Kalender 22.) August 1897 abgesandten Postkarte, die im Steindruckverfahren hergestellt ist. Die Moschee ist ein Werk des Hof-Architekten Nigoghos Baljan.
91 * 141. „Mit dieser Karte, möchte ich von Ihnen fünf Postkarten. Nr. 7, 8, 9, 15 und 16. Grüße in Liebe und Sehnsucht. Bitte schicken Sie meine fünf Karten eiligst. Den Brief vom 14.02.07 habe ich erhalten. Ich antworte in vier bis fünf Tagen."

135 Eine Postkarte zur Verfassungsdeklaration mit einer Aufschrift in fünf Sprachen: Armenisch, Griechisch, Osmanisch, Französisch und Ladino, ein von Juden gesprochenes Altspanisch. In der Mitte der Postkarte befindet sich Sultan Abdülhamid, der die Verfassung wieder in Kraft setzte.
142 * 93. M. J[sraelowitz], C[onstantinople], İ[stanbul], 86. Am 26. Oktober 1908 von Makriköy (heute: Bakırköy) nach Bukarest gesandt. „Ausruf der Verfassung am 24. Juli 1908.", „Es lebe Freiheit, Gleichheit, Brüderlichkeit, Gerechtigkeit", „Es lebe die Verfassung".

136 Eine in Armenisch und Osmanisch beschriftete Postkarte zur Wiedereinsetzung der Verfassung.
138 * 90. Osmanisch: „Hoch lebe der Sultan. Freiheit, Gerechtigkeit, Gleichheit, Brüderlichkeit. Es lebe die Freiheit. Fi 26 Cemazüyelahir sene 1326 [24. Juli 1908].", „Es lebe die Verfassung. 11./24. Juli 1908. Gleichheit, Freiheit, Brüderlichkeit." Auf der Fahne in armenischer Schrift „Freiheit".

*137 Die Wahlen nach Wiedereinsetzung der Verfassung.
Vertreter verschiedener Völker an der Wahlurne
im Mekteb-i Sultani (Galatasaray Lizeum). Das Mädchen
in der Mitte des Bildes trägt ein Plakat mit der Aufschrift
"Wahlurne Galatasaray" in osmanischer, griechischer
und armenischer Schrift.*
136 * 89. A78589. Am 12. März 1913 abgeschickt.

*138 Die Repräsentanten an einer anderen Wahlurne in der
gleichen Schule. Der in drei Sprachen gefertigte Schriftzug
ist dieses Mal an der Wahlurne befestigt.*
139 * 90. A77588. Am 20. März 1911 abgeschickt.

*139 Der Transport der Wahlurne von der Mekteb-i Sultani
zum Wahlkomitee. Die Demonstranten tragen ein
Transparent mit der Aufschrift "Gerechtigkeit" und ein
Portrait von Ziya Paşa.*
137 * 92. Druck: O.P.F. "Muslimische und armenische Schüler
beiderlei Geschlechts bringen nationale Lieder in Türkisch
und Armenisch singend die Wahlurnen zurück."

*140 Eine andere Postkarte, die das gleiche Ereignis mit
einem anderen Foto wiedergibt. Ein muslimischer
Geistlicher und ein armenischer Bischof sitzen zusammen
in einer Kutsche.*
139 * 89. Druck: O.P.F.

*141 Eine Verfassungsfeier vor der Pforte der armenischen
Surp Jerrotutjun Kirche in Galatasaray auf einer von der
armenischen Firma Arakeljan hergestellten Postkarte.*
139 * 91. R. D. Arakelian Şirketi, İstanbul, 3.

*142 Armenische Schüler feiern die Wiedereinsetzung der
Verfassung auf einer Postkarte der Firma Arakeljan.*
139 * 89. R. D. Arakelian Şirketi, İstanbul, 5.

Les jeunes élèves des deux sexes musulmans et arméniens, chantant des chants nationaux en turc et en arménien., vont déposer les urnes.
(L'inscription en langue turque du centre signifie "Justice")

Dans un landau, un grand prêtre musulman, ayant à sa droite l'évêque arménien.

3. serie de la "Turquie Libre.,,
Porte de l'Eglise Arménienne S<u>te</u> Trinité le 19. Juillet (v. s.) 1908.

5. serie de la "Turquie Libre.,,
Ecoliers Arméniens le 19. Juillet (v. s.) 1908.

143 Ansicht von Mahmutpaşa, einer der Einkaufsstraßen İstanbuls. Das Schild des Schuhgeschäftes H. Melkonjan ist in Armenisch, Griechisch und Osmanisch geschrieben.
92 * 140. Römmler und Jonas, Dresden, 15037, 25.

144 Die Galata Brücke auf einem Foto von Sébah & Joaillier. Die Postkarte wurde von A. Muradjan nach Frankreich gesandt.
140 * 90. Max Fruchtermann, İstanbul, 1417.
Foto von Sébah & Joaillier

145 Das Goldene Horn auf einer von Sylvia und Mériam Kupeljan zum Austausch nach Frankreich gesandten Postkarte.
140 * 90, Römmler und Jonas, Dresden, 15009 x.

146 Die Postkarte zeigt Sirkeci vor dem Bau der Anlegestellen.
137 * 88.

147 Der Sultanahmed Platz auf einer Postkarte, die von Mari, der Schwester des Architekten Garo Baljan, an diesen nach Kairo geschickt wurde. Auf der Karte findet sich ein vermutlich für die Ehefrau Baljans, Hajganusch, bestimmtes Rezept für eine Medizin, die für die Behandlung von Stillwunden verwendet werden soll.
İstanbul, 7. Februar 1912,
(Dies ist der Platz meines verstorbenen Vaters)
Liebe Hajganusch,
nachdem eine Zitrone geteilt wird, werden zwei oder drei Stückchen Honigwachs mit fünf bis sechs Tropfen Olivenöl in die leicht ausgedrückte Zitrone geträufelt. Diese wird dann in Holzkohleglut gekocht. Dabei entsteht eine Pomade, die Tag und Nacht aufgetragen werden muß. Mach morgens, bevor Du sie zwei Mal aufträgst, zunächst ein Bad mit lauwarmen Wasser und trag sie erst danach auf. Du legst Zigarettenpapier darüber und wäschst Dich, bevor Du das Kind stillst. Aber hab keine Angst, es ist keine schädliche Medizin. Ich sollte aber auch noch sagen, dass Du nicht, weil es weh tut, die Salbe nicht aufträgst. Du wirst sehen, nach dreimaligem Auftragen ist es vorbei. Ich küsse Dich.
Mari."
140 * 89. Max Fruchtermann, İstanbul, 1100.

DIE PROVINZ İSTANBUL
Die Altstadt, Galata und Pera, Bosporus, Üsküdar, Kadıköy

148 Das Ufer von Kumkapı, wo sich das armenische Patriarchat befand.
139 * 91. 228. Am 12. Juni 1904 nach Frankreich abgesandt.

149 Der Große Bazar, wo viele armenische Handwerker und Händler ihre Geschäfte hatten. Die armenischen Juweliere und Goldschmiede im Çuhacı Han und in dem auf Silberverarbeitung spezialisierten Kalcılar Han waren für ihr Handwerk und ihre hochspezialisierten Meister berühmt.
140 * 91. Max Fruchtermann, İstanbul, 402.

150 Der Cevahir Bedesteni im Großen Bazar, wo wertvolle Stoffe und Antiquitäten verkauft und auch Versteigerungen durchgeführt wurden.
139 * 89, 237.

151 Blick auf Samatya von See. In der Mitte der Karte ist die Nunjan-Wartukhjan Schule, rechts davon die Surp Kework Kirche und ganz rechts die Sahakjan Schule zu sehen.
139 * 88. IPA-CT, 10711.

CONSTANTINOPLE – Vue de Psamatia sur la mer de Marmara

DIE PROVINZ İSTANBUL
Die Altstadt, Galata und Pera, Bosporus, Üsküdar, Kadıköy

79

152 *Eine freiwillige Feuerwehr auf einer Postkarte der armenischen Fotografen Gebrüder Abdullah. Die vermutlich mit einer armenischen Kirche verbundene Feuerwehr trägt auf der Spritze das Motiv der heiligen Jungfrau Maria und des Jesuskinds.*
136 * 90. Max Fruchtermann, İstanbul, 1603. Foto: [Gebrüder] Abdullah.

153 *Der armenische Balıklı Friedhof auf einer von Krikor Haschmanjan am 22. März 1908 von Adapazarı nach Manchester geschickten Postkarte. Es war ein religiöser Brauch, am Jahrestag des Todes oder am 40. Tag nach dem Tode am Grab Essen zu verteilen.*
141 * 89. Max Fruchtermann, İstanbul, 1374.

154 *Das Ufer von Makriköy (heute: Bakırköy), das über eine große armenische Bevölkerung verfügte und wo sich die Surp Asdwadsadsin Kirche und die Dadjan Schule befanden.*
141 * 90. 555. Am 10. August 1904 abgeschickt.

155 Die Bahnstation von Ayastepanos (heute: Yeşilköy), wo sich die Surp Stepannos Kirche und die Kapamadschjan Schule befanden. Auf der Rückseite der Karte befindet sich der Stempel des Absenders, N. H. Nahabedjan.
140 * 90. M. J[sraelowitz], C[onstantinople], 360.

156 Anlegestelle von Ayastepanos.
136 * 89. Au Bon Marché. Druck: A Breger Frères, Paris, 57.

157 Das Ufer von Ayastepanos.
138 * 89. Au Bon Marché, 112.

158 Péra — Constantinople

159 Constantinople. Place de Galata. *A. Zellich Fils, éditeurs. No. 41.*

160 Rue Youksek-Kaldirim à Galata — Constantinople

158 *Fernansicht von Galata und Pera.*
141 * 91. Römmler und Jonas, Dresden, 15006 v.

159 *Der Karaköy Platz.*
139 * 90. A. Zellich Söhne, 41.

160 *Vielsprachige Firmenschilder in der Yüksek Kaldırım Straße, die von Galata nach Pera führt. Das weiße Schild links vorn zeigt in osmanischer, armenischer und griechischer Schrift das Hotel Eskişehir von Gdawdschjan, das rechts hinten zu sehende Schild in osmanischer, armenischer und griechischer Schrift das Hotel İzmit von Hadsche Towmas. Die Postkarte wurde von einem Sammler, der angibt, über 2.000 Karten zu verfügen, zwecks Austausch am 9. April 1901 nach Paris gesandt.*
90 * 140. Römmler und Jonas. Dresden, 15019 BH.

161 *Der Hafen von Karaköy auf einer an den in Nişantaşı lebenden Rafajel Tengürjan gesandten Postkarte.*
„Kadı-köy, 16. Juni 1906
Herr Isbannaki (Spinat)
Herr Maydanoz (Petersilie)
Frau Pırasa (Lauch)
Frau Kereviz (Selerie)
und Frau Kuşkonmaz (Spargel)
Wir sind gestern von der Schule aus zur „Ménagerie" in Mühürdar gegangen. Da gab es Löwen usw, ich erzähle dir mehr, wenn ich komme. Die Namen der Affen habe ich oben in den ersten fünf Zeilen geschrieben.
Aram."
140 * 90. Max Fruchtermann, İstanbul, 1349. Auf armenisch ist auf der Karte noch „3 Stück" notiert.

162 *Das Tepebaşı Theater, in dem viele armenische Schauspieler auftraten. Das Theatergebäude ist ein Werk des armenischen Architekten Howsep Asnawor.*
139 * 90. Max Fruchtermann, İstanbul, 348. Am 23. Mai 1902 von Heybeliada abgesandt.

163 Das Tokatljan Hotel, eines der größten und erlesenen Hotels in Pera, auf der heutigen İstiklal Straße. Das auf einem Grundstück der Surp Jerrortutjun Kirche erbaute Hotel wurde von Mgrdiç Tokatljan betrieben. Tokatljan, der drei Hotels besaß, war auch Inhaber einer Bäckerei und einer Konditorei.
140 * 93. Fratelli Haim.

164 Das Sommerhotel Tokatljan an der Nordspitze der Bucht von Tarabya.
138 * 89. Am 15. Juli 1909 nach Frankreich gesandt.

165 Das dritte Hotel von Tokatljan, das Summer Palace an der Südseite der Bucht von Tarabya.
143 * 95. Fratelli Haim.

HOTEL M. TOKATLIAN
GRAND'RUE DE PÉRA - CONSTANTINOPLE

HÔTEL „MEGUERDITCH TOKATLIAN" — THERAPIA „HAUT BOSPHORE"

SUMMER PALACE
THÉRAPIA (HAUT-BOSPHORE) CONSTANTINOPLE
Propriété des Hôtels M. TOKATLIAN

166 Das Geschäft von M. Samuelides in Tatavla
(heute: Kurtuluş) mit Namenszug „Chicago Grocery"
in Griechisch, Osmanisch, Armenisch und Englisch.
89 * 139.

167 Der katholische Friedhof in Feriköy. Auch wenn sich
in der Nähe von Şişli ein weiterer armenisch-katholischer
Friedhof befand, wurden auch auf dem katholischen
Friedhof viele Armenier bestattet.
139 * 88. Gebrüder Ludwigsohn, İstanbul. Am 30. November 1902
abgeschickt.

168 Sarayburnu auf einer Postkarte der „Gesellschaft der Freunde Istanbuls". Zu den Mitgliedern der am 15. Juli 1911 mit dem Ziel, die Schönheit İstanbuls zu erhalten und die Bevölkerung zu sensibilisieren, gegründeten Gesellschaft gehörten türkische, armenische, jüdische und griechische Persönlichkeiten aus İstanbul sowie bekannte Persönlichkeiten aus dem Ausland. Zu den bekanntesten Armeniern auf der Mitgliederliste der Gesellschaft gehörten Bedros Halladschjan, Jerwant Tersijan, Lewon Demirbaschjan, Aram Karagösjan, Diran Kelekjan, Iplikjan Efendi, Berdsch Kordschijan, Manukjan Efendi sowie Kujumdschujan Paşa aus Beirut. Die Gesellschaft, die durch Initiativen bei Stadtverwaltung und Regierung zum Erhalt historischer Bauten beizutragen und einer häßlichen, die Schönheit der Stadt schädigenden Bebauung vorzubeugen versuchte, hat auch eine große Zahl von Postkarten herausgegeben.
141 * 89. E. F. Rochat, İstanbul, Edition d'Art de l'Orient, 1.

169 Tarabya auf einer Postkarte der Gesellschaft der Freunde Stambuls.
140 * 91. E. F. Rochat, İstanbul, Edition d'Art de l'Orient, 3.

170 Das Saint Benoit Collège in Galata. In İstanbul, wo sich rund 60 armenische Schulen befanden, besuchte ein Teil der armenischen Kinder die von Missionaren gegründeten Schulen.
138 * 89. Au Bon Marché, İstanbul.

171 Die Mekteb-i Sultani (Galatasaray Lizeum), das von vielen armenischen Schülern besucht wurde. Das Schulgebäude ist ein Werk des Hofarchitekten Sarkis Baljan.
138* 88. Au Bon Marché, İstanbul, 135. Am 30. August 1911 von Bebek abgesandt.

172 Das Sainte Pulchérie Collège für Mädchen in Beyoğlu, das auch armenische Schülerinnen besuchten.
137 * 89. Au Bon Marché, [Pera] İstanbul

173 *Das St. Joseph Collège in Kadıköy, das von vielen armenischen Schülern besucht wurde.*
139 * 90. A. Benoit, Paris.

174 *Das Internat Notre-Dame de Sion in Kadıköy, das auch armenische Schüler besuchten.*
139 * 89. Neuilly, Paris. Foto: L. Freon. Am 22. August 1911 nach Frankreich gesandt.

175 *Das Sainte Euphémie Internat in Kadıköy-Haydarpaşa.*
135 * 94.

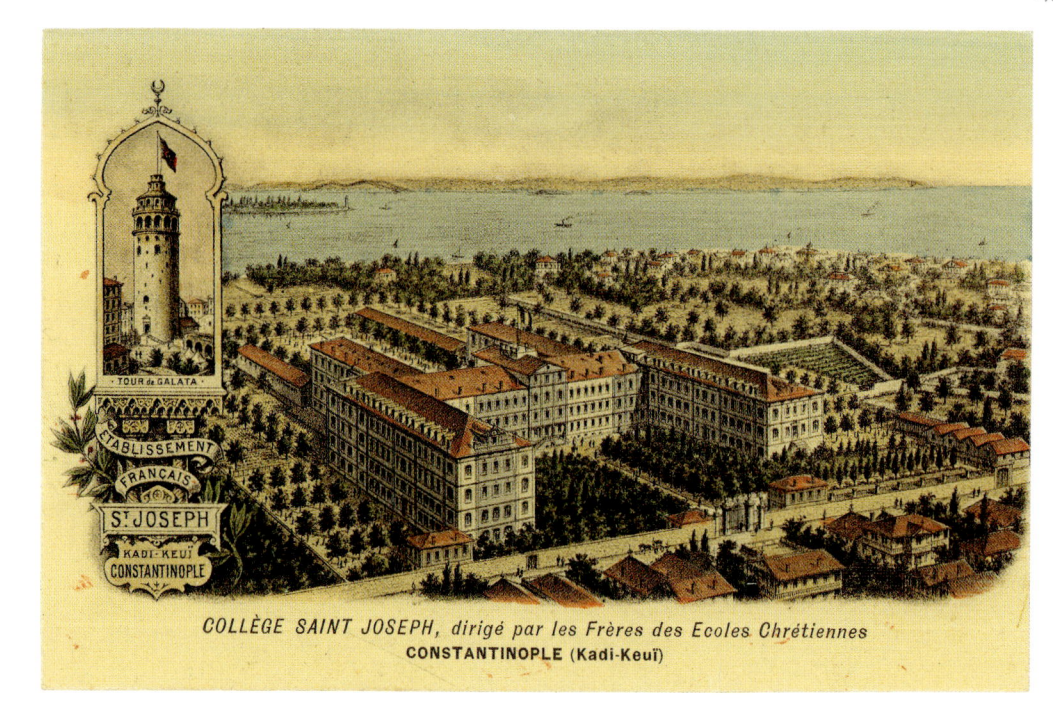

176 Die amerikanische Mädchenschule in Üsküdar, die
auch von vielen armenischen Schülerinnen besucht wurde.
137 * 88. FAC, 102.

177 Die amerikanische Mädchenschule in Arnavutköy,
die auch armenische Schülerinnen hatte.
140 * 89.

178 Das Robert College, an dem auch viele armenische
Schüler ausgebildet wurden.
136 * 87. Max Fruchtermann, İstanbul, 1251.
Foto: Sébah & Joaillier.

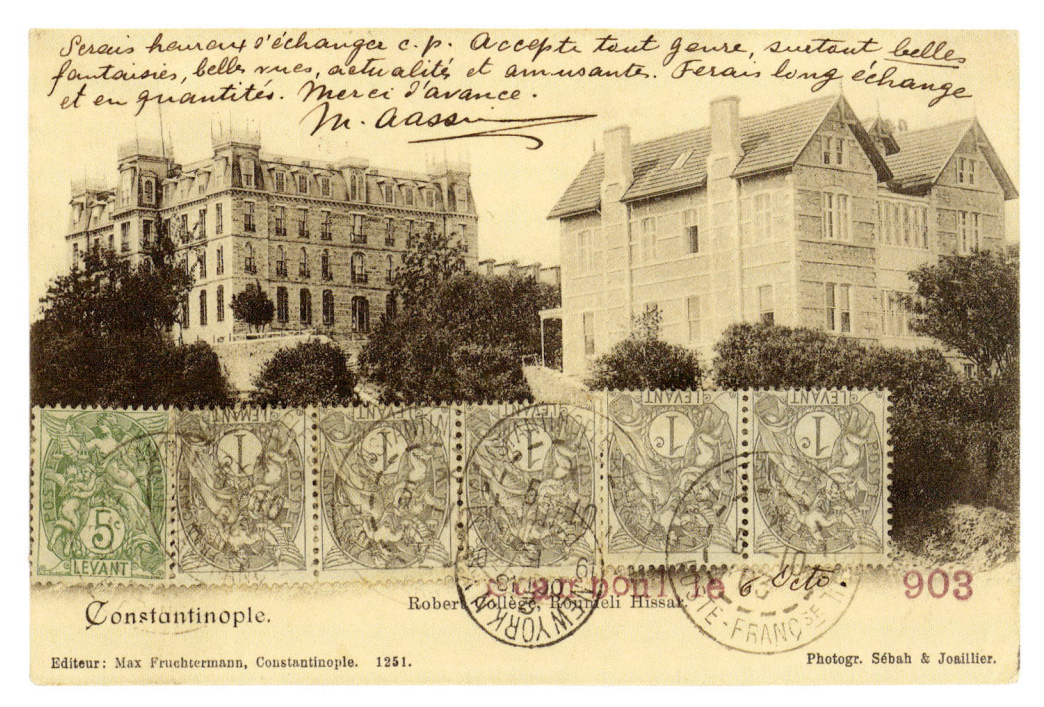

N.-D. de Sion, Constantinople. - Feri-Keuï

179 Schülerinnen des Notre-Dame de Sion Collège in Feriköy, das auch armenische Mädchen besuchten, an der Schulpforte. Eine am 14. August 1911 von einer an der Schule beschäftigten Nonne versandte Postkarte, auf der sie die Schlafzimmer der Nonnen mit einem x kennzeichnete.
140 * 91. Gebr. A. Breger, Paris.

180 Das amerikanische Missionshaus in İncirdibi in Gedikpaşa, das auch als Schulhaus diente.
138 * 89. [Max Fruchtermann]. „Was denkst Du jetzt über das Missionshaus? Mand hat es fotografiert und Herr Fruchtermann gedruckt." Am 8. Mai 1906 nach Schottland abgeschickt.

181 Die Halkalı Landwirtschaftsschule, die zahlreiche armenische Landwirte ausbildete.
138 * 92.

182 Waisenhaus der Lazarener Mission, das Kinder verschiedener Völker aufnahm.
140 * 91. Mission Lazariste. Druck: Paris, Frankreich. „‚Milchtropfen' (goutte de lait) – für 50 türkische, griechische, armenische, syrisch-christliche und jüdische Kinder."

183 Das Ufer von Beşiktaş, einem Viertel mit großer armenischer Bevölkerung, wo sich die Surp Asdwadsadsin Kirche und die Makruhjan Schule befanden.
139 * 89. 35.

184 Die Sarkisbey Insel bei Kuruçeşme (heute: Galatasaray Insel). Auf der Insel befand sich eine Villa des Hofarchitekten Sarkis Baljan.
140 * 90. A. Zellich Söhne, 25.

A. MOURADYAN
14 Rue LALÉ, (PER)
CONSTANTINOPLE (Teurquie)

185 Bebek auf einer Postkarte mit einem Foto von Sébah & Joaillier. Die Rückseite trägt den Stempel des Absenders, A. Mouradjan.
137 * 89. Max Fruchtermann, İstanbul, 1625.
Foto: Sébah & Joaillier.

186 Panorama von Bebek und das deutsche Waisenhaus.
146 * 94. Bischof und Klein, Frankfurt. Am 8. September 1904
von Hamburg abgesandt.

187 Eine Fischerhütte vor Bebek und ein Blick auf Üsküdar
auf einer Postkarte, die am 11. Mai 1912 von Mari,
der Schwester des Architekten Garo Baljan in Kairo,
an ihren Bruder gesandten Postkarte. Die Üsküdar-Ansicht
stammt vom armenischen Fotografen Iranjan.
138 * 89. Max Fruchtermann, İstanbul, 103.
„Mein lieber Bruder Garo,
Die 472 Kurusch habe ich gerade bekommen. Vielen Dank.
Besondere Küsse für die Babies und an Euch. Bitte schreibt mir,
ob es Euch allen gut geht. Wir befürchten, dass die Straßen zur
Zeit nicht offen sind. Bekommt Ihr meine Briefe? Viele Küsse.
Deine Schwester Mari."

188 Das Ufer von Büyükdere, wo sich die Surp Hripsime
Kirche, die Surp Hripsimjanz Schule sowie die armenisch-
katholische Surp Boghos Kirche befanden. Die Postkarte
wurde am 14. März 1905 von Adolf Kapamadschjan nach
Frankreich gesandt.
139 * 89. Max Fruchtermann, İstanbul, 1570. Foto: Phébus.

189 Eine Postkarte von Beykoz, wo eine armenische Gemeinde lebte und wo sich die Surp Nigoghajos Kirche und eine gleichnamige Schule befanden.
130 * 90. Au Bon Marché, Pera (Istanbul), 220.

190 Eine Postkarte von Kandilli, wo sich die Surp Jergodasan Kirche und die Surp Arakeloz Schule befanden.
139 * 89. Au Bon Marché, Pera (Istanbul), 200

191 Eine Üsküdar-Postkarte mit einem Foto des armenischen Fotografen Iranjan.
138 * 89. Max Fruchtermann, İstanbul, 1165. Foto: Iranian.

192 Ein Holz- und Kohlendepot in Kadıköy mit Firmenschild in fünf Sprachen (Osmanisch, Armenisch, Griechisch, Französisch, Ladino).
139 * 89. Constantin Nittis, Kadıköy.

193 Das Ufer von Kadıköy, wo sich die Surp Takawor Kirche, die Aramyan Schule sowie die armenisch-katholische Surp Lewon Kirche befanden.
139 * 89. Constantin Nittis, Kadıköy.

194 Eine Postkarte, die den Kurbağalıdere in Kadıköy zeigt.
139 * 89. Max Fruchtermann, İstanbul, 1298. Von P. Bakajan an Rafayel Tngrjan in Nişantaşı gesandt.
„14. August 1906
Meine lieben Freunde,
Ich hatte zwar versprochen am Sonntag zu kommen, aber ich konnte nicht. Erwartet mich nun am Dienstag."

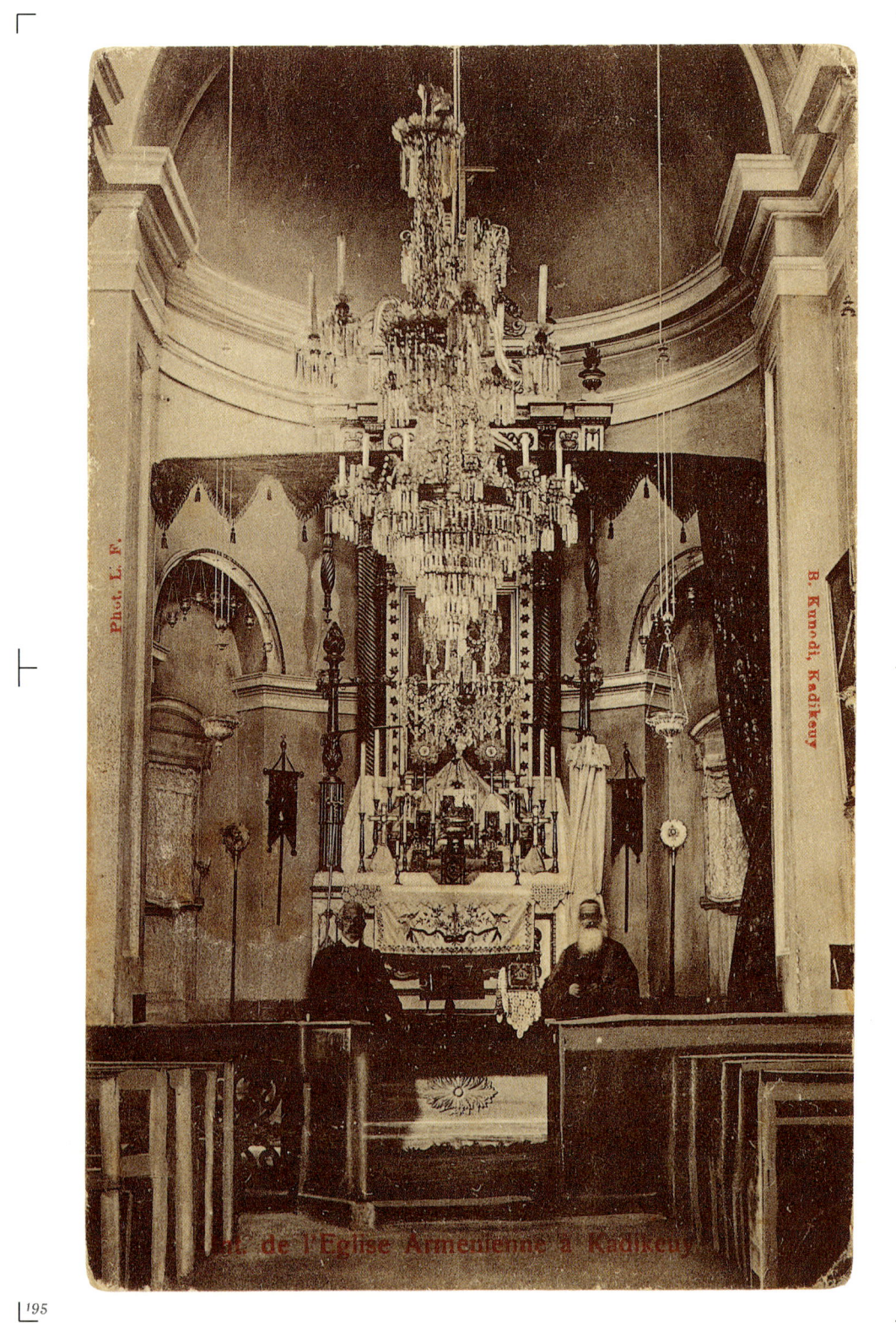

Phot. L. F.

B. Kunodi, Kadikeuy

Int. de l'Eglise Arménienne à Kadikeuy

Constantinople. Debarcadère de Kadi-Keuï.
Photogr. Abdullah.

195 Innenansicht der Surp Takawor Kirche in Kadıköy.
88 * 138. B. Kunodi, Kadıköy, Foto: L. F.

196 Postkarte der Anlegestelle in Kadıköy für die eine Aufnahme der armenischen Fotografen Gebrüder Abdullah verwandt wurde. Über dem Abfertigungshaus befindet sich eine Reklame in Armenisch.
139 * 90. Max Fruchtermann, İstanbul, 1094.
Foto: [Gebrüder] Abdullah.

197 Die Fußballmannschaft Dsidsernag (Schwalben) aus Kadıköy. Auf der Rückseite der von einem Waisenhaus der amerikanischen Hilfsorganisation Near East Relief auf Korfu abgesandten Postkarte steht: "Mit dieser Karte bewahrt ihr mein Andenken. Hagop Garabedjan."
136 * 86. 8432.

198 Blick vom Meer auf Kartal, wo sich die Surp Nschan Kirche und die Besdschijan Schule befanden.
138 * 90. Max Fruchtermann, İstanbul, 1405.

199 Der Bahnhof von Pendik auf einer Postkarte, die am 23. August 1912 von einer Armenierin namens Adrine an Nwart Gewrek in Paris geschickt wurde.
139 *87. Karl Braun, Berlin, 25849.
„Seit Montag bin ich in Pendik. Ich plane ungefähr 10 Tage zu bleiben. Es ist ein schöner Ort und wir gehen immer aus. Auch nehme ich Bäder. Meine Mutter liegt mir wegen den Bädern immer in den Ohren. Zuerst bekam es mir nicht, aber jetzt habe ich mich gewöhnt. Seit langem habe ich von Ihnen keine Nachricht bekommen. Die Briefe erreichen mich wohl spät.
Ich küsse alle.
Adrine."

200 Die alte Anlegestelle von Büyükada, wo sich eine große armenische Gemeinde sowie die armenisch-katholische Surp Asdwadsadsin Kirche befand.
139 * 89. Römmler und Jonas, Dresden, 15058 ag.

201 Die Terasse des Yacht-Clubs auf Prinkipo (Büyükada) auf einer Postkarte, für die die Aufnahme des armenischen Fotografen Aleksanjan verwandt wurde. Zu den Gründern des Clubs gehörten auch Armenier.
140 * 90. [Yacht Club Prinkipo]. Foto: O. Alexanian.
Am 7. September 1909 abgesandt.

202 Die neue Anlegestelle von Büyükada, die ein Werk des armenischen Architekten Mihran Asarjan ist.
140 * 89. J. M. F., Galata, 1340/41.

203 Seeansicht auf Heybeliada, wo eine armenische
Gemeinde lebte.
139 * 89. Max Fruchtermann, İstanbul, 1583.
Foto: Sébah & Joaillier.

204 Blick auf Burgazada vom See.
138 * 89. Max Fruchtermann, İstanbul, 1585. Foto: Andriomenes.
Am 21. Juni 1906 abgesandt.

205 Kınalıada, wo die Armenier die Bevölkerungsmehrheit
stellten und sich die Surp Krikor Lusaworitsch Kirche sowie
die Nersesjan Schule befanden.
138 * 90. M. J[sraelowitz] C[onstantinople,[İstanbul], 378.

Palais de Dolma-Bagtché

Constantinople

L'église Bulgare à Phanar. Salut de Constantinople.

Entrée et Tour du Séras-Kiérat. Salut de Constantinople.

Salut de Constantinople. Entrée de la Caserne d'Artillerie à Taxim (Péra).

206 Das Dolmabahçe Serail, ein Werk der Hofarchitekten Garabed und Nigoghas Baljan.
140 * 91. Otto Keil, İstanbul. Die Postkarte besteht aus zwei Schichten. Auf ein gelbes Grundpapier wurde der Druck auf grünem Papier, das an einigen Stellen ausgeschnitten wurde, geklebt. Hält man die Postkarte ans Licht, so strahlen dank der Ausschnitte die Fenster des Schlosses, der Mond und die Wiederspiegelungen im Meer.

207 Die Bulgarische Kirche in Fener, ein Werk des armenischen Architekten Howsep Asnawor.
142 * 89. 560.

208 Das vom Hofarchitekten Sarkis Baljan gebaute Kriegsministerium (Harbiye Nezareti) und der von Senekerim Baljan, ebenfalls Hofarchitekt, gebaute Feuerwehrturm von Beyazit.
140 * 88. 278.

209 Die Artilerie Kaserne am Taksim auf einer am 10. März 1904 von Harutjun Haçopjan verschickten Postkarte. Wenn auch einige Bauhistoriker als Architekten der Kaserne Garabed Baljan angeben, so konnte dies aus armenischen Quellen nicht bestätigt werden.
140 * 91. 231.

210 Eine Postkarte der Hereke Fabrik, die von Howhannes und Boghos Dadjan gegründet wurde. Die 1843 als private Stofffabrik gegründete Produktionsstätte ging zwei Jahre später an den Staat über. Der erste Direktor der Fabrik war ein Armenier namens Meister Sarkis und das Gebäude ist das Werk des armenischen Architekten Garabed Amira Baljan.
138 * 90. Thausis-zade Mehmed Nazif, İzmit.

211 Die Hereke Fabrik.
138 * 89. 743

Der Bezirk İzmit

İZMİT, ADAPAZARI, ARMAŞ, BAHÇECİK, YALOVA

Der aus den Landkreisen İzmit, Adapazarı, Geyve, Karamürsel, Kandıra und Yalova bestehende Bezirk İzmit unterstand direkt der Zentralregierung. Im Bezirkszentrum İzmit gab es ein dem Istanbuler Patriarchat unterstehendes Erzbistum. Der Einzugsbereich des Erzbistums İzmit reichte bis Pazarköy (heute: Orhangazi) in der Provinz Bursa, wo es eine große armenische Bevölkerung gab. Armaş (heute: Akmeşe), wo sich ein Kloster und ein Priesterseminar befanden, war demgegenüber eine eigenständige religiöse Einheit.

Den von Maghakja Ormanjan 1912 veröffentlichten Daten zufolge lag die armenische Bevölkerung der Region einschließlich Pazarköy bei 71.100, worunter sich 500 katholische und 600 protestantische Armenier befanden. In der osmanischen Volkszählung von 1914 wird die armenische Bevölkerung des Bezirks mit ca. 58.000 angegeben.

DER LANDKREIS İZMİT

Ein Drittel der Bevölkerung des Landkreises İzmit (arm. Nikometya), dessen Einwohnerzahl gemäß der osmanischen Volkszählung mit 71.349 angegeben wurde, waren Armenier.

In der Stadt İzmit mit ihren 12.000 Einwohnern lebten mehr als 4.500 Armenier, die sich vor allem auf die Siedlungen Karabaş und Kozluk konzentrierten. Die Surp Asdwadsadsin Kirche, wo sich auch der Erzbischofssitz befand, lag in dem im Westen der Stadt gelegenen Karabaş Viertel. Die in İzmit lebenden Protestanten und Katholiken verfügten ebenfalls über je eine Kirche.

Für Jungen gab es die Lusaworitschjan und für Mädchen die Kajianjan Schule, wobei die armenischen Kinder auch die katholischen und protestantischen Schulen besuchten.

In der Stadt, die an der von Istanbul nach Anatolien führenden Bahnstrecke liegt und über einen wichtigen Hafen verfügte, hatten armenische Gewerbetreibende insbesondere als Seiden- und Tabbakhändler ein besonderes Gewicht.

1850 erschien die erste armenische Zeitung *Hajrenaser* (Patriot) von İzmit, wo zu Beginn des 20. Jahrhunderts eine Reihe von Periodika herausgegeben wurde. Es waren die 1909 veröffentlichte *Aşhawni* (Taube), die 1909 wöchentlich erscheinende *Chtan* (Trieb) und die 1910 bis 1911 zunächst täglich, dann wöchentlich erscheinende *Pütanja* (Bythinia), die 1912 nach Adapazarı umzog.

Das 30 Kilometer nordöstlich von İzmit gelegene Armaş (später Ermişe, heute: Akmeşe) war eines der wichtigsten religiösen Zentren der Armenier. Das Leben der 1.500 Einwohner der Kleinstadt, die alle Armenier waren, kreiste um den Klosterkomplex, in dem sich die Tscharhapan Surp Asdwadsadsin Kirche und das einzige Priesterseminar West-Anatoliens befand. Auf den ausgedehnten Ländereien des Klosters, das über eine Druckerei, eine am Nebenarm des Sakarya-Flusses, am Bıçkıdere gelegene Mühle und eine Bäckerei verfügte, wurde Landwirtschaft und Seidenraupenzucht betrieben. Das Kloster war, vor allem vom 8. bis 20. September, ein wichtiger Wallfahrtsort, den Tausende Istanbuler besuchten. Doch zu den Besuchern von Armaş zählten nicht nur gregorianische Armenier, sondern auch Griechen, Katholiken und sogar Muslime. Außer dem Priesterseminar gab es im Ort die von Jungen und Mädchen besuchte Naregjan Schule.

Im 5 Kilometer von Armaş entfernten Pirahmed (arm. Khaskal) lebten ungefähr 800 Armenier. Im Dorf, das kirchlich in die Zuständigkeit des Klosters von Armaş fiel, gab es die Surp Hagop Kirche und die Hagopjan Schule. Das Dorf, das zum Kandıra Kreis gehörte und der Verwaltung in Kaymaz unterstand, lebte von Landwirtschaft, Viehzucht und Handwerk. Ein anderes nahe bei Armaş gelegenes Dorf, in dem Armenier lebten, war Mecidiye, wo es die Surp Chatsch Kirche und eine Schule gab.

Im zwischen İzmit und Armaş gelegenen Dağköy, wo sich die Surp Nschan Kirche und die Sahakjan Schule befanden, lebten ca. 400 Armenier.

In Arslanbey, südwestlich von İzmit, nahe bei der Fes-Fabrik und der Fabrik für Militärstoffe, gab es eine armenische Siedlung mit 3.000 Einwohnern. Während ein großer Teil der Bevölkerung in der Stofffabrik arbeitete, ging man auch der Seidenraupenzucht, Tabak- und Traubenzucht sowie der Köhlerei nach. Nahe am Dorf, wo sich die Surp Asdwadsadsin Kirche und die Mamigonjan Schule befanden, gab es außerdem noch den Surp Towma genannten Wallfahrtsort.

Eine andere vollständig von Armeniern bewohnte Siedlung der Region war Bahçecik (arm. Bardisag) mit seinen ungefähr 10.000 Einwohnern. In der südlich des Golfs von İzmit, ungefähr vier Kilometer landeinwärts gelegenen Kleinstadt gab es die Surp Hagop, Surp Takawor und die Surp Minas Kirchen sowie die Nersesjan-Schuschanjan Schule. Außerdem verfügten katholische und protestantische Armenier in der Kleinstadt über eigene Kirchen und Schulen. Das von amerikanischen Missionaren gegründete Kolleg wurde insbesondere auch von Schülern aus West- und Mittelanatolien besucht. Als letzte Station auf der Dampfschifflinie zwischen İzmit und İstanbul verfügte die Kleinstadt dank ihrer Anlegestelle über eine ununterbrochene Verbindung zur Hauptstadt. Seidenraupenzucht, Gemüse-, Wein- und Obstanbau sowie verschiedene Handwerke waren hoch entwickelt. Wegen seinem angenehmen Klima und der bewaldeten Umgebung war der Ort auch eine Sommerfrische für armenische Intellektuelle aus İstanbul. Soziale und kulturelle Aktivitäten waren in der Kleinstadt sehr hoch entwickelt. Während am Ort regelmäßige Theateraufführungen stattfanden, hatte er auch einen hohen Stellenwert für die armenische Presse. Zuerst erschien in lithographischer Form 1847 wöchentlich in volkstümlicher Sprache der *Panper Bardisag* (Bardisag Bote). Zu Beginn des 20. Jahrhunderts erschienen bereits mehrere Periodika: Der *Kischer* (Abend) erschien von 1908 bis 1910. 1908 wurde die Satire-Zeitschrift *Gschir* (Waage) herausgegeben. Mit nur einer einzigen Ausgabe erschien 1908 *Bardisag*. Von 1909 bis 1914 erschien halbjährlich der *Bardisag*. Von 1910 bis 1912 wurde die Monatszeitschrift *Paros* (Leuchtturm) herausgegeben. Von 1911-1914 erschien wöchentlich die *Meghu* (Biene) und von 1912 bis 1914 zweiwöchentlich *Bajkar* (Kampf).

Eine andere wichtige, in der Nähe von Bahçecik gelegene armenische Siedlung war Ovacık (oder auch Yuvacık), wo sich die Surp Krikor Lusaworitsch und die Surp Jeghja Kirche sowie die Wartanjan-Wartuchjan Schule befanden. Dort wurde 1908 eine Zeitschrift mit dem Titel Knarig veröffentlicht.

Andere Dörfer mit armenischer Bevölkerung im Umkreis von Bahçecik waren Döngel mit der Surp Sarkis Kirche und der Dadschadjan Schule, Zakar mit der Surp Krikor Lusaworitsch Kirche, Jamarvayr mit der Surp Garabed Kirche sowie Manuşag (heute: Menekşe) mit der Surp Asdwadsadsin Kirche und der Howhanjan Schule. Die Armenier von Manuşag, einem Ort mit 900 Einwohnern, stammten aus Hemşin und beschäftigten sich mit Tabakanbau, Bienen-, Tier- und Seidenraupenzucht sowie der Zucht von Vögeln.

DER LANDKREIS ADAPAZARI

Der osmanischen Volkszählung zufolge lebten 17.000 Armenier im Landkreis, die sich vor allem auf die Kreisstadt Adapazarı konzentrierten. Fast die Hälfte der 25.000 Einwohner von Adapazarı waren Armenier. Nemçeler, Malacılar und Gazeller waren Stadtviertel, wo sich die armenische Bevölkerung konzentrierte.

In der Stadt gab es vier armenische Kirchen und zu jeder Kirche gehörig je eine Schule für Mädchen und eine für Jungen. Zur Surp Garabed Kirche gehörten die Nersesjan und die Santuchdjan Schule, in der Umgebung der Hreschdagabed Kirche befanden sich die Aramjan und die Kajianjan Schule, bei der Surp Krikor Lusaworitsch Kirche die Rupinjan und die Hripsimjan Schule und bei der Stepannos Kirche die Mesrobjan und die Nunjan Schule. 1909 wurde außerdem eine zentrale Mittelschule gegründet, die 1912 um einen weiterführenden Ausbildungsgang für Mädchen ergänzt wurde.

Protestantische Missionare verfügten in der Stadt über eine eigene Kirche, eine vor allem von armenischen Kindern besuchte Grundschule sowie ein Kolleg mit Internat.

In Adapazarı, das seine Entwicklung zunächst der Lage an den Karawanenwegen und ab dem späten 19. Jahrhundert der Eisenbahnstrecke von İstanbul nach Anatolien verdankte, hatten armenische Kaufleute eine bedeutende Position. Durch die in den umliegenden Dörfern verbreitete Seidenraupenzucht entwickelten sich die Seidenweberei und der Seidenhandel. Zu den weiteren Berufen, auf die sich Armenier konzentrierten, gehörte das Lederhandwerk, insbesondere die Schuhmacherei, die Herstellung von Ziegeln und anderem Baumaterial sowie das Schmiedehandwerk.

Mit Vereinen wie *Interasiraz* (Freunde des Lesens), *Grtasiraz* (Freunde der Bildung) und dem *Askajin Joghowadeghi* (Nationaler Treffpunkt) verfügte die Stadt, in der es auch Theatergruppen, einen Chor und Wohltätigkeitsorganisationen der Frauen gab, über ein äußerst lebendiges soziales Leben. Zwischen 1910 und 1911 erschien zunächst wöchentlich, danach alle drei Tage die *Jergir* (Staat), die nach 1911 in İstanbul weiter veröffentlicht wurde. Neben dieser und der 1913 veröffentlichten *Bajkar* (Kampf) wurde ab 1912 auch die *Pütanja* in der Adruschan Druckerei in Adapazarı gedruckt.

Ein weiterer Ort mit starker armenischer Bevölkerung war das am Sapanca See gelegene Verwaltungszentrum Sapanca. In der Kleinstadt mit einer armenischen Einwohnerschaft von ungefähr 1.000 gab es die Surp Asdwadsadsin Kirche und die Aramjan Schule. Die Armenier des Ortes lebten von der Seidenraupenzucht, Handwerk und Obstanbau.

Hayots Küğ (Armenierdorf) mit der Surp Krikor Lusaworitsch Kirche und einer Grundschule sowie Hoviv (heute: Çobanyatağı) mit der Surp Garabed Kirche und der Wahanjan Schule gehörten verwaltungsmäßig zu Hendek. Eine andere armenische Siedlung war das zu Akyazı gehörende Dorf Küçük Küp.

Bewegte man sich weiter auf die Schwarzmeerküste zu, so stieß man auf armenische Siedlungen, die von Armeniern aus Hemşin gegründet worden waren. Es handelte sich um folgende Dörfer, deren Einwohnerzahl meist zwischen 400 und 900 lag:

Keğam mit der Surp Howhannes Kirche und einer Schule. Çukur mit der Surp Asdwadsadsin Kirche und einer Schule. Aram (oder auch Kızılcık) mit der Surp Stepannos Kirche und der Aramjan Kirche. Fındıklı mit der Surp Krikor Lusaworitsch Kirche und der Mesropjan Schule. Ferizli mit der Surp Asdwadsadsin Kirche und der Rupinjan Schule. Damlık mit der Surp Stepannos Kirche und der Stepannosjan Schule. Damlık Yeniköy mit der Surp Garabed Kirche und der Jeghijajan Schule. Elmalı mit der Surp Krikor Lusaworitsch Kirche und der Lusaworitschjan Schule. Kovukpelit mit einer Kirche und der Keghamjan Schule. Sökköy mit der Surp Asdwadsadsin Kirche und der Aramjan Schule sowie Bıçıkköy mit einer Kirche und der Sakarjan Schule. Im Poşa genannten Dorf lebten bis zu 50 Armenier von Roma-Herkunft.

DER LANDKREIS GEYVE

Im Landkreis Geyve lebten annähernd 10.000 Armenier. Die Bevölkerung von Geyve, das an einer Bahnstrecke und am Ufer des Sakarya

Flusses liegt, hat sich aufgrund der durch Überschwemmungen ausgelösten Unglücke auf die höher gelegenen Siedlungen Ortaköy und Saraçlı konzentriert, die auf diese Weise zu Vorstädten geworden sind. Ortaköy mit der Surp Asdwadsadsin Kirche und für Jungen der Sahakjan, für Mädchen der Hripsimjan Schule war der Ort, wo sich die meisten Armenier niedergelassen hatten.

Im direkt nördlich der Stadt gelegenen Eşme gab es neben der Surp Asdwadsadsin Kirche für Jungen die Aramjan und für Mädchen die Kajianjan Schule. Außerdem gab es in Geyve und Eşme noch eine große Gemeinde der aus Eğin stammenden und der griechisch-orthodoxen Kirche angehörenden Hayhorom. Das am anderen Ufer des Sakarya Flusses gelegene Kıncılar (heute: Akıncılar) wirkte mit seinen mehr als 2.000 Einwohnern und der Sup Asdwadsadsin Kirche sowie der Arschagunjan Kirche wie eine armenische Kleinstadt.

Die Haupterwerbsquelle der Armenier von Geyve waren die Landwirtschaft, die Seidenraupenzucht sowie die Herstellung von Seidengarnen. Ein großer Teil der hergestellten Waren wurden durch Istanbuler Händler exportiert. Auch in Kıncılar, wo sich zwei Seidenbetriebe befanden, waren Seidenraupenzucht, Gartenbau und Weinanbau hoch entwickelt.

In Geyve stößt man auch beim Bergbau auf armenische Namen. Der Lizenzinhaber für eine Kupfermine bei Ortaköy war Drtad Dafjan Efendi und der Lizenzinhaber für eine beim Dorf Kurtbelen gelegenen Manganmine war Howsep Agha.

DER LANDKREIS KARAMÜRSEL

Der Landkreis Karamürsel verfügte über mehr als 4.000 armenische Einwohner. Während ungefähr 500 von ihnen im südlich des Golfs von İzmit gelegenen Zentrum lebten, konzentrierten sich die übrigen auf zwei Siedlungen mit ausschließlich armenischer Bevölkerung, die 10 Kilometer landeinwärts lagen.

Merdigöz (heute: Avcılar) war eine Kleinstadt mit nahezu 3.000 Einwohnern, in der sich die Surp Garabed Kirche sowie die Sahakjan Schule befanden. Yalakdere mit seinen 1.000 Einwohnern war ein Dorf, in dem sich die Surp Hreschdagabed Kirche und die Nersesjan Schule befanden.

DER LANDKREIS YALOVA

Im Zentrum der Kreisstadt Yalova und in zwei an der Küste gelegenen Dörfern lebten mehr als 1.500 Armenier. Im Dorf Kılıç, wo sich die Surp Nischan Kirche und die Sarkisjan Schule befanden, verfügte das Armenische Patriarchat von Jerusalem über eine große Domäne. Das Dorf mit seinen mehr als 500 Einwohnern lebte von Landwirtschaft und Seidenraupenzucht sowie der Fischerei.
In Şakşak (heute eine Kılıçköy angeschlossene Siedlung) befanden sich die Surp Nigoghajos Kirche und die Mikajeljan Schule.

Im weiter landeinwärts gelegenen Dorf Çukur, wo sich die Surp Asdwadsadsin Kirche und die Wahanjan Schule befanden, lebten kurdisch sprechende Armenier, die aus Van stammten.
In Kartsi (bzw. Laledere), wo ca. 1.200 Armenier lebten, gab es die Surp Asdwadsadsin Kirche und die Mesrobjan-Schuschanjan Schule.

212 Karte des Bezirks İzmit.
139 * 98. Tüccarzade İbrahim Hilmi, İstanbul.

213 Blick auf İzmit von See auf einer von den armenischen Verlegern Gebrüder Gdawdschjan hergestellten Postkarte. Die Karte wurde am 5. Januar 1904 von einem der Herausgeber, Apraham G. Gdawdschjan an Levon S. Schamdandschjan in Kadıköy geschickt. Auf der Vorderseite der Karte steht in armenischer Schrift „Apraham G. Gdawdschjan, Nigomitya". Ebenfalls in der Orlando Carlo Calumeno Kollektion befindet sich eine gleiche Postkarte, die am 9. Mai 1903 versandt wurde und auf der Rückseite den Stempel von Onnik Ebejan trägt, der Briefmarken verkaufte und sammelte.
140 * 89. M. & A. Ghedavdjian Frères, İzmit.

214 Das Hünkâr Palais und der Uhrturm von İzmit auf einer Postkarte der Gebrüder Gdawdschjan. Die Siedlung im Vordergrund ist das armenische Viertel. Das Palais wurde vom Architekten Garabed Baljan für den Sultan Abdülaziz gebaut, der es zur Erholung bei der Jagd benutzte. Der Architekt des Uhrturms ist Mihran Asarjan.
141 * 90. M. & A. Ghedavdjian Frères, [İzmit], 62752.

215 Das Gebäude des Tabak-Monopols in İzmit auf einer Postkarte der griechischen und armenischen Devisenhändler Asimiades und Mumdschjan.
138 * 89. Assimiades & Momdjian, İzmit, 8976. Am 13. September 1913 an die Schneider Gebrüder Schahnasarjan in der Çuhacı Han Straße in İstanbul Saatçılar gesandt.
„Lieber Bruder, wir sind gestern abend hier angekommen. Die Wagen sind sehr teuer ... Jerwant Agha ist hier, er wird nicht nach Armaş gehen. Wenn wir keinen passenden Wagen finden, werden wir nach Adapazarı reisen."

216 Nochmals der gleiche Ort auf einer anderen Postkarte. Die Hamidiye Straße mit einem Schienenstrang in der Mitte. Auf der von einem türkischen Verleger hergestellten Postkarte findet sich in der Mitte ein glänzender Schriftzug in armenischer Sprache: „Schnorhawor Nor Dari" (Frohes Neues Jahr).
139 * 90. Thausis-zade Mehmed Nazif, İzmit.

Jsmidt — Quartier arménien

217 Das Armenierviertel in İzmit. Im Hintergrund sieht man
das Hünkâr Palais und den Uhrturm, die schon auf einer
anderen Karte zu sehen waren.
140 * 90. Assimiadés & Momdjian, İzmit, 9015.

218 Die İstanbul Straße im armenischen Viertel İzmits.
140 * 90. Assimiadés & Momdjian, İzmit, 9053. Am 8. Februar 1919
von İstanbul abgesandt.

219 Der armenische Friedhof in İzmit. Das Gedenkgrab
zur rechten gehört dem ungarischen Prinzen Tökeli Imre,
der nach einem mißlungenen Aufstand gegen
die österreich-ungarische Monarchie auf die osmanische
Seite überwechselte und 1704 in İzmit verstarb.
141 * 89. Assimiadés & Momdjian, İzmit, 9010.

220 *Die Wollstoff Fabrik in der Nähe von İzmit. Leitung und Arbeiter der von Howhannes Dadjan gegründeten und vom Hofarchitekten Garabed Baljan gebauten Fabrik waren größtenteils Armenier.*
141 * 89. Assimiadés & Momdjian, İzmit, 9017.

221 *Die Tuchfabrik in der Nähe von İzmit.*
140 * 89. Assimiadés & Momdjian, İzmit, 9018.

222 *Kloster und Priesterseminar von Armaş, 30 Kilometer nordöstlich von İzmit. Die Postkarte wurde 1902 von Toros B. Nawasartjan von İzmit nach Frankreich gesandt.*
139 * 92. M. & A. Ghedavdjian Frères, İzmit.

223 *Das von amerikanischen Missionaren gegründete Bitinja Lizeum in Bardizag (heute: Bahçecik). Auf der vom Schreibwarenhändler Mihran Tschalukjan aus Bardizag hergestellten Postkarte findet sich auf armenisch die Aufschrift „Oberschule, Bardizag".*
138 * 89. Mihran R. Chalukian, Bahçecik, 8.

224 *Eine Postkarte von Bardizag, wo viele Istanbuler Armenier ihre Sommerhäuser hatten, die am 19. September 1912 von Bardizag an Aschot Bojadschijan im Kürkçü Han (Istanbul) geschickt wurde.*
139 * 89. Thausis-zade Mehmed Nazif, İzmit.
„Der Şişli Weg in İzmit" Auf der Rückseite handschriftlich: „Eigentlich hatte ich Ebruhi eine Karte geschrieben – an die Adresse in Üsküdar. Weil ich jedoch den Verdacht habe, dass sie zu spät ankommt, schreibe ich auch Dir. Vergiß bitte nicht Deiner Frau zu sagen, dass sie ein Paket Zeitungen mitbringen soll. Ich brauche sie sehr, beim Zusammenpacken, aber hier gibt es keine."

225 *Zöglinge des amerikanischen Waisenhauses in Bardizag beim Teppichweben. Die Postkarte wurde vom Direktor des Waisenhauses R. Chambers am 1. Januar 1906 nach New York gesandt.*
140 * 89. „Teppichproduktion in unserem Waisenhaus. Mit besten Wünschen für das neue Jahr …
von Familie R. Chambers.
Bardizag, Turkei in Asien."

Eglise, couvent et séminaire d'Armach près d'Ismidt.

Chambers Hall Bithynia High School, Bardizag, Ismid, Turkey
Newnham Hall Pierce Hall Favre Boys' Home

La route de Chichli à Ismidt.

Rug-making in our Orphanage

Collège Français „Sainte-Barbe"

226 Das Orchester des französischen katholischen Kollegs in İzmit mit Lehrern und weiteren Schülern. Ein großer Teil der Schüler des Kollegs, das den Namen der im Jahr 235 in Nikäa (İzmit) getöteten Heiligen Barbara trägt, waren Armenier. Die Standarte trägt die Aufschrift „Orchester des französischen St. Barbara Kollegs".
138 * 90. F805-13

227 Das Orchester des französischen St. Barbara Kollegs mit Lehrern.
139 * 90. D6203-12. Am 17. Mai 1912 von İzmit nach Frankreich geschickt.

228 Armenische Freiwillige zur Niederschlagung des Aufstandes gegen die Verfassung am 13. April (nach dem alten Kalender 31. März) 1909 aus İzmit ankommend auf dem Bahnhof Haydarpaşa beim Verlassen des Zuges.
140 * 90. Max Fruchtermann, İstanbul, A20.

229 — Gare de chemin de fer, Ada-Bazar

230 — ...de erinler Ada-Bazar

231 — Grand rue Arménienne Ada-Bazar

232 — rue de tchark Ada-Bazar

229 Der Bahnhof von Adapazarı auf einer vom armenischen Editeur Sarkis D. Atanasjan aus Adapazarı hergestellten Postkarte.
137 * 90. Sarkis D. Athanassian, Adapazarı, 9553. Am 3. Mai 1914 von İstanbul in die Schweiz geschickt.

230 Die Erenler Straße in Adapazarı auf einer von Atanasjan hergestellten Postkarte.
139 * 90. Sarkis D. Athanassian, Adapazarı, 12514.

231 Das armenische Viertel in Adapazarı.
139 * 91. Sarkis D. Athanassian, Adapazarı, 27936.
"Die große Armenier Straße" in Adapazarı"

232 Die Çark Straße von Adapazarı auf einer Postkarte von Atanasjan. Die Karte ist am 30. Dezember 1913 als Neujahrsgruß von Adapazarı an Herrn und Frau Stepanjan in Meyvehoş, İstanbul-Eminönü, abgeschickt worden.
139 * 90. Sarkis D. Athanassian, Adapazarı, 9553.

233 Strickende und spinnende Frauen in Adapazarı auf einer von Atanasjan hergestellten Postkarte.
136 * 87. Sarkis D. Athanassian, Adapazarı, 10318.

234 Ziegelherstellung in Adapazarı auf einer Karte von Atanasjan. Die Karte ist am 20. September 1914 an den Bischof von Edirne Ghewont Turjan gesandt worden.
137 * 89. Sarkis D. Athanassian, Adapazarı, 9553.

240 *Ein Wasserrad in der Nähe von Adapazarı, das die Stadt mit Wasser versorgt, auf einer Postkarte von Atanasjan.*
138 * 92. Sarkis D. Athanassian, Adapazarı, 27937.

241 *Das Wasserrad der Wasserversorgung von Adapazarı auf einer von Lewon Dolmadschjan am 14. April 1903 nach Frankreich gesandten Karte.*
137 * 88. M. & A. Ghedavdjian Frères, İzmit.

242 *Das Wasserrad auf einer von Asadur Gomisjan nach Frankreich geschickten Postkarte.*
137 * 88. Sarkis D. Athanassian, Adapazarı, 17679b.

229 Der Bahnhof von Adapazarı auf einer vom armenischen Editeur Sarkis D. Atanasjan aus Adapazarı hergestellten Postkarte.
137 * 90. Sarkis D. Athanassian, Adapazarı, 9553. Am 3. Mai 1914 von İstanbul in die Schweiz geschickt.

230 Die Erenler Straße in Adapazarı auf einer von Atanasjan hergestellten Postkarte.
139 * 90. Sarkis D. Athanassian, Adapazarı, 12514.

231 Das armenische Viertel in Adapazarı.
139 * 91. Sarkis D. Athanassian, Adapazarı, 27936.
"Die große Armenier Straße" in Adapazarı"

232 Die Çark Straße von Adapazarı auf einer Postkarte von Atanasjan. Die Karte ist am 30. Dezember 1913 als Neujahrsgruß von Adapazarı an Herrn und Frau Stepanjan in Meyvehoş, İstanbul-Eminönü, abgeschickt worden.
139 * 90. Sarkis D. Athanassian, Adapazarı, 9553.

233 Strickende und spinnende Frauen in Adapazarı auf einer von Atanasjan hergestellten Postkarte.
136 * 87. Sarkis D. Athanassian, Adapazarı, 10318.

234 Ziegelherstellung in Adapazarı auf einer Karte von Atanasjan. Die Karte ist am 20. September 1914 an den Bischof von Edirne Ghewont Turjan gesandt worden.
137 * 89. Sarkis D. Athanassian, Adapazarı, 9553.

235 Bootstour auf dem Sakarya-Fluß auf einer von Atanasjan hergestellten Postkarte.
139 * 89. Sarkis D. Athanassian, Adapazarı. 18332a.

236 Die Sakarya-Brücke auf einer von Asadur Gomigjan am 27. April 1908 nach Frankreich gesandten Postkarte.
137 * 88. Sarkis D. Athanassian, Adapazarı, 18382b.

237 Die armenisch-protestantische Mädchenschule in Adapazarı. Der Name der Schule ist in armenischer Schrift an der Stirnseite des Gebäudes zu sehen.
88 * 139. Iranli Mehmed Tégi. Osmanisch: „Protestantische Schule in Adapazarı".

238 Die protestantische Kirche in Adapazarı. Die Karte wurde am 17. Juli 1908 von einem Armenier namens Barujr an den Kieferchirurgen Mhrdat Hintlijan in Istanbul Pera gesandt.
137 * 87. Sarkis D. Athanassian, Adapazarı, 18679.
"Lieber Freund, gestern habe ich Deinen Brief in İzmit bekommen. Wie Du siehst, bin ich wieder in Bewegung. Dieses Mal reise ich nach Ortaköy bei Geyve. In dieser Gegend bin ich noch nicht gewesen. Man sagt, das Klima sei dort gut. Nun – ich werde es mir ansehen."

239 Die protestantisch-armenische Mädchenschule in Adapazarı.
139 * 87. Sarkis D. Athanassian, Adapazarı, 17886d.
Von Sophie S. Hret nach Amerika gesandt. "Adapazarı, Türkei am 26. Oktober 1910.
Geliebte Freunde,
ich hoffe, dass Ihr Eure Besucherin vom letzten Mai nicht vergessen habt. Sie erinnert sich immer noch der Gastfreundschaft, die Ihr ihr in Eurem Hause erwiesen habt. Hier bin ich am 2. September angekommen. Die Umgebung gefällt mir gut. Mit den besten Grüßen an Euch alle.
Sophie S. Hret.
Das Lehrerhaus und die Schlafsäle liegen im Hintergrund. Adapazarı, 75 Meilen südlich von İstanbul, Türkei, Kleinasien."

Souvenir d'Ada-Bazar. Ecole protestante.

Église Arménienne protestante, Ada-Bazar

Collège des jeunes filles arméniennes Ada-Bazar

240 Ein Wasserrad in der Nähe von Adapazarı, das die Stadt mit Wasser versorgt, auf einer Postkarte von Atanasjan.
138 * 92. Sarkis D. Athanassian, Adapazarı, 27937.

241 Das Wasserrad der Wasserversorgung von Adapazarı auf einer von Lewon Dolmadschjan am 14. April 1903 nach Frankreich gesandten Karte.
137 * 88. M. & A. Ghedavdjian Frères, İzmit.

242 Das Wasserrad auf einer von Asadur Gomisjan nach Frankreich geschickten Postkarte.
137 * 88. Sarkis D. Athanassian, Adapazarı, 17679b.

243 Eine vom römischen Kaiser Justinian errichtete Brücke in der Nähe von Adapazarı auf einer von Aschot Basbasjan am 12. (laut Stempel 15.) August 1908 nach Frankreich geschickten Postkarte. Auf der Rückseite der Postkarte findet sich der Stempel von Basbasjan sowie eine handschriftliche Danksagung für den Erhalt der Postkarten.
140 * 87. Sarkis D. Athanassian, Adapazarı, 17386b.

244 Die „Fünf Brücken" (Beş Köprü) genannte alte Brücke auf der von den Verlegern Gebrüder Gdawdschjan aus İzmit hergestellten Postkarte. Die Karte wurde am 5. Januar 1906 von Adapazarı nach Frankreich geschickt.
140 * 87. M. & A. Ghedavdjian Frères, 17386b.

245 Die Thermalbäder von Yalova.
136 * 88. [Max Fruchtermann, İstanbul,] 140.
Die Karte wurde am 7. September 1904 von Yalova nach İstanbul geschickt.

Die Provinz Aydın

İzmir, Ödemiş, Manisa, Aydın, Nazilli, Denizli

Die Provinz Aydın setzte sich aus den Bezirken İzmir, Manisa, Aydın, Menteşe (Muğla) und Denizli zusammen. In der Provinzhauptstadt İzmir gab es ein dem armenischen Patriarchat von İstanbul unterstehendes Erzbistum.

Den von Maghakja Ormanjan 1912 veröffentlichten Bevölkerungsdaten zufolge lebten in der Provinz 27.200 Armenier, von denen 25.000 Gregorianer, 2.000 Katholiken und 200 Protestanten waren. Der osmanischen Volkszählung von 1914 zufolge verfügte die Provinz über 1.608.742 Einwohner. Von den 20.766 Armeniern waren 892 von katholischer und 479 von protestantischer Konfession.

DER BEZIRK İZMİR

Die Armenier des Bezirks İzmir, der sich aus den Kreisen İzmir, Nif (heute: Kemalpaşa), Karaburun, Kuşadası, Çeşme, Tire, Ödemiş, Urla, Foçateyn, Bayındır, Menemen, Seferihisar und Bergama zusammensetzte, konzentrierten sich auf İzmir, Ödemiş und Bergama.

In İzmir, das zu Beginn des 20. Jahrhunderts die zweitgrößte Stadt des Osmanischen Reiches war, lebten an die 20.000 Armenier. Mit ihren 230.000 Einwohnern war die Stadt nicht nur Wirtschaftszentrum für West-Anatolien, sondern hatte auch eine wichtige Funktion im Handel mit Europa.

Die Armenier İzmirs konzentrierten sich auf das östlich gelegene, „Armenierviertel" (arm. Hajnots) genannte Quartier. Die Surp Stepannos Kirche der gregorianischen Armenier, eines der wichtigsten architektonischen Werke der Stadt, befand sich ebenfalls dort. Im Umkreis der Kirche lagen der Erzbischofssitz, für Jungen die Mesrobjan, für Mädchen die Hripsimjan Schule, die Hripsimjan Vorschule sowie eine Bibliothek. Das nördlich der Kirche gelegene armenische Surp Krikor Lusaworitsch Krankenhaus gehörte zu den wichtigen Gesundheitseinrichtungen der Stadt. Im Krankenhauskomplex befand sich die Surp Krikor Lusaworitsch Kirche. In der Stadt verfügten die Armenier außerdem über die Surp Harutjun Kirche, ein Waisenhaus namens Nersesjan und einen Kindergarten.

Auch wenn ihre Zahl nicht sehr groß war, so nahmen die Armenier in der Wirtschaft der Stadt, die aufgrund ihres Hafens eine Brückenfunktion zwischen Ost und West innehatte, eine wichtige Position ein. Der Seidenhandel mit dem Iran, Indien und China war seit dem 17. Jahrhundert weitgehend ein armenisches Monopol. Die Armenier der Stadt verfügten über direkte Verbindungen zu den armenischen Händlern in Venedik, Livorno, Marseille und Amsterdam.

Zur armenischen Gemeinschaft in der Stadt gehörten wichtige Bankiers, Schneider und Angehörige freier Berufe. Viele Firmen, die mit getrockneten Lebensmitteln wie Feigen und Rosinen handelten sowie im Teppichhandel und der Weberei angesiedelt waren, gehörten Armeniern.

Ein Sektor, in dem die Armenier eine wichtige Stellung einnahmen, war auch der Stoffdruck. Der Stoffdruck in İzmir stand in direkter Verbindung zu den weltweit namhaften armenischen Händlern in Manchester. Die meisten dieser mehr oder minder kleinen Druckateliers befanden sich im Basmane Viertel und gehörten Armeniern. Und selbst der Name des Viertels geht auf eine von einem Armenier im 18. Jahrhundert gegründete Stoffdruckerei zurück, die die Größe einer Fabrik hatte und nahezu fünfzig Jahre tätig war.

In İzmir gab es außerdem eine wichtige armenisch-katholische Gemeinde. Auch wenn ihre Zahl von der osmanischen Volkszählung nur mit 813 angegeben wird, war sie doch größer, weil sich viele von ihnen nicht als „Armenier" sondern als „Lateiner" verstanden. Die katholischen Armenier, die in Beziehung zum venezianischen Mechitaristen-Orden standen, verfügten über die Surp Krikor Lusaworitsch Kirche, die Mhitarjan (Mittel-) Schule sowie drei Grundschulen. Ein Teil der armenischen Kinder besuchte auch die amerikanische Schule, die französisch-katholische Ktutjan Mädchenschule und das Saint Joseph Kolleg oder wurde durch das deutsche Waisenhaus betreut.

Vermögen und Bildungsstand der Armenier İzmirs trugen auch zur Bereicherung ihres kulturellen Lebens bei. In der Stadt, in der viele Kulturvereine und Theatergruppen gegründet wurden, entstand die erste Druckerei 1759 und das erste armenische Periodikum wurde 1839 herausgegeben. Zu Beginn des 20. Jahrhunderts wurden folgende armenische Periodika herausgegeben: *Areweljan Mamul* (Ost Presse), die von 1871 bis 1909 in unterschiedlichen Abständen, monatlich, alle 15 Tage und wöchentlich erschien; 1908 erschien eine Zeitschrift gleichen Namens als Quartalsheft; *Arschalujs* (Morgendämmerung) war eine von 1907 bis 1908 zunächst täglich, dann alle drei Tage erscheinende illustrierte Zeitung; *Arzakank* (Echo) erschien als Nachfolgerin der *Arschalujs* als Tageszeitung; *Mimos* (Nachahmer) war eine von 1908 bis 1909 wöchentlich erscheinende illustrierte Satire-Zeitung; *Taschink* (Vertrag) erschien von 1909 bis 1914 in Nachfolge der Arschalujs als Tageszeitung; von 1909 bis 1910 erschien die *İzmirli* (İzmirer) als Wochenzeitung, von der einige Seiten in Türkisch mit armenischer Schrift gedruckt wurden; *Munedig* (Vermittler) war eine 1909 erscheinende Wochenzeitung; *Aschkhadank* (Arbeit) war eine von 1910 bis 1915 zunächst wöchentlich, dann alle drei Tage veröffentlichte Zeitung; 1910 erschien in Nachfolge von Mimos die Satire-Zeitung *Hdbid* (Clown); *Petag* (Bienenkorb) erschien 1910 als Wochenzeitung; *Haj Krasanutjun* (armenische Literatur) war von 1911 bis 1914 eine monatliche Zeitschrift und 1914 wurde die *Knar* (Leier) als 15-tägig erscheinende illustrierte Zeitung herausgegeben.

Auch in den Vororten İzmirs, in Bornova, Karataş, Karşıyaka, Göztepe und Bayraklı gab es eine große armenische Bevölkerung. In Bornova gab es die Surp Chatsch Kirche und eine Schule, in Karataş die Surp Garabed Kirche und die Wartanjan Schule sowie einen Kindergarten, in Karşıyaka die Surp Asdwadsadsin Kirche sowie für Jungen die Sahagjan, für Mädchen die Jartuhjan Schule sowie einen Kindergarten, in Göztepe die Surp Hokekalust (bzw. Surp Jerrortutjun Kirche) und in Bayraklı die Surp Takawor Kirche sowie eine Schule. Von den zehn katholischen Gemeinden in İzmir setzte sich die Kirchengemeinde der Kapuziner Mönche sowie die Gemeinde der protestantischen Kirche am Weg nach Basmane vor allem aus Armeniern zusammen.

Im Landkreis İzmir hatte Ödemiş die stärkste armenische Bevölkerung. In der Kleinstadt, in der ungefähr 1.500 Armenier lebten, gab es die Surp Hripsime Kirche sowie eine Schule mit 210 Schülern, wovon 100 Jungen und 110 Mädchen waren. Die Schule, die im Innenhof der Kirche lag, verfügte außerdem über eine Bibliothek.

In Bergama, wo mehr als 1.000 Armenier lebten, gab es die Surp Asdwadsadsin Kirche sowie eine Schule für Jungen und Mädchen und im verwaltungsmäßig angeschlossenen Kınık die Surp Asdwadsadsin Kirche und für Jungen die Hajgasjan, für Mädchen die Wartuchdjan Schule.

Menemen mit der Surp Sarkis Kirche und einer Schule, Kuşadası mit der Surp Asdwadsadsin Kirche und einer Schule, Bayındır mit der Asdwadsadsin Kirche und einer Schule waren Kreisstädte im Bezirk mit größeren armenischen Gemeinden. In Urla, Tire, Seferihisar und Nif (heute: Kemalpaşa) lebten nur wenige Armenier. Auch wenn in Foçateyn (es gab zwei Foça: die alte Eskifoça und die neue Yenifoça) keine große armenische Gemeinde lebte, hatten sie dank einiger dort ansässiger Geschäftsleute eine angesehene Position im Wirtschaftsleben des Ortes inne.

DER BEZIRK MANİSA

Im Bezirk Manisa, der aus den Kreisen Manisa, Kasaba (bzw. Turgutlu), Salihli, Alaşehir, Kula, Eşme, Demirci, Gördes, Karaağaç, Soma und Akhisar bestand, konzentrierte sich die armenische Bevölkerung auf das Bezirkszentrum sowie die Kreisstädte Kasaba, Karaağaç und Akhisar.

In der Stadt Manisa lebten 2.500 Armenier, die insbesondere Stoff- und Teppichweberei weit entwickelt hatten. Im unteren Teil der Stadt befand sich in der Malta Siedlung die Surp Sion Kirche sowie für Jungen die Lusaworitschjan, für Mädchen die Hripsimjan Schule und einen Kindergarten. Im oberen Teil der Stadt lagen die Lusaworitsch Kirche und eine weitere Schule. Ungefähr 200 der in Manisa lebenden Armenier waren Protestanten.

In Turgutlu, das aufgrund seiner Eisenbahnverbindung mit İzmir ein bedeutendes Handelszentrum war, lebten ungefähr 1.000 Armenier, die über die Surp Asdwadsadsin Kirche und eine Schule verfügten. In Akhisar gab es die Asdwadsadsin und zwei Schulen, in Karaağaç die Asdwadsadsin Kirche sowie für Jungen die Naregjan und für Mädchen die Wartukhdjan Schule. Beide Kleinstädte verfügten über eine ungefähr 1.000-köpfige armenische Einwohnerschaft. In Salihli, Alaşehir, Demirci und Soma gab es nur sehr wenige Armenier.

DER BEZIRK AYDIN

Neben dem Bezirkszentrum bildeten die Armenier außerdem noch in den Kreiszentren Nazilli und Söke jeweils eigene Gemeinden.

In Aydın, wo ungefähr 400 Armenier lebten, konzentrierten sie sich auf die im Westen gelegene Acemyan Siedlung. Neben der armenisch-gregorianischen Surp Asdwadsadsin Kirche und der von Jungen und Mädchen besuchten Surp Krikor Lusaworitsch Schule gab es noch je eine Schule und Kirche der katholischen Armenier, die dem venezianischen Mechitaristenorden anhingen. Einige der armenischen Mädchen der Stadt besuchten außerdem die französische Nonnenschule. In der Stadt, in der sich die Baumwollreinigungsfabrik der Mergerjans befand, gingen die Armenier vor allem dem Ledergewerbe und der Weberei nach.

In Nazilli, wo sich die Surp Hripsime Kirche und eine Schule befand, lebten ungefähr 500 Armenier. In Söke, wo sich eine kleinere armenische Gemeinde befand, gab es die Asdwadsadsin Kirche und eine Schule.

DER BEZIRK DENİZLİ

Im Bezirk Denizli konzentrierte sich die armenische Bevölkerung vor allem auf die Bezirkshauptstadt. In der Stadt, in der ungefähr 600 Armenier lebten, gab es die Surp Asdwadsadsin Kirche sowie eine von mehr als 100 Schülern und Schülerinnen besuchte Schule. Die von den Armeniern bewohnte Siedlung befand sich im oberen Teil der Stadt.

In Sarayköy, wo ungefähr 50 Armenier lebten, hatte ein Armenier namens Mardiros Sarjan, eine Textilfabrik gegründet, der auch in Manisa eine weitere Fabrik besaß. In Tavas, Çal und Buldan wohnten nur sehr wenige Armenier.

DER BEZIRK MENTEŞE

Die geringste armenische Bevölkerung in der Provinz Aydın befand sich im Bezirk Menteşe (Muğla). Die armenische Präsenz im Bezirk beschränkte sich auf einige armenische Geschäftsleute in Orten wie Muğla, Marmaris, Bodrum und Makri (heute: Köyceğiz).

246 *Karte der Provinz Aydın.*
152 * 105. Tüccarzade İbrahim Hilmi, İstanbul.

247 *Panorma von İzmir. Links befinden sich der Hafen und die „gelbe Kaserne" (Sarı Kışla), in der Mitte das Stadtzentrum und rechts Kadifekale.*
418 * 93. Am 17. Mai 1904 von İzmir nach Frankreich gesandt.

248 *Die Zolldepots von İzmir auf einer im Steindruckverfahren hergestellten Postkarte, die am 24. Dezember 1897 von İzmir nach Wien gesandt wurde.*
138 * 88. Ottmar Zieher, München.

249 *Der Quai von İzmir.*
139 * 89. Librairie Abajoli, İzmir.

Smyrne. Vue Générale.

Smyrne — Le Centre de la Ville

Quartier St. Jean pendant les Fêtes de Pâques Smyrne.

La Belle Vue Smyrne

250 Ansicht des alten Hafens und des Stadtzentrums von İzmir. Von links nach rechts sind die griechische Aya Fotini Kirche, in der Mitte die armenische Surp Stepannos Kirche und die griechische Aya Yorgi Kirche die prächtigsten Gebäude der Stadt.
140 * 90. Am 30. Juli 1901 abgesandt.

251 Ein Blick auf das Stadtzentrum auf einer vom armenischen Verleger Kojunjan hergestellten Postkarte, der sein Atelier in der Frenk Straße hatte.
140* 90. P. Coyounian & Partner, İzmir, 2079.

252 Oster-Schmuck in der St. Jean Siedlung. Die Postkarte wurde am 17. März 1910 von Dikran Dedejan aus İzmir an seine Frau Emma Dedejan in Zürich abgesandt.
139 * 91.

253 Der Hafen von İzmir. Am 18. August 1907 von İzmir nach İstanbul an G. Bojadschjan, einem Kaufmann und Schneider in İstanbul-Galata, zu Händen von Raffi Filibosjan gesandt.
142 * 92.

254 Eine Postkarte aus İzmir mit vier Ansichten, die am 17. September 1898 von İzmir nach Österreich geschickt wurde.
141 * 91. Kretzschmar & Schatz, Meissen (Deutschland). „Diane-Bäder, eine Karawane mit türkischen Teppichen, türkischer Friedhof. [Hafen]".

255 Eine am 24. Dezember 1898 aufgegebene İzmir-Postkarte.
140 * 90. Kretzschmar & Schatz, Meissen (Deutschland). „Blick auf Zoll und Hafen".

256 Das Armenierviertel in İzmir. Das rechts hinten liegende Gebäude ist die Surp Stepannos Kirche. Um die Kirche lagen der Erzbischofssitz, die Mesrobjan und die Hripsimjan Schule, ein Kindergarten und eine große Bibliothek.
140 * 92. J. Molko, İzmir, 2707.

257 Die Surp Stepannos Kirche auf einer vom Akropol Fotoatelier im Armenierviertel hergestellten Postkarte.
89 * 139. Acropole Fotoatelier, İzmir. Am 15. September 1908 von İzmir ins belgische Antwerpen geschickt.

258 Innenansicht der Surp Stepannos Kirche.
92 * 141.

259 Prozession anläßlich der Wiedereinsetzung der armenischen Gemeinde in Basmane.
89 * 140. C. S. D.

SMYRNE. — Église St-Étienne - Intérieur de la Nef

SMYRNE. - La Manifestation pour la reconstitution de la Communauté Arménienne à Basma-hané

ΔΙΑΔΗΛΩΣΙΣ ΤΗΣ ΑΡΜΕΝΙΚΗΣ ΚΟΙΝΟΤΗΤΟΣ ΚΑΤΑ ΤΗΝ ΟΔΟΝ ΒΑΣΜΑΧΑΝΕ.

Collection C. S. D.

DIE PROVINZ AYDIN
Izmir, Ödemiş, Manisa, Aydın, Nazilli, Denizli

DJANIK ELMASSIAN's
FIG FACTORIES
SMYRNA.

DJANIK ELMASSIAN's
FIG FACTORIES
SMYRNA.

DJANIK ELMASSIAN's
FIG FACTORIES
SMYRNA.

260 Eine Postkarte, die die Feigenverpackung von Dschanik Elmasjan zeigt. Auf der Rückseite der Postkarte findet sich folgender französischer Werbetext: „Verlangen sie überall nur Feigen der Marke Dschanik Elmasjan (Liegende Diane). Die Feigen von Dschanik Elmasjan sind die allerbeste Auslese. Alle Feigen von Dschanik Elmasjan werden auf sauberste, gesündeste und hygienischste Weise verpackt."
87 * 138.

261 Feigen-Auslese in den Dschanik Elmasjan Fabriken.
138 * 89.

262 Feigenverpackung in den Dschanik Elmasjan Fabriken.
138 * 90.

263 Der Feigen-Markt von İzmir auf einer Postkarte, abgesandt am 18. April 1907 von İzmir an Wahram Der-Nersesjan z. Hd. Krikor Aleatdschjan in İstanbul-Sultanahmed.
141 * 90. Au Bon Marché, İzmir.
„Lieber Krikor, nun habe ich Euch lange nicht geschrieben. Ich möchte mal schauen, was Ihr macht. Schreib mir, wie es Deiner Mutter und Schwester geht. Von Herzen. G.Y.Y."

264 Bauern auf dem Weg zum Markt auf einer Postkarte Firma Hamparzum Kamel-Feigen. Auf der Rückseite der Karte befindet sich das Logo der Firma.
138 * 85. Hamparzum's Camel Figs. İzmir. Druck: Bertarelli, Mailand.

265 Eine Karte, die die Teppichfabrik von Takwor Ispartali(jan) vorstellt. Die Karte verspricht die Herstellung „jeder Art türkischen Teppichs" und gibt die Adresse der Zentrale in İzmir und der Filiale in London an. Außerdem wird auf die Filialen in Uşak, Demirci, Kütahya, Gördes, Kula, Meles, Isparta etc. hingewiesen. Takwor Ispartalijan war Besitzer des Ispartali Han, auch Saatlı Han genannten Geschäftshauses und betätigte sich als Bankier, Vertreiber europäischer Kurzwaren sowie als Import- Exporthändler. Bis 1889 hatte er den Vorstandsvorsitz des armenischen Krankenhaus in İzmir, dem Hagop und Howhannes Ispartalijan eine Spende mit der Bedingung zukommen ließen, dass ein Familienmitglied in den Vorstand aufgenommen werde.
138 * 91.

266 Eine Werbepostkarte der armenischen Teppichfirma Silikdschijan, Ispendschjan und Kahjajan.
141 * 91. „Silikdschijan, Ispendschjan und Kahjajan. Herstellung und Verkauf jeder Art von Orientteppichen. Zentrale: İzmir. Niederlassungen: Dersaadet, Saloniki, Kayseri, Sivas, Ürgüp. In İstanbul Tarakçılar No. 78/79."

267 Junge Mädchen beim Teppichweben in Gördes.
138 * 89.

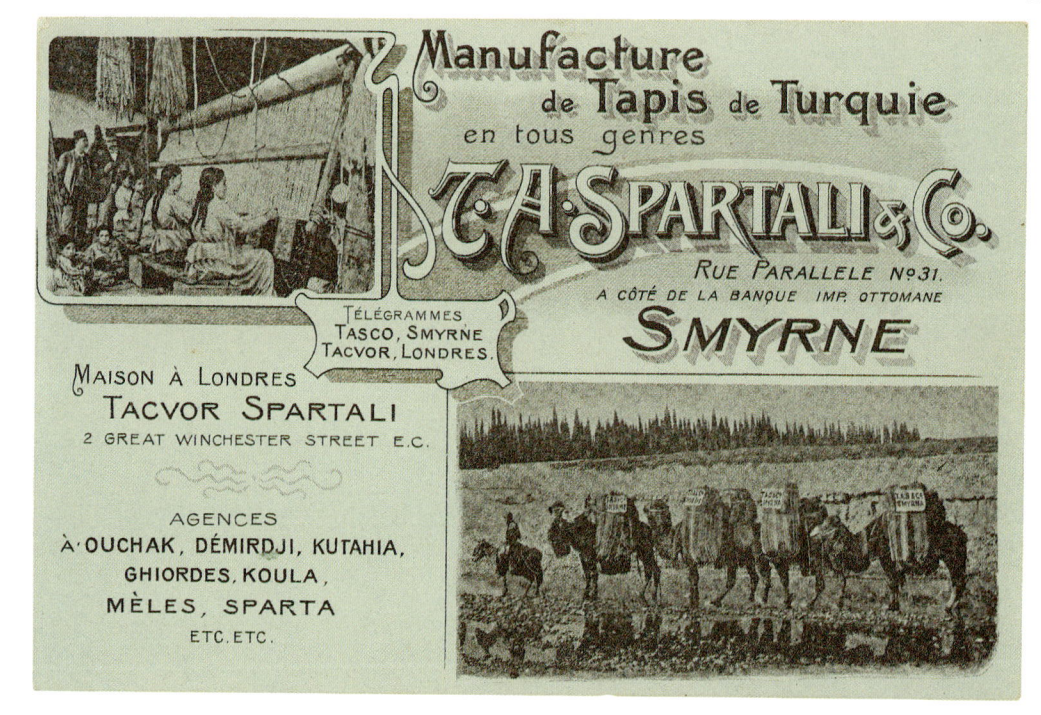

268 Die Kapuziner-Mission im von vielen Armeniern
bewohnten Bayraklı Viertel von İzmir.
138 * 91. 79395.

269 Bahnhof von Karşıyaka, wo sich die Surp
Asdwadsadsin Kirche sowie die Sahagjan und Wartuchdjan
Schulen befanden.
142 * 93. Am 28. Januar 1904 von İzmir nach Frankreich gesandt.

270 Die französische Notre Dame-de Sion Schule in
Karşıyaka.
140 * 89.

271 Ausblick auf Göztepe, einem Viertel in İzmir mit großer
armenischer Bevölkerung.
140 * 90. Zachariou & Koury, İzmir,6. Am 4. April 1908 von İzmir
nach Italien geschickt.

272 Ausblick auf Karataş, wo sich die Surp Garabed Kirche,
die Wartanjan Schule sowie ein Kindergarten befanden.
141 * 91. Am 17. September 1905 von İzmir nach Frankreich
gesandt.

273 Eine neuverheiratete Armenierin in traditioneller
Tracht auf einer von dem armenischen Verleger Wirabjan
hergestellten Postkarte. Das Akropole Fotoatelier befand
sich im Armenierviertel.
91 * 141. A. Virabian, İzmir. Foto: Acropole Fotoatelier.
Am 26. Dezember 1900 von İzmir nach Frankreich gesandt.

274 Der 'Zeybek' Chatschadur Schahinjan aus İzmir.
93 * 143. J. Molko, İzmir, 05095.

Nouvelle mariée arménienne (ancien costume)

Souvenir d'Orient
Smyrne, le

A. Virabian, Éditeur, Smyrne — Photographie "Acropole" Smyrne

SOUVENIR DE SMYRNE. *Le nommé Zeibec "Hadjadour Schahinian"*

DIE PROVINZ AYDIN
İzmir, Ödemiş, Manisa, Aydın, Nazilli, Denizli

Ecole italienne — Souvenir de Smyrne

Collège St. Joseph, Rue des Roses, Smyrne

*275 Die italienische Schule in İzmir, die auch
von armenischen Schülern besucht wurde.*
91 * 140. J. Molko, İzmir, 680.

276 Die amerikanische Schule in İzmir.
142 * 91. Acropole Fotoatelier. Am 26. Dezember 1903
von İzmir nach Frankreich geschickt.

277 Das französische Saint Joseph Collège in İzmir.
135 * 88. Gebr. A. Breger, Paris. Am 1. April 1911 abgesandt.

*278 Die Kapuziner Kirche im Buca Viertel von İzmir,
in dem viele Armenier lebten.*
138 * 91. A. Monteverde, İzmir.

279 Anlegestelle von Urla.
139 * 88. Zachariou & Koury, İzmir, 11. Am 20. Dezember 1910
von İzmir abgesandt.

Bournabat-Smyrne. Vue Générale.
Σμύρνη-Βουρνόβας. Γενική άποψις.

Champ de Courses à Bournabat — Smyrne

Smyrne. Les Alentours. Bournabat.

280 *Aussicht auf Bornova, das zu den wichtigen Siedlungsorten von Armeniern zählte und in dem sich die Surp Chatsch Kirche und eine Schule befanden.*
138 * 88. Decipris, 110. Am 5. September 1911 von İzmir nach Belgien gesandt.

281 *Die Pferderennbahn von Bornova.*
141 * 91. Etablissement Orosdi-Back.

282 *Eine Kirche in der Nähe von Bornova.*
137 * 90. Maison Homère, İzmir, 73.

283 *Ansicht von Kuşadası, wo sich die Surp Asdwadsadsin Kirche und eine Schule befanden.*
139 * 91. C. Mangeot, Paris, 3276. Am 21. Juni 1916 von Kuşadası nach Balıkesir geschickt.

284 *Aussicht auf Bergama, wo sich die Surp Asdwadsadsin Kirche und eine Schule befanden.*
141 * 89.

285 *Panorama von Manisa.*
139 * 88. Decipris, 114.

286 *Der Bahnhof von Manisa auf einer vom armenischen Verleger Kojunjan hergestellten Postkarte. Die Karte ist an Dikran S. Dedejan in der Schweiz adressiert.*
140 * 89. P. Coyounian & Partner, İzmir, 20. Am 4. April 1910 von Izmir in die Schweiz geschickt.

287 *Eine Postkarte, die am 10. Dezember 1915 von Anjel S. Aramjan, wohnhaft im nahe bei Manisa gelegenen Mütevelliçiftlik, an Onnik Tschiftesarraf in Kadıköy gesandt wurde.*
140 * 89. Anastase G. Zalli. Die Postkarte wurde im Februar 1904 gedruckt.
„Es freute mich, als ich von Deinem Genuß der Wasserpfeife hörte. Onnik, wenn Du nur hier sein könntest. Du würdest dann bei den Wasserrädern der Mühlen sitzen und Wasserpfeife rauchen... Und Du hättest auch Deinen Spass daran, mit Simon zusammen den reinen Yoghurt und Rahm zu essen. Hoffentlich kommt es dazu... Mir geht es gut. So auch Sukias. Sukias und ich küssen die Hände unserer Mutter und Deine Wangen.
Grüße auch an Simon und Nschan.
Und Küsschen an Nono."

288 Der Stadtpark von Manissa.
137 * 88. Dermond, İzmir, 337.

289 Das Spital für Geisteskranke in Manisa auf einer Postkarte des armenischen Verlegers Kojunjan aus İzmir.
137 * 91. P. Coyounian & Partner, İzmir, 51. „Die Verrückten im berühmten Hacı Hasan Krankenhaus." Am 23. Mai 1912 von İzmir nach Österreich geschickt.

290 Panorama von Alaşehir.
140 * 90. P. L. Dermont, Österreichische Post, İzmir. Am 11. März 1902 von İzmir nach Paris geschickt.

291 *Aussicht auf Aydın.*
139 * 88. Am 24. Dezember 1907 von İzmir nach İstanbul gesandt.

292 *Eine Messe in der armenisch-katholischen Kirche von Aydın.*
90 * 138.

293 *Ausblick auf Söke, wo sich die Surp Asdwadsadsin Kirche und eine armenische Schule befanden.*
141 * 91. Alepandose Ktsifas, Athen.

294 *Quellplatz in Marmaris.*
138 * 87. Umberto Adinolfi, Malta.

295 *Panorama von Makri (heute: Fethiye).*
140 * 90. 30512. Am 11. Juni 1918 von Fethiye nach Berlin geschickt.

Die Provinz Konya

KONYA, AKŞEHİR, NİĞDE, AKSARAY, BURDUR, ISPARTA

Die Provinz Konya bestand aus den Bezirken Konya, Niğde, Burdur, Isparta und Teke (Antalya).

Der osmanischen Volkszählung von 1914 zufolge lebten in der Provinz 19.560 Armenier, von denen 1.023 Protestanten und 46 Katholiken waren. Maghakja Ormanjan gibt in seinen 1912 veröffentlichten Bevölkerungsdaten die Zahl der Armenier mit 25.000 an, die ausschlieslich gregorianischer Konfession waren.

In Konya befand sich ein dem Istanbuler Patriarchat zugehörendes Bistum.

DER BEZIRK KONYA

Die laut osmanischer Volkszählung 10.743 im Bezirk Konya lebenden Armenier konzentrierten sich auf die Landkreise Konya, Akşehir, Karaman und Ereğli.

Im Bezirkszentrum Konya lebten mehr als 4.000 Armenier. Die vor allem in der Alaaddin Siedlung lebenden Armenier hatten dort die Surp Hagop und die Surp Asdwadsadsin Kirchen. In der Stadt gab es für Jungen die Sahakjan und für Mädchen die Santuchdjan Schule sowie einen Kindergarten.

Amerikanische Missionare, die in der Stadt aktiv waren, verfügten über eine Kirche sowie die protestantische Dschenanjan Schule.

Die Armenier in Konya waren vor allem bei der Weberei von Wolle und Baumwolle, Stickerei und Filzherstellung führend.

Zu Beginn des 20. Jahrhunderts erschienen als armenische Periodika die 1911 herausgegebene Wochenzeitung *Huscharzan* und die zwischen 1912 und 1914 monatlich erscheinende *Igonion*.

Im nordwestlich gelegenen Akşehir, das sich jedoch stärker nach İzmir denn nach Konya orientierte, lebten der osmanischen Volkszählung zufolge 4.890 Armenier. In der Kleinstadt befanden sich die Surp Boghos-Bedros und die Surp Jerrortutjun Kirche sowie vier Bildungseinrichtungen, von denen die Stepannosjan Schule den besten Ruf hatte. Die Armenier in Akşehir gingen der Pelz- und Lederverarbeitung, dem Eisenwarenhandel, dem Teppichgewerbe und ähnlichen Tätigkeiten nach.

In der südlich gelegenen Kreisstadt Karaman verfügten die Armenier über die Surp Asdwadsadsin Kirche und zwei Schulen. Die Armenier, deren Zahl von der osmanischen Volkszählung mit 1.245 angegeben wird, gingen dem Handel und traditioneller Landwirtschaft sowie dem Weinbau und der Wollproduktion nach. Unter den Armeniern von Karaman war die türkische Sprache verbreiteter als die armenische.

Im östlich gelegenen Ereğli, wo sich die Surp Asdwadsadsin Kirche und zwei Schulen befanden, lebten ungefähr 1.000 Armenier.

Gemäß der osmanischen Volkszählung von 1914 lebten in den Landkreisen Beyşehir 33, in Seydişehir 129, in Ilgın 103 und in Koçhisar 14 Armenier.

DER BEZIRK NİĞDE

Laut der osmanischen Volkszählung von 1914 lebten im Bezirk insgesamt 5.705 Armenier, von denen 769 Protestanten, 46 Katholiken und 4.890 Gregorianer waren. Die Armenier konzentrierten sich in Niğde, Nevşehir und Aksaray.

Im Bezirkszentrum Niğde, in dem laut der osmanischen Volkszählung von 1914 1.286 Armenier, davon 137 Protestanten, lebten, befand sich die Asdwadsadsin Kirche sowie die Bartewjan Schule, die im Jahr 1901 von 95 Schülern und 101 Schülerinnen besucht wurde.

Im Landkreis Bor, in dem mehr als 800 Armenier lebten, gab es die Surp Asdwadsadsin Kirche sowie die von Jungen und Mädchen gemeinsam besuchte Aramjan Schule.

In Aksaray, wo es die Surp Asdwadsadsin Kirche und für Jungen die Torkomjan Schule gab, lebten 2.091 Armenier, von denen 333 Protestanten waren.

Nevşehir mit seinen ungefähr 1.500 armenischen Einwohnern verfügte über die Surp Krikor Lusaworitsch Kirche sowie die Hajgasjan Schule.

In Nevşehir gingen türkisch sprechende Armenier dem Goldschmiehandwerk, der Weberei und dem Bergbau nach.

Die osmanische Volkszählung gibt für die übrigen Landkreise die Anzahl der Armenier folgendermaßen an: Ügrüp mit 196 überwiegend protestantische Armenier, im Landkreis Hamidiye in Bulgarmadeni (heute: Ulukışla) 115 sowie in Arabsun (heute: dem zu Nevşehir gehörenden Gülşehir) 12 Armenier.

DER BEZIRK BURDUR

Die im Bezirkszentrum Burdur lebenden ca. 1.400 Armenier verfügten über die Surp Asdwadsadsin Kirche. Laut der osmanischen Volkszählung von 1914 lebten in Tefenni 24 Armenier.

DER BEZIRK ISPARTA

Der osmanischen Volkszählung von 1914 zufolge lebten im Bezirkszentrum Isparta, in dem sich auch die Surp Asdwadsadsin Kirche befand, 1.119 Armenier. Außerdem lebten einige wenige Armenier in Uluborlu und Yalvaç.

DER BEZIRK TEKE

Der Bezirk Teke verfügte über eine geringe armenische Bevölkerung, die sich in den Landkreisen Antalya und Elmalı konzentrierte.

Im Bezirkszentrum Antalya, in dem sich die Surp Howhannes Garabed Kirche befand, lebten ungefähr 200 Armenier.

Im westlich gelegenen Landkreis Elmalı lebten ungefähr 500 Armenier, die eine Kirche und eine Schule hatten.

296 Karte der Provinz Konya.
152 * 89. Tüccarzade İbrahim Hilmi, İstanbul.

297 Panorama der Stadt auf einer vom armenischen Editeur Boghos Tateosjan aus Konya hergestellten Postkarte.
140 * 91. Boghos Tateossian, Konya, 24.

298 Aussicht auf Konya.
138 * 88.

299 *Das Bagdat Hotel in der Nähe des Bahnhofs von Konya auf einer vom armenischen Fotografen Garabed Solakjan hergestellten Postkarte.*
138 * 90. Garabed K. Solakian, Konya, 96908. Die Karte wurde am 18. Juni 1907 von Konya nach Belgien geschickt.

300 *Die Industrieschule von Konya auf einer Postkarte von Solakjan.*
139 * 89. Garabed K. Solakian, Konya, 96906. Am 3. Juli 1907 von Konya nach Belgien gesandt.

301 *Die Hauptschule (Mekteb-i İdadi) von Konya auf einer Karte von Solakjan.*
138 * 89. Garabed K. Solakian, Konya, 96907. Am 3. Juli 1907 von Konya nach Belgien geschickt.

302 *Zwei Panoramen aus Konya auf einer Postkarte von Solakjan.*
91 * 139. Garabed K. Solakian, Konya, 96902. Am 3. Juli 1907 von Konya nach Belgien abgeschickt.

303 *Zwei Panoramen aus Konya auf einer Postkarte von Solakjan.*
91 * 138. Garabed K. Solakian, Konya, 96904. Am 10. Februar 1908 von Konya nach Ankara gesandt.

Souvenir de Konia

Souvenir de Konia

DIE PROVINZ KONYA
Konya, Akşehir, Niğde, Isparta, Aksaray, Burdur

304 Der Bahnhof von Konya und das Bağdat Hotel auf einer Postkarte von Solakjan.
142 * 93. Garabed K. Solakian, Konya.

305 Blick vom Alaaddin Hügel auf Konya und die Osmanische Bank auf einer Postkarte von Solakjan.
140 * 92. Garabed K. Solakian, Konya.

306 Vier Ansichten von Konya auf einer Postkarte von Solakjan.
143 * 91. Garabed K. Solakian, Konya. „Larende Moschee, Kapu Moschee mit Holzmarkt, der Scharlatan Hacı Ahmet Ağa, eine Schafherde."

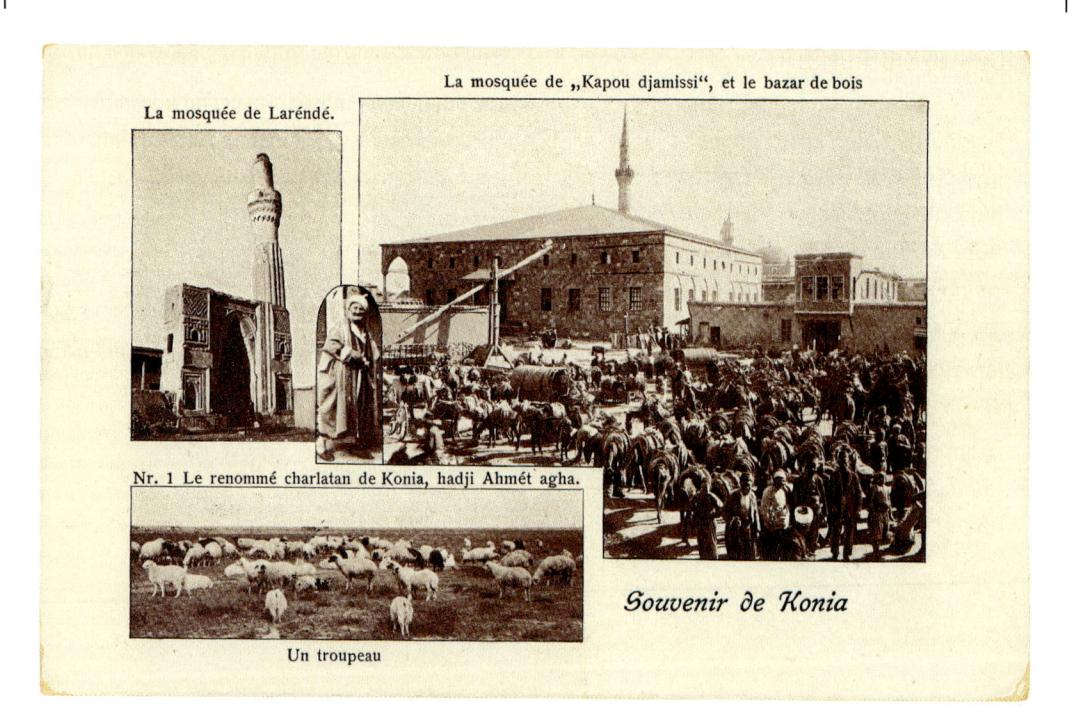

307 Eine Konya-Postkarte des armenischen Editeurs Manisadschjan aus Basel in der Schweiz.
140 * 91. H. B. Manissadjian, Basel, Schweiz, 1. Am 26. Oktober 1904 von Konya nach İstanbul gesandt.

308 Eine von Manisadschjan hergestellte Konya-Postkarte.
140 * 89. H. B. Manissadjian, Basel, Schweiz, 2. Die Karte wurde am 28. Dezember 1902 von Konya nach İstanbul geschickt.

309 Eine von Manisadschjan hergestellte Konya-Postkarte.
141 * 90. H. B. Manissadjian, Basel, Schweiz, 3. Die Karte wurde am 13. August 1905 von Afyonkarahisar nach Geyve gesandt.

310 Auf einer Postkarte aus Akşehir, einem Landkreis mit starker armenischer Bevölkerung, die Taş Medrese (Schule aus Stein) und das Grab des Nasreddin Hoca.
138 * 92. Max Fruchtermann, İstanbul, 106.
(Die Bildunterschriften sind spiegelverkehrt montiert).

311 Drei Akşehir-Motive auf einer Postkarte von Solakjan: Das Grabmal des Seyid Mahmud Hayrani, ein Panorama, das Grabmal des Nasreddin Hoca.
142 * 91. Garabed K. Solakian, Konya.

312 Eine von Solakjan hergestellte Postkarte mit Ausblick auf Niğde – einer Stadt mit einer armenischen Gemeinde und ihrer Surp Asdwadsadsin Kirche und der Bartewjan Schule.
140 * 88. Garabed K. Solakian, Konya, 12.

313 Junge Mädchen beim Teppichweben in Isparta. Weil die jungen Frauen bei der Aufnahme ihre Köpfe nicht bedeckt haben, kann man davon ausgehen, dass sie nicht Muslime sind. Das gleiche Foto wurde auch für eine Uşak-Postkarte, die sich in der Carlo Calumeno Kollektion befindet, benutzt.
141 * 93.

314 Eine Antalya-Postkarte mit fünf Ansichten.
137 * 90. M. Dimitriades, Antalya, 1107. "Yeni Kapı, Urumguş, Vardı Sokak, Deliktaş, Gazhane." Am 8. Dezember 1913 abgesandt.

315 Eine Antalya Postkarte mit fünf Ansichten.
137 * 89. N. Dimitriades, Antalya, 1105. "Yeni Kapı, Kordon, Uzun Yol, Leuchtturm, Hafen." Die Karte wurde am 2. Mai 1914 aufgegeben.

DIE PROVINZ KONYA
Konya, Akşehir, Niğde, Isparta, Aksaray, Burdur

Die Provinz Ankara

Ankara, İstanoz, Kırşehir, Kayseri, Yozgat

Die Provinz Ankara setzte sich aus den Bezirken Ankara, Kırşehir, Kayseri, Yozgat und Çorum zusammen.

Ankara und Kayseri waren jeweils Erzbistümer, die zum Istanbuler Patriarchat gehörten. In Yozgat wiederum befand sich ein Bistum, das an das Katholikosat des großen Hauses von Kilikien angeschlossen war.

Den von Maghakja Ormanjan 1912 veröffentlichten Bevölkerungsdaten zufolge lebten in den beiden Bezirken Ankara und Kırşehir 16.000 Gregorianer, 7.000 Katholiken und 500 Protestanten. Im Bezirk Kayseri waren es 40.000 Gregorianer, 2.000 Katholiken und 2.000 Protestanten. Im Bezirk Yozgat lebten 40.000 Gregorianer und 1.000 Protestanten. Insgesamt lebten in der Provinz 108.500 Armenier. Der osmanischen Volkszählung von 1914 zufolge wird die Einwohnerzahl der Provinz mit 1.216.891 angegeben, darunter mehr als 105.000 Armenier.

Angora Vue générale

DER BEZIRK ANKARA

Der Bezirk Ankara setzte sich aus den Landkreisen Ankara, Ayaş, Beypazarı, Sivrihisar, Nallıhan, Haymana, Mihalıççık, Yabanabad (heute: Kızılcahamam), Bâlâ und Kalecik zusammen, wobei sich die armenische Bevölkerung auf Ankara, Nallıhan, Sivrihisar und Kalecik konzentrierte.

In Ankara (arm. Engüri) mit seinen nahezu 30.000 Einwohnern zu Beginn des 20. Jahrhunderts lebten ungefähr 10.000 Armenier. Im Gegensatz zu allen übrigen Siedlungen im Osmanischen Reich bestand die armenische Bevölkerung in Ankara überwiegend aus Katholiken. Der hohe Anteil der Katholiken ist zum einen auf den Einfluß des Mechitaristenordens zurückzuführen, der im 18. Jahrhundert von dem aus Sivas stammenden Mechitar gegründet worden ist. Andererseits spielten auch die Verbannung der katholischen Armenier aus İstanbul nach Ankara durch die Hohe Pforte in den Jahren 1827-28 sowie die Aktivität französischer Missionare in der Stadt eine Rolle. Die armenischen Katholiken verfügten in der Stadt über einen Erzbischofssitz sowie die Surp Bedros-Boghos, die Surp Prgitsch und die Surp Gighemes Kirche. Außerdem bestand noch ein Kloster der Anaradhghutjun Nonnen.

Das Zentrum der gregorianischen Armenier war der Bischofssitz im als Garmir Wank (Rotes Kloster) bezeichneten Asdwadsadsin Kloster. Das einige Kilometer vom Stadtzentrum entfernte im Stadtteil İncirli gelegene Kloster verfügte über ein Gelände von mehr als 3.000 Morgen und seine Bibliothek war für ihre historischen Handschriften berühmt.

In der Stadt verfügten die Gregorianer außerdem über sechs Kirchen: die Surp Nschan (im Mihriyar Viertel), die Surp Gighmenes (oder auch Surp Chatsch genannt), die Surp Sarkis, die Surp Krikor Lusaworitsch (in Hisarönü), die Surp Hoki und die Surp Karasun Manganz, deren Vergangenheit zum Teil weit zurückreichte.

Die Katholiken verfügten über sechs Schulen einschließlich des Priesterseminars. Bei den Greogorianern waren es vier Schulen, von denen die größte die Chorenjan Schule war. Die Protestanten hatten ebenfalls eine Kirche und zwei Schulen. Trotz dieser Bildungseinrichtungen sprach ein großer Teil der Ankaraner Armenier, insbesondere die katholische Gemeinde, Türkisch.

Die armenischen Gewerbetreibenden und Kaufleute hatten einen hohen Stellenwert im Wirtschaftsleben der Stadt. Produktion und Handel von Sof [Mohär], der aus gesponnener Wolle der Ankara Ziege (tiftik) verwebt wird, und die Teppichproduktion waren vor allem in armenischer Hand.

Zu Beginn des 20. Jahrhunderts wurde die Umgebung der Burg vor allem als Einkaufs- und Gewerbegebiet genutzt, während der Norden und Süden der Stadt mit Weinbergen bedeckt war. Von den Wintermonaten abgesehen, verbrachten die Armenier Ankaras einen großen Teil des Jahres in diesen Weingärten.

İstanoz, zum Kreis Ankara gehörend und verwaltungsmäßig an Zir gebunden, war eine armenische Kleinstadt mit 4.000 Einwohnern (Yeniköy ist heute die nächstgelegene Siedlung dieser Kleinstadt, die von der Landkarte getilgt ist). 30 Kilometer westlich von Ankara gelegen war der Ort ein Zentrum der Sof-Produktion, die bis zum 19. Jahrhundert eines der wichtigen Exportgüter des Osmanischen Reiches war. Mit dem Schmuggel von Ankara-Ziegen ins Ausland, der auch andernorts die Herstellung von Mohär-Stoffen ermöglichte, und dem Aufstieg der englischen Webereien ging die Produktion von Ziegenwollgarn zurück. An ihre Stelle traten zu Beginn des 20. Jahrhunderts die

Seidenraupenzucht und Teppichweberei. Neben der Wein- und Obstzucht waren die Gewerbetreibenden von İstanoz auch in der Stiefelmacherei, dem Schmiedehandwerk, der Schneiderei oder Tischlerei tätig. Manche von ihnen gingen ihren Gewerbe außer in den Wintermonaten auch in umliegenden Dörfern nach.

Eine der beiden gregorianischen Kirchen, die Surp Karasun Manganz Kirche, befand sich im Ort. Die andere, die Surp Prgitsch Kirche, lag etwas außerhalb auf einem Hügel und war zugleich ein Wallfahrtsort. In der Ghewontjanz Schule wurden Mädchen und Jungen gemeinsam unterrichtet. Und auch die Protestanten verfügten über eine Kirche und eine Schule.

In der westlich von Ankara gelegenen Siedlung Nallıhan lebten mehr als 1.000 Armenier und verfügten über die Surp Howhannes Wosgeperan Kirche und zwei Schulen. In Mihalıççık, wo 200 Armenier lebten, gab es die Surp Chatsch Kirche und eine Schule.

In Sivrihisar mit seinen mehr als 4.000 armenischen Einwohnern gab es die Surp Jerrortutjun Kirche sowie die Surp Chatsch, die Hripsimjan und die Nersesjan Schule. Die Armenier der Kleinstadt traten in verschiedenen Handwerken, vor allem aber bei der Teppichweberei hervor. Orchester und Chor der Schulen der Kleinstadt, die über ein reich entwickeltes soziales Leben verfügte, waren in der ganzen Provinz berühmt. In Sivrihisar wurde 1911 eine wöchentliche Zeitung mit dem Namen *Anahid* herausgegeben.

Im östlich von Ankara gelegenen Landkreis Kalecik lebten mehr als 800 Armenier. Im Kreiszentrum gab es die von Mädchen und Jungen besuchte Lusinjan Schule sowie die Surp Garabed Kirche und einen Wallfahrtsort mit dem Namen Kırk Bakire [Vierzig Jungfrauen].

Im Landkreis Haymana lebten 150 Armenier, von denen ein Drittel katholisch war. In Bâlâ und Yabanabad (heute: Kızılcahamam) lebten nur sehr wenige Armenier.

DER BEZIRK KIRŞEHİR

In der Bezirkshauptstadt Kırşehir, in der mehr als 1.500 Armenier lebten, befanden sich die Surp Kework Kirche und zwei Schulen. In der auf einer weiten Fläche errichteten Stadt waren Armenier vor allem für Goldschmiederei und Seidenraupenzucht bekannt.

Im Zentrum des zwischen Ankara und Kırşehir liegenden Landkreises Keskin, in Denekmadeni lebten ebenfalls viele Armenier. In der Kleinstadt mit ihren 2.000 armenischen Einwohnern, wovon 50 Protestanten waren, gab es die Surp Asdwadsadsin Kirche sowie zwei armenische Schulen.

In Mecidiye (heute: Çiçekdağ), das zum selben Kreis gehörte, lebten ungefähr 50 Armenier.

DER BEZIRK KAYSERİ

Der osmanischen Volkszählung von 1914 zufolge lebten im Bezirk Kayseri 50.000 Armenier, die sich auf das Bezirkszentrum Kayseri (arm. Gesaria) sowie auf die Gebiete im Süden und Osten in verschiedenen Kleinstädten und Dörfern konzentrierten.

Zu Beginn des 20. Jahrhunderts war rund ein Drittel der 50.000 Einwohner der Stadt Kayseri Armenier. Die gregorianischen Armenier hatten drei Kirchen in der Stadt: die Surp Sarkis Kirche im Zentrum, die Surp Asdwadsadsin Kirche in Kiçikapı und die Surp Krikor Lusaworitsch Kirche in der Caferbey Siedlung. Von der Surp Megerjos Kirche auf dem armenischen Friedhof waren nur die Fundamente erhalten, doch gleichwohl besuchten die Armenier der Stadt und Umgebung am Tag des Heiligen Megerjos die Kirche und opferten auch dort. Ein anderer Wallfahrtsort war eine wenige Kilometer außerhalb der Stadt gelegene Höhle. Am Tag der 40 Märtyrer von Sivas wurde gemeinsam von der Stadt hierher gepilgert und gebetet.

In der Stadt befand sich neben der Surp Chatsch Kirche der katholischen Armenier auch eine protestantische Kirche. Außerdem verfügten die Katholiken über eine, die Protestanten über zwei und die gregorianischen Armenier über mehrere Schulen in der Stadt. Neben der Surp Asdwadsadsin Kirche befand sich die Hajgjan Schule, neben der Surp Sarkis Kirche die Hagopjan Schule, neben der Surp Krikor Lusaworitsch Kirche die Sarkis Gümüschjan Schule und im Bahçe Viertel die Aramjan Schule, um nur die wichtigsten zu nennen.

Seit dem 17. Jahrhundert wurde Kayseri mit seinen armenischen Kaufleuten bekannt, deren Wort auf Märkten wie Amsterdam und Venedig Geltung hatte. Doch waren unter den Armeniern Kayseris nicht nur der Handel, sondern auch die Produktion hoch entwickelt. In der von den Gebrüdern Hasrdschjan bereits 1856 gegründeten Textilfabrik gab es 300 Webstühle. Während die Armenier Kayseris in Gewerben wie die Lederverarbeitung, Teppichherstellung und dem Goldschmiedehandwerk führend waren, wurden ihre Teppiche und Stoffe auch auf ausländischen Märkten gekauft. Die Sommermonate verbrachten die Armenier der Stadt in den höher gelegenen Weinbergen und Gärten. Sie waren für ihr Obst und den von ihnen hergestellten Wein berühmt.

Die Armenier Kayseris haben nicht nur eine Reihe Ärzte, Architekten und Intellektuelle hervorgebracht, sondern auch eine Schicht reicher Familien, die für ihre Mildtätigkeit bekannt waren. Das kulturelle Leben der Stadt war hoch entwickelt und es gab neben armenischen Theatergruppen auch eine eigene Presse. Von 1907 bis 1908 wurden die *Dikris* (Tigris) als Wochenzeitschrift, 1910 die Wochenzeitung *Schepor* (Sport) und 1912 die *Nor Serunt* (Neue Generation) als Wochenzeitung herausgegeben.

In der 8 Kilometer südöstlich von Kayseri gelegenen Kleinstadt Talas bestand ungefähr die Hälfte der 4.000 Einwohner aus Armeniern. Die reichen Familien von Talas, das sich in eine Ober- und Unterstadt gliederte, hatten große Gutshöfe in der Oberstadt (Yukarı Talas). Auch der durch Erdöl reich gewordene und für seine Wohltätigkeit bekannte Kalust Gülbenkjan entstammte diesem Viertel. Doch war der Ort nicht nur für seine Kaufleute, sondern auch für das Teppichgewerbe und seine Weingärten bekannt.

In Yukarı Talas befanden sich neben der Surp Asdwadsadsin Kirche und einer Mädchenschule auch die Wart Badrigjan Schule für Jungen. In der Unterstadt gab es die Surp Jerrortutjun Kirche sowie für Jungen die Khumbesarjan und für Mädchen die Aschkjan Schule. In Kiçiköy gab es außerdem die Stepannos Kirche und die Stepannosjan Schule.

In der Kleinstadt, gab es eine protestantische Mission und ein amerikanisches Kolleg, das von den Missionaren geführt wurde. 1912 wurde dort eine Zeitschrift mit dem Titel *Poshpotsch* herausgegeben.

Im einige Kilometer nördlich von Talas gelegenen Dorf Derevank, das für das Surp Sarkis Kloster bekannt war, lebten mehr als 300 Armenier. Im Dorf gab es die Surp Toros Kirche und die Tarkmantschaz Schule. Weitere, nördlich von Derevank gelegene Orte und Dörfer mit armenischer Bevölkerung waren: Das Dorf Tavlusun (heute: Aydınlar), in dem sich die Surp Toros Kirche und die Mesrobjan Schule befanden. Das Dorf Germir mit der Stepannos Kirche und der Surp Sahak Bartew Schule. Gesi (oder auch: Balagesi, heute: Gezi) verfügte über die Surp Chatsch Kirche und die Dadschadjan

Schule. In diesem Dorf, in dem nahezu 1.000 Armenier lebten, befand sich auch das Surp Tanjel Kloster, dessen Surp Asdwadsadsin Kirche mit Kacheln von armenischen Meistern aus Kütahya geschmückt war.

Das geistliche Zentrum der Armenier von Kayseri, das Surp Garabed Kloster, befand sich in der Nähe der Kleinstadt Efkere (die Bahçeli Siedlung der heutigen Kleinstadt Gezi). Das an einem Hang errichtete Kloster war ein wichtiger Wallfahrtsort. Im Kloster befand sich eine Karawanserei zur Aufnahme der Wallfahrer. Das Kloster, das zugleich auch ein wichtiges Bildungs- und Kulturzentrum war, beherbergte neben einer hochrangigen Priesterschule auch eine Bibliothek, die über 200 Handschriften und 20.000 gedruckte Bücher verfügte. Die Schüler der Klosterschule wurden von den Ältestenräten der umliegenden Dörfer unter bedürftigen und begabten Schülern ihrer Schulen ausgewählt. Zur Sicherung des Unterhalts der Schule wurden auch zahlende Schüler aufgenommen, doch waren diese nicht verpflichtet, nach Abschluß der Schule auch Geistliche zu werden.

Im 18 Kilometer nordöstlich von Kayseri gelegenen Efkere waren neben Landwirtschaft und Tierzucht vor allem das Schmiedehandwerk, aber auch andere Gewerbe sowie der Handel weit entwickelt. Abgesehen von der Klosterschule gab es für Jungen die Torkomjan und für Mädchen die Akabjan Schule sowie im Stadtviertel Demircilik die Surp Stepannos, die Surp Kework, die Surp Sarkis, die Surp Asdwadsadsin und die Surp Jeghja Kirche.

Weiter nördlich im Dorf Mancısın (heute: Yeşilyurt) lebten ungefähr 1.000 Armenier, die hier die Surp Chatsch, die Surp Asdwadsadsin und die Surp Toros Kirche sowie die Aramjan Schule unterhielten. In Darsiyak (heute: Kayabağ) befand sich die Surp Andreas Kirche und die Nersesjan Schule und im direkt angrenzenden Nirze oder auch Nize (heute: Güzelköy) gab es die Surp Toros Kirche und die Nersesjan Schule. Diese Dörfer waren für ihre Schmiede und ihre Kaufleute bekannt. Auch wenn das etwas außerhalb von Nirze gelegene Surp Krikor Lusaworitsch Kloster seine eigentliche Funktion verloren hatte, stand zumindest noch das Gebäude. Im weiter nördlich gelegenen Muncusun (heute: Güneşli) lebten ungefähr 650 Armenier, von denen ein Teil auch Protestanten und Katholiken waren. In dem Dorf befanden sich die gregorianischen Surp Nschan, die Surp Parsegh und die Surp Minas Kirche sowie eine protestantische Kirche und eine katholische Kapelle. Außerdem gab es im Dorf die gregorianische Midzpinjan Schule sowie je eine weitere Schule für Protestanten und Katholiken. Im Dorf Muncusun wurde von 1910 bis 1913 eine Wochenzeitung mit dem Namen Hajeg herausgegeben.

Diese Dörfer, beginnend mit Talas und sich nördlich fortsetzend, verteilten sich über das Gebiet östlich von Kayseri. Im Norden Kayseris lag Erkilet mit seinen ungefähr 300 armenischen Einwohnern. In dem Dorf, das für seine Wein- und Obstgärten bekannt war, gab es die Surp Toros Kirche und für Jungen die Aramjan Schule.

Ein weiteres Gebiet mit hoher armenischer Bevölkerung im Bezirk Kayseri war das 45 Kilometer südlich gelegene Develi mit den umliegenden Dörfern. Den Daten der osmanischen Volkszählung von 1914 zufolge lag die armenische Bevölkerung dieses Landkreises, einschließlich der 400 Protestanten, bei mehr als 16.000. Die Kreisstadt war durch das Zusammenwachsen der Kleinstädte Everek und Fenese entstanden. Zusammen mit dem in der Nähe gelegenen Dorf İlibe, in dem es eine Kirche und die Garabedjan Schule gab, lag die armenische Einwohnerschaft bei mehr als 8.000.

In Everek befand sich die Surp Toros Kirche sowie die von Jungen und Mädchen besuchte Rubinjan Schule sowie eine protestantische Schule. In Fenese gab es die Surp Asdwadsadsin Kirche sowie die Mesrobjan Schule für Jungen und Mädchen. In der Kleinstadt, in der jede Familie über einen Garten und Weinstöcke verfügte, waren Weinkelterung und die Seidenraupenzucht weit verbreitet. Die Armenier waren führend in Gewerben wie der Seidenweberei, dem Teppichweben, Töpferei, der Lederverarbeitung und der Goldschmiedkunst.

Im acht Kilometer nördlich gelegenen Çomaklı lebten ungefähr 1.700 Armenier. In Yukarı Mahalle, der höher gelegenen Siedlung des Ortes, dessen Bevölkerung vor allem von Landwirtschaft und Handwerk lebte, befand sich die Surp Toros Kirche sowie Margosjan Schule. In Aşağı Mahalle, der tiefer gelegenen Siedlung gab es die Surp Hagop und die Surp Krikor Lusaworitsch Kirche sowie die Torkomjan Schule. Auch die Katholiken des Dorfes hatten eine Kirche. Einige Kilometer östlich von Çomaklı lag das Dorf İncesu, mit einer Türkisch sprechenden armenischen Bevölkerung von ungefähr 1.000 Menschen. In dem Dorf befanden sich die Surp Toros Kirche und die Stepanjan Schule. Im weiter östlich von diesem Dorf gelegenen Cücün mit seinen ungefähr 1.000 armenischen Einwohnern, die ebenfalls Türkisch sprachen, lagen die Surp Asdwadsadsin Kirche und die Sarkisjan Schule.

In Karacaören, südwestlich von Everek-Fenese gelegen, wo sich die Asdwadsadsin Kirche und die Smpadjan Schule befanden, lebten ungefähr 250 Armenier. Die armenische Bevölkerung von Musahacılı, wo sich die Surp Chatsch Kirche und eine Schule befanden, lag zusammen mit dem unmittelbar südlich gelegenen Dorf İlyaslı bei 170 Einwohnern. Im Süden des Kreises lebten in Taşhan, wo sich die Surp Asdwadsadsin Kirche und die Harutjunjan Schule befanden, 750 Armenier und in Sazak, wo die Surp Asdwadsadsin Kirche und die Aslanjan Schule lagen, 400 Armenier. In Gömedi, 10 Kilometer südöstlich von Everek-Fenese gelegen, das über die Surp Hagop Kirche und die Howhannesjan Schule verfügte, lebten mehr als 250 Armenier.

In der östlich gelegenen Kleinstadt Tomarza lebten mehr als 4.000 Armenier. Die größte Schule des Ortes, in dem sich auch die Surp Boghos-Bedros Kirche befand, war die Torkomjan Schule für Jungen. In dem Surp Asdwadsadsin Kloster außerhalb der Stadt befanden sich die Surp Garabed und die Surp Chatsch Kapellen sowie ein Priesterseminar.

Im südlich von Tomarza Berggebiet lag Söğütlü mit der Surp Prgitsch Kirche und der Torosjan Schule, das mehr als 450 armenische Einwohner hatte. In Çayıroluk, wo sich eine Kirche und eine Schule befanden, lebten 100 und in Yağdıburun, wo es die Surp Garabed Kirche und die Hagopjan Schule gab, ungefähr 200 Armenier. In Yenice mit seinen ungefähr 450 armenischen Einwohnern gab es die Surp Toros Kirche und die Lewonjan Schule. Südlich von diesem Dorf begann ein weiteres Siedlungsgebiet mit hoher armenischer Bevölkerung, das zu Adana gehörende Chatschin (heute: Saimbeyli).

DER BEZIRK YOZGAT

Im Bezirk Yozgat lebten den von Maghakja Ormanjan 1912 veröffentlichten Daten zufolge 41.000 Armenier, von denen 1.000 Protetanten waren. Die osmanische Volkszählung von 1914 gibt ihre Zahl mit ungefähr 33.000 an.

Im Bezirkszentrum Yozgat war mehr als ein Drittel der 20.000 Einwohner Armenier. Als die Stadt im 18. Jahrhundert durch den turkmenischen Volksstamm Çapanoğulları gegründet wurde, rief ihr Führer die Armenier aus dem Umland nach Yozgat, um zur Errichtung der Stadt beizutragen und das Wirtschaftsleben zu bereichern. Aus diesem Grund hatten die Armenier in dieser zu Beginn des 20. Jahrhunderts äußerst entwickelten und gepflegten Stadt in Handel und den Gewerbezweigen eine wichtige Stellung.

Die Stadtviertel Köseoğlu, Tuzkaya und Eleciler waren diejenigen mit der stärksten armenischen Bevölkerung. Im Gebäude direkt neben der Surp Asdwadsadsin Kirche in der Tuzkaya Siedlung befand sich der zum Katholikosat von Kilikien gehörende Bischofssitz. Zugleich befanden sich in der Siedlung die Wahanjan und Chorenjan Schule für Jungen und die Ohanjan Schule für Jungen und Mädchen. Letztere besuchten 1901 insgesamt 620 Schüler, von denen 330 Jungen und 290 Mädchen waren. Außerdem hatten die gregorianischen Armenier als zweite Kirche die Surp Jerrortutjun. In der Stadt, in der sich auch eine protestantische Kirche befand, besuchten ungefähr 100 armenische Kinder die protestantische Schule.

Im ungefähr 20 Kilometer südwestlich gelegenen Dorf Saray gab es die Asdwadsadsin Kirche.

Im südlich des Zentrums gelegenen Verwaltungsgebiet von Kızılkoca lebten Armenier in sechs Dörfern: In Kediler (heute: Armağan) mit seiner 500-köpfigen Einwohnerschaft befand sich die Surp Kework Kirche. In Saçlı mit seinen 600 Einwohnern befand sich die Asdwadsadsin Kirche. Saatli mit seinen 500 Einwohnern verfügte über die Surp Asdwadsadsin Kirche. Makaroğlu hatte 450 Einwohner und die Surp Asdwadsadsin Kirche. In Karabıyık mit seinen 800 Einwohnern befand sich die Surp Lusaworitsch Kirche. In İncirli (auch İncirligayrimüslim genannt; heute: Küçükincirli) mit seinen 500 Einwohnern gab es die Surp Asdwadsadsin Kirche und die Aramjan Schule.

Die armenische Bevölkerung im Landkreis Akdağmadeni wird von der osmanischen Volkszählung von 1914 mit 3.361 angegeben. In der Kreisstadt Maden, in der sich die Surp Toros Kirche sowie die von Jungen und Mädchen besuchte Lusinjan Schule befanden, lebten ungefähr 1.300 Armenier.

In den zum Kreis gehörenden Dörfern lebten in Delihamza, in dem es die Surp Nigoghajos Kirche und die von Jungen und Mädchen besuchte Arschagunjan Schule gab, 250 Armenier sowie 300 Armenier in Karaçayır, wo sich die Surp Asdwadsadsin Kirche und die von Jungen und Mädchen besuchte Ardrunjan Schule befanden.

Im Verwaltungsgebiet Karamağara (heute: Saraykent) gab es drei große armenische Dörfer: Terzili mit 1.000 Einwohnern und der Surp Toros Kirche sowie der Aschodjan Schule; Bebek mit 1.300 Einwohnern und der Asdwadsadsin Kirche sowie der von Jungen und Mädchen gemeinsam besuchten Chorenjan Schule; Karaykup mit 500 Einwohnern, wo sich die Surp Hagop Kirche und die von Jungen und Mädchen besuchte Wahanjan Schule befanden.

Im östlich von Yozgat gelegenen Verwaltungsgebiet Köhne wohnten in Köhne-i Kebir, bzw. Büyük Köhne (heute: Sorgun) rings um die Surp Hagop Kirche 2.000 Armenier. Im ebenfalls zu diesem Verwaltungsgebiet gehörenden Danışman (oder auch Danışmentçiftliği) lebten ungefähr 250 Armenier und in Sarıhamzalıçiftliği, wo sich die Surp Asdwadsadsin Kirche und eine Schule befanden, mehr als 1.000 Armenier.

Die stärkste armenische Bevölkerung im Bezirk Yozgat wies der Landkreis Boğazlıyan auf. Im Kreiszentrum, wo sich die Surp Asdwadsadsin und die Surp Minas Kirche sowie für Jungen die Setjan Schule befanden, lebten ungefähr 2.000 Armenier in der Oberstadt.

Im südöstlich von Yozgat gelegenen Landkreis, der sich nach Kapadokien erstreckte, befanden sich zahlreiche armenische Siedlungen. Die größte von ihnen war Çat, das mit seinen 3.500 Einwohnern über zwei Armenierviertel verfügte. Im Stadtteil Çat-ı Kebir (Groß Çat) befand sich die Surp Toros Kirche, in Çat-ı Sagir (Klein Çat) die Surp Asdwadsadsin Kirche.

Die Bevölkerung von Rumdigin (heute: das zu Kayseri gehörende Felahiye) mit seinen 2.000 Einwohnern bestand zu zwei Dritteln aus Armeniern. Die Kleinstadt, in der sich die Surp Asdwadsadsin Kirche und die Batewjan Schule befanden, war bekannt für ihre Töpferei, Messer- und Teppichherstellung.

In Keller (heute: Yenipazar), wo 1.500 Armenier lebten, befanden sich im Orta Viertel die Surp Asdwadsadsin Kirche und im Aşağı Viertel das Surp Toros Kloster.

Zu den anderen armenischen Siedlungen der Umgebung gehört mit 3.000 Einwohnern Uzunlu, wo sich die Surp Hagop Kirche befand. Burunkışla hatte 2.000 Einwohner und die Surp Toros sowie die Surp Asdwadsadsin Kirche. Eğlence mit der Surp Asdwadsadsin Kirche und der Abgarjan Schule hatte 600 Einwohner. Kumkuyu (auch Kumkapı genannt) verfügte mit seinen 900 Einwohnern über die Asdwadsadsin Kirche und eine Schule. In Belviran (heute: Belören) lebten 750 Armenier und verfügten über die Surp Kework Kirche. In Gürden (heute: Yazıkışla) lebten 1.000 Armenier und hatten dort die Surp Asdwadsadsin Kirche und eine Schule. In Kürkçü mit seiner Surp Asdwadsadsin Kirche lebten 200 Armenier. İğdeli verfügte über eine armenische Einwohnerschaft von 1.000 und die Surp Prgitsch Kirche sowie die Bartewjan Schule. Karahallı mit der Surp Hagop Kirche und die Mamigonjan Schule hatte eine armenische Bevölkerung von 2.000 Einwohnern. Çakmak hatte 1.000 armenische Einwohner, die Surp Asdwadsadsin Kirche und zwei Schulen. Çokradan hatte 1.000 Einwohner und die Surp Toros Kirche. In Güvençli mit seinen 500 Einwohnern befanden sich drei Kirchen: die Surp Krikor Lusaworitsch, die Surp Asdwadsadsin und die Surp Hagop. In Fakralı lebten 800 Armenier, die über die Surp Asdwadsadsin Kirche verfügten. Melez mit der Surp Harutjun Kirche hatte 350 Einwohner. Taşlıgeçit, wo sich die Surp Kework Kirche befand, hatte 250 Einwohner. Puhreng (heute: Gümüşkonak) hatte 800 Einwohner und die Surp Hagop Kirche. In Menteşe mit seinen 1.000 Einwohnern befand sich die Surp Asdwadsadsin Kirche. In Ürneç (heute: Konuklar) mit seinen 1.000 Einwohnern befand sich die Surp Asdwadsadsin Kirche sowie das Surp Krikor Kolleg. Und in Çatak befand sich eine Einwohnerschaft von 1.000 und die Surp Hagop Kirche.

DER BEZIRK ÇORUM

Osmanischen Quellen zufolge betrug die armenische Einwohnerschaft des Bezirks 3.200, die sich vor allem auf Çorum und den Landkreis Sungurlu konzentrierte.

In der Stadt Çorum, in der sich die Surp Kework Kirche sowie die von Jungen und Mädchen besuchte Hajgjan Schule befand, lebten ungefähr 1.000 Armenier. In der zum Landkreis gehörenden Kleinstadt Hüseyinabad (heute: Alaca) lebten ebenfalls Armenier.

Im Kreiszentrum von Sungurlu lebten rings um die Surp Asdwadsadsin Kirche mehr als 1.000 Armenier. In der Stadt gab es außerdem die von Jungen und Mädchen besuchte Nersesjan Schule. Osmanischen Quellen zufolge lebten im Ort und den umliegenden Dörfern fast 2.000 Armenier.

In den zu Çorum gehörenden Landkreisen Osmancık lebten 70 und in İskilip ungefähr 50 Armenier.

316 Aussicht auf Ankara.
138 * 90. M. F. & V. F., Ankara.

317 318 Aussicht auf Ankara auf zwei einander ergänzenden Postkarten.
139 * 89. 745.
138 * 89. 756.

319 Das Postamt von Ankara auf einer von den armenischen Fotografen Gebrüder Mugamjan hergestellten Postkarte.
139 * 90. M. F. – Mug [Gebrüder Mugamjan, Ankara].

320 Der Bahnhof von Ankara auf einer von den Gebrüder Mugamjan hergestellten Postkarte.
Die Karte wurde am 18. August 1904 von Boghos Kamburjan (Pierre Kambourian), der im Ankaraner Safran Han Handel mit Chemikalien trieb, an die in Paris herausgegebene Medizinzeitschrift Médicine Française mit der Bitte um Zusendung der Zeitschrift gesandt.
139 * 86. M. F. – Mug [Gebrüder Mugamjan, Ankara].

321 Das französische Kolleg in Ankara, dessen Schüler zu einem großen Teil Armenier waren.
139 * 89. Gebrüder Moughamian, Ankara. „Das von den Priestern christlicher Schulen geleitete französische Saint Clement Kolleg." Die Karte wurde am 3. April 1912 von Ankara nach İstanbul geschickt.

322 Das französische Saint Clement Collège.
136 * 87. 111674 [Gebrüder Mugamjan, Ankara]. Die Karte wurde am 16. Juli 1907 von Ankara ins belgische Antwerpen gesandt.

Angora. – La Poste.

Angora
Collège français St Clément, dirigé par les Frères des Ecoles chrétiennes

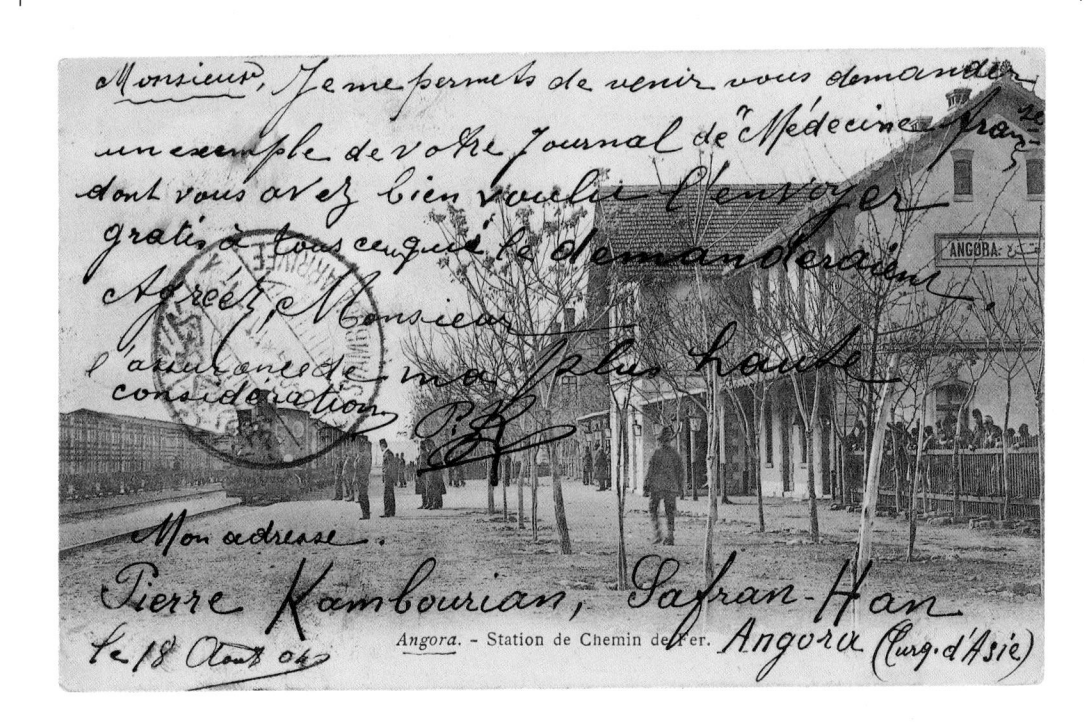

Angora. – Station de Chemin de fer.

Ecole chrétiennes des "Frères"

153

DIE PROVINZ ANKARA
Ankara, İstanoz, Kırşehir, Kayseri, Yozgat

Angora Travailleurs de tiftik
(poils de chèvre)

323 Mohär-Arbeiter in Ankara auf eine Postkarte der
Gebrüder Muşamjan. Der Mohär-Handel, d.h. die aus dem
feinen und glänzenden Haar der Ankara Ziege gewonnene
Wolle, lag zu einem großen Teil in armenischer Hand.
140 * 90. Gebrüder Moughamian, Ankara.

324 Balıkpazarı (der Fischmarkt), wo es viele armenische
Händler und Handwerker gab.
140 * 87. M. F. – Mug (Gebrüder Muşamjan), Ankara.

325 Die Filiale der Osmanischen Bank in Ankara auf einer
Postkarte der Gebrüder Muşamjan.
136 * 91. Y.M. – M. M. (Gebrüder Muşamjan, Ankara), 113338.
Die Karte wurde am 12. August 1907 nach Paris gesandt.

*326 Die 3 Kilometer außerhalb von Ankara im heutigen
Etlik İncirli gelegene Kaserne und dahinter ein armenisches
Kloster. Das Garmir Vank (Rotes Kloster) genannte Surp
Asdwadsadsin Kloster war ein Bischofssitz, dessen
Zuständigkeit sich bis nach Kırşehir erstreckte.*
137 * 87. [Gebrüder Mugamjan, Ankara], 111676. Als Ostergruß
am 22. (gem. des alten Kalenders 9.) April 1908 gesandt.

*327 Aussicht auf Ankara. In der Mitte des Bildes ist eine
Kirche zu erkennen.*
140 * 90.[Gebrüder Mugamjan, Ankara], 111675.

*328 Das von Armeniern bewohnte Viertel Hisarönü.
Zwischen den Dächern sind zwei Glockentürme
zu erkennen.*
87 * 139. M. F. — Mug [Gebrüder Mugamjan, Ankara].

329 Eine Straße im Viertel Hisarönü.
91 * 136. Y. M. — M. M. [Gebrüder Moughamian, Ankara], 113339.
Von Alaaddin Bey am 18. April (gem. neuen Kalenders 1. Mai)
1907 von Ankara an Madmoiselle Kardine Dökmedschijan
in der Ağacami Arabacı Straße in İstanbul geschickt.

Angora. – Quartier Thissar Euni.

Souvenir d'Angora, le............190....

M............

Une Rue à Hissar-Eunu.

DIE PROVINZ ANKARA
Ankara, İstanoz, Kırşehir, Kayseri, Yozgat

330 Der Hıdırlık Hügel, der heute zum Stadtviertel Altındağ gehört und die Burg von Ankara.
139 * 90. Gebrüder Moughamian, Ankara.

331 Das zwischen dem Hıdırlık Hügel und der Burg gelegene Wehr über dem Hatip Bach, der heute als Bentderesi bekannt ist.
138 * 90. Gebrüder Moughamian, Ankara.

332 Festplatz in Ankara auf einer Postkarte der Gebrüder Muşamjan.
140 * 90. Gebrüder Moughamian, Ankara.

Angora Sommet de Hedrelek

Angora
Lieu de promenade „Bend Eunu"

Angora
Réunion de Baïram

159

DIE PROVINZ ANKARA
Ankara, İstanoz, Kırşehir, Kayseri, Yozgat

Vue du mont Argée avec la ville de Césarée.

Césarée. Vue générale.

333 Der Berg Erciyes und das Panorama von Kayseri.
139 * 89. B. Mostitzidis & Firma, Kayseri und Çorum, 7697.
Am 23. Januar 1910 von Kayseri nach İstanbul gesandt.

334 Ausblick auf Kayseri auf einer von dem armenischen Editeur Howhannes Gasarjan aus Mersin hergestellten Postkarte.
137 * 88. Hovhannes H. Ghazarian, Mersin, 22.

335 Ausblick auf Kayseri vom Minarett der Ulucami Moschee.
137 * 86. 14

336 Eine Ansicht von Kayseri. „Vorn die Dächer des Basars, dahinter rechts die Zitadelle, links die Regierungsgebäude."
136 * 85.

14. Kaisarî, gesehen vom Minareh der Ulu („großen") moschee. Blick nach Süden.
Im Hintergrund die Trachytkuppen des Alidagh.

16. Kaisarî. Blick nach Westen.
Vorn die Dächer des Basars, dahinter rechts die Zitadelle, links die Regierungsgebäude.

337 Ansicht von Kayseri. Auf der Fotokarte sind eine armenische und eine griechische Kirche zu erkennen.
139 * 89.

338 Die Surp Asdwadsadsin Kirche in Kayseri Kiçikapı in den 1920-er Jahren.
140 * 90.

339 Die Handelsschule in Kayseri und direkt dahinter eine armenische Kirche.
139 * 88

340 Das französische St. Joseph de Lyon Collège in Kayseri, dessen Schüler zum großen Teil Armenier waren.
139 * 88.

341 Eine Ansicht von Kayseri bei Schnee. Im Hintergrund ist die Surp Asdwadsadsin Kirche zu sehen.
139 * 89.

342 Schlittenfahrende Schüler auf dem Innenhof des französischen St. Joseph de Lyon Collège.
139 * 89.

DIE PROVINZ ANKARA
Ankara, İstanoz, Kırşehir, Kayseri, Yozgat

343 344 Ausblick auf Talas auf zwei einander ergänzenden Postkarten. Die in der Yukarı und Aşağı Talas zu sehenden Kirchen gehörten Armeniern und Griechen.
139 * 89.
139 * 87.

345 Die Jungen-Abteilung des American College in Talas auf einer von den ortsansässigen armenischen Verlegern Tschalukjan und Stepanjan hergestellten Postkarte.
137 * 86. M. R. Chalukian & A. Stepanian, Talas, 5.
Die Karte wurde 1911 von Tarsus an die "Hochverehrte Persönlichkeit Herrn Armenag Gebbengjan" in Istanbul gesandt. „Wir beglückwünschen zum neuen Jahr und zum Surp Dznunt. In Dankbarkeit A. Kalfajan."

346 Die amerikanischen Einrichtungen in Talas auf einer von einem amerikanischen Missionar verschickten Postkarte.
138 * 89. „Krankenhaus, Mädcheninternat ('Das große Gebäude auf dem Foto. Unser Büro liegt in dem davor zu sehenden kleineren Haus'). Missionshaus ('Hier schlafe ich und diesen Brief schreibe ich auf der Veranda, die im zweiten Stock zu sehen ist.'), Missionshaus ('Das vordere Haus ist der Ort, an dem wir zum Herrn beten. Achte auf die Terrasse dahinter.')."

347 Eine Frau aus Kayseri in Festtracht.
90 * 139. Französische Post, Mersin. Am 23. April 1904 von Adana nach Belgien geschickt.

AMERICAN SCHOOL FOR BOYS
TALAS – TURKEY.

Hospital · Girls Bording School
American compound Talas.
Missionary buildings · Missionary building

En vente à la Poste Française, Mersina

Femme de Césarée en costume de cérémonie

DIE PROVINZ ANKARA
Ankara, Istanoz, Kırşehir, Kayseri, Yozgat

St. Garabed Césarée

Գիշերօթիկ Բարձ. Վարժարան
Ս. Կ. Վանք Կեսարիա

348 Das Surp Garabed Kloster in der Nähe der Kleinstadt Efkere. Das Kloster war zugleich Sitz des armenischen Bischofs von Kayseri wie auch Wallfahrtsort. Es verfügte über eine hochrangige Priesterschule sowie eine Bibliothek mit einer großen Anzahl von Handschriften und gedruckter Bücher.
137 * 88. M. R. Chalukian & A. Stepanian, Talas, 6. Armenisch: "Internatsoberschule, Surp Garabed Kloster, Kayseri."

349 Eine andere von Tschalukjan und Stepanjan hergestellte Postkarte, die das Kloster nochmals aus der gleichen Perspektive zeigt.
139 * 88. M. R. Chalukian & A. Stepanian, Talas, 3. Armenisch (abgekürzt): "Internatsoberschule Surp Garabed."

350 Blick auf Kırşehir.
139 * 88. Kollektion des Internationalen Komitees des Roten Kreuzes, Genf, 12.

Die Provinz Kastamonu

KASTAMONU, BOLU, ÇANKIRI, SİNOP

Die Provinz Kastamonu setzte sich aus den Bezirken Kastamonu, Bolu, Kengiri (heute: Çankırı) und Sinop zusammen. In Kastamonu befand sich ein dem armenischen Patriarchat in İstanbul angehörender Bischofssitz. Ein Teil des Bezirks Bolu und der Bezirk Çankırı gehörten zum Erzbistum Ankara, der größere Teil des Bezirks Bolu zum Erzbistum Izmit.

Den von Maghakja Ormanjan 1912 veröffentlichten Bevölkerungsdaten zufolge lebten in der Provinz Kastamonu 14.000 Armenier, die alle Gregorianer waren. Die osmanische Volkszählung von 1914 weist bei einer Gesamtbevölkerung von 1.131.583 die Zahl der Armenier mit 11.931 aus, die fast alle Gregorianer waren.

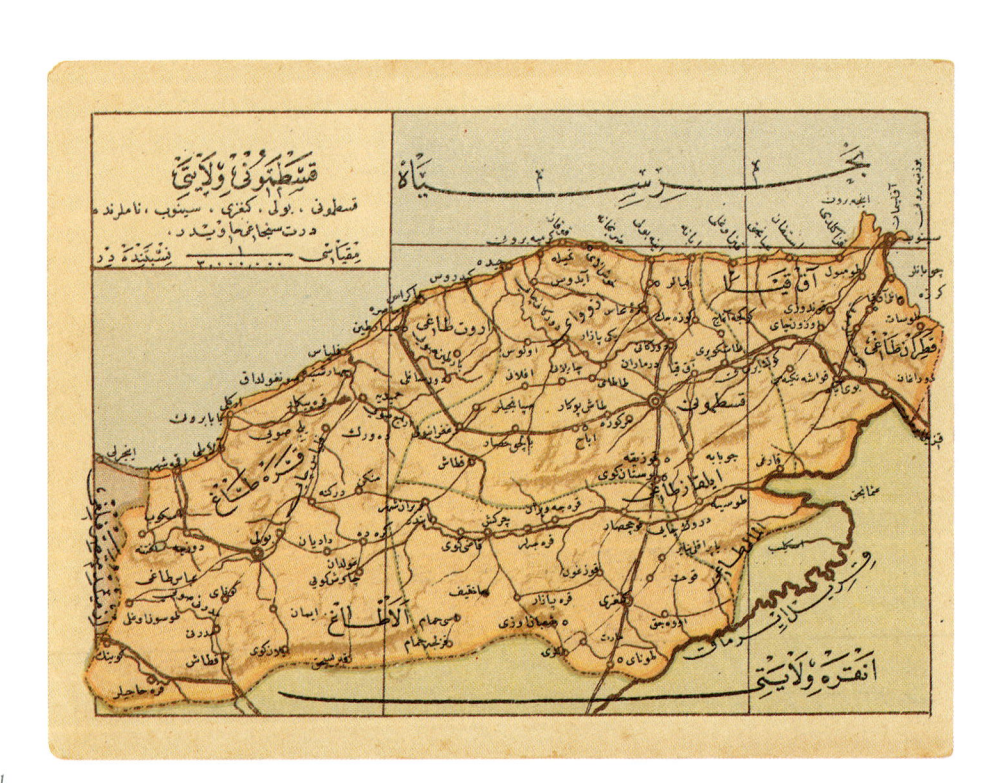

DER BEZIRK KASTAMONU

In der Provinzhauptstadt Kastamonu lebten mehr als 2.000 Armenier. Sie konzentrierten sich um die Surp Asdwadsadsin Kirche und verfügten über zwei Schulen. Im Gewerbegebiet der Stadt waren sie in der Herstellung von Garnen aus Baumwolle, Wolle und Ziegenwolle, der Weberei und der Schuhmacherei tätig. Landwirtschaftlich waren die Armenier in Kastamonu im Anbau von Getreide, Tabak und Hülsenfrüchten tätig. Auch im Bereich des Bergbaus verfügten die Armenier über einige Bedeutung. In Kuzkaya, das zum Bezirkszentrum gehörte, waren der Grieche Vasilaki Sarakiyotti zusammen mit dem Armenier Sarkis Tavitjan Inhaber der Antimon-Abbaulizenz der dortigen Miene.

Ungefähr 10 Kilometer nördlich der Stadt befand sich das armenische Dorf Gülam (heute: Gökçekent), das über eine eigene Schule verfügte.

Im an der Schwarzmeerküste gelegenen İnebolu lag die Zahl der armenischen Einwohner bei 200. Die Hafenstadt İnebolu, die İstanbul mit Inneranatolien verband, war auch ein Anlaufpunkt für armenische Kaufleute. Am rechten Ufer des Baches, der die Stadt teilte, befand sich die Surp Asdwadsadsin Kirche sowie eine Schule. Die Armenier der Stadt beschäftigten sich mit Handwerk, Handel, See- und Landtransport, Gartenbau und Fischerei.

In der Kreisstadt Taşköprü lebten ungefähr 1.500 Armenier, die dort auch eine Kirche und eine Schule hatten. Das einige Kilometer nördlich von Taşköprü gelegene Eskiatça war ein rein armenisches Dorf. Im Dorf befanden sich die Surp Lusaworitsch Kirche und die von Jungen und Mädchen gemeinsam besuchte Wahanjan Schule. In den übrigen Landkreisen des Bezirks Kastamonu lebten in Tosya eine 130-köpfige und in Daday eine 300-köpfige armenische Gemeinde, in den Kreisen Araç und Cide lebten nur wenige Armenier.

DER BEZIRK BOLU

Die in Bolu lebenden fast 1.500 Armenier konzentrierten sich auf zwei Siedlungen. Im als „Armenierviertel" bezeichneten Quartier befand sich die Surp Garabed Kirche und in der Eski Mahalle Siedlung die Surp Asdwadsadsin Kirche. Für die Jungen der Stadt gab es die Lusaworitschjan Schule und für die Mädchen die Hripsimjan Schule. Die Armenier verfügten im wirtschaftlichen Leben der Stadt, die am Handelsweg zwischen İstanbul und Inneranatolien sowie den stark mit Armeniern besiedelten östlichen Provinzen lag, über eine wichtige Position.

Im armenischen Viertel İcadiye in Düzce lebten ungefähr 400 Armenier. In der Siedlung befand sich die Surp Asdwadsadsin Kirche.

In Devrek, dem Zentrum des Hamidiye-Kreises, gab es ungefähr 600 Armenier. In der Stadt befand sich die Surp Asdwadsadsin Kirche und eine Schule. Im Verwaltungsgebiet Çarşamba (heute: Çaycuma) lebten auf den Dörfern ungefähr 50 Armenier.

Zonguldak mit seinen 300 Armeniern war eine Kleinstadt, die sich dank des Kohlebergbaus erst entwickelte. Manche der Lizenzen für die Kohleminen befanden sich im Besitz armenischer Unternehmer. Armenier gab es auch unter dem technischen Personal.

In Bartın, wo ungefähr 400 Armenier lebten, gab es die Surp Asdwadsadsin Kirche sowie die von Jungen und Mädchen besuchte Wartanjan Schule. Im zu Bartın gehörenden Verwaltungssitz Amasra hatten die Armenier, auch wenn ihre Zahl gering war, eine wichtige Stellung im wirtschaftlichen Leben. Bei Çınarlı wurde die Mine 143 von Apik Uncu und die Mine 217 von Setrak Pembedschijan betrieben. Außerdem wurde die Konzession für den Kohleabbau bei Amasra und Cide 1873 für 40 Jahre dem Hofarchitekten Sarkis Baljan für den Bau des Wellenbrechers im Hafen von Amasra übertragen. Weil jedoch bis zum Ablauf der Frist im Jahre 1913 der Wellenbrecher nicht fertiggestellt war, wurde auch mit dem Kohlebergbau nicht begonnen.

Im zu Bolu gehörenden Landkreis Gerede lebten nur wenige Armenier.

DER BEZIRK KENGİRİ

Im Bezirkszentrum Kengiri (heute: Çankırı) lebten ungefähr 600 Armenier. In der Stadt befanden sich die Surp Asdwadsadsin Kirche sowie die Nersesjan Schule für Jungen.

In den zu Çankırı gehörenden Landkreisen Koçhisar (heute: Ilgaz), Tuht (heute: Yapraklı) und Çerkeş lebten kleine armenische Gemeinschaften.

DER BEZIRK SİNOP

In der Stadt Sinop gab es eine kleine armenische Gemeinde, die von Handel und Landwirtschaft lebte. In der Nähe von Sinop befand sich im armenischen Dorf Kuyluca (auch Koçin Artin genannt) mit seinen 300 Einwohnern die Surp Asdwadsadsin Kirche sowie die Keworkjan Schule für Jungen. Auch im Dorf Göldağ hatten die Armenier eine Kirche.

Boyabat war mit 3.500 armenischen Einwohnern der Landkreis mit der größten armenischen Bevölkerung. In der Kreisstadt befanden sich die Surp Krikor Lusaworitsch Kirche und die Lusaworitschjan Schule. In Alibeyli, dem nächstgelegenen armenischen Dorf, befand sich die Surp Garabed Kirche.

In der südlich von Sinop am Ufer des Schwarzen Meeres gelegenen Kreisstadt Gerze lebten ungefähr 500 Armenier, die dort eine Kirche und eine Schule hatten.

351 Eine Provinzkarte von Kastamonu.
140 * 104. Tüccarzade İbrahim Hilmi, İstanbul.

352 Aussicht auf Kastamonu.
141 * 89. A. Popper & Partner.

353 Aussicht auf Kastamonu.
136 * 85. A. Popper & Partner. Die Karte wurde am 26. Juli 1910 von Kastamonu nach İstanbul Yeşilköy geschickt.

354 355 Die östlichen Viertel von İnebolu, in denen vor allem Griechen und Armenier lebten, auf zwei sich ergänzenden Postkarten.
137 * 87. S. [Simeon] Tchigtemoglou, Samsun, 32. Im Jahr 1912 von Samsun aus abgeschickt.
137 * 87. S. [Simeon] Tchigtemoglou, Samsun, 31.

356 Die Postkarte zeigt vor İnbolu ankernde Schiffe sowie Boote, die Fracht und Menschen befördern, und die Werft für kleine Boote am Hafen.
138 * 89. G. P. Efremidi, İnebolu, 4.

357 Eine Postkarte, die die Ostseite İnebolus zeigt, wo sich auch die Anlegestelle befand.
139 * 90. Osmanisch: „Ansicht der Anlegestelle von İnebolu."

358 Eine Postkarte mit typischen Häusern von İnebolu.
141 * 89. O. Nouri, Trabzon, 19.

359 Eine Brücke in İnebolu.
140 * 90. 47131.

Souvenir d'Inéboli. Le Port.

ايته بولى اسكله منظره سى

Salut d'Inéboli. Vue panoramique d'Inéboli.
ايته بولى خاطره سى

ايته بولى - كوپرى مونى

Souvenir d'Inépoli Plage

360 Eine Werft am Ufer von İnebolu.
137 * 87. S. [Simeon] Tchigtemoglou, Samsun, 30.

361 Yarbaşı Viertel in İnebolu.
90 * 140.

362 Die Kreisstadt Küre zwischen İnebolu und Kastamonu.
137 * 85. A. Popper & Partner.

363 Die Stadt Zonguldak. Auch wenn es in Zonguldak keine große armenische Bevölkerung gab, so fanden sich unter den Betreibern und Lizenzinhabern der Minen des Umlandes sowie unter ihren Führungskräften und technischem Personal viele Armenier.
137 * 87. Jacques N. Ménévich, 57426.

364 Transfer der Passagiere zu den vor Zonguldak ankernden Schiffen.
138 * 88. Jacques N. Ménévich, 43261.

365 Ein alter Kohleladeplatz der Société Ottomane d'Héraclée (Osmanische Gesellschaft von Ereğli) in Zonguldak.
139 * 89. Succursale de la Société des Producteurs de France (gedruckt in Frankreich), 9.

366 Das Verwaltungsgebäude der Société Ottomane d'Heraclée.
139 * 88. Succursale de la Société des Producteurs de France, 5. Die Karte wurde am 9. März 1908 von Zonguldak nach Ankara geschickt.

367 Eine Straße in Zonguldak.
139 * 90. Succursale de la Société des Producteurs de France, 7. Am 9. März 1908 von Zonguldak nach Ankara gesandt.

368 Beginn der Einkaufsstraße von Zonguldak.
139 * 89. Succursale de la Société des Producteurs de France, 17.

[365] SOCIÉTÉ OTTOMANE D'HÉRACLÉE. Ancien Olouk (Trémie) à Zoungouldak.

[366] SOCIÉTÉ OTTOMANE D'HÉRACLÉE. Bâtiment de la Direction.

[367] SOCIÉTÉ OTTOMANE D'HÉRACLÉE. Une Rue à Zoungouldak.

[368] Société Ottomane d'Héraclée. L'Entrée du Tcharchi (Marché) de Zoungouldak.

369 *Führungskräfte, Ingenieure und Arbeiter der Yeşildağ (Üzülmez) Mine.*
137 * 89. Fotograf K. Anmeghouk, Zonguldak, 10.

370 *Die İncirharman Grube in Kozlu.*
138 * 89. Fotograf K. Anmeghouk, Zonguldak, 11.

371 *Direktoren, Ingenieure und Arbeiter der Mine von Gelik.*
140 * 89. Fotograf K. Anmeghouk, Zonguldak, 7.

372 *Die Arbeiter und Ingenieure der Üzülmez Mine.*
139 * 89. Succursale de la Société des Producteurs de France, 25.

373 *Bau der zweiten Erzwaschanlage.*
139 * 92. Succursale de la Société des Producteurs de France.

374 *Öffnung der Çaydamar Grube.*
139 * 90. Succursale de la Société des Producteurs de France, 18.

375 Aussicht auf Bartın.
140 * 90. Editeur: Fotograf Spyr. Zoumpoulides, 19-4460.
Druck: J. D. Meranzi. Osmanisch und Französisch: „Ausblick auf den Bazar in Bartın".

376 Der Osten von Bartın.
141 * 90. Editeur: Fotograf Spyr. Zoumpoulides, 19-4456.
Druck: J. D. Meranzi. Osmanisch und Französisch: „Die Hamidiye Schule und das Viertel Ordu Yeri".

377 Hängebrücke und Christenviertel in Bartın.
140 * 91. Editeur: Fotograf Spyr. Zoumpoulides, 19-2272.
Druck: J. D. Meranzi. Osmanisch: „Hängebrücke und griechisches Viertel".

378 Ansicht von Sinop von See.
138 * 89. Am 23. Juli 1903 von Sinop nach Deutschland gesandt.
„Es ist ein kleines freundliches Städchen, das aber wichtige Sehenswürdigkeiten bietet."

379 Blick auf Sinop und die Burg, die als Gefängnis genutzt wurde.
138 * 87. P. D. Metropoulos, Sinop, 3.

380 Das Regierungsgebäude und die Hauptstraße in Sinop.
139 * 90. N. K. Hadji Photides, Sinop, 6.

Die Provinz Trabzon

TRABZON, GİRESUN, ORDU, SAMSUN, RİZE, GÜMÜŞHANE

Die Provinz Trabzon setzte sich aus den Bezirken Trabzon, Canik (Samsun), Lazistan (Rize) und Gümüşhane zusammen.

Gemäß der vom Patriarchen Maghakja Ormanjan 1912 veröffentlichten Bevölkerungsdaten lebten in Trabzon, Gümüşhane und Lazistan 30.000 Georgier, 2.000 Katholiken und 700 Protestanten. Mit den 20.000 Gregorianern, 500 Katholiken und 300 Protestanten in Canik belief sich die armenische Bevölkerung der Provinz auf 53.500. Die osmanische Volkszählung von 1914 gibt die armenische Bevölkerung der Provinz mit 68.813 an.

Die Armenier von Trabzon, Lazistan und Gümüşhane gehörten dem Bistum Trabzon, die im Bezirk Canik dem Bistum Samsun an.

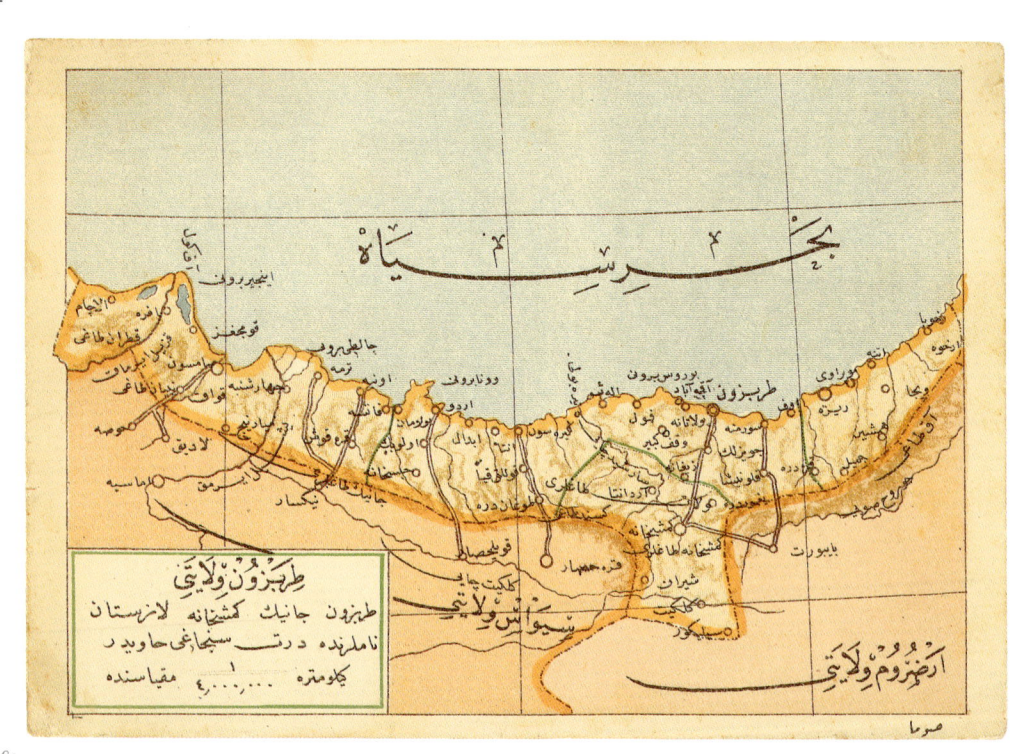

DER BEZIRK TRABZON

Die Zahl der armenischen Einwohner des Bezirks Trabzon mit seinen Landkreisen Trabzon, Ordu, Giresun, Tirebolu, Görele, Vakfıkebir, Akçaabat, Sürmene und Of wurde gemäß der osmanischen Volkszählung von 1914 mit 34.799 angegeben.

In der Stadt Trabzon, einer wichtigen Hafen- und Handelsstadt mit fast 35.000 Einwohnern, lebten mehr als 5.000 Armenier. Während sich in der Innenstadt die muslimischen Siedlungen befanden, lebten die Armenier vor allem in der Hafengegend, im Süden an den Hängen des Boztepe, Yenimahalle, Suyolu, Yenitoprak, Çömlekçi und anderen Randsiedlungen. Der in der Nähe des Hafens von luxoriösen Hotels und großen Geschäftshäusern umgebene Platz wurde auch als Gâvur-Platz (Platz der Ungläubigen) bezeichnet. In diesem Teil der Stadt mit seinem modernen Erscheinungsbild lagen die Konsulate der europäischen Staaten und die Büros der reichen armenischen und griechischen Kaufleute. Im Hafen, der die europäischen Länder und die Hauptstadt İstanbul mit den östlichen Provinzen und den Iran verband, gab es viele armenische Firmen, die sich im Im- und Export, dem Versicherungs- sowie dem Seetransportwesen betätigten. In diesem Teil der Stadt und insbesondere im Geschäftsviertel besaßen armenische Unternehmer und Gewerbetreibende eine wichtige Stellung. Die Weber, Goldschmiede, Uhrmacher, Gerber, Schneider und Filz-Hersteller waren fast ausschließlich Griechen oder Armenier.

Die gregorianischen Armenier verfügten in der Stadt über die Surp Asdwadsadsin, die Surp Stepannos und die Surp Howhannes Kirchen sowie ein Kloster in Kaymaklı, das nach Surp Prgitsch benannt war. Das Kloster, in dem sich auch der zum Istanbuler Patriarchat gehörende Bischofssitz befand, lag auf einem hochgelegenen Plateau am Osthang des Boztepe mit Blick auf das Tal des Değirmendere.

Der Zuständigkeitsbereich des katholischen Bischofs von Trabzon erstreckte sich über die Provinzgrenzen hinaus auch auf Amasya und Merzifon. Außerdem gab es noch eine Kirche der Kapuzinermönche und eine protestantische Kirche. Der osmanischen Volkszählung von 1914 zufolge lag die Zahl der Katholiken bei 1.345 und die der Protestanten bei 127.

Die größte Schule der greogorianischen Armenier in der Stadt war mit 600 Schülern die Lusaworitschjan Schule. Ein Teil der armenischen Kinder besuchte aber auch das Kolleg der venezianischen Mechitaristen Mönche in Tuğluçeşme, die Schule der Kapuziner Mönche in Uzun Sokak oder das Kolleg der protestantischen Missionare.

Die Armenier in der Stadt verfügten mit Bildungsvereinen, Sozialeinrichtungen und Theatergruppen über ein reiches soziales Leben. Die erste armenische Druckerei der Stadt wurde um 1850 gegründet. Unter den von Armeniern in Trabzon veröffentlichten Periodika befand sich die 1909 veröffentlichte *Chariskh* (Sockel oder auch Schiffsanker), die 1910 herausgegebene *Modzag*, die 1910 erschienene *Scharjum* (Bewegung), die zwischen 1910 bis 1913 erschienene *Bondos* (Pontus, Schwarzes Meer), die 1911 erschienene monatliche Gesundheitszeitschrift *Pjischg* (Arzt), die 1911 herausgegebene *Schamantagh* (Nebel) und die zwischen 1911 und 1912 erschienene Satire Zeitung *Bidsag* (Hornisse). Die von der Yomra Bildungsunion herausgegebene *Keghtschug* (Bauer) wurde zunächst von 1908 bis 1909 im

Dorf Abiyon, von 1909 bis 1910 in Trabzon veröffentlicht.

In der sich von Değirmendere (östlich von Trabzon) bis nach Sürmene entlangziehenden Küstenregion, die sich im Süden bis nach Maçka ins Bergland erstreckte, befanden sich ungefähr 20 armenische Siedlungen. Die Trabzon nächstgelegene Siedlung war Zefanos (heute: Bulak) mit seinen 900 Einwohnern, in der sich die Surp Toros Kirche sowie die von Jungen und Mädchen gemeinsam besuchte Mesrobjan Schule befanden. Weiter östlich lagen folgende Orte: Gromila mit der Surp Krikor Lusaworitsch und der Surp Prgitsch Kirchen und einer Schule. Güşana (heute: Çukur) mit der Surp Sarkis Kirche und der Mesrobjan Schule. Şana (heute: Çınarlı) mit der Surp Sarkis, der Surp Toros und der Surp Kework Kirche sowie der Mesrobjan Schule. Dorana mit der Surp Krikor Lusaworitsch Kirche und einer Schule. Kalafka (heute: Gülyurdu) mit der Surp Kework, der Surp Boghos und der Surp Krikor Lusaworitsch Kirche sowie einer Schule. Sifter (heute: Tepeköy) mit der Surp Krikor Lusaworitsch Kirche. Abiyon mit der Surp Krikor Lusaworitsch Kirche und einer Schule. Kan (heute: Kayabaşı) mit der Surp Filibos Kirche. Küçük Samaruksa (heute: Ikisu) mit der Surp Toros Kirche. Anifa (heute: Akoluk) mit der Surp Kework, der Surp Harutjun und der Surp Krikor Lusaworitsch Kirche sowie einer von Mädchen und Jungen gemeinsam besuchten Schule. Coşara (heute: Sayvan) mit einer Kirche und einer Schule. Verana (heute: Kırankaş) und Olasa (heute: Bahçeyaka) mit den Surp Sarkis und Surp Krikor Lusaworitsch Kirchen und je einer Schule. Im Kreiszentrum Sürmene mit seinen mehr als 1.000 armenischen Einwohnern gab es die alten Surp Toros und Surp Asdwadsadsin Kirchen, die später neu erbaute Surp Krikor Lusaworitsch Kirche sowie eine Schule.

Im westlich von Trabzon gelegenen und sich an der Küste entlang bis zum Bergland von Platana (zu jener Zeit Osmanisch eher Polathane, heute Akçaabad genannt) hinziehenden Gebiet gab es ungefähr 15 armenische Siedlungen. Im Kreiszentrum Platana mit der Surp Asdwadsadsin Kirche und die Surp Lusaworitschjan Schule lebten mehr als 100 Armenier. Andere armenische Dörfer der Region waren: Satari (heute: Kaleönü), in dem sich die Surp Krikor Lusaworitsch Kirche befand. Nukhadsana mit der Surp Howhannes Kirche. İle (heute: Akçaköy) mit der Surp Asdwadsadsin Kirche. Zavriya mit der Surp Sarkis Kirche. Mala (heute: Cevizlik) mit der Surp Kework Kirche. Lağana (heute: Lahana) mit der Surp Krikor Lusaworitsch Kirche und der Lusaworitschjan Schule. İçaksa mit der Surp Kework Kirche und einer Schule. Ağrıt (heute: Ağıllı) mit der Surp Krikor Lusaworitsch Kirche und einer Schule. Die Dörfer İlana (heute: Uğurlu) und İlanots (heute: Çevreli) mit je einer Kirche. Mimera (heute: Erikli) mit einer Kirche und einer Schule. Girobi mit der Surp Asdwadsadsin Kirche und einer Schule, sowie den Dörfern Kalonya (heute: Oğulkaya), Horcorot (heute: Dumankaya), Bodamiye (heute: Derecik), Haraka (heute: Yolbaşı) und Mahmat (heute: (Geçit).

In der weiter westlich gelegenen Kreisstadt Elevi (heute: Görele), in der sich die Surp Lusaworitsch Kirche sowie die von Jungen und Mädchen besuchte Wartanjan Schule befand, lebten ungefähr 250 Armenier. In Tirebolu, einer anderen Kreisstadt, befanden sich die Surp Krikor Lusaworitsch Kirche und die Lusaworitschjan Schule. Die osmanische Volkszählung gibt die armenische Bevölkerung mit 868 an.

Im Landkreis Giresun, dessen armenische Bevölkerung von der osmanischen Volkszählung mit 2.275 angegeben wird, konzentrierten sie sich auf die Kreisstadt und den Ort Bulancık. In Giresun befanden sich die von Mädchen und Jungen besuchte Lusaworitschjan Schule, die Surp Krikor Lusaworitsch Kirche sowie die alte, am Hafen gelegene Felsenkirche Surp Sarkis. Die Armenier Giresuns gingen dem Handwerk, dem Obstanbau sowie besonders dem Anbau und dem Handel mit Haselnüssen nach. In Bulancak befand sich die Surp Nigoghajos Kirche. In Giresun erschienen armenisch 1909 die Wochenzeitung *Gajds* (Funke), von 1909 bis 1911 die alle zwei Wochen erscheinende Zeitschrift *Petag* (Bienenkorb) sowie 1913 die in Armenisch, Griechisch und Französisch alle drei Tage erscheinende Zeitung *Reklam*.

Im Bezirk Trabzon war Ordu einer der Orte mit der höchsten armenischen Bevölkerung, die von der osmanischen Volkszählung mit 12.349 Gregorianern und 1.211 Protestanten angegeben wurde. In der Kreisstadt konzentrierten sich die Armenier auf die Viertel Taşbaşı und Saray, in denen sich die Surp Asdwadsadsin Kirche und die Mowsesjan Schule, die von 450 Jungen und Mädchen besucht wurde, befanden.
In Ordu, wo ein Armenier namens Mardiros Schirinjan 1913 Bürgermeister war, gingen die Armenier neben verschiedenen Handwerken vor allem dem Anbau und Handel von Haselnüssen nach.

Weitere armenische Siedlungen dort waren: Gulciören mit der Surp Asdwadsadsin Kirche und einer Schule. Katırköy (heute: Akoluk) mit der Surp Minas Kirche und einer Schule. Tepeköy mit der Surp Krikor Lusaworitsch Kirche und einer Schule. Musakırık mit der Surp Tateos Bartaghimenos Kirche und einer Schule. Kirazdere mit der Surp Asdwadsadsin Kirche und einer Schule. Çavuşlar mit der Surp Krikor Lusaworitsch Kirche und einer Schule. Uzunmahmud mit der Surp Krikor Lusaworitsch Kirche. Sayaca mit der Surp Asdwadsadsin Kirche und einer Schule. Kıran mit der Surp Stepannos Kirche. Taşoluk mit der Surp Krikor Lusaworitsch Kirche. Kısacık mit der Surp Hagop Kirche und einer Schule. Karatipi mit der Surp Kework Kirche. Foduna mit der Surp Asdwadsadsin Kirche und einer Schule. Çamaş mit der Surp Krikor Lusaworitsch Kirche und einer Schule. Kocaoğlu mit der Surp Toros Kirche und einer Schule. Bultan mit der Surp Garabed Kirche und einer Schule. Pazarsu mit der Surp Hagop Kirche. Koşaca mit der Surp Asdwadsadsin Kirche. Außerdem waren Kadıncık, Karakiraz und Akpınar armenische Siedlungen in der Umgebung von Ordu.

DER BEZIRK CANİK

Der Bezirk Canik mit den Landkreisen Samsun, Bafra, Ünye, Fatsa, Çarşamba und Terme verfügte der osmanischen Volkszählung von 1914 zufolge über 28.556 armenische Einwohner, von denen 261 Katholiken und 1.257 Protestanten waren.

Im Bezirkssitz Samsun, das ein wichtiger Hafen und Handelszentrum war, waren von den ungefähr 11.000 Einwohnern mehr als 3.000 Armenier. Im Hafen lag der Export von Tabak, Baumwolle und Holz zu einem großen Teil in den Händen armenischer Kaufleute.

In der Armenier-Viertel genannten Siedlung lagen die Surp Nigoghajos Kirche und die Nersesjan Schule. Hier befand sich auch der dem Istanbuler Patriachat zugehörende Bischofssitz. In der Nähe der Schule gab es auch ein armenisches Theater.

Panorama de TRÉBIZONDE

In der Stadt gab es außerdem eine Kirche der protestantischen amerikanischen Missionare sowie eine der französichen Kapuziner Mönche. Die Katholiken hatten eine Schule und einen von französischen Nonnen geleiteten Kindergarten.

1914 erschien die Zeitschrift *Tbroz* (Schule) in Samsun mit zwei Ausgaben.

In Bafra mit seinen ungefähr 2.000 armenischen Einwohnern befanden sich die Surp Garabed Kirche sowie die von Jungen und Mädchen besuchte Torkomjan Schule. Die Armenier der Kreisstadt gingen neben dem Anbau von Tabak und dessen Verarbeitung verschiedenen Handwerken nach.

Im Kreiszentrum Ünye lebten ungefähr 700 Armenier, die die Surp Minas und die von Jungen und Mädchen besuchte Mesrobjan Schule betrieben. Die Armenier der Stadt gingen Gewerben wie der Weberei, der Lederverarbeitung oder der Schuhmacherei sowie dem Handel nach.

In den zehn von Armeniern bewohnten Dörfern des Landkreises waren die Weberei sowie der Anbau von Tabak und Haselnüssen verbreitet. In Ekincik gab es die Surp Garabed Kirche. In Yağbasan gab es die Surp Hagop Midzpina Kirche. In Ballık gab es die Surp Asdwadsadsin Kirche und eine gleichnamige Schule. Pelitliyatak verfügte über die Surp Chatsch Kirche. In Köklük befanden sich die Surp Garabed Kirche und die Garabedjan Schule.

Im Landkreis Fatsa lebten der osmanischen Volkszählung von 1914 zufolge 1.513 Armenier, von denen 263 Protestanten waren. In der Kreisstadt Çarhapan befanden sich die Surp Asdwadsadsin Kirche sowie die von Jungen und Mädchen besuchte Sahagjan Schule. Im Dorf Çubukluk gab es die Surp Hagop Klchatir Kirche und die Hagopjan Schule. Im Dorf Kayaardı befand sich die Surp Garabed Kirche.

Die größte armenische Bevölkerung im Bezirk hatte der Landkreis Çarşamba, in dem gemäß der osmanischen Volkszählung 10.820 Gregorianer und 609 Protestanten lebten. Im Kreiszentrum am Ufer des Yeşilırmak lebten ungefähr 2.000 Armenier. Die Haupterwerbsquelle der Armenier in Çarşamba waren verschiedene Handwerke, die Zucht von Obst und Mais sowie die Fischerei. Im auf dem linken Ufer gelegenen Armenierviertel befand sich die Surp Asdwadsadsin Kirche sowie die von Mädchen und Jungen besuchte Momigonjan-Schuschanjan Schule.

In der Umgebung von Çarşamba lagen ungefähr zwanzig armenische Siedlungen. Die größte von ihnen war Kurşunlu mit ihren 2.500 armenischen Einwohnern und der Surp Kework Kirche sowie der Keworkjan Schule. Weitere zu Çarşamba gehörende Siedlungen waren: Ağcagüne (heute: Aşağı Akçagüney und Yukarı Akçagüney) verfügte über die Surp Krikor Lusaworitsch Kirche und die Lusaworitschjan Schule. Ağuluç bzw. Ağlaç hatte die Surp Hagop Midzpina Kirche. In Eğridere befanden sich die Surp Jerrortutjun Kirche und eine Schule gleichen Namens. In Kabaceviz befanden sich die Surp Garabed Kirche und die Garabedjan Schule. In Kabalak befanden sich die Surp Etschmiadsin Kirche und eine Schule gleichen Namens. In Konaklık befand sich die Surp Krikor Lusaworitsch Kirche und Lusaworitschjan Schule. In Gövceköy befand sich die Surp

Asdwadsadsin Kirche und eine Schule gleichen Namens. In Çeşmesu befand sich die Surp Chatsch Kirche. In Martil befanden sich die Surp Hagop Midzpina Kirche und die Hagopjan Schule. In Taşçığıç gab es die Surp Sarkis Kirche. In Ortaoymak befanden sich die Surp Garabed Kirche und die Garabedjan Schule. In Öreğibel befanden sich die Surp Asdwadsadsin Kirche und eine Schule gleichen Namens. Sıtmasu (heute: Sıtmasuyu) hatte die Surp Chatsch Kirche und eine Schule gleichen Namens.

Im Zentrum des Terme Kreises, wo sich die Surp Hamparzum Kirche befand, lebten ungefähr 100 Armenier. In Kocamanbaşı, das mit seinen 2.000 armenischen Einwohnern die größte armenische Siedlung des Kreises darstellte, befanden sich die Surp Hagop und die Surp Jeghja Kirche sowie die von Mädchen und Jungen besuchte Hagopjan Schule. Weitere armenische Siedlungen des Landkreises waren: Elemdağı (heute: Bulgurlu) mit der Surp Kework Kirche und der Keworkjan Schule, Suluca mit der Surp Nschan Kirche und der Nschanjan Schule sowie Hoyla mit der Surp Jerrortutjun Kirche.

DER BEZIRK LAZİSTAN

Die geringste armenische Bevölkerung in der Provinz Trabzon wies der Bezirk Lazistan auf. In dem aus den Landkreisen Rize, Atina (heute: Pazar) und Hopa bestehenden Bezirk lebten den Daten der osmanischen Volkszählung von 1914 zufolge lediglich 35 Armenier. Die wenigen um das Geschäftszentrum von Rize, das über 3.000 Einwohner verfügte, lebenden Armenier gingen Handel und Handwerk nach. Die Mangan Minen von Hopa und Rize wurden in Lizenz des Armeniers Hagop Mikajeljan betrieben.

Trotz der gegen Ende des 17. Jahrhunderts in der Region Hopa und Atina einsetzenden Islamisierung hatten sich manche Dörfer die armenische Sprache und einige Elemente der armenischen Kultur bewahrt. In diesen als Hemşinli bezeichneten Gemeinden lebten auch manche religiöse Bräuche der Armenier fort.

DER BEZIRK GÜMÜŞHANE

In den Landkreisen Gümüşhane, Torul, Şiran und Kelkit lebten den Daten der osmanischen Volkszählung von 1914 zufolge 2.715 Armenier.

Im auf dem Weg zwischen Trabzon und Erzurum gelegenen Gümüşhane verfügten die mehr als 1.000 Armenier über die Surp Asdwadsadsin Kirche sowie die von Mädchen und Jungen besuchte Mesrobjan Schule. Fünf Kilometer außerhalb der Stadt lag das Surp Prgitsch Kloster, das eine wichtige Wallfahrtsstätte war.

Im Kreiszentrum Kelkit, wo ungefähr 500 Armenier lebten, befanden sich die Surp Asdwadsadsin Kirche sowie die von Jungen und Mädchen besuchte Mesrobjan Schule. In der Stadt befand sich außerdem das Surp Sarkis Kloster.

Ein großer Teil der armenischen Bevölkerung des Landkreises Şiran (bzw. Şeyran) lebte in Uluşiran (heute: Erenkaya). In dem Dorf befanden sich die Surp Asdwadsadsin und die Surp Sarkis Kirche sowie eine Schule.

In einem weiteren Landkreis dieses Bezirkes, in Torul gab es nur sehr wenige Armenier.

Panorama de Trébizonde. Vue orientale.

Editeurs Cacouli frères, photographes.

381 Karte der Provinz Trabzon.
142 * 97. Tüccarzade İbrahim Hilmi, İstanbul.

382 Eine aus vier Teilen bestehende Postkarte mit einer Ansicht der Westseite Trabzons von See.
580 * 90. O. Nouri, Trabzon, 69, 70, 71, 72.

383 Eine Panorama Postkarte mit dem Blick auf den Osten Trabzons von See.
277 * 89. Gebrüder Cacouli, [Trabzon].

384 Eine Trabzon Postkarte mit dem Aya Yorgi Kloster, einem lazisischen Volkstanz sowie der Aya Sofya Moschee, die früher eine Kirche war.
140 * 92. J. Mourcatides, Trabzon. Die Karte wurde am 4. Februar 1908 von Samsun nach Frankreich gesandt.

SOUVENIR DE TRÉBIZONDE

Danse Nationale Laze
Mosquée de Ste Sophie
Couvent de St Georges

J. Mourcatides, édit. Trébizonde

385 Eine Panorama Postkarte mit Blick auf den Westen Trabzons von See.
279 * 89. Gebrüder Cacouli, [Trabzon].

386 Auf einer Postkarte des Editeurs Osman Nuri die Ansichten von elf Trabzon-Postkarten.
140 * 91. O. Nouri, Trabzon, 90. Am 6. November 1906 nach Frankreich geschickt.

387 Eine Trabzon Postkarte mit Blick auf den Osten der Stadt, wo auch eine Kirche zu sehen ist.
138 * 89. O. Nouri, Trabzon, 52.

388 Ansichten aus Trabzon auf einer Postkarte des armenischen Fotografen Chatschik Tscholakjan.
141 * 91. H. [Hatchik] Tcholakian, Trabzon.
Druck: Emil Pinkau & Partner, Leipzig.
Die Karte wurde am 19. Juni 1903 von Köstence an Madmoiselle M. Mamigomjan im Komisyon Han in İstanbul-Galata geschickt.
„Sie haben wohl meine früheren drei Postkarten erhalten. Ich schrieb, dass ich am Sonntag mit dem Dampfer nach İstanbul käme, bleibe aber noch einige Tage länger. Ich hoffe, dass es Euch allen gut geht. Ich küsse Euch alle und vor allem die rechte Hand von Srpazan. Euer Bruder.
[Ich hoffe, dass ich bis kommenden Sonntag zurück bin.]"

389 Eine Postkarte von Tscholakjan mit zwei Seeansichten von Trabzon.
136 * 88. H. [Hatchik] Tcholakian & Partner, Trabzon. Die Karte wurde am 2. Juni 1905 von Trabzon nach Paris gesandt.
„Die Reise verläuft sehr gut. Ich nähere mich Batum. Ich drücke Euch freundschaftlich die Hände.
Abraham."

*390 Das Kaleiçi Viertel (Innerhalb der Stadtmauern) von Trabzon auf einer Postkarte von M. Garabed Hekimjan, einem Armenier, der sich in Trabzon mit dem Handel von alkoholischen Getränken und Tabak beschäftigte. Die Karte wurde am 27. August 1905 nach Holland gesandt. 140 * 90. O. Nouri, Trabzon, 55.*

*391 Das Moloz Viertel von Trabzon auf einer am 27. Dezember 1903 an M. Elmasjan, einem Studenten einer technischen Universität in Deutschland, geschickten Postkarte. 140 * 96. O. Nouri, Trabzon, 35.*

*392 Die Meydan Straße in Trabzon auf einer vom armenischen Kaufmann Joseph S. Marmarian (Howsep Marmarjan) am 12. März 1904 von Trabzon nach Frankreich geschickten Karte. In diesem nahe am Hafen gelegenen, auch Gâvur Meydanı (Platz der Ungläubigen) genannten Viertel befanden sich die Konsulate der europäischen Staaten sowie die Büros reicher griechischer und armenischer Kaufleute. 140 * 89. O. Nouri, Trabzon, 38.*

393 Eine Panorama-Postkarte mit dem Zentrum von Trabzon.
285 * 89. Gebrüder Cacouli, [Trabzon].

394 Eine Postkarte, die die Kaserne und das Krankenhaus von Trabzon, ein militärisches Depot und die Handelsschule zeigt.
139 * 90. Theodore Stylianides, Trabzon. Druck: J. Miesler, Berlin. Am 21. Januar 1900 abgeschickt.

395 Das Kino von Trabzon auf einer Postkarte des armenischen Editeurs Chatschik Tscholakjan.
90 * 138. H. [Hatchik] Tcholakian, [Trabzon], 24.

396 Das Kaleiçi Viertel von Trabzon auf einer Karte von Tscholakjan.
90 * 138. H. [Hatchik] Tcholakian, [Trabzon], 20.

397 Das Tabakhane Viertel (Gerberei) auf einer Karte von Tscholakjan.
90 * 138. H. [Hatchik] Tcholakian, [Trabzon], 22.

SOUVENIR DE TREBIZONDE
Le local du Cinéma

SOUVENIR DE TREBIZONDE
Le quartier de « Kalé-Itchi »

SOUVENIR DE TREBIZONDE
Les murs de « Dabak-Hané »

Une vue de Boz-tepé, Trébizonde.

SOUVENIR DE TREBIZONDE
« Le quartier Echeumlekdji »

Vue du port près Jose-Tépé

Vue de Tchomlekdji et Deyrmentere

402 *Die vom armenischen Editeur Chatschik Tscholakjan hergestellte Postkarte zeigt Suyolu, eines der armenischen Viertel Trabzons.*
138 * 89. H. [Hatchik] Tcholakian, [Trabzon], 25.

403 *Die Bucht von Soğanpazarı auf einer Karte von Chatschik Tscholakjan.*
139 * 89. H. [Hatchik] Tcholakian, [Trabzon], 16. Die Karte wurde am 20. Februar 1915 von Trabzon nach İstanbul geschickt.

SOUVENIR DE TREBIZONDE
Couvent arménien dit « Kaïmakli »

SOUVENIR DE TREBIZONDE
Couvent arménien dit « Kaïmakli » (Vue de l'intérieur)

404 Das Surp Prgitsch Kloster auf einer Postkarte des armenischen Editeurs Chatschik Tscholakjan. In dem Kloster befand sich auch der zum Istanbuler Patriarchat gehörende Bischofssitz. Das Kloster, das 1424 aus geschnittenen Steinen errichtet wurde und aus fünf Gebäuden bestand, lag im östlich von Boztepe gelegenen Kaymaklı Viertel auf einem hochgelegenen Plateau mit Blick auf das Tal von Değirmendere. Die Postkarte wurde am 22. Dezember 1913 von einem Armenier, dessen Unterschrift nicht ganz lesbar ist, von Trabzon nach Istanbul an Nojig Der-Stepanjan im Asmaaltı Camlı Han geschickt. Auf der Vorderseite der Karte findet sich in armenischer Schrift „Herzliche Grüße an alle".
138 * 89. H. [Hatchik] Tcholakian, [Trabzon], 2.

405 Die Postkarte zeigt das Surp Prgitsch Kloster in Kaymaklı von innen.
89 * 13. H. [Hatchik] Tcholakian, [Trabzon], 3. Die Karte wurde am 14. Juni 1914 von Rize nach Frankreich geschickt.

DIE PROVINZ TRABZON
Trabzon, Giresun, Ordu, Samsun, Rize, Gümüşhane

193

406 Eine von Tscholakjan hergestellte Postkarte mit dem Surp Prgitsch Kloster.
139 * 89. H. [Hatchik] Tcholakian, [Trabzon], 1. Die Karte wurde am 3. Juli 1915 in Trabzon aufgegeben.

407 Eine Postkarte von Tscholakjan mit zwei Aufnahmen des Surp Prgitsch Klosters, bei Vollmond und der Innenhof.
140 * 90. H. [Hatchik] Tcholakian, [Trabzon]. Druck: Emil Pinkau, Leipzig. Die Karte wurde am 10. November 1900 von Trabzon nach Frankreich geschickt.

408 Das Surp Prgitsch Kloster in Kaymaklı auf einer vom türkischen Editeur Osman Nuri aus Trabzon hergestellten Postkarte, die von M. Emin Caferzade am 7. September 1903 nach Portugal geschickt wurde.
139 * 89. O. Nouri, Trabzon, 18.

409 Der armenische Friedhof im Kaymaklı Viertel.
138 * 89. H. [Hatchik] Tcholakian, [Trabzon], 31. Die Karte wurde am 11. Dezember 1913 von einem Armenier, dessen Unterschrift nicht lesbar ist, nach İstanbul an Nojig Der-Stepanjan im Asmaaltı Camlı Han geschickt.

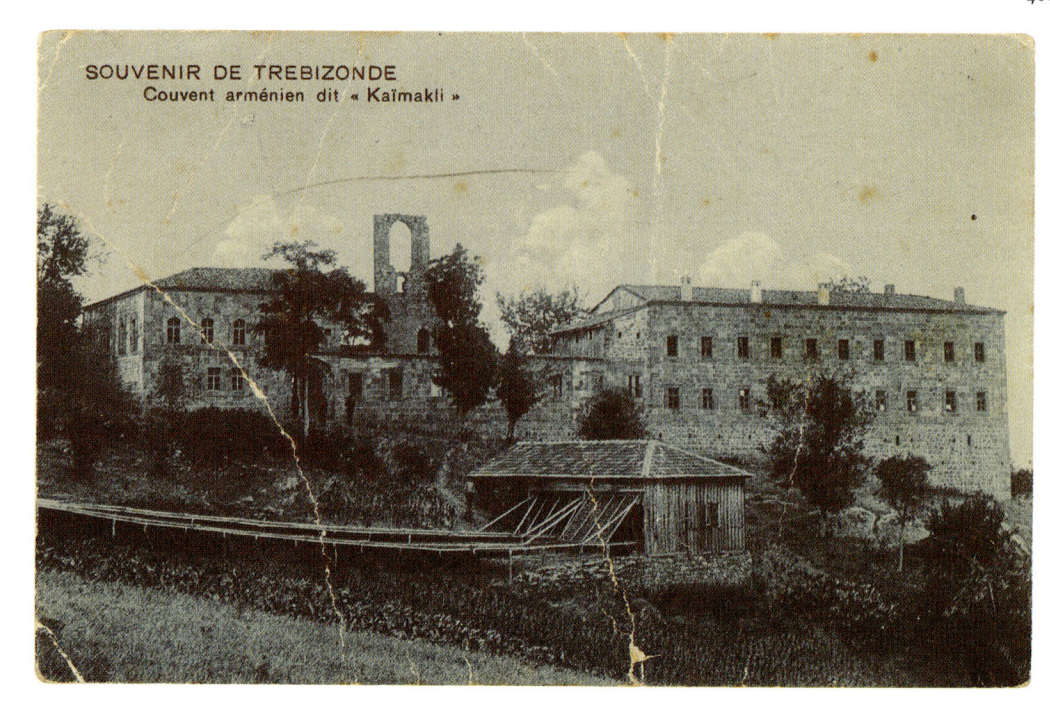

SOUVENIR DE TREBIZONDE
Vue du cimetière arménien

SOUVENIR DE TREBIZONDE — Un coin de la campagne arménienne « Gueh Haná »

410 Güşana (heute: Çukur), eines der armenischen Dörfer östlich von Trabzon, in dem sich die Surp Sarkis Kirche und die Mesrobjan Schule befanden.
138 * 88. H. [Hatchik] Tcholakian, [Trabzon], 34. Die Karte wurde am 3. Juli 1914 von Trabzon in die Schweiz geschickt.

411 Sich erholende Dorfschüler auf einer Postkarte des armenischen Editeurs Tscholakjan.
138 * 88. H. [Hatchik] Tcholakian, [Trabzon], 36.

412 Landleben auf einer Postkarte von Tscholakjan.
139 * 88. H. [Hatchik] Tcholakian, [Trabzon], 35. Die Karte wurde am 22. Mai 1914 von einem Armenier, dessen Unterschrift nicht ganz lesbar ist, nach İstanbul an Kardine Dökmedschijan in der Ağa Camii Arabacı Straße geschickt.

413 Spinnende und Strümpfe strickende Mädchen auf einer Postkarte von Tscholakjan.
139 * 89. H. [Hatchik] Tcholakian, [Trabzon], 37.

Salut de Trébizonde
Le Port de Platana

Souvenir de Trébizonde
Vue du Village d'Akdjé-Kalé

Tréboli

Vue panoramique de Madjka.
Souvenir de Trébizonde.

414 Der Hafen von Platana (Osmanisch Polathane, heute: Akçaabad), einem Kreisstädtchen, in dem sich die Surp Asdwadsadsin Kirche und die Lusaworitschjan Schule befanden.
139 * 89. O. Nouri, Trabzon, 81. Foto: Cacouli.

415 Akçakale, nahe bei Platana im Landkreis Trabzon gelegen.
138 * 91. O. Nouri, Trabzon, 111.

416 Ansicht von Tirebolu, wo sich die Surp Krikor Lusaworitsch Kirche und die Lusaworitschjan Schule befanden.
136 * 88. Kitabi Hamdi & Sohn, [Trabzon].

417 Blick auf Maçka, in dessen Umgebung sich armenische Dörfer befanden.
140 * 92. O. Nouri, Trabzon, 8. Die Karte wurde 1905 von Trabzon nach Frankreich geschickt.

418 Das Missionshaus und die Kirche der Kapuziner in der Uzun Sokak Trabzon. Die Kapuziner verfügten außerdem über eine Schule in der Stadt.
139 * 90. Mission des P. P. Capucins.

419 Eine andere Postkarte mit der Kirche der Kapuziner in Trabzon.
139 * 90. Mission des P. P. Capusins.

3 – **Kérassunde** – Vue générale, prise à vol d'oiseau
Editeur Karakachian Thovmass, Kérassunde

Vue de Kérassunde.

Palais du Gouvernement.

Edit. Cocouli Frères, photographes.

Cherchez !

6 – **Kérassunde** – L'Acropole et la Rade Orientale
Editeur Karakachian Thovmass, Kérassunde

Souvenir de Kerasounde
Vue générale.

420 Giresun aus der Ferne auf einer Postkarte des
armenischen Editeurs Towmas Karakaschjan aus Giresun.
140 * 90. Karakachian Thovmass, Giresun, 3.

421 Eine Postkarte mit einem Ausblick auf Giresun
von See und dem Regierungsgebäude.
138 * 89. Gebrüder Cacouli, [Trabzon].

422 Blick von Osten auf Giresun auf einer Postkarte
von Towmas Karakaschjan.
140 * 90. Karakachian Thovmas, Giresun, 6.

423 Ansicht von Giresun.
136 * 88. S. [Simeon] Tzigtemoglou, Samsun, 27.

424 Blick von See auf Giresun sowie das
Regierungsgebäude auf einer Postkarte des armenischen
Editeurs Karakaschjan. Das Foto auf dieser Karte ergibt
zusammen mit dem auf der nächsten Karte einen
Panoramablick.
140 * 90. Karakachian Thovmas, Giresun, 17/3.

425 Ausblick auf Giresun von See und auf das
Regierungsgebäude auf einer von dem Armenier Ardawast
Melikjan versandten Postkarte. Das Foto auf dieser Karte
ergibt zusammen mit dem Foto auf der vorangegangenen
Karte einen Panoramablick.
140 * 90. Karakachian Thovmas, Giresun, 18/4. Am 27. September
von Giresun nach Frankreich geschickt.

426 Landansicht von Giresun auf einer Postkarte von Towmas Karakaschjan.
140 * 90. Karakachian Thovmas, Giresun, 16/2.

427 Eine Straße in Giresun.
139 * 90.

428 Ansicht von Giresun von See.
139 * 89. Georges N. Kambouroglou, Giresun, 4. Die Karte wurde am 30. Oktober 1911 von einem Armenier namens Onnik aus Giresun nach İstanbul an Onnik Efendi Tschiftesarraf geschickt. „Lieber Freund, ich hoffe es geht Ihnen gut. Auch mir geht es gut. Nachdem ich 20 Tage in Trabzon blieb, bin ich nach Platana weitergereist. Seit ein paar Tagen halte ich mich hier auf. Ich werde auch nach Ordu reisen und dort acht bis zehn Tage bleiben."

429 Haselnuß-Trocknung am Strand von Giresun. Der Absender der Karte, der Armenier Ardawast Melikjan aus Giresun, war, wie sein Stempel auf der Rückseite zeigt, im Handel mit Briefmarken, Alben und Postkarten sowie ihrem Tausch und Aufkauf tätig.
140 * 90. Karakachian Thovmas, Giresun, 7. Die Karte wurde am 2. Mai 1911 von Giresun nach Berlin geschickt.

430 Segel- und Ruderboote am Strand von Giresun.
136 * 90.

431 Regierungsgebäude und Anlegestelle von Giresun auf einer Postkarte von Tovmas Karakaschjan.
140 * 90. Karakachian Thovmas, Giresun, 21.

432 Ausblick auf Ordu von See auf einer Postkarte des armenischen Unternehmens Andreasjan, das in Handel und Versicherung aktiv war.
139 * 86. Firma K. & M. Antreassian, Ordu, 48044.

433 Blick auf Ordu. Rechts ist eine Kirche zu sehen.
141 * 91. O. Nouri, Trabzon, 30. Die Karte wurde am 14. August 1904 von Trabzon nach Frankreich geschickt.

434 Aussicht auf Ordu auf einer von der Armenierin Takuhi Terlemesjan am 26. Mai 1910 von Trabzon abgesandten Postkarte. Im Vergleich der vorhergehenden Postkarte wurde ein anderer Ausschnitt gewählt.
142 * 91. O. Nouri, Trabzon, 30.
"Meine Lieben,
gestern bin ich wohlerhalten in Trabzon angekommen. Von dort schicke ich nun meine zwei Zeilen. Herzliche Grüße.
26. Mai 1910 Bontos [Pontus, Schwarzes Meer].
Takuhi Terlemesjan."

435 Ein Ausblick auf Samsun von Westen.
140 * 90. O. Nouri, Trabzon, 16.

436 Drei Ansichten von Samsun auf einer im
Steindruckverfahren hergestellten Postkarte:
Der Uhrturm, eine griechisch-orthodoxe Kirche und ein
Ausblick auf die Stadt. Der Herausgeber der Postkarte,
der Armenier L. Ed. Muradjan aus Samsun, war mit seiner
1878 gegründeten Firma Regionalvertreter der Union
de Trieste Bank, verschiedener ausländischer
Versicherungen, der Dampfschiffreederei Florio und
Rubattino sowie des Seetransportunternehmens Cunard
und war im Export- und Importhandel vor allem mit Tabak
tätig.
140 * 89. L. Ed. Mouradian, Samsun.
Druck: Emil Pinkau & Partner, Leipzig. Die Karte wurde am 10.
November 1906 von Trabzon nach Frankreich geschickt.

*437 438 Ein Panorama-Blick auf Samsun auf zwei sich
ergänzenden Postkarten des Schreibwarenhändlers
Simeon Tschighdemoghlu, der außerdem in Samsun
Postkarten verkaufte und mit Devisen handelte.*
137 * 88. S. [Simeon] Tchigtemoglou, Samsun, 35.
Am 8. Dezember 1911 von Samsun nach Paris gesandt.
137 * 88. S. [Simeon] Tchigtemoglou, Samsun, 36.

439 Blick auf Samsun von Osten.
139 * 88. Gebrüder Amphilohides, Samsun, 564.
„Das alte Samsun. Die Leuchtturm-Spitze."

*440 Aussicht auf Samsun von Osten und das
Regierungsgebäude.*
139 * 89. Gebrüder Cacouli, [Trabzon], 2183.
Am 12. Dezember 1909 von Samsun nach Frankreich geschickt.

*441 Aussicht auf Samsun und den Leuchtturm auf einer
Postkarte des armenischen Verlegers H. Baronjan,
der zugleich der Repräsentant der österreichischen Post
in Samsun war.*
138 * 88. H. Baronian, Samsun.

*442 Auf einer Postkarte von Baronjan das antike Samsun,
die Anlegestelle sowie die Küstensiedlung.*
137 * 88. H. Baronian, Samsun, 7032. Die Karte wurde
am 30. September 1907 von Samsun nach Amerika gesandt.

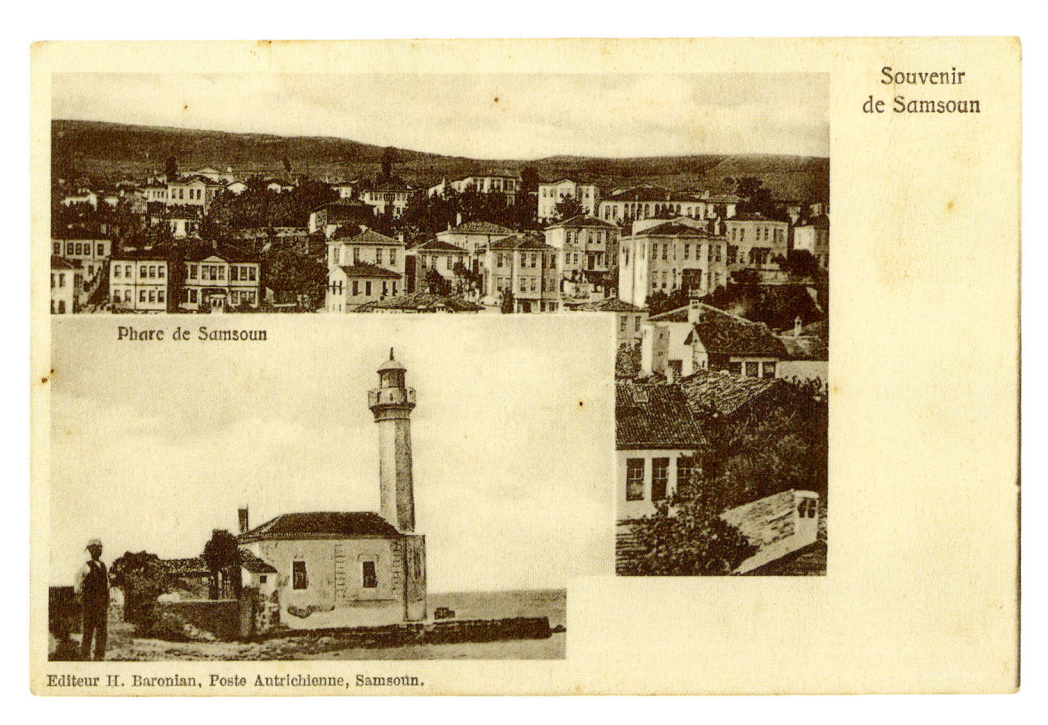

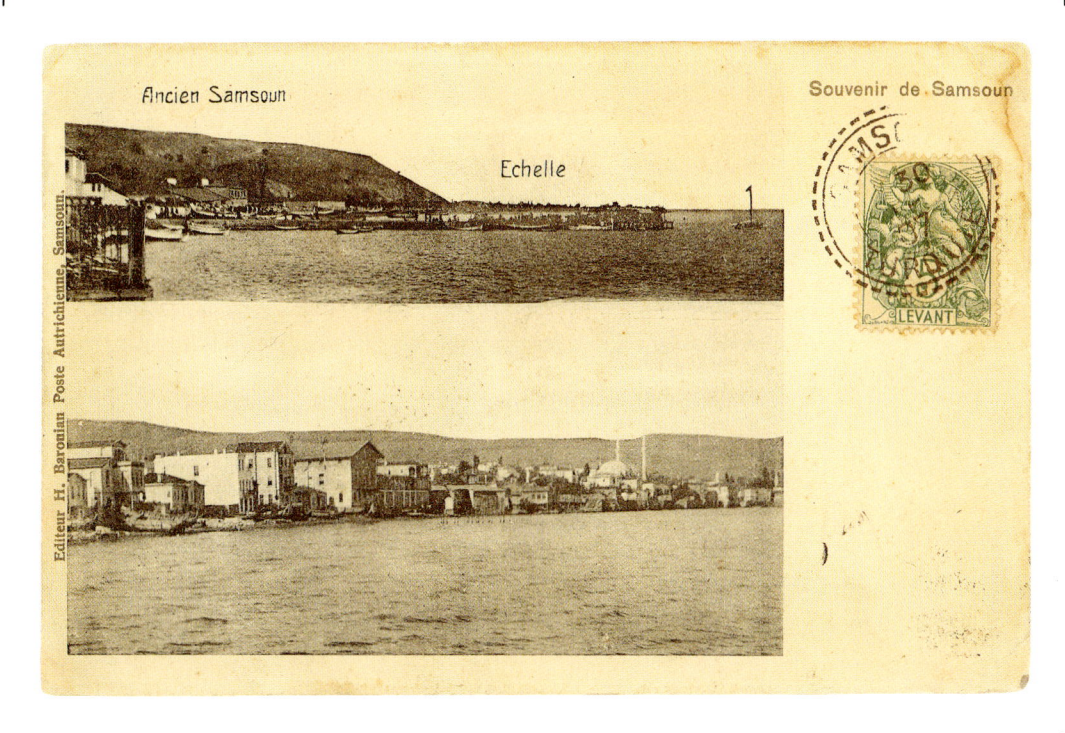

DIE PROVINZ TRABZON
Trabzon, Giresun, Ordu, Samsun, Rize, Gümüşhane

443 Blick auf Samsun.
141 * 91. S. [Simeon] Tchigtemoglou, Samsun, 10.

444 Postkarte mit dem Hamidiye Krankenhaus in Samsun, die von einem Armenier namens Badrig am 26. September (gem. neuem Kalender 9. Oktober) 1909 nach Istanbul an Nojig Der-Stepanjan im Asmaaltı Camlı Han gesandt wurde.
138 * 90. Alexandre J. Anthopoulos, Samsun, 3.
„Geliebter Bruder,
wir sind heile angekommen. Nun schreibe ich aus dem Canik Hotel. Bald werden wir aufs Schiff gehen. Nach einem traurigen Abschied herzliche Grüße. Badrig."

445 Eine Postkarte, die das Sägewerk in Samsun und die Mühle von H. & H. E. Maranjan zeigt.
87 * 137. S. [Simeon] Tjigtemoglou, Samsun, 16.

446 Die Mühle der Maranjans in Samsun auf einer Postkarte, die für den griechischen Händler N. D. Nikolaidis und den armenischen Sammler K. M. Tokatljan hergestellt wurde.
138 * 89. Alexandre J. Anthopoulos, Samsun, 8.

447 Das Hamidiye Krankenhaus, die Mühle der Maranjans, eine nahegelegene Fleischerei sowie eine Brücke über den Fluß Mert.
139 * 88. Adamantios G. Tchohatarides, Französische Post, [Samsun]. Am 27. November 1908 von Samsun nach Genua gesandt.

Fabrique des bois de construction

Grande fabrique de farine

Souvenir de Samsoun

No. 16 Editeur: S. Tjigtémoglou, Samsoun

Moulin de Samsoun

No. 8 Editeur Alexandre J. Anthopoulos Samsoun —

Hôpital Hamidié

Le Moulin Maranian

Boucherie

Le Pont de la Rivière Mert Irmak

Souvenir de Samsoun.

Propriété de Monsieur Adamantios G. Tchohataridès, Poste Française.

448 Das Armenierviertel in Samsun. In der Siedlung befanden sich der Sitz des zum Istanbuler Patriarchat gehörenden Bischofs, die Surp Nigoghajos Kirche, die Nersesjan Schule und ein armenisches Theater.
138 * 90. Alexandre J. Anthopoulos, Samsun, 10. Die Postkarte wurde für den griechischen Kaufmann N. D. Nikolaides und den armenischen Sammler K. M. Tokatljan hergestellt. Sie wurde am 26. September (gem. neuem Kalender 9. Oktober) 1909 von einem Armenier namens Badrig nach Istanbul an Nojig Der-Stepanjan im Asmaaltı Camlı Han gesandt.
„Liebe Werjin,
herzlichste Grüße von uns. Wir werden von Trabzon aus schreiben. Meine heutigen Schmerzen und Klagen werde ich von Trabzon aus berichten.
In Liebe.
Badrig."

449 Die Surp Nigoghajos Kirche in Samsun.
137 * 88. S. [Simeon] Tjigtemoglou, Samsun, 78.

450 Prozession der Kapuzinermönche am Marien-Tag am 15. August. Die Gemeinde bestand fast vollständig aus katholischen Armeniern.
141 * 91. S. [Simeon] Tjigtemoglou, Samsun.

Editeur Simeon, Tjigtémoglou, Samsoun.

La Procession (Fête-Dieu) à l'Eglise des R. R. P. P. Capucins à Samsoun.
Souvenir de Samsoun.

La fête Dieu en 1903.

J. Emichiades, Samsoun.

La procession en 1907

No. 6. Editeur Alexandre J. Anthopoulos Samsoun

Souvenir de Samsoun — Procession du 15 Août 1913

451 Prozession am Marien-Tag am 15. August 1903.
139 * 90. Jean Eftychiades, Samsun.

452 Prozession am Marien-Tag am 15. August 1907.
137 * 88. Alexandre J. Anthopoulos, Samsun, 6.
Die Postkarte wurde für den griechischen Kaufmann
N. D. Nikolaidis und den armenischen Sammler K. M. Tokatljan
hergestellt.

453 Prozession am Marien-Tag am 15. August 1913.
86 * 137. S. [Simeon] Tchigtemoglou, Samsun, 56.

454 Festplatz in Samsun.
138 * 88. S. [Simeon] Tchigtemoglou, Samsun, 76.

455 Pferderennen in Samsun.
138 * 87. S. [Simeon] Tchigtemoglou, Samsun, 40. Die Karte wurde
am 19. Mai 1912 von Samsun nach İstanbul Sarıyer geschickt.

Les employés et ouriers de la fabrique.

Souvenir de Samsoun. Fabrique de la Regie Ottomane.

Editeur Jean Eftychiades. No. 15.

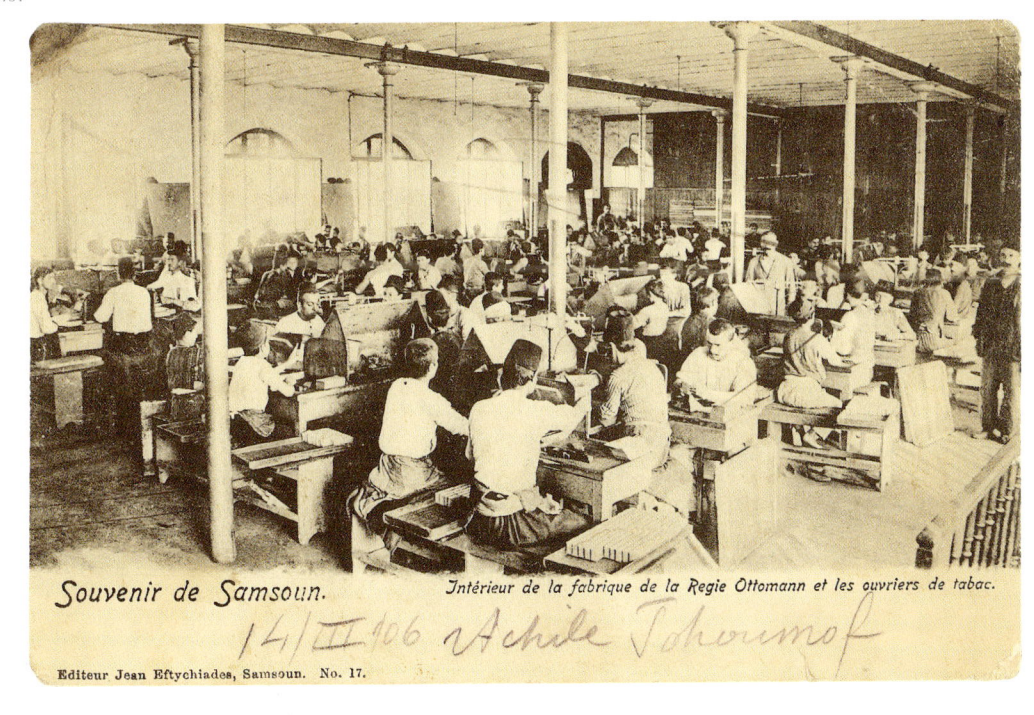

456 Leitung und Arbeiter der Tabakfabrik des Monopolbetriebs. Die Armenier in der Region Samsun hatten eine wichtige Position bei Herstellung, Verarbeitung und Handel mit Tabak. Auch in der Tabakfabrik arbeiteten viele Armenier.
141 * 91. Jean Eftychiades, [Samsun], 15.
Am 29. Dezember 1903 von Samsun nach Frankreich geschickt.

457 Arbeiter der Tabakfabrik des Monopolbetriebs bei der Produktion.
139 * 90. Jean Eftychiades, [Samsun], 17.
Die Karte wurde von Aşil Tohumof, der am Anadolu Kolleg in Merzifon beschäftigt war, am 14. (laut Poststempel 15.) März 1906 von Merzifon nach England gesandt.

458 Baden im Meer in Samsun.
140 * 92. Jean Eftychiades, [Samsun], 14. Die Karte wurde am 9. Februar 1908 von Samsun an die Kapuzinermönche in Marseille geschickt.

459 *Der Weg von Samsun nach Çarşamba, einem Kreis mit starker armenischer Bevölkerung.*
137 * 87. S. [Simeon] Tchigtemoglou, Samsun, 58.

460 *Der Meyve Pazarı Meydanı (Platz des Obstmarktes) in Samsun, an dem sich auch der Uhrturm befand.*
87 * 137. S. [Simeon] Tchigtemoglou, Samsun, 21. Die Karte wurde am 20. März 1908 von Samsun nach Ankara gesandt.

461 Eine Siedlung in Samsun.
138 * 89. S. [Simeon] Tchigtemoglou, Samsun, 26.
Die Karte wurde am 17. Februar 1912 von Dimitri Sotirioutis, Schüler des Saint Joseph Collège zum Kartentausch nach Frankreich geschickt. „Geehrter Herr, weil uns der Briefwechsel am Kolleg verboten ist, bitte ich darum, die Karten an die Apotheke zu senden. Kadıköy, 17. Februar 1912."

462 Die Straße mit dem Regierungsgebäude in Samsun.
138 * 93. Lazare C. Pialoglu, Samsun, 18. Am 1. März 1909 von Samsun nach Frankreich geschickt.

463 Eine Postkarte mit einer Aussicht auf Samsun sowie einer Abbildung der Einheimischen.
140 * 90. Fotograf: Mr. George. Am 28. Dezember 1905 von Samsun nach Frankreich gesandt.

464 Eine Postkarte mit zwei Ansichten von Bafra, einer Kreisstadt mit großer armenischer Bevölkerung. Auf dem unteren Foto ist links der Kirchturm der armenischen Kirche zu erkennen.
140 * 90. O. Nouri, Trabzon, 75. Die Karte wurde von Trabzon nach Frankreich gesandt.

465 Transport von Tabak mit Kamelen in Bafra. Der Anbau und die Verarbeitung von Tabak gehörte zu den wichtigsten Erwerbszweigen der Armenier von Bafra.
137 * 89. S. [Simeon] Tchigtemoglou, Samsun, 5071. Die Karte wurde am 20. Juli 1914 von Samsun in die Schweiz geschickt.

466 Die Torkomjan Schule in Bafra, in der Mädchen und Jungen gemeinsam unterrichtet wurden, und dahinter die Surp Garabed Kirche.
139 * 89. Alexandre J. Anthopoulos, Samsun, 9. Die Karte wurde für den griechischen Kaufmann N. D. Nikolaidis und den armenischen Sammler K. M. Tokatljan hergestellt.

L'Eglise et l'Ecole des Armeniens de Bafra
No. 9   Editeur Alexandre J. Anthopoulos Samsoun —

467 Aussicht auf Rize von See.
140 * 89. O. Nouri, Trabzon, 17. Die Karte wurde am 1. Juni 1913 von einem Armenier mit dem Familiennamen Dedejan an Sarech Sakarjan in İstanbul geschickt. „Lieber Sareh, genauere Informationen habe ich von Manuk erhalten. Die Karte zeigt einen Ausschnitt von Rize. Im Innern ist es noch schöner. Einzelne Häuser und Gärten von Wiesen umgeben. Ich hoffe es geht Dir gut und Du bist immer fröhlich. Man sollte, solange man in İstanbul ist, von dessen Wohltaten Gebrauch machen."

468 Eine Postkarte mit einer Ansicht von Rize und der traditionellen Tracht der Lazen.
137 * 88. Foto Gebrüder Cacouli, [Trabzon].

469 Das Ufer von Rize auf einer von dem armenischen Editeur und Fotografen Tscholakjan hergestellten Postkarte.
138 * 89. H. [Hatchik] Tcholakian, [Trabzon], 39.
Die Karte wurde am 22. November 1918 von Trabzon nach İstanbul geschickt.

470 *Aussicht auf das Bezirkszentrum Gümüşhane, wo sich die Surp Asdwadsadsin Kirche sowie die von Mädchen und Jungen gemeinsam besuchte Mesrobjan Schule befanden.*
141 * 91. O. Nouri, Trabzon, 10. Die Karte wurde am 15. Dezember 1905 von einem Sammler an einen anderen Sammler in Jafa (Palästina) geschickt.
„Die Karte, die Sie mir nach Giresun sandten, hat mich bis Erzurum verfolgt. Mit Bedauern muß ich mitteilen, dass es in Erzurum, Erzincan usw. keine Postkarten gibt. Die Karte, die Sie in den Händen halten, stammt aus Gümüşhane, einer der Städte im Innern Anatoliens. Ich mache mich auf den Weg nach Trabzon. Vielen Dank für den Beitrag zu meiner Sammlung. Ich würde mich sehr freuen, wenn Sie ab und zu eine neue Karte schicken könnten.
Alleinopules."

471 *Aussicht auf Gümüşhane. Unten rechts auf der Karte ist eine Kirche zu sehen.*
140 * 91. O. Nouri, Trabzon, 125. Die Karte wurde am 11. November 1910 von M. Tscholakjan von Trabzon nach Frankreich gesandt. Es ist möglich, dass der Absender ein Angehöriger des Postkartenherstellers und Fotografen Chatschik Tscholakjan ist.
„Die liebenswürdige Karte habe ich erhalten und antworte sofort. Ich sende Ihnen sechs farbige İstanbul und elf schwarzweiß Karten von wichtigen Orten der Provinz Trabzon. Fünf sende ich mit der türkischen, fünf mit der französischen und fünf mit der österreichischen Post. Ich hoffe, dass Sie nicht zögern werden, mir mit schönen Karten zu antworten. Ich möchte gern Ansichten, Denkmäler, farbige Landschaftsbilder und hübsch bunte Phantasiekarten. Darauf wartend, von Ihnen zu lesen. Grüße,
Tcholakian.
P.S. Weil es in der Stadt keine Briefmarken der österreichischen Post gibt, schicke ich die fünf Karten auch mit der französischen Post. Tcholakian, Trabzon, Türkei"

472 *Die Ardasa Brücke in Torul, einem Landkreis in Gümüşhane mit nur geringer armenischer Bevölkerung.*
139 * 89. O. Nouri, Trabzon, 80. Die Karte wurde am 11. April 1911 von Trabzon nach Paris geschickt.

473 *Ein Dorfhaus in Kelkit, wo sich die Surp Asdwadsadsin Kirche, das Surp Sarkis Kloster und die Mesrobjan Schule befanden.*
138 * 89. O. Nouri, Trabzon, 252.

474 *Eine Postkarte mit dem Fluß von Kelkit.*
137 * 87. Kitabi Hamdi & Sohn, Trabzon.

475 Şiran (bzw. Şeyran), einer der Kreise im Bezirk
Gümüşhane mit großer armenischer Bevölkerung.
Das Haus im Mittelpunkt ist ein Missionshaus.
139 * 90. O. Nouri, Trabzon, 145.

476 Aussicht auf das zu Gümüşhane gehörende Dorf
Kurum (bzw. Kromni). Die Bevölkerung von Kromni,
die hauptsächlich aus Griechen, aber auch einigen
Armeniern bestand, trat während der Islamisierungsphase
im 17. Jahrhundert, um ihre Stellung im Bergbauwesen
nicht zu verlieren, zum Islam über. Gegen Ende des
19. Jahrhunderts kehrten sie zu ihrer christlichen Identität
zurück.
139 * 90. O. Nouri, Trabzon, 15.

477 Eine Aufnahme der Dörfler von Kromni auf
der Hochalm.
139 * 89. Theodore Stylianidis, 13. Die Karte wurde am 30. Juli
1908 von Trabzon nach Rio de Janeiro geschickt.

Die Provinz Sivas

Sivas, Tokat, Amasya, Merzifon, Şebinkarahisar

Die Provinz Sivas setzte sich aus den Bezirken Sivas, Tokat, Amasya und Karahisar-ı Şarki (heute: Şebinkarahisar) zusammen.

Der Erzbischof in Sivas und die Bischöfe von Amasya-Merzifon, Şebinkarahisar und Tokat gehörten zum İstanbuler Patriarchat. Die Kreise Gürün, Darende und Divriği gehörten zum Bistum Gürün, das dem Katholikosat des Großen Hauses von Kilikien unterstand.

Den von Maghakja Ormanjan 1912 veröffentlichten Daten zufolge, lebten in der Provinz 181.700 Armenier, von denen 8.000 Katholiken und 5.700 Protestanten waren. Einer armenischen Quelle zufolge, die Bevölkerungsdaten Dorf für Dorf angibt, erreicht ihre Zahl 370.280. Die osmanische Volkszählung von 1914 gibt die Bevölkerung der Provinz mit 1.169.443, davon 151.674 Armenier an, wobei 143.406 Einwohner als Georgier, 3.693 als Katholiken und 4.575 als Protestanten ausgewiesen werden.

SIVAS.

DER BEZIRK SİVAS

Der aus den Kreisen Sivas, Tonos (heute: Şarkışla), Yıldızeli, Hafik, Zara, Divriği, Darende, Gürün, Kangal, Aziziye (heute: Pınarbaşı) und Hamidiye (heute: Bünyan) bestehende Bezirk hatte den Daten von Maghakjan Ormanjan zufolge 97.000 gregorianische, 5.500 katholische und 2.000 protestantische, insgesamt also 104.500 armenische Einwohner. Die osmanische Volkszählung von 1914 gibt die Zahl der Armenier mit 78.605 Gregorianern, 2.395 Katholiken und 1.915 Protestanten, insgesamt also mit 82.915 an.

Von den rund 45.000 Einwohnern der Bezirksstadt Sivas waren mehr als ein Drittel Armenier.

Die gregorianischen Armenier hatten in der Stadt folgende sechs Kirchen: die Surp Asdwadsadsin, die Surp Sarkis, die Surp Prgitsch, die Surp Minas, die Surp Hagop und die Surp Kework. In der Hauptkirche, der Surp Asdwadsadsin, befanden sich außerdem noch zwei Kapellen. Außerdem existierte in der Stadt eine weitere Kapelle, die einem der ersten christlichen Märtyrer und Bischof Surp Wlas geweiht war. Das Grab des auch von den Muslimen in Sivas als Heiligen akzeptierten Surp Wlas im Stadtviertel Medrese wurde sowohl von Christen als auch Muslimen aufgesucht. In der Stadt gab es für die Katholiken die Surp Wlas Kirche, die Protestanten verfügten über zwei weitere Kirchen.

In der an Fernhandelswegen gelegenen Stadt hatten die Armenier seit Alters her eine wichtige Stellung im wirtschaftlichen Leben. Goldschmiedearbeiten, Zinnverarbeitung und Messerherstellung waren Gewerbe, die überwiegend von Armeniern ausgeführt wurden. Die Mieteinnahmen des größten Geschäftshauses in Sivas, des Aramjan Han, wurden zur Finanzierung der ranghöchsten armenischen Schule der Stadt, der Tarkmantschaz Schule, benutzt. Auch die anderen armenischen Schulen verfügten zur Sicherung ihrer Finanzierung über vermietbare Liegenschaften.

Die armenischen Schulen für Jungen waren die Tarkmantschaz, die Nersesjan, die Prgitschjan und Wartanjan; für Mädchen die Hripsimjan und die Bezikjan sowie mit gemeinsamen Unterricht von Jungen und Mädchen die Lusinjan, die Sahagjan, die Torkomjan, die Rupinjan und die Mechitarjan Schule und der Aramjan Kindergarten. Die katholischen Kinder besuchten überwiegend die jesuitische Schule. Die Protestanten betrieben in Sivas acht Schulen und die private Norhadjan Schule. Außerdem befand sich neben dem von Armeniern selbst gegründeten Waisenhaus noch ein weiteres, von schweizer Missionaren geleitetes Waisenhaus. In der Stadt gab es auch ein armenisches Krankenhaus.

Neben verschiedenen Theatergruppen und Vereinen, die auf kulturellem Gebiet aktiv waren, wurden in Sivas auch Zeitungen und Zeitschriften herausgegeben, von denen die zu Beginn des 20. Jahrhunderts erscheinenden genannt werden sollen: Von 1905 bis 1907 erschien die *Ged* (Punkt). Von 1909 bis 1911 erschien zunächst wöchentlich, danach alle zwei Wochen die *Antranig* (Erstgeborener). Die Hoghtar wurde von 1910 bis 1914 herausgegeben. Die Zeitschrift Nschdrag erschien von 1910 bis 1913 monatlich. 1913 erschien die *Aghawni* (Taube) und ebenfalls 1913 die Gapira. Die offizielle Stadtzeitung Sivas, herausgegeben vom Provinzgouverneur, wurde eine zeitlang in Türkisch und Armenisch veröffentlicht. Der Editeur der Zeitung, der auch der Provinzdruckerei vorstand, war Antranik Wartanjan.

Das einige Kilometer nördlich gelegene Surp Nschan Kloster war ein wichtiger Wallfahrtsort, zu dem immer wieder Besucher aus den umliegenden Provinzen kamen. Das Kloser verfügte über drei Kirchen, die Surp Asdwadsadsin, die Surp Nschan und die Surp Garabed Kirche sowie eine Bibliothek in der viele wertvollen Handschriften aufgewahrt wurden.

Im einige Kilometer außerhalb der Stadt gelegenen Dorf Tavra, in dem sich die Surp Asdwadsadsin Kirche, die Aramjan und die Tavitjan Schule befanden, lebten ungefähr 1.500 Armenier. Oberhalb des Dorfes befanden sich das Surp Hagop und das Surp Anabad Kloster.

Im Umkreis von Sivas befanden sich außerdem zwei weitere Klöster, das Hntragadar Surp Asdwadsadsin und das Surp Hreschdagabed Kloster. Im Surp Hreschdagabed Kloster, das über ausgedehnte Ländereien verfügte, befanden sich drei Kirchen: die Surp Garabed, die Surp Asdwadsadsin und die Surp Hreschdagabed Kirche.

Zu den wichtigsten armenischen Dörfern im Landkreis Sivas gehörten Pırknik (heute: Çayboyu) mit der Surp Sarkis Kirche; İşhan (heute: İşhanı) mit der Surp Nigoghajos und der Surp Jerrortutjun Kirche und der Pakradunjan Schule; Şinkörek (heute: Esenyurt) mit der Surp Sarkis Kirche und zwei Schulen; Kaldi mit der Surp Hagop, der Surp Sarkis Kirche und einer Schule sowie Akkaya mit der Surp Sarkis Kirche und zwei Schulen. Das größte von ihnen war Pırknik mit seiner mehr als 2.000-köpfigen Einwohnerschaft, von der ein Teil auch katholisch war.

In Yenihan, dem Zentrum des Landkreises Yıldızeli, lebten mehr als 1.000 Armenier, die in der Stadt die Surp Chatsch Kirche und eine Schule hatten. Eine zweite Siedlung mit hoher armenischer Bevölkerung im Landkreis war das Dorf Kavak mit ungefähr 600 armenischen Einwohnern, die dort die Surp Nschan Kirche besaßen.

In Koçhisar (armenisch: Bedrosi), Zentrum des Landkreises Hafik, das 35 km östlich von Sivas lag, waren von den 3.000 Einwohnern zwei Drittel Armenier. In der Kreisstadt, in der man von Landwirtschaft, Tierzucht und verschiedenen Gewerben lebte, befanden sich die Surp Hagop Kirche und die Bedrosjan Schule.

Die wichtigsten armenischen Siedlungen im Landkreis Hafik, der nach der osmanischen Volkszählung über 11.376 armenische Einwohner verfügte, waren folgende: In Ağdik (heute: Tuzhisar) mit seinen 2.000 Einwohnern befanden sich die Surp Garabed und die Surp Asdwadsadsin Kirche sowie eine Schule. In Püragn (heute: Akpınar) befanden sich die Surp Minas Kirche und eine Schule. In Bardizag (heute: Bahçecik) gab es die Surp Kework Kirche und zwei Schulen. İstanoz verfügte über die Surp Toros und die Surp Chatsch Kirche sowie eine Schule. In Gevre (heute: Durulmuş) befanden sich die Surp Sarkis Kirche und eine Schule. Khorokhon (heute: Düzyayla) verfügte über die Surp Hreschdagabed Kirche und eine Schule. In Kötnü (heute: Alçıören) gab es die Surp Sarkis Kirche und eine Schule. In Sarıhasan befanden sich die Surp Kework Kirche und eine Schule. Tavşanlı verfügte über die Surp Sarkis und die Surp Prgitsch Kirche sowie über eine Schule. Todorag bzw. Kiliseköy (heute: Bayıraltı) verfügte über die Surp Hagop Kirche und eine Schule. Yarhisar hatte die Surp Sarkis Kirche und eine Schule. In Gamis bzw. Kemeris befanden sich die Surp Toros und die Surp Asdwadsadsin Kirche sowie eine Schule. In Gavdara bzw. Gavraz befanden sich die Surp Prgitsch Kirche und eine Schule. Govdun bzw. Kümes verfügte über die Surp Asdwadsadsin Kirche und eine Schule. In Khandzar bzw. Khansar befanden sich die Surp Sarkis Kirche und eine Schule. In Khorsana bzw. Korsena befanden sich die Surp Sarkis und die Surp Asdwadsadsin Kirche sowie eine Schule. In Prapert gab es die Surp Toros Kirche und eine Schule. In Şahin bzw. Cencin gab es die Surp Chatsch Kirche und eine Schule. In Tımaç befanden sich die Surp Sarkis Kirche und eine Schule. In Torossi bzw. Divegse gab es die Surp Garabed Kirche und eine Schule. In Voğnovid gab es die Surp Hagop Kirche und eine Schule. Und in Yenice bzw. Fereşed befand sich die Surp Hagop Kirche und eine Schule.

Im weiter östlich gelegenen Zara, Zentrum des Landkreises Koçgiri, lebten ungefähr 3.000 Armenier. Dort befanden sich zwei armenischen Schulen, die Surp Krikor Lusaworitsch Kirche und das Kloster Surp Takawor.

Im einige Kilometer vom Kreissitz entfernten Dorf Karhad befanden sich die Surp Asdwadsadsin Kirche und eine Schule. Die größten armenischen Dörfer waren Keçiyurdu mit der Surp Asdwadsadsin Kirche und einer Schule sowie Alakilise (heute: Müslümabat) mit mehr als 1.000 Einwohnern, wo sich die Surp Minas Kirche sowie eine Schule befanden.

Andere von Armeniern bewohnte Dörfer des Landkreises waren Tekeli bzw. Tekevli mit der Surp Kework Kirche und einer Schule; Karaboğaz mit der Surp Prgitsch und der Surp Chatsch Kirche sowie einer Schule; Çayköy mit der Surp Asdwadsadsin Kirche und Miadun mit der Surp Sarkis Kirche.

Der Landkreis Tonus verfügte im Bezirk Sivas über die größte armenische Bevölkerung, die von der osmanischen Volkszählung von 1914 mit 13.694 angegeben wurde, wovon 141 Katholiken und 584 Protestanten waren. In der Kreisstadt Şarkışla lebten ungefähr 250 Armenier, die dort auch eine Schule hatten.

Von Armeniern bewohnte Dörfer im Landkreis waren: Temecik mit der Surp Asdwadsadsin und der Surp Sarkis Kirche sowie zwei Schulen. Yapaltun (heute: Gümüştepe) mit der Surp Asdwadsadsin Kirche und einer Schule. Karapınar mit der Surp Asdwadsadsin Kirche und einer Schule. Lisanlı (heute: Kömürkaya) mit der Surp Hagop Kirche und einer Schule. Karagöl mit der Surp Asdwadsadsin und der Surp Hagop Kirche sowie einer Schule. Alakilise (heute: Eskiyurt) mit einer Schule und einer Kirche. Çepni mit der Surp Sarkis Kirche und einer Schule. Dendil mit der Surp Asdwadsadsin Kirche und einer Schule. Burhan mit der Surp Sarkis Kirche und einer Schule. Tekmen mit einer Schule und einer Kirche. Sowie Paşaköy mit der Surp Kework Kirche und einer Schule.

In Gemerek, dessen 6.000 Einwohner überwiegend Armenier waren, befanden sich die Surp Asdwadsadsin, die Surp Kework und die Surp Krikor Lusaworitsch Kirche sowie vier Schulen. In der Stadt hatten außerdem die Protestanten ihre eigenen Schulen und Kirchen. Die Armenier von Gemerek gingen neben Landwirtschaft und Tierzucht der Gerberei, Teppichweberei nach und stellten landwirtschaftliche Geräte her.

Zu Gemerek gehörende armenische Dörfer waren Topaç mit der Surp Sarkis Kirche und einer Schule, Kurtlukaya mit der Surp Prgitsch Kirche und einer Schule, Kantaroz (heute: Boğazdere) mit der Surp Toros Kirche und einer Schule, Patrenos-Patrenköy bzw. Çevirme mit der Surp Asdwadsadsin Kirche und einer Schule sowie Gazimağara mit der Surp Hagop Kirche und zwei Schulen.

Im Landkreis Divriği (arm.: Divrik) lebten der osmanischen Volkszählung von 1914 zufolge

8.354 Armenier. Von den insgesamt 12.000 Einwohnern der Kreisstadt war ungefähr ein Drittel Armenier, die dort die Surp Asdwadsadsin und die Surp Jerrortutjun Kirche und vier Schulen hatten.

In der Nähe von Hurnavil (heute: Maltepe), wo mehr als 300 Armenier lebten, befand sich das Surp Krikor Lusaworitsch Kloster. Das Kloster, in dem sich die Surp Krikor Lusaworitsch und die Surp Howhannes Mgrditsch Kirche befanden, verfügte über ausgedehnte Felder und Gemüsegärten.

Gasma (heute: Kesme), wo etwa 500 Armenier zusammen mit Türken lebten, war das Dorf, aus dem die Noradunkjan Familie stammt, die, wie beispielsweise den osmanischen Außenminister Kaprijel Noradunkjan, viele bekannte Personen hervorbrachte. In der Umgebung des Dorfes, in dem sich die Surp Asdwadsadsin Kirche und die Mesrobjan Schule befanden, gab es zahlreiche Wallfahrtsorte.

In Zımara (das heute zum Landkreis İliç in der Provinz Erzincan gehörende Altıntaş) lebten mehr als 1.000 Armenier, die dort die Surp Jerrortutjun und die Surp Manuk Kirche hatten. In der Nähe des Dorfes, dessen Bewohner neben Landwirtschaft und Viehzucht der Teppichweberei und Stickerei nachgingen, befand sich das Surp Kristafor Kloster.

Im auf einem Felsen über dem Euphrat errichteten Pingyan (heute: Adatepe) lebten ungefähr 1.500 Armenier. Im Dorf befanden sich drei Kirchen: die Surp Jeriz Manganz, die Surp Hreschdagabed und die Surp Asdwadsadsin Kirche.

Armutağ (heute: Kavaklısu) war mit seinen mehr als 1.500 Einwohnern und der Surp Kework Kirche eines der großen armenischen Dörfer des Kreises.

Andere armenische Siedlungen des Kreises waren: Arşuşan bzw. Arşin mit der Surp Takawor Kirche. Güresin mit der Surp Garabed, der Surp Jerrortutjun Kirche sowie dem Surp Toros Kloster. Mrvana mit der Surp Asdwadsadsin Kirche. Odur (heute: Kayaburun) mit der Surp Towmas Kirche und dem Pajlewank Kloster. Palanga mit der Surp Kework Kirche. Pargam (heute: Uzunkaya) mit der Surp Asdwadsadsin Kirche. Sincan mit der Surp Kework Kirche und einer Schule. Sowie das Dorf Surp Hagop, in dem sich das Surp Hagop Kloster befand, von dem nur noch die Kirche erhalten war.

Im südlich von Sivas gelegenen Landkreis Kangal lebten im Zentrum etwa 1.000 Armenier, die dort eine Kirche und eine Schule unterhielten.

Ulaş mit seinen fast 2.000 armenischen Einwohnern und der Surp Asdwadsadsin Kirche und einer Schule war eine der größten armenischen Siedlungen des Kreises. Eine andere wichtige Siedlung war Mancılık, in der die 2.000-köpfige Einwohnerschaft ausschließlich aus Armeniern bestand. Das Dorf, in dessen Nähe sich das Surp Toros Kloster befand, verfügte auch über zwei Schulen und ein Waisenhaus.

Weitere Dörfer mit armenischer Bevölkerung im Landkreis Kangal waren Mağara (heute: İnkonak) mit der Surp Asdwadsadsin Kirche und einer Schule; Yarhisar mit der Surp Toros Kirche und einer Schule; Komsur mit der Surp Sarkis und der Surp Asdwadsadsin Kirche und zwei Schulen sowie Bozarmut mit der Surp Sarkis Kirche.

Von den über 10.000 Einwohnern der Kreisstadt Gürün war mehr als die Hälfte Armenier. Der zum Katholikosat Kilikien gehörende Bischofssitz befand sich in der Surp Asdwadsadsin Kirche im Stadtviertel Sağ. In der Tsahtsor Siedlung hatten die gregorianischen Armenier die Surp Prgitsch, in der Ören Siedlung die Surp Kework und in der Şuğul Siedlung die Surp Hagop Kirche. Die Katholiken hatten in der Sağ und in der Aşağı Şuğul Siedlung je eine Kirche und die Protestanten drei Kirchen in den Siedlungen Şuğul, Hasbağ und Karatepe.

In der Kreisstadt, die in einem engen Tal mit weit auseinanderliegenden Siedlungen errichtet war, verfügten die gregorianischen Armenier über sieben, die katholischen über zwei und die protestantischen über drei Schulen.

Die Armenier von Gürün waren für die Weberei von Teppichen, Kelims und Schals, die Herstellung von Baumwoll- und Wollstoffen sowie für feine Stickarbeiten berühmt, hatten jedoch auch den Handel weit entwickelt. Baumwollstoffe aus Trabzon wurden hier gebleicht und nach Adana und Aleppo weiterverkauft.

Karahisar mit der Surp Sarkis Kirche, Kavak mit einer Kirche und Schule und Karaören mit einer Kirche waren weitere armenische Dörfer in der Nähe von Gürün.

Im Zentrum des südöstlich von Gürün gelegenen Darende Kreises lebten ungefähr 2.000 Armenier. Die Armenier, die sich im höher gelegenen Westteil der Stadt angesiedelt hatten, verfügten über die Surp Jerrortutjun und die Surp Asdwadsadsin Kirche sowie die Rupinjan Schule, die von 200 Jungen und 40 Mädchen besucht wurde.

Das südwestlich gelegene Aşodi (heute: Gürpınar) war außerhalb der Kreisstadt die größte von Armeniern bewohnte Siedlung. In dem Dorf mit seinen mehr als 1.000 armenischen Einwohnern gab es die Surp Asdwadsadsin Kirche, das Surp Hagop Kloster sowie die Sahagjan Schule, die von Jungen und Mädchen gemeinsam besucht wurde. Die Bevölkerung lebte von Landwirtschaft, Handwerk und Handel.

Im südlich von Sivas gelegenen Kreisstadt Aziziye (heute: Pınarbaşı) lebten fast 1.000 Armenier, die von traditionellem Handwerk sowie Handel, Landwirtschaft und Weinbau lebten. In der Stadt befanden sich die Surp Jerrortutjun Kirche und eine Schule.

In Hamidiye (heute: Bünyan), gelegen an der Südwest-Spitze der Provinz Sivas und eigentlich stärker mit Kayseri verbunden, lebten etwa 1.000 Armenier, die dort die Surp Asdwadsadsin Kirche und die Mesrobjan Schule unterhielten.

Andere armenische Siedlungen des Kreises waren Gigi mit der Surp Nigoghajos Kirche und einer Schule; Sıvgın mit einer Schule und einer Kirche; Sarıoğlan mit der Surp Toros und der Surp Kework Kirche sowie Ekrek bzw. Akarag mit der Surp Asdwadsadsin und der Surp Toros Kirche sowie zwei Schulen. In dem größten dieser Dörfer, in Ekrek, lebten mehr als 2.000 Armenier.

DER BEZIRK TOKAT

Der Bezirk Tokat, der aus den Landkreisen Tokat, Erbaa, Zile und Niksar bestand, hatte der osmanischen Volkszählung von 1914 zufolge 21.336 gregorianische, 764 katholische und 633 protestantische, insgesamt also 22.733 armenische Einwohner. Den von Maghakja Ormanjan 1912 veröffentlichten Daten zufolge lag die Zahl der Armenier bei 23.500, wobei 21.000 Gregorianer, 2.000 Katholiken und 500 Protestanten waren.

Von den 30.000 Einwohnern von Tokat war ungefähr ein Drittel Armenier. Die Armenier taten sich vor allem bei den Handwerken hervor. Die Produktion von Baumwollgarnen und -stoffen, die Herstellung kunstvoller Tücher, Stoffdruck, Färberei, Tabakverarbeitung, Kupferverarbeitung und Kesselmacherei zählten zu den wichtigsten Erwerbsquellen der Armenier.

Der Bischofssitz der gregorianischen Armenier befand sich in der Surp Asdwadsadsin Kirche. Außerdem befanden sich in der Stadt die Surp Jerrortutjun, die Surp Minas, die Surp Krikor Lusaworitsch, die Surp Stepannos, die Surp Kework und die Surp Karasun Manuk Kirche, also sechs Kirchen, das Surp Howagim Anna Kloster und im nördlich bei den Weinbergen gelegenen Malkayası Viertel die Surp Asdwadsadsin Kapelle. Außer den Schulen an den Kirchen gab es noch eine von Jungen und Mädchen gemeinsam besuchte Schule.

Die protestantischen und katholischen Armenier der Stadt verfügten über eigene Schulen. Insbesondere die katholischen Armenier besuchten die Schule des im Norden der Stadt, in Kocacık gelegenen Jesuitenklosters.

In der Stadt wurde von 1910 bis 1912 zunächst wöchentlich und dann alle zwei Wochen die Zeitung *Iris* (Yeşilırmak) herausgegeben.

In der Nähe des nordöstlich der Stadt gelegenen Dorfes Bizeri, in dem sich eine Schule und eine Kirche befanden, lag das Kloster Surp Howhan Wosgeperan. Dieses Kloster war nicht nur ein Wallfahrtsort für Christen, sondern wurde auch von Muslimen auf der Suche nach Heilung aufgesucht.

Andere Dörfer im Kreis Tokat, die von Armeniern bewohnt wurden, waren: Endiz mit der Surp Prgitsch Kirche. Biskincik mit der Surp Howhannes Kirche und einer Schule. Varaz mit der Surp Sarkis Kirche. Tahtoba bzw. Tahtabağ mit der Surp Asdwadsadsin Kirche und einer Schule. Yartmış mit der Surp Kework Kirche und einer Schule. Kervansaray mit der Surp Asdwadsadsin Kirche und einer Schule. Çiftlik mit der Surp Hagop Kirche und einer Schule. Kedağaz mit der Surp Sarkis Kirche. Bolis, wo an die Surp Krikor Lusaworitsch Kirche das Schulhaus anschloß. Pazar mit einer Kirche und einer Schule sowie die Dörfer Krikoris und Gesarya mit der Surp Asdwadsadsin und der Surp Hagop Kirche und zwei Schulen.

In Erbaa, Zentrum des Herek Landkreises, lebten einschließlich der Protestanten etwa 5.000 Armenier, die dort über die Surp Stepannos Kirche und die von Mädchen und Jungen besuchte Mesrobjan Schule verfügten.

Zu den von Armeniern bewohnten Dörfern im Landkreis Herek gehörten: Ağabağ mit der Surp Hagop Kirche sowie der von Mädchen und Jungen besuchten Schule. Çozlar bzw. Çoşkhod mit der Surp Minas Kirche. Ayvaz mit der Surp Asdwadsadsin Kirche. Sarıkaya mit der Surp Stepannos Kirche. Sağarçal (bzw. Isgarhal oder Sgarhal genannt) mit der Surp Kework Kirche sowie Cebrayil mit der Surp Garabed Kirche.

Im Kreissitz von Zile wohnten 4.000 türkischsprechende Armenier. In der für ihre Teppichweberei bekannten Kreisstadt befanden sich die Surp Hagop Kirche sowie die von Jungen und Mädchen besuchte Mesrobjan Schule.

In der Kreisstadt Niksar lebten 3.000 türkischsprechende Armenier, die über die Surp Asdwadsadsin Kirche und die von Mädchen und Jungen besuchte Sürenjan Schule verfügten.

Armenische Dörfer im Landkreis Niksar waren Kapıağzı und Karameze bzw. Karameşe, wo sich die Surp Garabed Kirche befand, wo die Surp Sarkis Kirche lag.

DER BEZIRK AMASYA

Der osmanischen Volkszählung von 1914 zufolge lebten in dem aus den Landkreisen Amasya, Merzifon, Köprü, Mecitözü, Ladik, Havza und Gümüşhacıköy bestehenden Bezirk einschließlich 534 Katholiken und 1913 Protestanten 25.450 Armenier. Den von Maghakja Ormanjan 1912 veröffentlichten Daten zufolge lag die Zahl der im Bezirk lebenden Armenier bei 28.500, wovon 500 katholisch und 3.000 protestantisch waren.

Das im schmalen Tal des zwischen zwei Bergen fließenden Flusses Yeşilırmak und den dazustoßenden kleinen Tälern gegründete Amasya hatte bei einer Einwohnerschaft von 30.000 eine armenische Bevölkerung von mehr als 10.000. In der für ihre Gärten und ihr Obst berühmten Stadt hatten die Armenier neben verschiedenen Handwerken auch die Weberei von Seiden- und Wollstoffen weit entwickelt. Das Handelsleben lag zu einem großen Teil in ihren Händen.

Die größte Siedlung der Stadt war das als Armenierviertel bekannte Savadiye. Das in einem sich vom Norden kommenden Tal des Yeşilırmak zu beiden Seiten errichtete Quartier beherbergte das Surp Hagop Kloster, die Surp Asdwadsadsin Kirche, ein Krankenhaus und je eine Kirche der Katholiken und Protestanten. Die zweite große Siedlung der Armenier war das Dere Viertel, in dem sich die Surp Nigoghosjan Kirche befand. Außerdem befanden sich in der Stadt die Wallfahrtsorte Surp Howhannes, Karasun Manug, Surp Toros, Surp Arisdages und Surp Asdwadsadsin.

In der Stadt befanden sich für die Kinder der gregorianischen Armenier die Nersesjan und die Hagopjan Schule für Mädchen und Jungen, für Mädchen die Nigoghosjan und Ipranosjan, insgesamt also vier Schulen sowie ein Kindergarten. Die Kosten der Ipranosjan Schule wurden von den Gebrüdern Ipranosjan beglichen, die an Orten wie Tokat, Amasya und Erzincan auf sehr unterschiedlichen Gebieten Produktion und Handel betrieben. Die Jesuitenschule im Viertel Savadiye besuchten ungefähr 200 armenische Kinder.

Neben den zur Unterstützung von Bildung und Kultur gegründeten armenischen Vereinen der Stadt gab es auch eine Theatergruppe namens *Iris* (Yeşilırmak). In der Stadt erschien von 1911 bis 1914 alle 15 Tage die Zeitschrift *Amasia* sowie die Zeitung *Abaraj* (Fels), die im Jahr 1911 zunächst wöchentlich herausgegeben wurde, sich aber später zu einer Monatszeitschrift wandelte. In beiden Zeitungen wurden einzelne Abschnitte in Türkisch mit armenischer Schrift veröffentlicht.

Ein zweiter Ort im Bezirk mit starker armenischer Bevölkerung war Merzifon. In der Stadt mit 30.000 Einwohnern lebten 10.000 Armenier. In der Stadt befand sich die Surp Asdwadsadsin Kirche und für Jungen die Sahagjan, für Mädchen die Hripsimjan Schule. Jenseits dieser beiden Schulen mit ihren ca. 1.000 Schülern gab es auch noch Schulen der Protestanten und Katholiken.

Lehrkräfte und Schüler des von amerikanischen Missionaren gegründeten Anadolu Kollegs bestanden zur Hälfte aus Armeniern. Das Kolleg wurde nicht nur von Schülern der näheren Umgebung, sondern auch von armenischen Schülern aus einem Gebiet von Trabzon bis Ankara besucht. Die Schule mit ihrer großen Bibliothek, dem botanischen Museum und den Werkstätten für die berufliche Ausbildung wurde ergänzt durch ein der Mission angeschlossenes Krankenhaus und ein Waisenhaus.

Deutsche Missionare hingegen hatten außerhalb

der Stadt auf einem Bauernhof ein Waisenhaus für armenische Kinder gegründet.

In der Stadt wurden von 1910 bis 1912 alle 15 Tage die Zeitschrift *Hajguni*, von 1910 bis 1914 die Monatzeitschrift *Nor Ajk* (Neue Morgendämmerung) sowie 1911 bis 1914 die armenische Zeitschrift *Poşhpotsch* (Setzling) herausgegeben.

Der für Amasya-Merzifon zuständige Bischofssitz befand sich im Tscharhapan Surp Asdwadsadsin Kloster, das im Dorf Korköy in Merzifon lag. Ein anderes von Armeniern bewohntes Dorf im Landkreis war Yenice, in dem sich die Surp Sarkis Kirche befand.

In der Kreisstadt des Köprü Kreises, in Vezirköprü, lebten 1.500 Armenier, von denen ungefähr 300 Protestanten waren. In der Stadt, in der die Gregorianer die Surp Kework Kirche und direkt daneben die von Mädchen und Jungen besuchte Sahagjan Schule besaßen, existierte auch eine protestantische Schule.

Die ungefähr 800 Armenier in Hacıköy, im Zentrum des Kreises Mecitözü, verfügten über die Surp Kework Kirche. Weil es kein gesondertes Schulgebäude gab, wurde der Unterricht für die ungefähr 50 Schüler und Schülerinnen im für die Frauen vorgesehenen Obergeschoß der Kirche durchgeführt.

Im Zentrum des Ladik Kreises mit seinen etwa 300 armenischen Einwohnern gab es die Surp Krikor Lusaworitsch Kirche, ein hölzerner Bau, von dem ein Zimmer zugleich als Schule diente. Im zum Kreis gehörenden Yarımcaköy lebten ungefähr 50 Armenier.

Im Zentrum des Havza-Kreises, in dem ungefähr 350 Armenier lebten, befand sich die Surp Prgitsch Kirche.

Eine weitere Siedlung mit einem hohen Anteil von Armeniern im Bezirk Amasya war Gümüşhacıköy, das auch unter dem Namen Simhacıköy bekannt ist. In der Kreisstadt, in der sich die Surp Hagop Kirche, für Jungen die Batewjan und für Mädchen die Hripsimjan Schule befand, lebten etwa 4.000 Armenier, von denen ungefähr 200 Protestanten waren. Die Armenier des Ortes, dessen Silberminen aufgrund nachlassender Ergiebigkeit geschlossen wurden, gingen dem Weizenanbau, Tierzucht, Teppichweberei und traditionellen Handwerken sowie der Zucht von Wein und Obst und der Weinherstellung nach.

DER BEZIRK KARAHİSAR-I ŞARKİ

Den Daten von Maghakja Ormanjan zufolge lebten im Bezirk Karahisar-ı Şarki, der sich aus dem Zentralkreis und Suşehri, Hamidiye, Koyulhisar und Aluçra zusammensetzte, 25.000 gregorianische und 200 protestantische Armenier.

In der Bezirkshauptstadt Şebinkarahisar lebten, auf zwei Siedlungen konzentriert, ungefähr 5.000 Armenier. Im Yukarı Viertel am Hang der Burg lagen die Surp Asdwadsadsin Kirche und die von Mädchen und Jungen besuchte Surp Prgitschjan Schule. In der vor allem von reicheren Armeniern bewohnten neu errichteten Siedlung Kopeli bzw. Bahçe im Nordosten der Stadt gab es die Surp Prgitsch Kirche und die von Jungen und Mädchen gemeinsam besuchte Muscheghjan Schule.

Die Armenier der Stadt beschäftigten sich mit Handel und Handwerk, wobei sie auch bei der Baumwollweberei führend waren.

In Şebinkarahisar wurde 1910 die *Mdrag*

478 Blick auf Sivas und die Burg.
*137 * 90. Haase & Firma, Bielefeld (Deutschland). Am 17. Dezember 1912 von Sivas nach Mailand gesandt.*

479 Die Handelsschule in Sivas auf einer Postkarte, die anläßlich der 1903 in Sivas durchgeführten Industrie- und Landwirtschaftsausstellung hergestellt und von einem Armenier namens Dikran Istanbuljan versandt wurde.
*136 * 92. Druck: Malumat Druckerei.*

480 Das Regierungsgebäude von Sivas auf einer Postkarte, die anläßlich der Industrie- und Landwirtschaftsausstellung hergestellt wurde.
*137 * 92. Druck: Malumat Druckerei. Die Karte wurde am 6. Oktober 1904 von Sivas nach Frankreich geschickt.*

481 Die anläßlich der Industrie- und Landwirtschaftsausstellung hergestellte Postkarte zeigt die Pforte der Divriği Ulu Moschee, die vom armenischstämmigen Architekten Kalust erbaut wurde.
*138 * 95. Druck: Malumat Druckerei.*

(Peitsche) veröffentlicht, die aber bereits nach einigen Nummern wieder eingestellt werden mußte.

Das vier Kilometer von der Stadt entfernte Tamzara war ein Dorf, in dem die 1.500-köpfige armenische Bevölkerung mit Türken zusammenlebte. Im Dorf befanden sich die Surp Takawor und die Surp Asdwadsadsin Kirche sowie die Aramjan Schule. In seiner Nähe lag das Kloster Surp Kework.

Andere im Landkreis Şebinkarahisar liegende armenische Siedlungen waren: Dziberi (heute: Akbudak) mit der Surp Hagop Kirche und der Hajgasjan Schule. Aneği bzw. Anegri mit der Surp Asdwadsadsin Kirche und der Warwarjan Schule. Buseyid mit der Surp Kework Kirche und der daran angrenzenden Schule sowie Çırdak mit der Surp Kework Kirche und der Wahanjan Schule.

Im Kreis Suşehri waren von den 3.000 Einwohnern der Kreisstadt Anderyas die Armenier in der Mehrheit. In der Stadt befand sich die Surp Asdwadsadsin und die Surp Sarkis Kirche sowie eine armenische Schule mit 270 Schülern. Die Armenier, die im Handel und Handwerk dominierten, beschäftigten sich mit Weinbau, Gemüseanbau und Tierzucht. Die Abbaulizenz der Bleisilbermine in Gümüşbeli hatten drei Armenier aus Sivas inne.

Der Bischofssitz von Şebinkarahisar befand sich im Kloster Surp Nschan im Dorf Aşağı Adzbıder. In dem Dorf mit seinen 900 armenischen Einwohnern befanden sich außerdem die Surp Asdwadsadsin Kirche und eine Schule mit 100 Schülern. Im Dorf Yukarı Adzbıder (heute: Akıncılar) mit seinen mehr als 1.500 armenischen Einwohnern befanden sich die Surp Garabed Kiche und eine Schule mit 180 Schülern.

Armenische Siedlungen im Landkreis Suşehri waren: Sis (heute: Çataloluk), wo sich die Surp Jergodosan Arakjalk Kirche und ein gleichnamiges Kloster sowie eine Schule befanden. Pürk (heute: Yeşilyayla) mit der Surp Asdwadsadsin und der Surp Hagop Kirche sowie einer Schule mit mehr als 100 Schülern. Mışagnots mit der Surp Sarkis und der Surp Hagop Kirche sowie einer Schule. Gtanots-Krtanos-Kirtanos mit der Surp Kework Kirche und einer Schule. Alamunik (heute: Yağlıçayır) mit der Surp Asdwadsadsin und der Surp Krikor Lusaworitsch Kirche und einer Schule. Gırac mit der Surp Harutjun Kirche und einer Schule. Sevindik mit der Surp Howhannes Kirche und einer Schule. Abana (heute: Göllüce) mit der Surp Bedros-Boghos Kirche und einer Schule. Yeniköy mit der Surp Garabed Mgrditsch Kirche und einer Schule. Tımluc (bzw. Dümlüç; heute: Çiçekli) mit der Surp Krikor Lusaworitsch Kirche und einer Schule. Ağvanis-Ağanos mit der Surp Kework Kirche und einer Schule. Komeşdun mit der Surp Asdwadsadsin und der Surp Sarkis Kirche und einer Schule. Ağravis mit der Surp Asdwadsadsin Kirche und einer Schule sowie Hamam mit der Surp Krikor Lusaworitsch Kirche und einer Schule.

In den übrigen Kreisen des Bezirks lebten nur wenige Armenier. In der Kreisstadt Mişak im Kreis Koyulhisar befand sich die Surp Asdwadsadsin Kirche. Die Abbaulizenz für die Bleisilberminen in Sisorta, das ebenfalls zum Landkreis gehörte, hatten ein Türke und ein Armenier gemeinsam inne.

In Mesudiye befand sich die Surp Krikor Lusaworitsch Kirche, im Dorf Mahmat die Surp Asdwadsadsin, die Surp Kework Kirche und eine Schule.

482 Eine Straßenszene in Sivas.
140 * 89.

483 Ausblick auf Hamidiye (heute: Bünjan in der Provinz Kayseri), einer Kreisstadt des Bezirks Sivas mit starker armenischer Bevölkerung.
139 * 89. Osmanisch: „Bünjan-ı Hamid kazası"

484 Beim Uhrturm in Tokat.
139 * 89. Leonar, 3307. 9. August 1920.

485 Ausblick auf Tokat auf einer Postkarte des armenischen Editeurs Taschdjian.
139 * 89. H. Tachdjian, Tokat. Am 7. Dezember 1904 von Sivas nach İstanbul gesandt.
„Liebste Schwester, ich wünsche frohe Festtage und küsse dich ganz herzlich. Nüzhet."

Editeur H. Tachdjian-Tokat.

Vue générale de Tokat.

سيواس ٢٤ تشرين ثاني ١٣٢٠

486 487 Aussicht auf Amasya auf zwei sich ergänzenden Postkarten des armenischen Postkartenherstellers Ardasches Kerkedscheljan.
140 * 91. Ardaches Querkkecelian, Amasya. Die Karte wurde am 26. Dezember 1903 von Samsun nach Saloniki gesandt.
140 * 90. Ardaches Querkkecelian, Amasya. Die Karte wurde am 21. Dezember 1910 von Amasya nach Basel geschickt.

488 Blick aus der Ferne auf Amasya bei Nacht auf einer Postkarte, deren Foto von den armenischen Fotografen Gebrüder Dildiljan aus Merzifon aufgenommen wurde.
139 * 91. Max Fruchtermann, İstanbul, 148. Die Karte wurde am 17. April 1900 von İstanbul nach Barcelona gesandt.

489 Eine weitere Nachtaufnahme von Amasya auf einer Postkarte, die von Manisadschjan, einem Lehrer am Amerikanischen Kolleg Merzifon am 14. Dezember 1899 nach Ungarn geschickt wurde.
139 * 91. Max Fruchtermann, İstanbul, 146.

490 Blick auf Amasya aus der Ferne auf einer Postkarte des armenischen Editeurs Manisadschjan aus Basel.
144 * 90. Speiser & Manissadjian, Basel.

491 Blick auf Amasya auf einer Postkarte des armenischen Editeurs Manisadschjan aus Basel.
140 * 90. Speiser & Manissadjian, Basel. Die Karte wurde am 13. Februar 1904 vom Amerikanischen Kolleg Merzifon in die USA geschickt. „Erinnern Sie sich an die Hühner, die Sie und die Kinder von Southwick für den Waisen in Indien gegeben haben? Wir sind viele Meilen von diesem Waisenkind entfernt. Doch was bedeutet dieser gerettete Ort nicht alles für das Leben von 100 Waisen, die hier gepflegt und ausgebildet werden. Wir wünschen Ihnen dasselbe für Ihre Waisen in Indien. Ich wünschte, Sie könnten die wunderbaren Dinge sehen, die hier gemacht werden. Zur Zeit sind wir in Merzifon. Doch unsere private und Büro-Adresse sind die Österreichische Schwarzmeerpost via Wien. Herr und Frau Cranford."

Gruss aus Amassia. 17.4.99 00

Gruss aus Amassia. Merzifun, 14. Dec. 1899.
Mit bestem Dank und Sammlergruss.

Amassia, Turkey in Asia.

× Old heathen Temple & Castle
Amassia, Turkey in Asia. near to Marsovan
We are now in Marsovan – but our home & post-office address is Trebizond Black Sea Austrian Post – Via Vienna. Sincerely Mr & Mrs Crawford
Very kind regards to all your family & all friends

Do you remember the chickens you & the other Southwick children gave for the orphan in India? We are a good many miles away from that orphan. but as we see the 100 orphans who have been saved & cared for & trained in this place see what a blessing has come into their lives. we hope the same thing for your orphan in India. We wish you could see all the good work being done here.

492

ԱԶԱՏՈՒԹԻՒՆ ԱՐԴԱՐՈՒԹԻՒՆ ՀԱՒԱՍԱՐՈՒԹԻՒՆ

حریت عدالت مساوات

Souvenir d'Amassia.

492 Feier zur Wiedereinsetzung der Verfassung in Amasya, an der auch die Gewerbetreibenden der Stadt mit ihren Produkten teilnahmen. Das in drei Sprachen, Armenisch, Osmanisch und Französisch verfaßte Transparent gehört dem Mechaniker A. Samurkaschjan. Auf dem Transparent dahinter steht in Osmanisch: „Hoch lebe der Sultan. Die Schuhmacher". Auf der Rückseite der Karte findet sich in Osmanisch und Armenisch die Parole: „Freiheit, Gerechtigkeit, Gleichheit."
138 * 91.

493 Eine Amasya-Postkarte von Ardasches Kerkedscheljan. Links unten auf der Postkarte sind zwei Kirchen zu erkennen.
141 * 91. Ardaches Querkkecelian, Amasya. Die Karte wurde am 26. November 1911 von Amasya nach İstanbul geschickt.

494 Eine Amasya-Ansicht vom armenischen Editeur Manisadschjan aus Basel.
140 * 91. H. B. Manissadjian, Basel.

495 Der südliche Teil Merzifons auf einer Postkarte des armenischen Editeurs Manisadschjan aus Basel. Die Postkarte, die mit der nächsten zusammen einen Panoramablick gewährt, wurde vom Naturwissenschaftslehrer am Amerikanischen Kolleg Merzifon, Jean Jean Manissadjian (Howhannes Howhannes Manisadschjan), am 28. Dezember 1900 zum Briefmarkentausch in die Schweiz geschickt. Der 1862 als Sohn eines Armeniers aus Amasya und einer deutschen Mutter geborene Manisadschjan gründete ein Biologiemuseum am Amerikanischen Kolleg. In dem Museum befanden sich 2.000 Pflanzen und an die 1.000 Insekten und Käfer, Vögel, Wildtiere, Steine, Erze und Fossilien, die in verschiedenen Regionen Anatoliens gesammelt worden waren. Auf einer anderen Postkarte der Orlando Carlo Calumeno Kollektion findet sich der Stempel Manisadschjans.
140 * 89. Speiser & Manissadjian, Basel.
„Sehr geehrter Herr, in Antwort auf Ihren Brief vom 4. des Monats möchte ich Ihnen mitteilen, dass ich zum Briefmarkentausch bereit bin, aber keinen Bedarf an Postkarten habe. Wenn Sie wünschen, können Sie Ihre Sendung machen. Schweiz (September 1900) Nr. 18, 19 24, 26b, 27, 30 36 40, 43 und 10, 11, 12, 19. Ich kann alle türkischen und einige seltene Briefmarken mit Ausnahme der 25 Kurusch-Marke bieten. Mit philatelistischem Gruß ... J. J. Manissadjian."

496 Der nördliche Teil Merzifons auf einer Postkarte des armenischen Editeurs Manisadschjan aus Basel, die zusammen mit der vorhergehenden einen Panoramablick auf die Stadt erlaubt. Die Armenier Merzifons konzentrierten sich auf diesen Teil der Stadt, in dem sich auch die Surp Asdwadsadsin Kirche sowie die Sahagjan und die Hripsimjan Schule befanden.
136 * 87. Speiser & Manissadjian, Basel.

497 Ausblick auf das von amerikanischen Missionaren gegründete Anadolu Kolleg in Merzifon. Die Karte wurde am 19. Juni 1912 an Hagop Schahweled in Sofia (Bulgarien) geschickt.
141 * 89. „Nachdem ich vor einer Woche meinen dreimonatigen Militärdienst abgeschlossen habe, bin ich nach Hause zurückgekehrt und heute nach Merzifon gekommen. Diese Woche werde ich hier bleiben. Nach der Semesterfeier am Kolleg werde ich wieder nach Amasya zurückkehren. Rupen wird nach Samsun gehen – sie schicken ihn zusammen mit dem Orchester. Viele herzliche Grüße und Hochachtung an Sie, Ihre Frau und die Kleinen.
Merzifon am 6./19. Juni 1912.
R. H. Nigoghosjan".

498 Das Anatolia Kolleg in Merzifon. Das 1886 vom amerikanischen Missionswerk „American Board of Commissions for Foreign Mission" gegründete Anatolia Kolleg erregte mit seinen außerschulischen Aktivitäten Aufmerksamkeit. Die von Schülern gegründeten Musik- und Kultur-Clubs führten in den Wintermonaten Abendveranstaltungen und Konzerte durch, an denen auch die Bevölkerung der Umgebung teilnahm. Neben dem Biologie Museum verfügte die Schule über eine Bibliothek mit mehr als 10.000 Bänden. Um die Schüler zu selbstbewußten und selbständigen Individuen zu erziehen, verfügte das Kolleg außerdem über eine Tischlerwerkstatt, ein Schneider-Atelier, eine Buchbinderei, eine Mühle sowie einen Versuchsbauernhof. Mit ihrer Arbeit beglichen die Schüler zugleich auch ihre Schulgebühren.
141 * 89.

499 Die Stadt Merzifon und das Amerikanische Kolleg auf einer Karte des armenischen Verlegers Manisadschjan aus Basel.
143 * 89. Speiser & Manissadjian, Basel. Die Karte wurde am 23. November 1903 zum Austausch nach Paris geschickt.

500 Blick auf die Schule von weitem auf einer von Tchumof, einem Beschäftigten des Antatolia Kollegs Merzifon, am 26. April 1906 zum Austausch nach Frankreich gesandten Postkarte.
139 * 89. H. B. Manissadjian, Basel.

501 Das Anatolia Kolleg auf einer Postkarte, mit einem Motiv der armenische Fotografen Gebrüder Dildiljan aus Merzifon. Die Karte wurde von einem Bediensteten des Kollegs, M. S. Gijjom, nach Paris gesandt.
140 * 89. H. L. Nerso, 10. Foto: [Gebrüder] Dildilian.

502 Die Mädchen-Abteilung des Anatolia Kollegs auf einer Postkarte, deren Foto von Gebrüder Dildiljan stammt.
139 * 93. H. L. Nerso & Papertsian, 42. Foto: Gebrüder Dildilian. Auf der Rückseite: „Die jüngsten gelungenen Änderungen bei unserer Mädchenschule kommen auf dem Bild gut zur Geltung. Das Minarett befindet sich nicht auf dem Schulgelände, sondern weit dahinter. Unsere Schule ist immer voller Mädchen. Merzifon ist eine schöne Stadt. Wir verbringen schöne Tage. Wir wandern viel. Der Himmel ist immer sonnig."

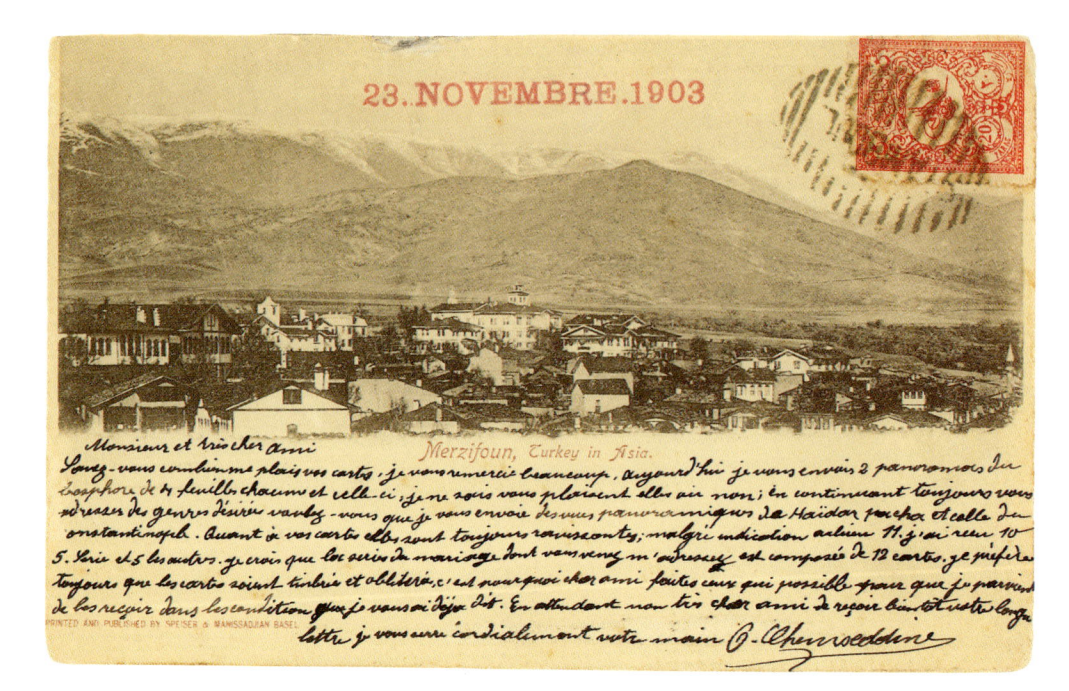

South Hall   Fritcher Hall

Anatolia Girls' School
Marsovan, Turkey in Asia

Photo Dildilian, Bros.

The Monastery Pool. Marsovan, Turkey-in-Asia.

Oct. 20. Arrived here yesterday. This is a mission station & we are to stay 3 days. M. B. P. Thanks for your card.

Caserne d'Infanterie à Merzifoun Turquie d'Asie.

H. B. Manissadjian, Bassel.

Procession in Celebration of the Opening of the Parlament. Merzifoun (Marsovan), 17. Dec. 1908.

503 Der Kloster See in Merzifon.
138 * 87. Die Karte wurde am 26. Oktober 1905 von Merzifon in die USA geschickt. „Wir sind gerade erst angekommen. Dies ist die Missionsstation. Wir werden drei Tage bleiben."

504 Die neuerrichtete Infanteriekaserne von Merzifon auf einer Postkarte des armenischen Editeurs Manisadschjan.
139 * 91. H. B. Manisadschjan, Basel.

505 Feier anläßlich der Parlamentseröffnung am 17. Dezember 1908 in Merzifon auf einer Postkarte der armenischen Editeure Nerso & Papertsjan mit einem Bild der armenischen Fotografen Gebrüder Dildiljan. In den ersten Reihen finden sich armenische Geistliche.
89 * 139. Nerso & Papertsian, 38. Foto: Gebrüder Dildilian.

506 Blick von weitem auf Havza, wo sich die Surp Prgitsch Kirche und eine armenische Schule befanden. Die Postkarte wurde vom Verleger Antopulos für den griechischen Kaufmann Nikolaidis und den armenischen Sammler Tokatljan hergestellt.
137 * 89. Alexandre J. Anthopoulos, Samsun, 12.

507 Blick auf Havza.
137 * 86. S. [Simeon] Tchigtemoglou, Samsun, 46.

Die Provinz Adana

ADANA, MERSİN, TARSUS, SİS, HAÇİN

Die Provinz Adana setzte sich aus den Bezirken Adana, Mersin, İçili (Silifke), Kozan (Sis) und Cebel-i Bereket zusammen.

Gemäß der osmanischen Volkszählung von 1914 lebten in der Provinz 57.686 Armenier, von denen 50.139 Gregorianer, 2.511 Katholiken und 5.036 Protestanten waren. Nach den von Maghakja Ormanjan 1912 veröffentlichten Daten lag die Gesamtzahl der Armenier in der Provinz bei 79.600. In Kozan lebten 9.000 Gregorianer und 500 Protestanten; in Adana, Mersin und İçel waren es 35.000 Gregorianer, 2.000 Katholiken und 900 Protestanten; in Haçin (heute: Saimbeyli) waren es 20.000 Gregorianer, 1.000 Katholiken und 200 Protestanten; in Cebel-i Bereket 11.000 Gregorianer. Die Daten des Katholikosats des Großen Hauses von Kilikien wiederum kommen auf eine armenische Bevölkerung von 83.733 im Jahre 1913, die sich auf 70 Siedlungen verteilt.

Die Gregorianer verfügten in Adana über ein Erzbistum und in Haçin und Payas über Bischofssitze, die dem Katholikosat in Sis zugeordnet waren.

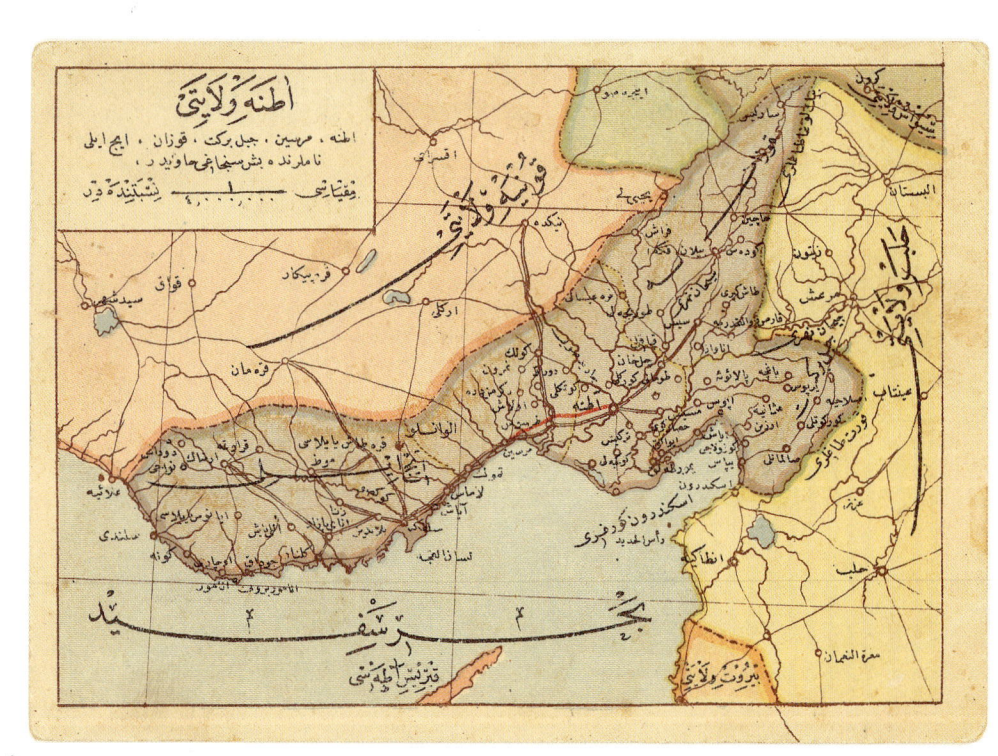

DER BEZIRK ADANA

Von den 45.000 Einwohner der Bezirksstadt Adana waren 12.500 Armenier, die vor allem im Hıdırilyas Viertel lebten, in dem sich auch die Hauptkirche der gregorianischen Armenier, die Surp Asdwadsadsin Kirche, befand. Außerdem hatten die gregorianischen Armenier noch die Surp Stepannos Kirche im Stadtzentrum sowie für Jungen die Apkarjan und die Aramjan Schule, für Mädchen die Aschchenjan Schule und einen Kindergarten. Diese Schulen wurden von ungefähr 500 Schülern besucht.

Auch katholische und protestantische Armenier, die jeweils eine Gruppe von 1.000 Mitgliedern stellten, verfügten über eigene Kirchen und Schulen in der Stadt.

Während die Armenier das Handelsleben der Stadt weitgehend in ihrer Hand hatten, waren sie neben den von ihnen ausgeübten traditionellen Handwerken vor allem bei der Textil- und Teppichproduktion, der Herstellung von Silbergegenständen, der Gerberei und der Färberei führend. Jedoch war die wichtigste Beschäftigung der Armenier von Adana, einer Region, in der moderne Anbaumethoden früher als andernorts Einzug hielten, die Landwirtschaft mit der Obstzucht und dem Anbau von Getreide und Baumwolle.

1911 erschien in Adana, wo Armenier verbreitet Türkisch untereinander sprachen, die Adana-Zeitung, die in Türkisch mit armenischer Schrift gedruckt wurde.

Vor dem Ersten Weltkrieg beeinflußten Unruhen, die im April 1909 in Adana begannen und sich dann bis Mersin und Maraş ausweiteteten, die Armenier nachhaltig. Nach der Verkündung der Verfassung im Juli 1908, die allen osmanischen Bürgern unabhängig von der Konfession gleiche Rechte zuerkannte, war die Hoffnung auf eine Einheit der Völker des Reiches gewachsen. Ausgerechnet in dieser Zeit starben bei den infolge einer Provokation ausgelösten Unruhen Tausende von Armeniern.

Im Norden der Stadt in einem Dorf, das als Gâvurköy (Dorf der Ungläubigen), Hıristiyanköy (Christendorf) oder auch Haykŭğ (Armenierdorf) bezeichnet wurde, lebten ca. 190 Armenier, die dort eine Kirche und eine Schule für Jungen hatten. Östlich der Stadt lebten Armenier in den Dörfern und Kleinstädten İncirlik, Misis, Abdoğlu und Şeyhmurat. In İncirlik, wo sich eine Kirche und eine Schule befanden, waren es 250 Armenier, in Misis mit seinen 480 armenischen Einwohnern gab es die Surp Asdwadsadsin Kirche, in Şeyhmurat mit seinen 300 Armeniern gab es die Surp Kework Kirche und eine Schule und im am Ceyhan-Fluß gelegenen Abdoğlu (heute: Aptioğlu) lebten 340 Armenier, die dort die Surp Kework Kirche und die Keworkjan Schule unterhielten.

In Yarsuvat (heute: Ceyhan), Kreisstadt von Hamidiye des Bezirkes Adana, konzentrierte sich die armenische Gemeinde um die Surp Asdwadsadsin Kirche.

DER BEZIRK MERSİN

In der Hafenstadt Mersin lebten mehr als 2.000 Armenier. Sie gingen in der Stadt, in der sich die Surp Krikor Lusaworitsch Kirche und die von Jungen und Mädchen besuchte Bartewjan Schule befanden, vor allem Handel und Handwerk nach.

Im zum Bezirk Mersin gehörenden Kreis Tarsus (arm. Darson) lebten ungefähr 4.000 Armenier. Die Stadt Tarsus war zur Zeit des kilikischen Königreiches ein wichtiges armenisches Zentrum, das auch über viele Kirchen verfügte. Obwohl die Surp Boghos, die Surp Sofja und die Surp Arakjalk Kirchen in Moscheen umgewandelt worden waren, diente die Mitte des 19. Jahrhunderts gebaute Surp Asdwadsadsin

Kirche als armenisches Gotteshaus. In der Stadt befand sich ein Kindergarten sowie die von Mädchen und Jungen besuchte Lusinjan Schule. In Tarsus, wo auch protestantische Missionare aktiv waren, befand sich außerdem ein von amerikanischen Missionaren geführtes Kolleg.

1913 erschien alle zwei Wochen die Schülerzeitung *Gjutnos* in armenischer Sprache.

Kozoluk im Landkreis Tarsus war ein armenisches Dorf mit 300 Einwohnern, der Surp Sarkis Kirche sowie einer Schule. Während die Dorfbevölkerung von Landwirtschaft, Tierzucht und Handwerk lebte, war das Dorf aufgrund seiner landschaftlichen Schönheit und Obstbäume zu einer Sommerfrische für die armenischen Städter aus Tarsus geworden.

DER BEZIRK İÇİLİ

In der Bezirkshauptstadt Silifke, in der sich eine Kirche und die von Mädchen und Jungen gemeinsam besuchte Surp Asdwadsadsin Schule befanden, lebten ungefähr 300 Armenier.

In der alten armenischen Siedlung Ermenek, die auf Germanikubolis zurückgeht, lebten zu Beginn des 20. Jahrhunderts nur noch wenige Armenier.

DER BEZIRK KOZAN

Das geistliche Zentrum der gregorianischen Armenier befand sich in der Bezirkshauptstadt Sis (heute: Kozan). Der Einzugsbereich des dortigen Katholikosats erstreckte sich neben der Provinz Adana bis nach Maraş, Antep, Yozgat und Malatya.

Von den 3.500 Einwohnern der Stadt, die an einem Berghang gegründet war, auf dessen Gipfel sich eine alte armenische Burg befand, waren ungefähr 3.000 Armenier. Das Surp Sofja Kloster, in dem sich der Stammsitz des Katholikos von Kilikien befand, lag oberhalb von Kozan direkt am Ende des bebauten Gebietes. Ein Teil der Mauern des Katholikosatsgebäudes und der Kirche im Kloster, das neben Reliquien auch wichtige Handschriften aufbewahrte, waren mit Kacheln aus Kütahya verkleidet.

In der Stadt befanden sich sechs Kirchen und sechs Schulen, wovon vier auf die Gregorianer und je eine auf die Protestanten und Katholiken entfielen.

Von den 2.500 Einwohnern der Kreisstadt Feke war fast die Hälfte Armenier. In der Stadt befanden sich eine Kirche sowie eine von Jungen und Mädchen besuchte Schule. Außerdem gab es in der Nähe das aus dem Mittelalter stammende Klosters Wacha.

In Yerebakan, in der Nähe von Feke am Fluß Seyhan gelegen, lebten fast 1.000 Türkisch sprechende Armenier. In dem für seinen Wein und seine Teppiche berühmten Dorf befanden sich eine Kirche und eine Schule.

Ein anderes Dorf der Region, in dem Türkisch sprechende Armenier lebten, war Kaladere mit seinen 300 Einwohnern. Auf einem Hügel gelegen, umgeben von Gärten und Weinbergen, befanden sich in dem Dorf eine Kirche und eine Schule.

Eine wichtige armenische Siedlung im Norden war die Stadt Haçin bzw. in armenischer Aussprache Hadschn (heute: Saimbeyli). Die Stadt, deren 20.000 Einwohner fast ausschließlich Armenier waren, war für die umliegenden Dörfer ein wichtiger Marktort. In der Region, die als Weizenanbaugebiet bekannt ist, existierten viele Wassermühlen und Bäckereien. Außerdem waren Weberei und das Schmiedehandwerk weit entwickelt.

Einige Kilometer außerhalb der Stadt lag das Surp Hagop Kloster, das ein wichtiger Wallfahrtsort war und über eine religiöse Schule verfügte. Am Jakobstag wurden, gemäß einer aus dem Mittelalter erhalten gebliebenen Tradition, Vergnügungen unter freiem Himmel und Pferderennen veranstaltet und das zu diesen Feierlichkeiten anreisende Volk zog bei Nacht mit Kerzen zum Kloster.

Im Yukarı Viertel befanden sich die Surp Asdwadsadsin, die Surp Kework Kirche und die Sahakjan-Mesrobjan sowie die Keworkjan Schule. Im Aşağı Viertel, die Yağe genannt wurde, befand sich die Surp Toros Kirche. Die Protestanten verfügten in beiden Stadtteilen über je eine Kirche, die Katholiken im Yukarı Viertel über eine Kapelle.

Andere armenische Siedlungen im Umkreis von Haçin waren Rumlu mit der Surp Krikor Lusaworitsch Kirche, Sardere mit der Surp Nschan Kirche sowie Köseler, Şarköy, Soğanlı, Yaylacı (heute: Çatalçam) und Karsavuran, die über je eine Kirche verfügten.

Im Südosten des Bezirks Sis waren die 2.000 Einwohner der Kreisstadt Kars-i Zülkadriye (heute: Kadirli) überwiegend Armenier. Die Einwohnerschaft der Kleinstadt, in der sich eine Kirche und eine Schule für Jungen befanden, lebte vor allem von der Baumwolleproduktion und der Herstellung von Teppichen.

In den umliegenden Dörfern, lebten in Çokak etwa 650, in Akdem etwa 400, in Boğazdelik und Kuyumciyan nur wenige Armenier.

DER BEZIRK CEBEL-İ BEREKET

Ein weiterer Bezirk mit starker armenischer Bevölkerung in der Provinz Adana war Cebel-i Bereket, der sich beginnend am Golf von İskenderun bis zu den Amanos Bergen im Norden erstreckte. Bezirksstadt war das kleine, in der Nähe von Osmaniye gelegene Yarpuz. In der Kleinstadt lebten etwa 200 Armenier, die dort eine Schule und eine Kirche hatten.

In der Kreisstadt Osmaniye lebten mehr als 700 Armenier, die dort über eine Kirche und eine Schule verfügten.

In Bulanık (heute: Bahçe), einer anderen Kreisstadt, lebten 750 Armenier, die dort eine Kirche und eine Schule unterhielten. Zum Landkreis gehörte eine noch größere armenische Siedlung: Hasanbeyli mit mehr als 1.500 armenischen Einwohnern, einer Kirche und einer Schule. Im Dorf Garni, das ebenfalls über eine eigene Kirche verfügte, lebten mehr als 1.000 Armenier.

Im Dorf Güller im Landkreis İslâhiye lebten mehr als 150 Armenier, die dort auch eine Kirche hatten.

Im Dorf Akbez im Landkreis Hassa lebten ca. 450 Armenier. Neben der gregorianischen Kirche befanden sich im Dorf noch eine Schule, eine Gesundheitsstation sowie eine Kapelle der französischen Missionare des Lazarus Ordens.

Auf der Seeseite des Bezirks konzentrierte sich die armenische Bevölkerung auf die Umgebung der beiden historischen Häfen Ayas (heute: Yumurtalık) und Payas (heute: Yakacık).

Nördlich von Yumurtalık, wo sich eine Kirche befand, lag das Dorf Nacarlı. Hier lebten 750 Armenier, die eine Kirche und eine Schule unterhielten.

Im nördlich von Payas gelegenen Dörtyol lebten mehr als 5.000 Armenier. In der Kleinstadt befanden sich die Surp Asdwadsadsin und die Surp Krikor Lusaworitsch Kirche, die Surp Asdwadsadsin Schule sowie drei weitere Schulen.

In dem in der Nähe von Dörtyol gelegenen Dorf Ocaklı mit seinen etwa 2.500 armenischen Einwohnern befanden sich die Surp Asdwadsadsin Kirche sowie die Surp Asdwadsadsin Schule für Jungen. In Özerli, wo sich die Surp Krikor Lusaworitsch Kirche und die Surp Prgitsch Schule befanden, lebten ungefähr 1.500 Armenier.

508 Karte der Provinz Adana.
139 * 98. Tüccarzade İbrahim Hilmi, İstanbul.

509 Panoramablick auf Adana vom Ostufer des Seyhan Flusses auf einer Postkarte der armenischen Editeure Gebrüder Schahbasjan aus Adana.
568 * 90. Gebrüder Şahbazyan, Adana. 69.

510 *Blick auf die Stadt und die Taş Köprü (Steinbrücke) vom Ostufer des Seyhan.*
138 * 89. G. Mizrahi, Adana, 7.

511 *Taş Köprü über den Seyhan und das Ostufer.*
137 * 88. „La Pensée", Derocles. Druck: Baudinière, Paris.

6. ADANA (Cilicie) — Vue Générale
G. Mizrahi - Adana

52. ADANA. — Vue générale, le Seihoun

15. ADANA (Cilicie) — La Grande-Rue du Bazar (Rue Dr.-Rolland)
G. Mizrahi - Adana

46. ADANA — Centre de la ville

512 *Ausblick auf Adana.*
134 * 86. G. Mizrahi, Adana, 6.

513 *Blick auf die Stadt.*
141 * 88. Vorlage: Abbe G. Bretocq, 52.

514 *Die Geschäftsstraße in Adana.*
139 * 88. G. Mizrahi, Adana 15.

515 *Eingang zum Armenierviertel in Adana.*
141 * 89. Vorlage: Abbe G. Bretocq, 46.

516 *Das Armenierviertel in Adana.*
140 * 88. Baudinière, Paris.

517 *Das Armenierviertel in Adana.*
139 * 90. „La Pensée", K. Papadopoulos & Sohn, Librairie Inernationale, Mersin und Adana. Druck: Baudinière, Paris.

518 Die protestantische Kirche im Armenierviertel in Adana.
138 * 89. K. Papadopoulos & Sohn, Librairie Internationale, Mersin und Adana. Druck: Baudinière, Paris, 14.

519 Die protestantische Kirche im Armenierviertel.
89 * 139. K. Papadopoulos & Sohn, Librairie Internationale, Mersin und Adana. Druck: Baudinière, Paris, 17.

520 Die Aramjan Schule auf einer Postkarte des armenischen Editeurs Tschakmakdschjan aus Adana.
137 * 91. K. H. Tchakmakdjian, Adana. Am 26. September 1908 von Adana nach İstanbul geschickt.

ECOLE ARMENIEN D'ADANA

DIE PROVINZ ADANA
Adana, Mersin, Tarsus, Sis, Hacin

249

521 In den Vorstädten aufgestellte Zelte für Armenier, deren Häuser bei den Unruhen im April 1909 verwüstet wurden. Diese und die folgenden Postkarten, die die während der Unruhen zerstörten und verbrannten Häuser zeigen, wurden auf osmanischem Territorium gedruckt, verkauft und von der osmanischen Post abgefertigt.
139 * 89. Postes Françaises, Mersin.

522 Abtransport von Leichen aus der Stadt.
139 * 89. Am 24. Juni 1911 von Adana nach Kairo geschickt.

523 Die Ruinen des Armenierviertels. Im Vordergrund die syrisch-christliche Kirche und Schule.
140 * 88. Am 13. November 1912 von Adana nach Österreich geschickt.

524 Ruinen des Armenierviertels.
139 * 87. Am 13. November 1912 von Adana nach Deutschland geschickt.

525 Ruinen des Armenierviertels.
139 * 89. Am 1. Dezember 1909 von Adana nach Deutschland versandt.

526 Die Ruinen des Armenierviertels in der Umgebung der amerikanischen Mission.
139 * 89. Postes Françaises, Mersin. Von Mersin nach Belgien geschickt.

Ruines d'Adana. Eglise et Ecole Syriennes.

Ruines d'Adana. Quartiers Arméniens.

ADANA. - Vue générale du Quartier incendié
Poste Française, Mersina

ADANA (Avril 1909) - Quartier incendié près la Mission Américaine
Poste Française, Mersina

DIE PROVINZ ADANA
Adana, Mersin, Tarsus, Sis, Hacin

527 *Die armenisch-katholische Schule in Adana.*
140 * 89. Postes Françaises, Mersin. Am 2. (gem. neuem Kalender am 15.) Juni 1904 von Adana nach Brüssel geschickt.

528 *Armenische Mädchen beim Sticken in dem von Madame Bremond für armenische Waisen gegründeten Atelier.*
142 * 89. G. Mizrahi, Adana. Druck: Baudinière, Paris.

529 *Der Fleischermarkt in Adana.*
138 * 89. „La Pensée", K. Papadopoulos & Sohn, Librairie Internationale, Mersin und Adana. Druck: Baudinière, Paris.

530 *Gemüsemarkt in Adana.*
140 * 90. "La Pensé, Derocles. Druck: Baudinière, Paris.

531 *Reinigung der Baumwolle.*
140 * 90. Vorlage: Abbe G. Bretocq. Druck: Baudinière, Paris.

532 *Ein Markt in Ceyhan.*
140 * 89. G. Mizrahi, Adana. Druck: Baudinière, Paris, 65.

ADANA — Bazar des Cochers

ADANA (Cilicie) — Le Marché aux légumes

CILICIE — Egrenage du Coton

DJIHAN (Cilicie) — La Place du Marché

533 Mersin-Panorama von See auf einer von den armenischen Verlegern Gebrüder Torosjan aus Mersin herausgegebenen Postkarte. Auf der Rückseite der Postkarte findet sich der Satz über die Gebrüder Torosjan, dass sie „sich mit dem Verkauf reichhaltiger Kilikien-Postkartenserien beschäftigen."
275 * 88. Gebrüder Torossian, Mersin, 1.

534 Seeansicht der Stadt auf einer Postkarte des armenischen Editeurs Israbjan aus Mersin.
140 * 90. G. K. Israbian, Mersin, 5223. Am 16. Mai 1909 von Mersin nach Paris gesandt.

255

DIE PROVINZ ADANA
Adana, Mersin, Tarsus, Sis, Hacin

535 Eine Panorama Postkarte des armenischen Herausgebers Gasarjan aus Mersin.
281 * 89. H. Ghazarian, Mersin, 5. Am 11. März 1910 von Mersin nach Österreich geschickt.

536 Eine Stadtansicht von See auf einer Postkarte von Israbjan
140 * 89. G. K. Israbian, 5217. „Einer der Mittelmeerhäfen, Türkei".

Côte de mer de Mersine.

14 — VUE DE MERSINE

Mersine   Vue générale
Editeur G. K. Israbian, Mersine.

2 — VUE DE MERSINE

537 Das Ufer von Mersin auf einer Postkarte des armenischen Verlegers Mgrditschjan aus Mersin.
139 * 90. Aram Miguirdidjian, Mersin.

538 Eine vom armenischen Herausgeber Mihran Baljan hergestellte Mersin-Postkarte.
140 * 87. Mihran Balian, Adana, 14. Am 29. April 1909 von Mersin nach Frankreich geschickt.

539 Ausblick auf Mersin auf einer Postkarte des armenischen Verlegers Israbjan aus Mersin.
139 * 89. G. K. Israbian, Mersin, 5220.

540 Blick auf die Stadt auf einer Postkarte von Mihran Baljan.
139 * 88. Mihran Balian, Adana, 2.

541 Die Bahnhofsstraße in Mersin an einem Festtag.
140 * 89. C. Dubat, Librairie Française.

542 Kirche und Residenz der Kapuzinermönche.
138 * 91.

83. MERSINE — Orphelinat Arménien

Adana - G. Mizrahi, éditeur

Eglise Armenienne de Mersine.

20 MERSINE. — Église Arménienne.

Éditeur K. Papadopoulos fils, Librairie Internationale, Mersine et Adana

543 Die Kinder des armenischen Waisenhauses in Mersin.
139 * 89. G. Mizrahi, Adana. Druck: Baudinière, Paris, 83.

544 Die Surp Krikor Lusaworitsch Kirche in Mersin.
139 * 89. Aram Miguirdidjian, Mersin.

545 Die Surp Krikor Lusaworitsch Kirche in Mersin.
88 * 139. Kyriakos Papadopoulos & Sohn, Librairie
Internationale, Mersin und Adana. Druck: Levy Fils, Paris.

546 Das Havuzbaşı Viertel in Mersin.
87 * 137. Kyriakos Papadopoulos & Sohn, Mersin, 11.

547 Der Çeşme (Brunnen) Platz auf einer Postkarte von Israbjan.
141 * 90. G. K. Israbjan, Mersin, 5226.

[548] No 21 Vue du Jardin du Cinéma Pathé MERSINE — Torossian Frères

[549] No 18 La Place de la Douane MERSINE — Torossian Frères

[550] No 35 Dévédjis (Chameliers) MERSINE — Torossian Frères

[551] No 31 Industrie Nationale de Coutellerie à MERSINE — Torossian Frères

548 Der Garten des Pathe Kinos in Mersin, das Georges Arslanoğlu gehörte, auf einer Postkarte der Gebrüder Torosjan.
138 * 89. Gebrüder Torossian, Mersin, 21.

549 Der Zollplatz auf einer Karte der Gebrüder Torosjan.
138 * 89. Gebrüder Torossian, Mersin, 18.

550 Kameltreiber auf einer Karte der Gebrüder Torosjan.
137 * 88. Gebrüder Torossian, Mersin, 35.

551 Messerherstellung in Mersin auf einer Postkarte der Gebrüder Torosjan.
137 * 88. Gebrüder Torossian, Mersin, 31. "Nationale Messerindustrie in Mersin."

552 Die Silifke Straße in Mersin auf einer Postkarte von Howhannes Ghazarjan.
138 * 89. Hovhannes H. Ghazarian, Mersin, 50.

553 Gözne, eine der Sommerfrischen von Mersin, das bei einer früheren armenischen Burg errichtet wurde.
140 * 91. Postes Françaises, Mersin.

554 Aussicht auf Tarsus auf einer Postkarte des armenischen Verlegers Howhannes Gasarjan aus Mersin. Die Kirche im Hintergrund ist die Surp Asdwadsadsin Kirche.
136 * 88. H. Ghazarian, Mersin, 1.

555 Der Wasserfall von Tarsus auf einer Postkarte von Israbjan.
141 * 89. G. K. Israbian, Mersin, 5230.

556 Ansicht von Tarsus und die Surp Asdwadsadsin Kirche.
138 * 88. Aram Miguirdidjian, Mersin. Am 25. September 1914 von Mersin nach İstanbul gesandt.

557 Weber in Tarsus.
139 * 91. Die französischen Kapuziner in Kilikien, Tarsus.

558 Melonen-Markt in Tarsus.
140 * 91. Die französischen Kapuziner in Kilikien, Tarsus.

559 Markt für Zuckerrohr in Tarsus.
139 * 92. Die französischen Kapuziner in Kilikien, Tarsus.

Vue générale de Tarsous

Capucins Français en Cilicie (Tarse) — Vue de Tarse. Le quartier Chrétien

Wer will uns scheiden von der Liebe Gottes?

Das Paulusthor in Tarsus in Cilicien.

Pauluskirche in Tarsus (gregorianisch)

96. Ferme chrétienne aux environs de TARSOUS

560 *Das Christenviertel in Tarsus. Das große Gebäude im Hintergrund ist das amerikanische Kolleg in Tarsus.*
137 * 87. D. G. Mavrojannis, Mersin. Mit einem Erinnerungsstempel von Mersin vom 21. August 1913.

561 *Eine andere Postkarte mit dem Christenviertel von Tarsus und dem amerikanischen Kolleg.*
140 * 90. Auf der nicht abgeschickten Postkarte steht das Datum „3. November 1902", was vermutlich das Kaufdatum ist.

562 *Eine im Steindruckverfahren hergestellte Tarsus-Postkarte mit der Pforte des Heiligen Paulus und der Surp Asdwadsadsin Kirche.*
144 * 89. [Deutschland] Am 2. Januar 1906 versandt.

563 *Ein christlicher Bauernhof in der Gegend von Tarsus.*
140 * 90. Abbe G. Bretocq. Druck: Baudinière, Paris, 96.

564 *Aufsicht auf Sis (heute: Kozan), wo sich der Stammsitz des Katholikos des Großen Hauses von Kilikien befand.*
138 * 89. Mikhitarist Verlag, Wien, 46.

565 *Die Burg von Sis.*
140 * 90. Postes Françaises, Mersin. Am 25. Januar (nach neuem Kalender 7. Februar) 1904 von Adana nach Belgien geschickt.

Die Provinz Aleppo

ANTAKYA, İSKENDERUN, ANTEP, KİLİS, MARAŞ, URFA

Die Provinz Aleppo umfaßte zu Beginn des 20. Jahrhunderts die Bezirke Aleppo (Halep), Maraş (bzw. Karamanmaraş) und Urfa (bzw. Şanlıurfa). Maraş und Urfa, die nördlichen Bezirke der Provinz und der westliche und der nördliche Teil des Bezirkes Aleppo befinden sich heute vollständig in den Grenzen der Türkei.

Wenn man, da die vorhandenen Daten keine genaue Aufteilung auf die in der Türkei verbliebenen Gebiete zulassen, eine ungefähre Berechnung anstellt, so lebten in dieser Region nach den Daten der osmanischen Volkszählung 95.000, nach den von Maghakja Ormanjan veröffentlichten ungefähr 150.000 Armenier.

DIE KREISE ANTAKYA, İSKENDERUN UND BEYLAN

Vom früheren Bezirk Aleppo befinden sich die Landkreise Antep (heute: Gaziantep), Kilis, İskenderun und Beylan heute vollständig, vom Landkreis Antakya der größte Teil innerhalb der türkischen Grenzen.

Die ungefähr 500 in der Stadt Antakya lebenden Armenier verfügten dort über die Surp Asdwadsadsin Kirche und eine von Jungen und Mädchen gemeinsam besuchte Schule. Sie lebten in der an der Straße von Aleppo nach İskenderun und am Asi Fluß gelegenen Stadt vor allem von Handel und Handwerk.

Im Landkreis konzentrierte sich die armenische Bevölkerung vor allem auf die Kleinstadt Süveydiye (heute: Samandağ) an der Meeresmündung des Asi sowie auf die Dörfer des nördlich im Kreis gelegenen Musa Dağı und Akra Dağı. Am Musa Dağı gab es sechs von Armeniern bewohnte Dörfer. Einige Kilometer oberhalb von Süveydiye lag das Dorf Vakıflı mit der Surp Asdwadsadsin Kirche, wo mehr als 700 Armenier lebten. Etwas nördlich davon, in Hıdırbey, lebten etwa 1.400 Armenier, die dort die Surp Prgitsch Kirche hatten. Die beiden Dörfer unterhielten eine gemeinsame Schule. Im noch weiter nördlichen Yoğunoluk mit seinen 1.600 Einwohnern gab es die Surp Asdwadsadsin Kirche und eine Schule.

Weiter nördlich befanden sich zwei weitere armenische Dörfer, Hacıhabibli (heute: Eriklikuyu) und Bitias (heute: Teknepınar). Mit mehr als 2.000 Einwohnern war Hacıhabibli das größte armenische Dorf des Musa Dağı. Im Dorf befanden sich die Surp Asdwadsadsin Kirche und eine Schule. In Bitias, wo sich die Surp Melidos Kirche und eine von Mädchen und

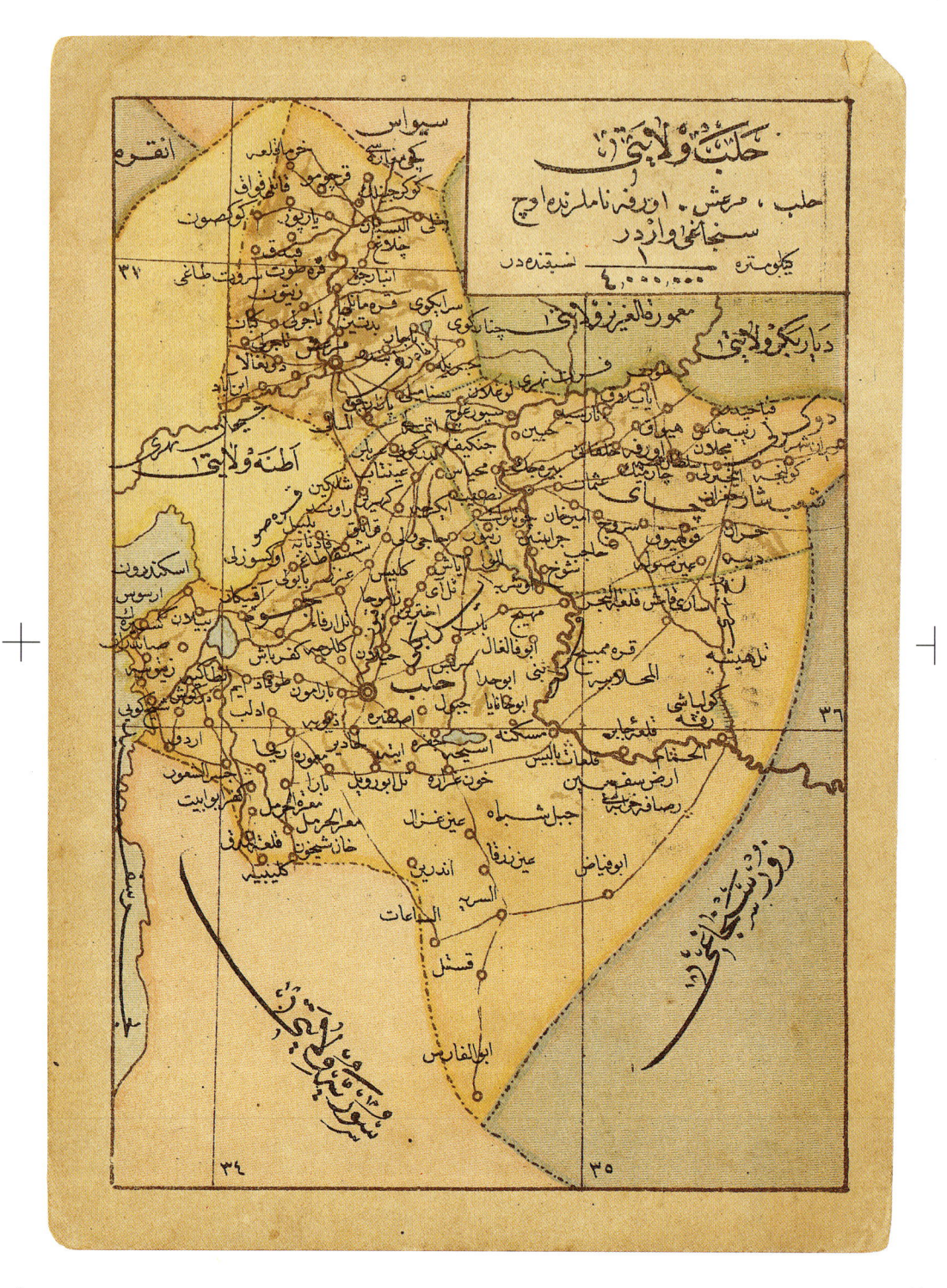

Jungen besuchte Schule befanden, lebten ungefähr 1.000 Armenier.

Am Westhang des Berges, nahe am Mittelmeer lag das Dorf Kebusiye (heute: Kapısuyu), in dem mehr als 1.500 Armenier lebten. In dem Dorf befand sich eine von Jungen und Mädchen gemeinsam besuchte Schule sowie die Surp Sarkis Kirche, die zugleich auch ein Wallfahrtsort war.

Die Bevölkerung am Musa Daği lebte von der Landwirtschaft, der Seidenraupenzucht, der Produktion von Wein, Oliven und Südfrüchten sowie handwerklichen Tätigkeiten. Das aus den Wäldern der Region gewonnene Holz wurde von armenischen Tischlern und Schnitzern weiterverarbeitet.

Die südlich des Asi Flusses gelegenen etwa zehn armenischen Dörfer und die Kleinstadt Kesab gehören heute zu Syrien.

In der für den Ost-Westhandel wichtigen Hafenstadt İskenderun lebten fast 2.000 Armenier, die sich mit Handel und Handwerk beschäftigten. In der Kreisstadt befanden sich eine Kirche und eine Schule. Die Armenier von Belen, das an einem Pass an der Straße von İskenderun nach Antakya lag, hatten ebenfalls eine Schule und eine Kirche. Zu den umliegenden Dörfern mit armenischer Bevölkerung gehörten Nergizlik, Kışla, Atik und Soğukoluk (heute: Güzelkaya). Soğukoluk, wo mehr als 150 Armenier lebten, war eine Alm, die das Volk von İskenderun in den heißen Sommermonaten aufsuchten. In diesem im Wald gelegenen Dorf, das für seine Luft, sein Wasser und seine Aussicht bekannt war, befanden sich auch mehrere Hotels.

Im weiter östlich gelegenen Kırıkhan gab es eine weitere armenische Gemeinde, die über eine Kirche verfügte.

DER LANDKREIS ANTEP

Den von Maghakja Ormanjan 1912 veröffentlichten Bevölkerungsdaten zufolge lebten in den Landkreisen Antep und Kilis 35.000 Armenier, von denen 1.000 Katholiken und 4.000 Protestanten waren.

Die osmanische Volkszählung von 1914 zeigt die 19.494 Armenier – 14.466 Gregorianer, 393 Katholiken und 4.635 Protestanten – zu einem großen Teil auf die Kreisstadt konzentriert. Hatten die Armenier im Handelsleben der Stadt eine ausgesprochen wichtige Stellung inne, so waren sie auch in einigen Gewerben führend. Zu den wichtigsten Handwerken der Armenier von Antep gehörten Gerberei, Schmiedehandwerk, Kupferbearbeitung, Goldschmiedearbeiten, Tischlerei, Weberei und Stickerei. Außerdem besaßen die Armenier im Umkreis der Stadt Weinberge und Olivenhaine und taten sich in der Produktion von Wein, Tabak, Olivenöl und Honig hervor.

Die vom Hofarchitekten Sarkis Baljan errichtete Surp Asdwadsadsin Kirche, das angrenzende Bischofsamt und die Schule bildeten eine bauliche Einheit. Die katholischen Armenier verfügten außerdem über eine, die protestantischen über vier Kirchen.

Unter den 17 armenisch-gregorianischen Schulen waren die Wartanjan, Nersesjan, Hajgasjan, Mesrobjan, die Hajganuschjan sowie die auch als Kilikien Institut bekannte Dschemaran Schule die wichtigsten. Eine weitere wichtige Schule war das von amerikanischen Missionaren gegründete Central Turkey College, zu dem eine Jungen- und eine Mädchenschule, ein Krankenhaus und eine medizinische Fakultät gehörten. Die Schüler dieser Schule, die eine wichtige Ausstrahlung auf das soziale und kulturelle Leben der Stadt besaß, waren fast ausschließlich Armenier.

In der Stadt, in der sich zu Beginn des 20. Jahrhunderts auch verschiedene Kultur- und Hilfsvereine befanden, erschienen folgende Periodika in Armenisch und in Türkisch in armenischer Schrift: Von 1888 bis 1903 erschien die *Asdghig Wartanjan*. Von 1903 bis 1914 wurde die *Choher* herausgegeben. Von 1909 bis 1913 erschien auf Türkisch in armenischer Schrift die Monatszeitung *Yeni Ömür* (Neues Leben). 1914 wurde, ebenfalls in armenischer Schrift Türkisch die *Hakikat* (Wahrheit) und ebenfalls 1914 auch die *Usum* (Bildung) herausgegeben.

Im Osten der Stadt lebten im Dorf Orul, wo sich die Surp Asdwadsadsin Kirche befand, ungefähr 300 Armenier.

DER LANDKREIS KİLİS

Der osmanischen Volkszählung zufolge lebten 1914 im Landkreis Kilis 4.700, armenischen Quellen zufolge ungefähr 7.000 Armenier, die sich fast vollkommen auf die Kreisstadt konzentrierten. Die Armenier der Stadt, die aufgrund ihrer Lage an der Straße von Aleppo nach Antep über einen hochentwickelten Handel verfügten, gingen außerdem der Kupfer- und Zinnverarbeitung, Weberei, Teppichherstellung und Stickerei nach. In der Stadt befanden sich die Surp Howhannes Garabed Kirche und eine Schule.

DER BEZIRK MARAŞ

Der aus den Landkreisen Maraş, Zeytun (heute: Süleymanlı), Elbistan, Andırın und Pazarcık bestehende Bezirk verfügte den Daten von Maghakja Ormanjan zufolge über 65.300 armenische Einwohner, von denen 57.000 Gregorianer, 4.500 Katholiken und 3.800 Protestanten waren. Die osmanische Volkszählung von 1914 gibt die Zahl der Armenier mit 38.432 an, wovon 27.842 Gregorianer, 4.480 Katholiken und 6.111 Protestanten waren.

Die Armenier von Maraş waren neben dem Handel auch in der Baumwollweberei, Schmiedehandwerk, Kupferverarbeitung, Gerberei, Schusterei und der Möbelherstellung führend. Die mit verschiedenen geschnitzten Motiven versehenen Truhen aus Nußbaum und die von Frauen gefertigten Stickarbeiten waren sehr berühmt. In den Gärten östlich und nordwestlich, in denen die Städter die heißen Sommertage verbrachten, wurden vor allem Trauben, Feigen und Äpfel angebaut und Wein gekeltert.

Die gregorianischen Armenier hatten in der Stadt sechs Kirchen und das alte Kloster Surp Hagop, das jedoch seine eigentliche Funktion weitgehend verloren hatte und vor allem zum Wallfahrtsort wurde. Der Bischofssitz befand sich auf der Nordost-Seite der Burg in der Umgebung von Uzunoluk. Im südwestlich gelegenen Armenierviertel befand sich die Surp Asdwadsadsin Kirche und in ihrer Trägerschaft eine Grundschule gleichen Namens. Die anderen Kirchen der Gregorianer waren die Surp Sarkis im Ostteil der Stadt in der Kümbet Siedlung gelegen, nördlich der Burg die Surp Stepannos, in der Akdere Siedlung die Surp Garabed, in der Şekerdere Siedlung die Surp Kework sowie die im Süden der Stadt in der Nähe vom Çarşıbaşı gelegene Karasun Manug Kirche.

Die Katholiken der Stadt verfügten über die Surp Prgitsch Kirche, die Mesrobjan Schule, Priesterwohnungen und eine Mädchenschule. Im Abarabaşı Viertel gab es außerdem ein Franziskaner Kloster. Neben diesem prächtigen Gebäude, das gegenüber der Burg auf gleicher Höhe errichtet war, befand sich eine Grundschule. Die drei Kirchen der Protestanten befanden sich in den Siedlungen Divanlı, Şekerdere und Akdere.

Neben den sechs Grundschulen, die mit den

Kirchen verbunden waren, verfügten die gregorianischen Armenier noch über die weiterführende Getronagan Schule in der Şekerli Siedlung. Diese Schule wurde auch von Protestanten und Katholiken unterstützt, die auch ihre Kinder dort unterrichten ließen.

Die Katholischen Armenier besaßen außer der Schule in der Surp Prgitsch Kirche die Hripsimjan Mädchenschule. In dieser Schule, in der Nonnen unterrichteten, wurde neben den üblichen Fächern auch die unter den Armeniern von Maraş weitverbreitete Handstickerei (Klöppelkunst) unterrichtet.

Neben dem von amerikanischen Missionaren eingerichteten Maraş Mädchenkolleg verfügte jede protestantische Kirche auch über eine Grundschule. Die Lehrerinnen dieser Schulen waren in der Regel Absolventinnen des Mädchenkollegs. Zum Mädchenkolleg, das neben armenischen Schülerinnen auch von einigen wenigen türkischen Schülerinnen besucht wurde, kamen Schülerinnen aus Antep, Sis (heute: Kozan), Haçin (heute: Saimbeyli), Adana, Tarsus, Urfa, Kilis und anderen Städten. Außerdem gab es noch eine von Protestanten gegründete theologische Schule zur Priesterausbildung.

Neben den von Philantropen gegründeten Dschenanjan, Hagop Kumrujan und İsahag Jamharjanz Waisenhäusern wurden nach den Unruhen von 1909 mit Beiträgen der gesamten armenischen Gemeinde das nationale Waisenhaus und ein Frauenhaus für 30 Frauen gegründet, die bei den Unruhen ihre Männer verloren hatten. Außerdem befanden sich im Nordosten der Stadt zwei von deutschen Missionaren gegründete nach Geschlecht getrennte Waisenhäuser, Beyt Şalom und Beytel, sowie in der Nähe von Pınarbaşı das von amerikanischen Missionaren gegründete Ebenezer Waisenhaus.

Von den Protestanten der Stadt wurde 1912 die Zeitung *Rahwira-Mendor* in Armenisch und Türkisch in armenischer Schrift herausgegeben.

Trotz der vielen Bildungseinrichtungen war unter den Armeniern von Maraş Türkisch verbreiteter als Armenisch.

Der im nordwestlich der Stadt im Bergland gelegene Kreis Zeytun (Arm.: Ulniya, heute: Süleymanlı) verfügte im Bezirk über die größte armenische Bevölkerung. Den von Maghkaja Ormanjan 1912 veröffentlichten Daten zufolge lebten dort 21.000 Armenier, von denen je 500 katholisch bzw. protestantisch waren.

Die Kreisstadt mit ihren 10.000 ausschließlich armenischen Einwohnern hatte bis in die Spätphase des Osmanischen Reiches über einen autonomen Status. Neben dem Bischofssitz, der dem Katholikosat von Kilikien zugehörte, befanden sich in der Stadt noch die Surp Lusaworitsch, Surp Asdwadsadsin, die Surp Hagop, die Surp Howhannes, die Surp Sarkis und die Surp Prgitsch Kirche sowie das Surp Asdwadsadsin Kloster. Zusätzlich zu den zu jeder Kirche gehörenden Schulen für Jungen gab es noch eine Mädchenschule mit fast 100 Schülerinnen sowie ein Waisenhaus im Kloster mit 80 Kindern, die dort auch unterrichtet wurden. Die Protestanten der Stadt verfügten ebenfalls über eine Schule und ein Waisenhaus.

In den Bergen in der Nähe von Zeytun befanden sich außerdem noch das Surp Prgitsch und das Surp Jeghja Kloster.

Zeytun, Zentrum für etwa zehn umliegende armenische Dörfer, war trotz der Berglage wirtschaftlich gut entwickelt. Während in den Dörfern Landwirtschaft und Viehzucht sowie in den Bergen von Armeniern Eisenminen betrieben wurden, befanden sich in der Stadt Mühlen, Gerbereien sowie Werkstätten zur Herstellung von Hufeisen, Messern, Landwirtschaftsgeräten und auch Waffen. Zu den von Zeytun aus verkauften Waren gehörten Rosinen, Oliven, Honig, Leder, Wolle und alkoholische Getränke.

In der Umgebung von Maraş und Zeytun gab es mehr als zwanzig weitere armenische Dörfer. Die größten von ihnen waren: Fındıcak mit mehr als 2.000 armenischen Einwohnern und der Surp Asdwadsadsin Kirche. Yenicekale, Taşoluk, Kireçpınarı, Değirmendere, Gölpınar, Döngel, Dereköy, Yeğyaobası, Çürükkoz und Keşifli mit je einer Schule waren die anderen armenischen Siedlungen der Gegend. In Fırnız (heute: Yolyanı) befanden sich die Surp Garabed Kirche und das Surp Stepannos Kloster, in Taşoluk die Surp Kework, in Döngel die Surp Asdwadsadsin, in Mikhal (heute: Avcılar) die Surp Sarkis, in Eğlence die Surp Asdwadsadsin und in Abbasköy die Surp Garabed Kirche.

Die Kleinstadt Göksun, in der zusammen mit den umliegenden Dörfern 5.000 Armenier lebten, verfügte über eine Kirche und eine Schule.

In Elbistan konzentrierten sich die Armenier auf das Hacı Hamza Viertel. Dort befanden sich die Surp Kework und die Surp Hagop Kirche der gregorianischen Armenier sowie je eine Kirche für Protestanten und Katholiken. Im Landkreis befand sich außerdem ein als Gâvurköy (Dorf der Ungläubigen) bezeichnetes armenisches Dorf. Im Landkreis lebten Armenier außerdem in der westlich gelegenen Kleinstadt Yarpuz (heute: Afşin).

Nördlich von Yarpuz und Elbistan lebte eine große Zahl von Armeniern verstreut auf Dörfer mit mehrheitlich muslimischer Bevölkerung.

Im südöstlich von Maraş gelegenen Landkreis Pazarcık leben nur wenige Armenier.

DER BEZIRK URFA

Der aus den Landkreisen Urfa, Birecik, Rumkale, Suruç und Harran bestehende Bezirk Urfa (arm. Yetesya; heute: Şanlıurfa) hatte der osmanischen Volkszählung von 1914 zufolge 18.370 Einwohner, von denen 15.161 Gregorianer, 1.557 Katholiken und 1.652 Protestanten waren. Maghakja Ormanjan gibt in seinen 1912 veröffentlichten Daten die Zahl der Armenier mit 25.800 an, von denen 24.000 Gregorianer, 1.000 Katholiken und 800 Protestanten waren.

Das Handelsleben der für Nordmezopatanien wichtigen Stadt Urfa lag überwiegend in den Händen von Armeniern. Die Armenier beschäftigten sich vor allem mit Goldschmiedearbeiten, Kupfer- und Zinnverarbeitung, Schmiedearbeit, Stiefelherstellung, Teppichproduktion sowie Stofffärberei und Druck auf Baumwollstoffen.

Das Armenierviertel befand sich gegenüber der Burg auf der Westseite der Stadt. Die Surp Asdwadsadsin, die Hauptkirche der Armenier, befand sich in der Nähe des Gâvur Meydanı (Platz der Ungläubigen). Hier befand sich 1901 auch eine Schule, die von 665 Jungen und 475 Mädchen, d.h. von insgesamt 1.140 Schülern besucht wurde. Die Kirche der katholischen Armenier befand sich in der Nähe der Ulu Cami, die protestantische Kirche und deren übrigen Einrichtungen im Westen der Stadt. Die Protestanten verfügten über zwei Schulen für Jungen und eine für Mädchen. Diese Schulen, die auch Schüler anderer Konfessionen aufnahmen, wurden 1901 von 130 gregorianischen Jungen und 200 Mädchen besucht.

Neben dem Waisenhaus im geistlichen Zentrum der Armenier, dem Surp Sarkis Kloster, gab es auch Waisenhäuser, die von deutschen und amerikanischen Missionaren gegründet worden waren. Die deutschen Missionare hatten eine alte Seifenfabrik in eine Teppichfabrik für verwitwete armenische Frauen umgewandelt. Die amerikanischen Missionare hatten zudem eine Blindenschule gegründet.

1908 erschien in der Stadt ein armenisches Periodikum mit dem Titel *Bajkar* (Kampf).

Im einige Kilometer östlich der Stadt gelegenen Germüş (heute: Dağeteği) befanden sich die Surp Asdwadsadsin Kirche und eine Schule mit mehr als 100 Schülern. In der Nähe dieses Dorfes befanden sich die Ruinen eines alten Klosters, die ein Wallfahrtsort waren. Die alten armenischen Siedlungsgebiete im Nordosten waren zu Beginn des 20. Jahrhunderts überwiegend an Kurden übergegangen.

Die in Birecik, an der Straße von Urfa nach Antep, lebenden mehr als 1.000 Armenier verfügten dort über die Surp Asdwadsadsin Kirche und eine Schule. Im nördlich davon gelegenen Kreis Rumkale lebten in Halfeti am Ufer des Euphrat einige armenische Familien.

Die eigentliche armenische Siedlung im Landkreis war das auf dem anderen Euphrat-Ufer gelegene Rumkale (arm. Hromgla). Diese auf einem steilen Felsen über dem Euphrat errichtete Klosterburg war im 12. und 13. Jahrhundert Sitz des Katholikos und brachte viele Geistliche hervor. Zu den übrigen armenischen Dörfern der Region gehörten Cibin (heute: Saylakkaya), in dem sich die Surp Nigoghajos Kirche und eine Schule befand, sowie Ehneş (heute: Gümüşgün) mit der Surp Asdwadsadsin Kirche und einer Schule. Das nördlich des Dorfes Eğneş gelegene Surp Sarkis Kloster, auch nach dem Geistlichen Nerses Schnorhali „Nerses" genannt, war ein wichtiger Wallfahrtsort.

Im westlich gelegenen Nizip Kreis befanden sich die mittelalterliche Surp Asdwadsadsin Kirche sowie eine Schule, in der Mädchen und Jungen gemeinsam unterrichtet wurden.

566 Karte der Provinz Aleppo
104 * 144. Tüccarzade İbrahim Hilmi, İstanbul.

567 Aussicht auf Antakya und den Eingang zur Stadt.
139 * 91. E. Lacour, Marseille. Am 18. April 1904 von İskenderun nach Paris gesandt.

568 Ausblick auf Antakya auf einer von den armenischen Verlegern Gebrüder Saraǉjan aus Beirut hergestellten Postkarte.
139 * 88. Gebrüder Sarrafian, Beirut, 431.

569 Ein Antakya Panorama, bestehend aus vier Postkarten
des armenischen Postkartenverlegers Derunjan aus Aleppo.
544 * 90. Derounian, Aleppo.

570 Der Fluss Asi bei Antakya und das Christenviertel am linken Flussufer.
140 * 91. Thévenet, Aleppo, 99.

571 Der Fluss Asi und das Christenviertel.
139 * 91. E. Lacour, Marseille.

Capucins Français en Syrie (Ghazir) — ANTIOCHE. Entrée de la Chapelle St Paul

50. ANTIOCHE — Vue générale
L'ancienne ville 10 fois plus étendu que l'actuelle escaladait le Mont Silpius se prolongeant sur son sommet de près d'un kilomètre
Antioche fut prise par les Croisés en Janvier 1098

ANTIOCHE — L'Oronte à l'heure de l'abreuvoir

572 *Der Fluss Asi und Antakya auf einer vom armenischen Fotografen und Herausgeber Misirljan hergestellten Postkarte.*
136 * 87. K. Missirlian.

573 *Eingang zur St. Paulskirche auf einer Postkarte der Kapuzinermönche.*
142 * 90. Capucins Français en Syrie.

574 *Ausblick auf Antakya.*
139 * 88. Abbe G. Bretocq, 50. Druck: Baudinière, Paris. „Die alte Stadt erstreckte sich über ein Gebiet vom zehnfachen Ausmaß der heutigen und zog sich bis einen Kilometer unterhalb des Gipfels des Silpius. Antakya wurde im Januar 1098 von den Kreuzrittern erobert."

575 *Der Fluss Asi und Antakya.*
140 * 87. Abbe G. Bretocq. Druck: Baudinière, Paris.

576 *Ausblick auf Stadt und Hafen von İskenderun auf einer Karte des armenischen Verlegers und Schreibwarenhändlers Abadschjan aus İskenderun.*
138 * 90. H. Abadjian, [İskenderun].

577 *Seeansicht von İskenderun auf einer Karte von Abadschjan.*
137 * 88. H. Abadjian, [İskenderun].

ALEXANDRETTE – Partie Ouest

Souvenir d'Alexandrette — Entrée de la Ville en venant d'Alep et de l'Intérieur

ALEXANDRETTE – Rue Hamidié

Alexandrette — Bazar à la Sortie de la Douane, à droite

578 Westansicht von İskenderun, wo sich neben einer armenischen auch eine griechisch-orthodoxe, eine katholische und eine protestantische Kirche befanden. Auf der Karte sind drei Kirchtürme zu erkennen.
138 * 90. Messageries Maritimes.

579 Ortseingang von İskenderun. Rechts ist eine Kirche zu sehen.
139 * 90. Gebrüder Watter, Aleppo, 181.

580 Die Hamidiye Straße auf einer Karte des armenischen Verlegers Abadschjan.
138 * 89. Abadjian, İskenderun.

581 Geschäftsstraße am Zoll in İskenderun auf einer Karte von Abadschjan.
137 * 89. H. Abadjian, [İskenderun]. Am 3. Mai 1918 von İstanbul nach Berlin geschickt.

582 Die Franziskaner Kirche in İskenderun.
139 * 90. Gebrüder Chouha, Aleppo, 6.

583 Bahnhof von İskenderun.
139 * 89. Hüseyin İkbal & Brüder, İskenderun, 45330.

VEUVE AMIOT
BRASSERIE BOMONTI
RISK
SCOTCH
MORTON'S
JAMS
Biscuits
BLEND OF
Scotch Whisky
MENIER
BENEFICE
J. PALOULIAN & FILS

584

584 Eine Karte des armenischen Herausgebers Hagop Paluljan aus İskenderun. Die Karte zeigt das Geschäft von Paluljan, wo Eisenwaren, Wein, Konserven und Nahrungsmittel verkauft wurden. Der unter dem Ladenschild sitzende Mann ist vermutlich er selbst.
137 * 88. J. Paloulian & Söhne, İskenderun, 628/39.

585 Eine Hafenansicht auf einer Karte der armenischen Verleger Gebrüder Boghikjan aus İskenderun.
140 * 89. Gh. und S. Boghikian, İskenderun, 011092.

586 Der Getreidemarkt von İskenderun auf einer Postkarte der Gebrüder Boghikjan.
140 * 91. Gh. und S. Boghikian, İskenderun, 011102.

587 Die Çay Siedlung in İskenderun auf einer Postkarte der Gebrüder Boghikjan.
140 * 90. Gh. und S. Boghikian, İskenderun, 011096.

Alexandrette — Grand Hôtel d'Europe / Hotel „Europa"

Alexandrette — Hôtel „Latif El Manzar", en face de la Douane
Editeur: Joseph Caraly

Alexandrette — Hôtel "Elian" en face du Gouvernement

Alexandrette — Grand Hôtel d'Orient / Hotel „Orient"

588 Das Grand Hotel d'Europe in İskenderun.
138 * 89. Hussein Husseini & Firma, İskenderun, 628/19.

589 Das Latif El Manzar Hotel gegenüber dem Zoll.
139 * 88. Joseph Caraly, [İskenderun].

590 Das Eljan Hotel gegenüber dem Regierungsgebäude auf einer Postkarte des armenischen Postkartenverlegers Abadschjan aus İskenderun.
137 * 88. H. Abadjian, [İskenderun].

591 Das Orient Hotel in İskenderun.
139 * 89. Hussein Husseini & Firma, İskenderun, 628/20.

592 Das Çamlar Hotel in Soğukoluk, einem Dorf wo ungefähr 150 Armenier lebten.
140 * 89.

593 Ansicht von Belen, in dem sich auch eine armenische Kirche und Schule befanden.
140 * 89. Thévenet, Aleppo, 26.

594 Nergizlik, eines der Dörfer mit armenischer Bevölkerung in der Region İskenderun- Belen.
139 * 87. Hüssein Ikbal & Brüder, İskenderun, 45328.

595 596 Auf zwei einander ergänzenden Postkarten eine Aussicht auf Antep im Schnee. An der Schnittlinie beider Karten sind die Surp Asdwadsadsin Kirche sowie links davon das amerikanische Krankenhaus und die armenische Schule zu erkennen. Das zwischen der Kirche und dem Krankenhaus liegende Stadtgebiet wurde vor allem von Armeniern bewohnt.
140 * 91. C. L. Thévenet, Aleppo.

597 Ausblick auf Antep aus der Ferne. Das linke große Gebäude ist die Surp Asdwadsadsin Kirche.
138 * 89. C. L. Thévenet, Aleppo.

598 Aussicht auf Antep.
137 * 88. Gebrüder Wattar, Aleppo, 119.

599 Ausblick auf Antep - der Stadtpark. Links ist die armenische Schule, die sich neben dem amerikanischen Krankenhaus befand.
137 * 87. Gebrüder Wattar, Aleppo, 53.

600 Blick auf Antep. Rechts ist das amerikanische Krankenhaus, links die armenische Schule zu sehen. Das Gebäude neben dem Windrad ist die amerikanische Mission. Im Garten des Krankenhauses befindet sich ein Friedhof, auf dem die während des Dienstes verstorbenen Missionare beerdigt wurden.
137 * 87. Gebrüder Watter, Aleppo, 54.

AÏNTAB

Aïntab (Turquie) — Panorama Général

Aïntab (Turquie) — Ville et jardin public

Aïntab (Turquie) — Ville et Hôpital Américain

DIE PROVINZ ALEPPO
Antakya, İskenderun, Antep, Kilis, Maraş, Urfa

601 Das Armenierviertel in Antep und die Surp Asdwadsadsin Kirche.
138 * 88.

602 Die Alâ'üd Devle Moschee am Markt von Antep. Die um das Jahr 1515 von Dulkadir Beyi Alâ-üd Devle errichtete, mit der Zeit jedoch verfallene Moschee wurde 1901 abgerissen und durch den Architekten Armenak und seinen Meister Krikor - beide Armenier - wieder aufgebaut. Mit ihren christlichen und dem Barock entlehnten Bauelementen sowie den verschiedenfarbigen Ecksteinen erinnert die Moschee an die Surp Asdwadsadsin Kirche. Das Minaret jedoch ist aus dem 16. Jahrhundert erhalten geblieben.
139 * 90. Gebrüder Neurdein, D2. Druck: Crete Imprimerie, Paris.

603 Die Surp Asdwadsadsin Kirche im armenischen Viertel. Sie wurde vom Hofbaumeister Sarkis Baljan im Jahr 1892 errichtet. Sie bildet mit der danebengelegenen Schule und dem Bischofssitz einen einheitlichen Gebäudekomplex. Links im Hintergrund ist die Burg von Antep zu erkennen.
135 * 87. Gebrüder Watter, Aleppo, 55.

AINTAB. — L'Eglise de Souks.

Aïntab (Turquie)
Ville, Eglise et Citadelle

108. — AÏNTAB

Aïntab (Turquie)
Panorama de la ville

AÏNTAB

Aïntab (Turquie) — Panorama

604 Ausblick auf Antep. Links befindet sich die Burg.
In der Mitte der Karte, mit einem Kreuz markiert, befindet
sich die Mädchenschule der amerikanischen Mission.
140 * 89. Thévenet, Aleppo, 108.

605 Blick auf Antep.
135 * 87. Gebrüder Wattar, Aleppo, 74.

606 Antep zu Beginn der 1920-er Jahre.
138 * 90. Thévenet, Aleppo.

607 Panorama von Antep. Links befinden sich das
amerikanische Krankenhaus und in dessen Garten das
Missionshaus, rechts die Surp Asdwadsadsin Kirche.
140 * 86. Gebrüder Wattar, Aleppo, 121.

608 Das von amerikanischen Missionaren gegründete
Central Turkey College. Das 1876 gegründete Kolleg,
das eine Mädchen- und eine Jungenschule,
ein Krankenhaus und eine medizinische Fakultät
beherbergte, trug als wichtigste Bildungseinrichtung zur
Belebung des kulturellen und sozialen Lebens der Stadt bei.
Die Schüler des Kollegs, dessen Grundstück von einem
Muslim aus Antep namens Kethüdazade Hacı Göğüş Efendi
gespendet wurde, waren fast ausschließlich Armenier.
137 * 87. Gebrüder Wattar, Aleppo, 92.

609 Das Central Turkey College auf einer Postkarte
der armenischen Verleger Gebrüder Sarrafjan aus Beirut.
139 * 89. Gebrüder Sarrafian, Beirut, 9277.

610 611 Ausblick auf Kilis auf zwei sich ergänzenden Postkarten. Die Kirche links auf der ersten Postkarte ist die Surp Howhannes Garabed Kirche, die ihre Baugenehmigung 1857 erhielt.
138 * 86. Gebrüder Wattar, Aleppo, 80.
136 * 91. Gebrüder Wattar, Aleppo, 79.

612 Blick auf Kilis. Links befindet sich eine armenische Kirche.
136 * 87. Gebrüder Wattar, Aleppo, 114.

613 Das Armenierviertel und die Surp Howhannes Garabed Kirche in Kilis.
139 * 90. Thévenet, Aleppo.

614 Der Große Bazar in Kilis.
138 * 89. Gebrüder Wattar, Aleppo, 113.

615 Blick auf eine Geschäftsstraße in Kilis.
139 * 90. Thévenet, Aleppo.

Killis — Panorama et vue Générale

KILLIS

KILLIS — Grand Bazar de Killis

KILLIS

DIE PROVINZ ALEPPO
Antakya, Iskenderun, Antep, Kilis, Maraş, Urfa

616 Blick auf Urfa von der Burg.
140 * 90. Abbe G. Bretocq. Druck: Baudinière, Paris.

617 Ansicht von Urfa auf einer von den Kapuzinermönchen herausgegebenen Postkarte.
140 * 90. Mission des P. P. Capucins.

618 Das gleiche Foto mit einem anderen Ausschnitt. Blick auf Urfa.
141 * 88. Mission des P. P. Capucins.

619 Armenischer Teppichverkauf in Urfa. Durch die Bemühungen des Gründers der deutschen Orient Mission, des Geistlichen Dr. Johannes Lepsius, wurde eine Seifenfabrik in eine Teppichweberei umgewandelt, in der armenische Witwen arbeiteten. Dr. Lepsius war auch Gründer des Deutschen Hilfsbund für Armenien.
140 * 91. Hermann Jähnichen, Frankfurt. Am 19. Oktober 1901 abgeschickt. „Verkauf von Orientwaren zugunsten von armenischen Witwen und Waisen."

620 Die Residenz der Kapuzinermönche in Urfa.
140 * 78. Mission des P. P. Capucins.

621 Die amerikanische Mission in Urfa, die über ein Waisenhaus, Werkstätten, Schulen, eine Blindenschule und Wohnungen verfügte. Das Windrad ist für die Wasserförderung aus dem Brunnen.
137 * 86. 211.

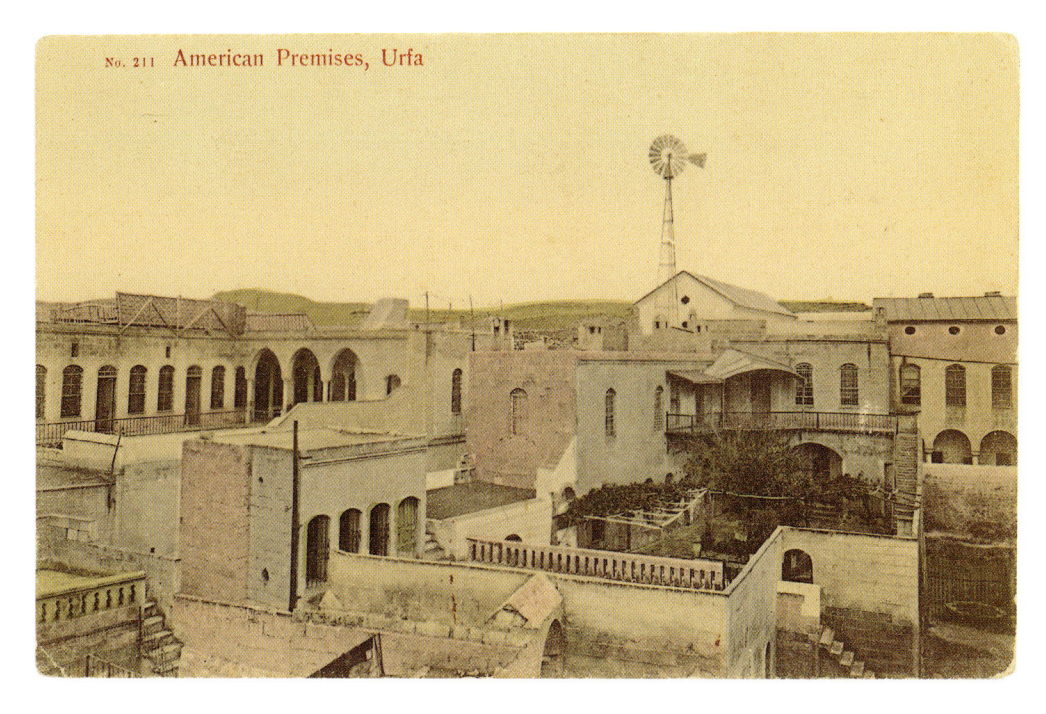

622 Das Surp Sarkis Kloster in Urfa.
140 * 90. Mission des P. P. Capucins.

623 Eine Urfa-Postkarte mit einem Blick auf das Surp Sarkis Kloster aus der Pforte eines alten Gebäudes.
88 * 139. Abbé G. Bretocq. Druck: Baudinière, Paris.

624 *Blick auf das Armenierviertel in Urfa von der Burg. Das große Gebäude in der Mitte ist die Surp Asdwadsadsin Kirche.*
140 * 88. Thévenet, Aleppo, 109.

625 *Blick auf Urfa auf einer Postkarte, die zur Finanzierung der „deutschen Waisenhäuser in Armenien" vom Deutschen Hilfsbund für Armenien, dessen Gründer Dr. Johannes Lepsius war, herausgegeben wurde. Links vorn ist das Surp Sarkis Kloster, in der Mitte die Surp Asdwadsadsin Kirche und rechts die Halil Ibrahim Moschee zu sehen. Die Karte wurde am 7. August 1900 von Marie von Bodelschwingh, einer der Unterstützerinnen von Lepsius, verschickt.*
143 * 90. Deutscher Hilfsbund für Armenien.

626 *Die Surp Asdwadsadsin Kirche und der Friedhof im Armenierviertel von Urfa.*
139 * 89. Verlagshaus der Mechitaristen, Wien, 48.

Emballage de Laine à Orfa

Mission des PP. Capucins

627 Eine im Wollhandel aktive Firma in Urfa mit ihren Beschäftigten. Anhand der Kleidung der Arbeiter ist offensichtlich zu erkennen, dass ein Teil von ihnen Christen ist.
141 * 89. Mission des PP Capucins. „Verpackung von Wolle in Urfa."

628 Ein modernes Viertel in Urfa: Kerizbaşı. Das Gebäude auf der Linken ist die deutsche Mission mit dem Krankenhaus und den Wohnungen der Missionare.
138 * 87. 201.

629 Der Große Platz in Urfa.
139 * 89. Thévenet, Aleppo.

630 Die Saray Straße.
136 * 88. Am 19. Oktober 1907 von Urfa in die USA gesandt.

BÉRÉDJIK

Vue de la citadelle

Vue de la Ville

BÉRÉDJIK (Birtha). – Ville située sur la rive gauche de l'Euphrate (Mésopotamie)
Mission des PP. Capucins

BÉRÉDJIK (Turquie) — Ville et Citadelle

631 Zwei Ansichten von Birecik auf einer Postkarte. Die Burg auf dem gegenüberliegenden Euphrat-Ufer und Stadtansicht.
88 * 138. Gebrüder Wattar, Aleppo, 6.

632 Blick auf Birecik, einer Stadt, in der mehr als 1.000 Armenier lebten und wo sich die Surp Asdwadsadsin Kirche und eine Schule befanden.
139 * 89. Mission des PP Capucins. Druck: Nancy (Frankreich).

633 Blick auf die Burg und die Stadt Birecik zu einer Jahreszeit, wo der Euphrat nur wenig Wasser führt.
138 * 89. Gebrüder Wattar, Aleppo, 57.

634 Suruç bei Urfa auf einer von den Kapuzinern herausgegebenen Postkarte.
140 * 90. Mission des PP Capucins, 4.

635 Eine Ansicht des auf dem rechten Ufer des Euphrat bei Halfeti gelegenen und auf einem steilen Felsen errichteten Rumkale (arm. Hromgla). Es geht die Legende, dass der Apostel Johannes in Hromgla gelebt habe. Die Klosterburg war im 12. und 13. Jahrhundert Bischofssitz und Wirkungsstätte von Nerses Schnorhali und anderen wichtigen armenischen Geistlichen.
139 * 89. Verlagshaus der Mechitaristen, Wien, 47.

97. MARACHE — Vue Générale

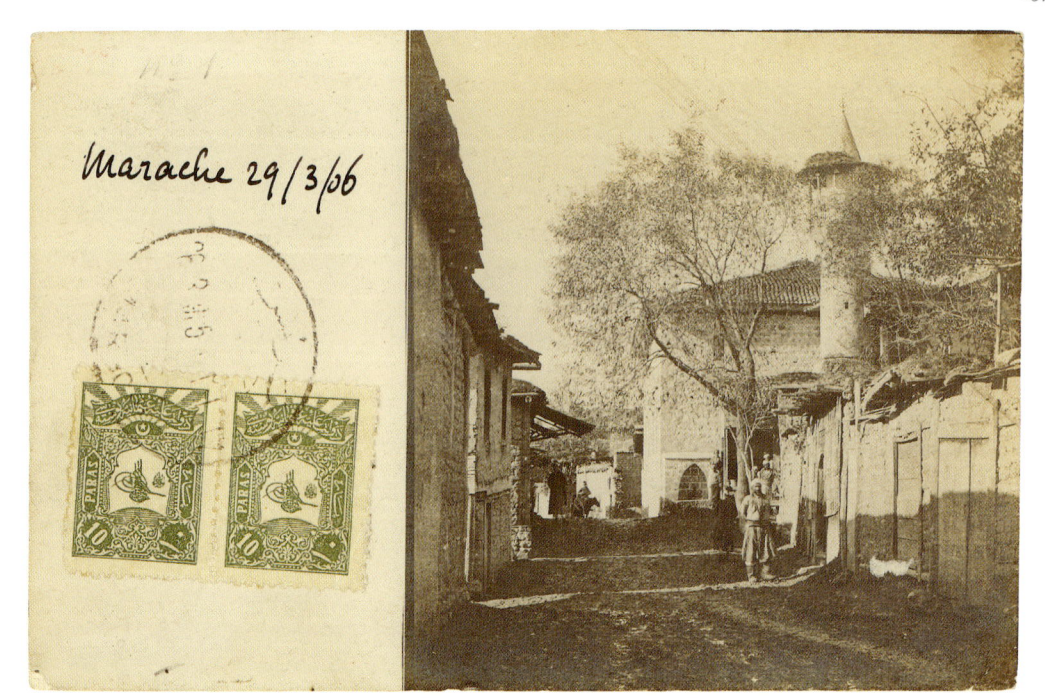

Marache 29/3/06

Das Missions-Krankenhaus des Deutschen Hülfsbundes für christl. Liebeswerk im Orient in Marasch, asiat. Türkei

Deutsches Waisenhaus in Marasch (Asiat. Türkei)

Saget den verzagten Herzen: Seid getrost, fürchtet euch nicht!
Jes. 35,4

Armenier aus Zeitun

38. Albistan (Elbostan) am Djihân, dem alten Pyramusfluss.

636 Ausblick auf Maraş.
140 * 90. Thévenet, Aleppo, 97.

637 Eine Straße in Maraş.
139 * 90. J. Jougla, Paris. Am 29. März 1906 von Maraş nach Paris geschickt.

638 Das deutsche Krankenhaus in Maraş. Das auf der Postkarte zu sehende Krankenhaus mit seinen 22 Betten wurde 1912 errichtet. Später wurde im linken Flügel des Krankenhauses eine Polyklinik eröffnet. Das deutsche Krankenhaus wurde 1919 dem amerikanischen Missionswerk Middle East Relief übergeben, weshalb es fortan amerikanisches Krankenhaus genannt wurde.
138 * 88. Orient Verlag, Frankfurt.

639 Das deutsche Waisenhaus in Maraş und armenische Hirten. Deutsche Missionare betreiben in Maraş zwei Waisenhäuser – eines für Jungen und eines für Mädchen. Diese Art Postkarten wurden gedruckt, um Geld für Hilfsmissionen für die im Osten lebenden Christen zu sammeln.
142 * 93. Bischof & Klein, Frankfurt. Am 30. August 1901 innerhalb Deutschlands, von Barmen nach Godesberg geschickt.

640 Ein Armenier aus Zeytun (heute: Süleymanlı), der Stadt im Bezirk Maraş mit der größten armenischen Bevölkerung. In der Stadt befanden sich ein Bischofssitz, der zum Katholikosat von Kilikien gehörte, sechs Kirchen und zwei Klöster.
140 * 89. Meisenbach, Riffarth & Partner, Berlin.

641 Die zu Maraş gehörende Kreisstadt Elbistan mit dem Ceyhan Fluss. In der Stadt befanden sich die Surp Kework und die Surp Hagop Kirche.
142 * 92. 38.

Die Provinz Mamuretülaziz

Harput, Mezre, Arapkir, Eğin, Malatya, Çarsancak, Çemişkezek

Die Provinz setzte sich aus den Bezirken Mamuretülaziz (heute: Elazığ), Malatya und Dersim zusammen. Der osmanischen Volkszählung von 1914 zufolge lebten in der Provinz 87.864 Armenier, von denen 76.070 gregorianischer, 3.751 katholischer und 8.043 protestantischer Konfession angehörten. Den von Maghakja Ormanjan 1912 veröffentlichten Daten zufolge lebten in der Provinz 108.200 Armenier, wovon 100.000 Gregorianer, 2.500 Katholiken und 5.700 Protestanten waren.

In Harput befand sich ein Erzbischofssitz, der zum Patriarchat İstanbul gehörte. In Eğin, Arapkir, Çemişkezek und Çarsancak befanden sich Bischofssitze.

DER BEZIRK MAMURETÜLAZİZ

In dem Bezirk, der aus den Landkreisen Mamuretülaziz, Harput, Arapkir, Keban Madeni, Eğin und Pötürge bestand, lebten der osmanischen Volkszählung zufolge insgesamt 59.255 Armenier, von denen 1.681 Katholiken und 6.754 Protestanten waren. Die beiden wichtigsten Siedlungszentren des Bezirks waren Harput, das seit alters her immer Provinz- oder Bezirkshauptstadt gewesen war, sowie das acht Kilometer südlich gelegene Mezre bzw. Mezra. Der Name der Stadt, die zur Zeit Abdülaziz erbaut und zum neuen Verwaltungszentrum wurde, trägt die Bedeutung „Stadt des Aziz" (Mamuretülaziz; heute: Elazığ).

In diesen beiden Zentren beschäftigten sich die Armenier nicht nur mit Kleingewerbe, sondern waren auch in Industrie und Handel führend. Sie waren für Schuhmacherei, Stoff- und Teppichfärberei, Goldarbeiten, Gerberei, Waffenproduktion und Seidenverarbeitung bekannt. Die Kaufleute von Harput waren in einer von Diyarbakır, Van, Samsun, Tokat, Adana bis nach Bitlis reichenden Region aktiv. Sie exportierten Baumwolle, Wolle, Leder, Weizen, Wein, Teppiche und getrocknetes Obst nach Rußland, in den Iran, nach Frankreich und Amerika. Die armenischen Bauern im Tal von Harput gingen der Baumwollproduktion und Seidenraupenzucht nach. Die hier gewonnenen Rohprodukte wurden in den Werkstätten von Harput und Mezre weiterverarbeitet. Die Aufzucht von Maulbeerbäumen und die Seidenraupenzucht waren durch Absolventen des Seideninstituts Bursa nach wissenschaftlichen Verfahren weiterentwickelt worden. Die Gebrüder Fabrikatorjan aus Mezre, Krikor Kürktschüjan aus Harput und desssen Sohn Hosrow mit ihrer Seidenweberei oder auch die Gebrüder Parigjan aus Harput mit ihren Landwirtschaftsmaschinen, waren im In- und Ausland bekannt. Die Seidenstoffe der Gebrüder Fabrikatorjan erhielten bei der Messe im Jahr 1884 im französischen Lyon den ersten Preis.

Die ungefähr 4.000 armenischen Einwohner des an einem Hang erbauten Harput konzentrierten sich auf vier Siedlungen, deren Namen sich von den dortigen Kirchen herleiteten: Surp Hagop, Surp Garabed, Surp Stepannos und Surp Nschan. Die protestantischen und katholischen Missionseinrichtungen befanden sich in der Surp Hagop Siedlung. Neben den Kindergärten und Schulen, die den Kirchen angeschlossen waren, gab es zwei weitere große Schulen: die neben der Surp Hagop Kirche gelegene Getronagan Schule sowie die Dschemaran Schule, an der neben den klassischen Unterrichtsfächern auch Armenisch, armenische Geschichte, Theologie, Philosophie und Soziologie unterrichtet wurde. Ein Teil der gregorianischen Kinder besuchte auch die Missionsschulen. Das von amerikanischen Missionaren gegründete Euphrat Kolleg und das zur Mezopotamien-Mission der Kapuziner gehörende Kolleg zogen Schüler aus der ganzen Region an. 1901 besuchten 213 Schüler und 216 Schülerinnen gregorianischer Familien die protestantische und 140 Jungen und 133 Mädchen die katholische Schule.

Das gregorianisch armenische Waisenhaus von Harput nahm 850 Kinder, das im Kloster von Khule 32, das amerikanische Waisenhaus 299 – davon 177 Mädchen –, das deutsche Waisenhaus 370 – davon 120 Mädchen – und das katholische Waisenhaus 49 – davon 18 Mädchen – auf.

Die armenische Druckerei von Harput wurde 1889 gegründet. Die Zeitschrift *Jeprad* (Euphrat) erschien von 1909 bis 1914 zunächst alle zwei Wochen, dann monatlich. Die Zeitschrift *Badani* wurde ab 1909 herausgegeben, gefolgt von der *Kiughadndes* 1910. *Amenun Hamar* war eine von 1910 bis 1914 von deutschen Missionaren herausgegebene Zeitschrift. *Lusaschawigh* erschien 1911 mit nur einer Nummer. *Ted* wurde von 1913 bis 1914 von amerikanischen Missionaren herausgegeben.

In der Bezirkshauptstadt Mezre, in der mehr als 4.000 Armenier lebten, befanden sich die Surp Asdwadsadsin und die Surp Sarkis Kirche sowie je eine Kirche der Katholiken und der Protestanten. In der gregorianischen Schule wurden 441 Schüler, davon 160 Mädchen, unterrichtet. In der Stadt befand sich außerdem ein Waisenhaus, das von dänischen Missionaren gegründet wurde und ein von amerikanischen Missionaren erbautes Krankenhaus.

In Mezre wurde von 1903 (?) bis 1908 die Schülerzeitschrift die *Nor Karun* und von 1908 bis 1914 als deren Fortsetzung die *Dsopaz Ardsiw* herausgegeben.

In der zwischen Harput und Mezre gelegenen Kleinstadt Hüseynig (heute: Ulukent) lebten ungefähr 5.000 Armenier, die der Landwirtschaft, Tierzucht und verschiedenen Handwerken nachgingen. In der Stadt, in der Katholiken und Protestanten über je eine Kirche verfügten, besaßen die Gregorianer die Surp Warware Kirche und eine Schule gleichen Namens, an der 125 Mädchen und 187 Jungen unterrichtet wurden.

Das in der Nähe von Mezre gelegene Keserik (heute: Kızılay) war mit seinen 2.000 armenischen und 750 muslimischen Einwohnern ein großes Dorf, in dem sich die Surp Asdwadsadsin Kirche, das Surp Mamas Kloster, je eine Kirche für Protestanten und Katholiken sowie Schulen aller drei Konfessionen befanden.

Die in Morenik (heute: Çatalçeşme), einem unmittelbar bei Mezre gelegenen Dorf, lebenden ca. 650 Armenier verfügten dort über die Surp Barsam Kirche und eine Schule gleichen Namens.

In Harput, Mezre und den umliegenden Siedlungen lebten fast 17.000 Armenier. In Bismişan (heute: Sarıçubuk) lebten fast 1.500 Armenier, die dort die Surp Asdwadsadsin Kirche sowie weitere katholische und protestantische Kirchen besaßen. Die sechs Schulen des Ortes wurden von ungefähr 1.200 Schülern besucht, die zum Teil auch aus den umliegenden Dörfern kamen. Auch in Sursur, wo sich die Surp Garabed Kirche, das Surp Kework Kloster sowie eine Schule befanden, lebten mehr als 1.000 Armenier. Khulevank (bzw. Khuleküğ; heute: Şahinkaya), wo fast 1.300 Armenier lebten, leitete seinen Namen von dem im 10. Jahrhundert errichteten Kloster Surp Kework ab. Im Dorf befanden sich die Surp Sarkis Kirche, die von Mädchen und Jungen besuchte Surp Kework Schule sowie Kirche, Schule und Waisenhaus der protestantischen Gemeinde. In Yeğeki, wo ca. 1.600 Armenier zusammen mit Muslimen lebten, gab es die Surp Nschan Kirche, die von Mädchen und Jungen gemeinsam besuchte Surp Nschan Schule sowie eine protestantische Kirche und Schule. In Hoğu (heute: Yurtbaşı), wo mehr als 1.500 Armenier und etwa 1.000 Muslime lebten, gab es die Surp Kework Kirche und eine Schule. In Tadem mit seinen etwa 1.300 armenischen Einwohnern befand sich die Surp Asdwadsadsin Kirche und eine Schule gleichen Namens. Für den katholischen Teil der Dorfbevölkerung existierte außerdem noch eine Kapelle und eine weitere Schule. In Khuylu, wo es die Surp Stepannos und die Surp Tavit Kirche sowie die Surp Stepannos Schule gab, lebten ungefähr 1.200 Armenier.

Die übrigen armenischen Siedlungen des Landkreises waren: Ağmezre (bzw. Akmezra; heute: Kavakpınar) mit der Surp Asdwadsadsin Kirche und einer Schule. Ahur (heute: Saraybaşı) mit der Surp Kework Kirche und einer Schule. Arozik (heute: Kuşluyazı) mit der Surp Kework Kirche und einer Schule. Ayvoz (heute: Çevrimtaş) mit der Surp Asdwadsadsin Kirche und einer Schule. Çorküğ mit der Surp Howhannes Kirche und einer Schule. Elimelik mit der Surp Kework Kirche. Arpavud (heute: Uzuntarla) mit der Surp Kework Kirche und der Surp Asdwadsadsin Schule. Gamri, wo sich neben der gregorianischen Surp Toros Kirche und eigener Schule auch eine protestantische Kirche und Schule befanden. Harseng mit der Surp Asdwadsadsin Kirche und einer Schule. Hintsor (heute: Örençay) mit der Surp Kework Kirche und einer Schule. Karingerd (heute: Çakmaközü) mit der Surp Towmas Kirche. Khuylu mit der Surp Giragos Kirche und der Surp Stepannos Schule. İçme mit einem Kloster, der Surp Nigoghajos Kirche, einer Schule gleichen Namens sowie einer protestantischen Kirche. Keğvank (heute: Güntaşı) mit dem Surp Nschan Kloster und einer Schule. Khurbet-Mezre mit der Surp Giragos Kirche. Komk (heute: Yenikapı), mit dem Kloster gleichen Namens, der Surp Nschan Kirche und einer Schule. Konakalmaz mit der Surp Asdwadsadsin Kirche und einer Schule. Körpe mit der Surp Asdwadsadsin Kirche und einer Schule. Perçenc mit der Surp Prgitsch Kirche, der Surp Nschan Schule sowie einer protestantischen Kirche. Muzuroğlu mit der Surp Minas Kirche und einer Schule. Sarıkamış mit der Surp Asdwadsadsin Kirche und der Surp Sarkis Schule. Sarptsik und Şamuşi mit je einer Kirche und Schule. Şentil mit der Surp Sarkis Kirche und einer Schule. Tilenzig (heute: Doğankuş) mit der Surp Sarkis Kirche. Vertetil (heute: Yazıkonak) mit der Surp Kework Kirche und einer Schule. Yertmanik mit der Surp Warware Kirche und der Surp Asdwadsadsin Kirche. Yukarı Ağınsi (heute: Elmapınarı) mit der Surp Garabed Kirche und einer Schule. Yukarı Mezre mit der Surp Krikor Kirche und einer Schule. Yukarı Hokh (heute: Dedeboyu) mit der Surp Asdwadsadsin Kirche und der Surp Garabed Schule. Şeyhhacı mit der Surp Asdwadsadsin und der Surp Sarkis Kirche sowie einer Schule. Zalini (heute: Beydalı) mit der Surp Sarkis Kirche und einer Schule. Zartariç (heute: Değirmenözü) mit dem Surp Mikajel Kloster und der Surp Chatsch Kirche.

Im Landkreis Arapkir lebten der osmanischen Volkszählung von 1914 zufolge 10.091 Armenier, von denen 221 Katholiken und 666 Protestanten waren.

Von den mehr als 15.000 Einwohnern der Kreisstadt waren mehr als die Hälfte Armenier. Die wichtigsten Gewerbe der Armenier der Stadt waren das Goldschmiedehandwerk, die Herstellung von Metallgegenständen, Baumwoll- und Seidenweberei, Kupferverarbeitung, Seifen- und Waffenherstellung. Neben der Surp Asdwadsadsin Kirche, die zugleich Sitz des zum İstanbuler Patriarchat gehörenden Bistums war, gab es noch die Surp Hagop, die Surp Krikor Lusaworitsch und die Surp Kework Kirche. Die gregorianischen Armenier verfügten insgesamt über fünf große Schulen mit insgesamt ungefähr 500 Schülern, wovon eine für Mädchen war. Die Katholiken der Stadt verfügten über die Surp Prgitsch Kirche und eine Schule gleichen Namens, die Protestanten über eine Kirche und zwei Schulen. Die Waisenhäuser der Stadt, eines der Gregorianer und zwei protestantische, nahmen insgesamt ca. 120 Kinder auf.

Die wichtigsten armenischen Siedlungen im Landkreis Arapkir waren Ambrga mit der Surp Nschan Kirche und einer Schule, Şepig (heute: Yaylacık) mit der Surp Asdwadsadsin Kirche und einer Schule, Vark mit einer Schule und einer

Kirche sowie Ancırti mit der Surp Nschan Kirche und der Wartanjan Schule.

In Keban Madeni, einer alten Bergbaustadt, lebten etwa 300 Armenier, die dort über die Surp Asdwadsadsin Kirche und eine Schule verfügten. Ein Teil der Armenier der Stadt gehörte der griechisch-orthodoxen Kirche an. Die Armenier der Stadt, deren Minen geschossen waren, beschäftigten sich mit Landwirtschaft und Gütertransport auf dem Euphrat.

Im zum Landkreis gehörenden Arguvan lebten ca. 400 Armenier, die dort eine Kirche und eine Schule hatten. In Aşvan (heute: Murtçık), wo sich die Surp Kework und die Surp Sarkis Kirche befanden, lebten ca. 100 Armenier.

In Vartenig im Landkreis Pötürge, wo sich eine Kirche und eine Schule befanden, lebten etwa 700 Armenier.

Ein wichtiges armenisches Siedlungsgebiet war der Landkreis Eğin (heute: Kemaliye). Mehr als die Hälfte der 10.000 Einwohner zählenden, im Bergland gelegenen Kleinstadt waren Armenier. In der Oberstadt befanden sich die Surp Asdwadsadsin Kirche, die zugleich auch Bischofssitz war, sowie die Surp Kework Kirche und die Nersesjan Schule. In der Unterstadt gab es die Surp Sarkis und die Surp Krikor Naregazi Kirche sowie die Naregjan Schule. In der Nähe der Stadt befand sich das Kloster Surp Nerses Schnorhali.

Viele Bürger der Stadt, die nach İstanbul gingen, beschäftigten sich dort als Goldschmiede, Devisenhändler oder arbeiteten im Bankwesen. Einige von ihnen stiegen weit in der osmanischen Hierarchie auf und gelangten bis in die Leitung der staatlichen Münze und wurden Bankiers des Sultans, Großwesirs und anderer Angehöriger der Dynastie.

Ein Teil der Armenier von Eğin wurden als Hajhorum bezeichnet und gehörten der griechisch orthodoxen Kirche an.

Abuçeh (heute: Apçağa) war ein Dorf, in dem ungefähr 2.000 Armenier mit ungefähr der gleichen Zahl Muslime zusammelebten. Im Dorf befanden sich die Surp Nschan und die Surp Kework Kirche sowie drei Schulen. In Gamaragab (heute: Toybelen) lebten etwa 1.250 Armenier, die dort die Surp Asdwadsadsin Kirche und zwei Schulen betrieben. In Pegir (heute: Sarıkonk), wo sich die Surp Asdwadsadsin, die Surp Hreschdagabed und die Surp Jereg Manug Kirche sowie zwei Schulen befanden, lebten ungefähr 1.200 Armenier.

Die wichtigsten armenischen Siedlungen des Landkreises Eğin waren: Garuşla (heute: Yuva) mit dem Surp Jerewman Kloster, der Surp Asdwadsadsin und der Surp Prgitsch Kirche und zwei Schulen. Navril (heute: Gümüşçeşme) mit der Surp Minas Kirche und einer Schule sowie dem in der Nähe gelegenen Surp Krikor Lusaworitsch Kloster. Horuç (heute: Yazmakaya) mit der Surp Asdwadsadsin Kirche und einer Schule. Maşkır (heute: Çakıltaş) mit der Surp Asdwadsadsin Kirche und einer Schule. Samuku mit der Surp Asdwadsadsin Kirche und einer Schule. Vağşen mit der Surp Nschan Kirche und einer Schule. Das von Hajhorum bewohnte Muşaka (heute: Kocaçimen) sowie die Dörfer Şirzi (heute: Esertepe), Tsorag und Vank (heute: Yaka). Das zum Kreis gehörende kleine Dorf Dzabılvar (heute: Bahadırlar), in dem sich die Surp Asdwadsadsin Kirche befand, wurde durch das Buch *Genosse Pantschuni* von Yervant Odjan, einer Satire auf Sozialisten, bekannt.

DER BEZIRK MALATYA

Der osmanischen Volkszählung von 1914 zufolge lebten im sich aus den Kreisen Malatya, Hısnımansur (heute: Adıyaman), Behisni (heute: Besni), Akçadağ und Kâhta zusammensetzenden Bezirk 14.784 Armenier, von denen 831 Protestanten und 2.070 Katholiken waren. Maghakja Ormanjan gibt die Zahl der Armenier im Bezirk mit 23.000 an, wovon 1.000 Protestanten und 2.000 Katholiken waren.

Den Daten des Katholikosats von Kilikien zufolge waren von den 35.000 Einwohnern der Bezirksstadt Malatya (auch Yeni Malatya genannt) 15.000 Armenier. Die in einer wasserreichen Gegend errichtete Stadt war umgeben von Gärten und Weinbergen. Neben Weinbau und Landwirtschaft gingen die Armenier der Stadt vor allem der Seidenraupenzucht, der Seiden- und Baumwollweberei, dem Goldschmiedehandwerk und der Teppichproduktion nach.

In der Stadt verfügten die gregorianischen Armenier über die Surp Harutjun, die Surp Asdwadsadsin und die Surp Jerrortutjun Kirche und vier Schulen, die von etwa 800 Schülern besucht wurden. Der zum Katholikosat von Kilikien gehörende Bischofssitz grenzte an die Surp Asdwadsadsin Kirche an. Außerhalb der Stadt befand sich das Surp Krikor Lusaworitsch Kloster, zu dem auch ein Waisenhaus und eine Schule gehörten.

Die Katholiken der Stadt hatten die Surp Asdwadsadsin Kirche, eine weitere gehörte den Protestanten. Außerdem befanden sich in der Stadt protestantische, armenisch-katholische und lateinische Schulen sowie ein amerikanisches und ein lateinisches Waisenhaus.

Von 1910 bis 1914 wurde in Malatya die wöchentliche armenische Zeitung *Grtasiraz* herausgegeben.

In der alten Bezirkshauptstadt, in Eski Malatya, lebten mehr als 1.000 Armenier, die dort die Surp Stepannos Kirche und eine Schule hatten. Orduz mit der Surp Prgitsch Kirche und Çermug mit der Surp Etschmijadsin Kirche waren Dörfer mit armenischer Bevölkerung.

Im Landkreis Hısnımansur mit der Kreisstadt Adıyaman lebten der osmanischen Volkszählung zufolge fast 3.500 Armenier. In der Kreisstadt befanden sich die Surp Asdwadsadsin Kirche sowei die von Mädchen und Jungen gemeinsam besuchte Mesrobjan Schule. Außerdem gab es die katholische Surp Prgitsch und eine protestantische Kirche in der Stadt.

Dörfer mit armenischer Bevölkerung im Landkreis waren Samsat, Vartan, Gavrik, Kantara, Khırafi, Şabi, Kilisan, Dardghan, Gozan, Marmara, Gölpınar, Hayg, Zurna, Beşrin, Tavdir, Urema, Zakov, İşek, Terpetil und Bozug.

Die mehr als 3.000 in der Kreisstadt Behisni (heute: Besni) lebenden Armenier gingen vor allem dem Weinbau, der Teppichproduktion sowie Woll- und Baumwollweberei nach. Die gregorianischen Armenier verfügten über die Surp Prgitsch Kirche und eine Schule gleichen Namens, die katholischen über die Surp Asdwadsadsin Kirche und eine Schule.

Surfaz, Şamboyad, Tukh, Raban, Belviran (heute: Belören) und Koçgaşı waren von Armeniern bewohnte Siedlungen im Landkreis Besni.

In Arka (heute: Kürecik), Zentrum des Landkreis Akçadağ, wo mehr als 100 Armenier lebten, befand sich die Surp Stepannos Kirche. Die übrigen Siedlungen des Kreises waren: Hekimhan mit der armenischen Surp Asdwadsadsin und der katholischen Surp Prgitsch Kirche, hatte mehr als 750 armenische Einwohner. In Ansar mit der Surp Sarkis Kirche lebten mehr als 150 Armenier. In Muşovga lebten ungefähr 400 Armenier und hatten die Surp Asdwadsadsin Kirche sowie die Sahagjan

Schule. In Hasan Çelebi lebten fast 250 Armenier.

Ungefähr die Hälfte der 4.000 Einwohner der Kreisstadt Kâhta waren Armenier. In der Stadt befanden sich die Surp Kework und die Surp Toros Kirche.

Dörfer des Landkreises mit armenischer Bevölkerung waren: Zur Gemeinde Şirro (heute: Örmeli oder auch Tosunlu) gehörend Ağvan, Mamaş, Umrun, Keferdiz (heute: Gümüşkaşık), Kıraç, Dumlu und Tepehan. Zur Gerger gehörend die Dörfer Komak, Niran (heute: Budaklı), Gağndek, Pötürge (heute: Güngörmüş), Mişrak (heute: Gündoğdu), Bizman, Tillo (heute: Gülyurt), Vanküg (heute: Yağmurlu), Şevkan (heute: Ağaçlı), Temsiyaz (heute: Eskikent) und Terkidi. Die zu Merdisi bzw. Merdis (heute: Narince) gehörenden Dörfer Büyükbağ, Hasandigin, Hilim (heute: Göney), Hut, Khores, Korneda, Kölbük, Perag, Ülbüş (heute: Köklüce), Nirin (heute: Koşarlar) und Salmadin. Sowie die zu Zeravikan gehörenden Dörfer Bervedol (heute: Gölgeli), Geyikan, Koltik (heute: Bozgedik), Karaçor (heute: Oluklu), Meşrag, Karatur, Givdiş (heute: Yayladalı) und Şeyh Murat.

DER BEZIRK DERSİM

Der osmanischen Volkszählung von 1914 zufolge verfügte der Bezirk, zu dem die Landkreise Hozat, Mazgirt, Çarsancak, Çemişkezek, Kızılkilise und Ovacık gehörten, 12.342 Armenier, von denen 458 Protestanten waren. Armenische Quellen geben ihre Zahl mit mehr als 16.000 an.

Im Bezirkszentrum Hozat mit seinen 1.000 Einwohnern lebten 350 Armenier, die dort die Surp Prgitsch Kirche und eine Schule besaßen. Während die Muslime und Aleviten der Stadt von der Tierzucht lebten, gingen die Armenier Landwirtschaft und Handwerk nach.

Dörfer des Landkreises, in denen Armenier meist mit Aleviten zusammenlebten, waren: Enceğag mit der Surp Minas Kirche und einer Schule. Yergan (heute: Geçimli) mit der Surp Harutjun Kirche und dem Kloster Garmir Wank. Arsunik mit der Surp Sarkis Kirche. Havşakar mit der Surp Kework und der Surp Sarkis Kirche sowie einer Schule. Peyig (heute: Çağlarca) mit einer Kirche. Sigedig mit der Surp Kework Kirche. Sorpiyan (heute: Yelkonak) mit der Surp Kework Kirche. Teşgeg mit der Surp Toros Kirche und dem Surp Towmas Kloster. Ekreg (heute: Gözlüçayır) mit der Surp Hagop Kirche. Halvori mit dem Surp Asdwadsadsin Kloster sowie Halvorivank mit dem Surp Garabed Kloster.

Im Landkreis Kızılkilise (heute: Nazımiye) lebten der osmanischen Volkszählung zufolge 89 Armenier. Im Landkreis, der seinen Namen von einer armenischen Kirche herleitete, befanden sich eine große Zahl von Ruinen verlassener Kirchen und Klöster.

Von den 1.500 Einwohnern der Kreisstadt Mazgirt waren mehr als 1.000 Armenier, die dort die Surp Asdwadsadsin und die Surp Hagop Kirche sowie eine Schule hatten.

Weitere Dörfer des Landkreises, in denen Armenier meist mit Aleviten lebten, waren: Lazvan (heute: Aslanyurdu) mit der Surp Asdwadsadsin und der Surp Sarkis Kirche. Pah (heute: Kocakoç), Çukur und Danaburan mit je einer Kirche. Şorda (heute: Ağaçardı) mit der Surp Takawor Kirche sowie Dilanoğce bzw. Dilanoğlu (heute: heute Koçkuyusu), Hozinküğ (heute: Alanyazı) und Tamurdağ, wo sich die Surp Kework Kirche Kirche befand.

Im südlich im Dersim-Bezirk gelegenen Landkreis Çarsancak lebten der osmanischen Volkszählung zufolge 7.105 Armenier.

Ein großer Teil der 2.000 Einwohner der Kreisstadt Peri (heute: Akpazar) waren Armenier. In der Stadt gab es die Surp Asdwadsadsin Kirche, ein Kloster sowie eine von Mädchen und Jungen gemeinsam besuchte Schule. Die protestantischen Armenier verfügten außerdem über eine Kirche, eine Schule und ein Waisenhaus.

Dörfer mit armenischer Bevölkerung im Landkreis Çarsancak, in denen meist auch Türken und Kurden lebten, waren: Balaşehir mit der Surp Sarkis, der Surp Toros, der Surp Krikor und der Surp Prgitsch Kirche, dem Khrandili Kloster sowie einer Schule. Basu (heute: Güneşdere) mit der Surp Krikor Kirche und einer Schule. Eski Pertag mit der Surp Asdwadsadsin Kirche. Gorcan mit der Surp Asdwadsadsin Kirche und einer Schule. Göktepe mit der Surp Garabed Kirche. Aşağı Havsi mit der Surp Andon Kirche. Yukarı Havsi mit der Surp Minas Kirche. Hayvatlı mit der Surp Minas Kirche. Haresig (heute: Biçmekaya) mit der Surp Asdwadsadsin Kirche. Hoşe mit dem Surp Boghos Kloster und einer Schule. İsmailtsik (heute: İsmailli) mit der Surp Asdwadsadsin Kirche, dem Lujs Kloster und einer Schule. Khayaçi mit der Surp Minas Kirche. Hırnik (heute: Çimenli) mit der Surp Hagop Kirche. Kızılcık mit der Surp Asdwadsadsin Kirche und einer Schule. Köderiç (heute: Güneyharman) mit der Surp Kework Kirche und einer Schule. Kuşçu mit der Surp Asdwadsadsin Kirche und dem Surp Andon Kloster. Kuşçu Mezra mit der Surp Garabed Kirche. Lemk (heute: Obruktaşı) mit dem Surp Krikor, dem Surp Asdwadsadsin und dem Surp Toros Kloster. Norküğ (heute: Yeniköy) mit der Surp Kework Kirche und einer Schule. Pağnik mit der Surp Minas Kirche und einer Schule. Paşavank (heute: Kepektaşı) mit der Surp Sarkis Kirche und einer Schule. Paşavank Mezra mit der Surp Karasun Manganz Kirche und einer Schule. Soreg (heute: Karabulut) mit der Surp Garabed, der Surp Warware und der Surp Asdwadsadsin Kirche. Til Pertagi (heute: Korluca) mit der Surp Sarkis Kirche. Vazgert (heute: Çalıözü) mit der Surp Toros, der Surp Karasun Manganz und der Surp Asdwadsadsin Kirche, sowie die Dörfer Beroç (heute Dallıbel), Margig (heute: Günboğazı) und Zeri (Şavkin).

Im Landkreis Çemişkezek des Bezirks Dersim wird die armenische Bevölkerung durch die osmanische Volkszählung mit 4.254 angegeben, wovon 267 der griechisch-orthodoxen und 215 der protestantischen Kirchen angehörten.

Die Hälfte der 2.500 Einwohner der Kreisstadt war Armenier. In der Stadt befanden sich die Surp Asdwadsadsin und die Surp Toros Kirche sowie die Wartanjan und die Nersesjan Schule. Die wichtigsten Gewerbe der Armenier der Stadt waren Töpferei, Schneiderei, das Goldschmiedehandwerk und Baumwollweberei.

Andere Dörfer des Landkreises mit armenischer Bevölkerung waren: Bardizag mit der Surp Asdwadsadsin Kirche. Hazari mit der Surp Jerrortutjun Kirche und einer Schule. Garmri bzw. Germisik (heute: Yünbüken) mit der Surp Asdwadsadsin Kirche. Pazapun (heute: Cebe) mit der Surp Asdwadsadsin Kirche und einer Schule. Sisne (heute: Varlıkonak) mit der Surp Howhannes Kirche. Sowie Miyadın mit der Surp Asdwadsadsin Kirche.

Mamsa (heute: Alakuş) mit der Surp Toros Kirche und Setirge (heute: Günbaşı) waren Dörfer in denen armenische Hajhorum lebten.

In der zu Dersim gehörenden Kreisstadt Ovacık lebten nur wenige Armenier.

REGNIER SŒURS
4. RUE CENTRALE. LYON

KHARPOUTH (Turquie d'Asie)
Ville située à 1.400 mètres d'altitude

Mission des PP. Capucins

642 Karte der Provinz Mamuretülaziz.
145 * 100. Tüccarzade İbrahim Hilmi, İstanbul.

643 Ausblick auf das Armenierviertel von Harput. In der Mitte der Postkarte ist eine armenische Kirche mit ihrem Glockenturm zu sehen. Links oben auf der Karte ist das Signé der „Régnier Sœurs" im französischen Lyon zu erkennen, die diese Art Karten für die Sammlung von Spenden benutzten.
139 * 90. Mission des P. P. Capucins. „Harput (asiatische Türkei), gelegen in 1.400 m Höhe." Am 7. Juli 1910 von Lyon abgeschickt.

644 Gerber in Harput auf einer Postkarte der Kapuziner.
141 * 91. Mission des P. P. Capucins. „Armenien. Türkische Gerber in Harput."

645 Weber und Wasserverkäufer in Harput.
141 * 91. Mission des P. P. Capucins, 20.

646 Die Postkarte zeigt Schulleitung und Kollegium des von amerikanischen Missionaren gegründeten Euphrat Kollegs im Juni 1914. Von links unten beginnend im Uhrzeigersinn: Sarkis K. Kölejan, Diran Tenekedschjan, Armenag H. Howaşimjan, Howhannes H. Dingiljan, Aschod S. Jusuf, Wartan B. Amirjanjan, H. H. Riggs, C. P. Nap, Pater Gabrijel, F. Enlilbuc, Andreas B. Derghasarjan, Sertag G. Sulumjan, Howhannes K. Tawutjan, Armen K. Melkonjan. In der Mitte oben: Präsident Riggs. Im Uhrzeigersinn: Chatschadur K. Nahisjan, Mgrditsch S. Wormerjan, Samuel Chatschadurjan, Donabed Lüledschijan, Howhannes H. Budschigjan, Garabed M. Soghigjan, Nigoghos Tenedschedschjan. Die 1875 unter dem Namen Armenien Kolleg gegründete Schule nahm auf Einspruch der osmanischen Regierung den Namen Euphrat Kolleg an. Die Schule, die Ausbildung vom Grundschul- bis zum Hochschulniveau bot, wurde von Mädchen und Jungen besucht. Auch wenn die Unterrichtssprache Armenisch war, wurden auch Türkisch und Englisch gelehrt.
88 * 131.

647 Die amerikanischen Missionseinrichtungen in Harput an einem Wintertag. Die Beschriftung ist in Armenisch, Osmanisch und Englisch, in drei Sprachen abgefaßt.
136 * 88. Harput Serie, 11.

Harpoot Series No. 11.
American Mission Premises in Winter, Harpoot

648 *Die amerikanischen Einrichtungen in Harput auf einer von dem Lehrer M. Soghigian am Euphrat Kolleg in die USA geschickten Postkarte. Das Gebäude mit Kuppel zur linken ist das Schlafgebäude der Jungen. Das dritte Gebäude von links ist das Jungen Kolleg, das mit einem Verbindungsgebäude an das Rektoratshaus angeschlossen war. In dem rechts mit einer Kuppel gekrönten Gebäude waren sowohl die Schlafstätten der Mädchen als auch ihre Kolleg-Abteilung untergebracht. Im davorliegenden langgestreckten Gebäude befanden sich ein Kindergarten und eine Grundschule für Mädchen. Im hellfarbigen zur linken angrenzenden Haus befanden sich die Missionarswohnungen. Die anderen Gebäude waren die Wohnungen der übrigen Kollegangestellten.*
137 * 87. „Euphrates College, Harput, Türkei, 1906". Auf der Rückseite der Postkarte befindet sich der Stempel von Soghigyan.

649 *Die amerikanische Missionseinrichtung in Harput. Die Aufschrift „Euphrate College Kharpoot" ist in Armenisch, Osmanisch und Englisch, in drei Sprachen ausgeführt.*
137 * 95. Am 24. Februar 1906 von Harput in die USA gesandt.

650 *Armenische Jungen und Mädchen des Dorfes Pazmaşen oder Bismişan (heute: Sarıçubuk) in Harput.*
140 * 88. Mission des P. P. Capucins. „Armenier in Mamuretülaziz."

651 *Armenische Frauen aus Pazmaşen.*
140 * 89. Mission des P. P. Capucins.

652 *Die Karte zeigt das Kolleg der Kapuziner in Harput. Die französische Kapuzinermission bestand aus Kolleg, Waisenhaus, Krankenhaus und Unterkünften. Das Kolleg in Harput war die größte französische Missionsschule der Region.*
140 * 90.

653 *Ein in einer Sänfte reisender Kapuzinermönch.*
138 * 89.

DIE PROVINZ MAMURETÜLAZÎZ
Harput, Mezre, Arapkir, Eğin, Malatya, Çarsancak, Çemişkezek

307

Arméniens de la Vallée de Mamouret-ul-Azíz

9. - Mission des P.P. Capucins. - Arménie — Costumes des femmes de BISMICHAN

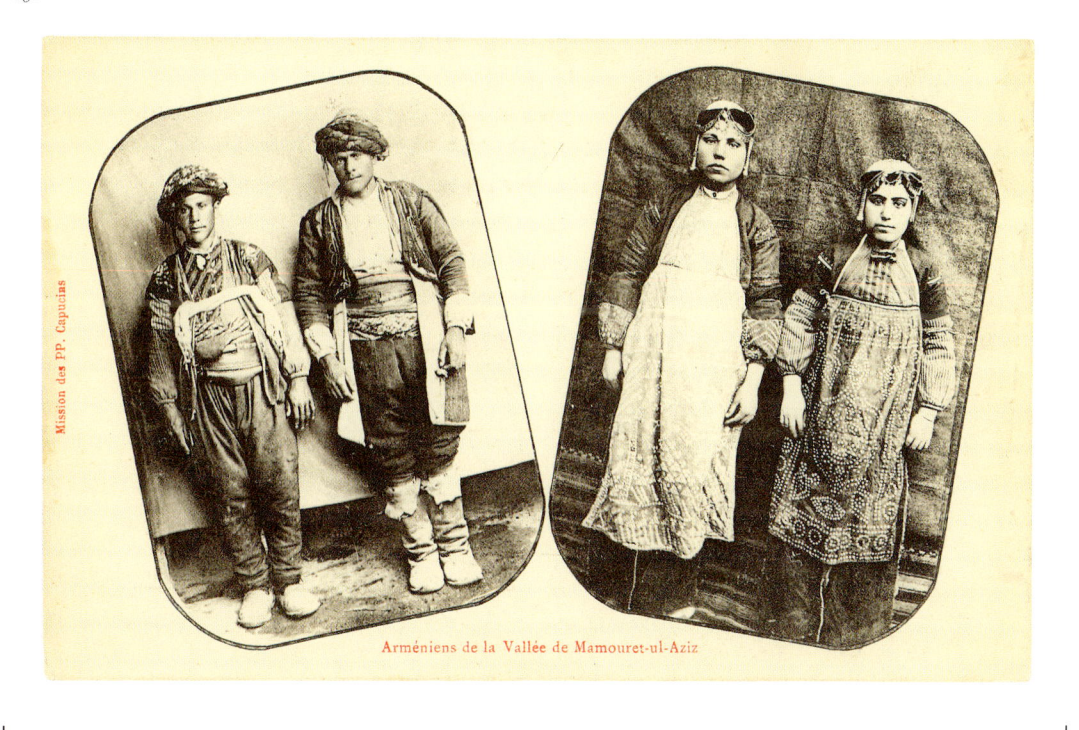

COLLÈGE DES MISSIONNAIRES CAPUCINS, MAMOURET-UL-AZIZ (Turquie d'Asie)

TAKHTAROUAN. - Véhicule en usage dans les Voyages à travers la Mésopotamie

654 Blick auf Mezre von Norden, die das
Verwaltungszentrum der Provinz Mamuretülaziz war.
Die Karte wurde vom armenischen Editeur Sarrafjan aus
Beirut hergestellt und in Osmanisch, Armenisch und
Englisch beschriftet.
142 * 89. Gebrüder Sarffian, Beirut, Harput Serie, 14.

655 Beförderung von Waisen des von dänischen
Missionaren in Mezre gegründeten Waisenhauses.
140 * 90. [Dänemark].

656 Mittagessen im dänischen Waisenhaus.
138 * 89. [Dänemark]. Am 8. Oktober 1910 innerhalb Dänemarks
abgesandt.

Middag i Vaisenhuset i Mesereh.

657 Krankenstation im Euphrat Kolleg in Harput. Ein Teil der Absolventen des Kollegs, das in den Bereichen Pädagogik und Medizin ausbildete, wurde als Lehrer, Krankenpfleger oder auch Forscher weiter an der Einrichtung beschäftigt. Das auf der Postkarte zu sehende Krankenzimmer wurde für die Ausbildung von Krankenschwestern benutzt. Wie der Aufschrift „Beginn eines Krankenhauses in Harput, Türkei" zu entnehmen ist, handelt es sich um einen Vorläufer des später in Mezre gegründeten Annie Tracy Riggs Krankenhauses. Auf der am 21. Januar 1908 von einem Mitarbeiter des Comfort Colleg in Florida namens Jessi, dessen Nachnahme nicht lesbar ist, abgesandten Karte werden einer Frau aus Wohltätigkeitskreisen Informationen über die Krankenstation und die Gründung des Krankenhauses gegeben. Der Text auf der Rückseite endet mit dem Satz: „Ich bin sicher, dass die Türkei mehr denn je auf unsere Gebete angewiesen ist."
140 * 89.

658 Der Enfijedschijan- bzw. der Frauensaal des Annie Tracy Riggs Krankenhauses in Mezre mit einer dreisprachigen Erklärung.
141 * 89. Gebrüder Sarrafian, Beirut, Harput Serie Nr. 3.

659 Eine Postkarte des Annie Tracy Riggs Hospitals in Mezre mit Aufschrift in Armenisch, Türkisch und Englisch, in drei Sprachen. Das Krankenhaus leitet seinen Namen von der Frau des amerikanischen Missionars Harry Harrison Riggs ab. Die Krankenschwester und Lehrerin Annie Tracy Riggs kam nach ihrer Heirat im Juli 1904 in Pennsylvania als Ausbildungsschwester ans Kolleg nach Harput. Sie verstarb dort im Juli 1905. Henry Harrison Riggs, der 1907 erneut heiratete, gab der erstgeborenen Tochter den Namen Annie Tracy. Das Krankenpflegepersonal des vom armenischsprachigen Euphrat Kolleg geführten Hospitals bestand fast ausschließlich aus armenischen Absolventen der Krankenpflegeabteilung des Kollegs. Beim Ausbruch einer Typhus-Epedemie in der Stadt im Jahr 1915 starben der Gründer des Krankenhauses Dr. Akinson und Riggs Tochter Annie Tracy. Die Mitglieder der Riggs-Familie waren in Anatolien über mehrere Generationen als Missionare tätig. Der letzte Leiter des Euphrat Kollegs vor dessen Schließung war Ernst Riggs, Bruder von Henry Harrison Riggs.
137 * 89. [Amerika], Harput Serie Nr. 1.

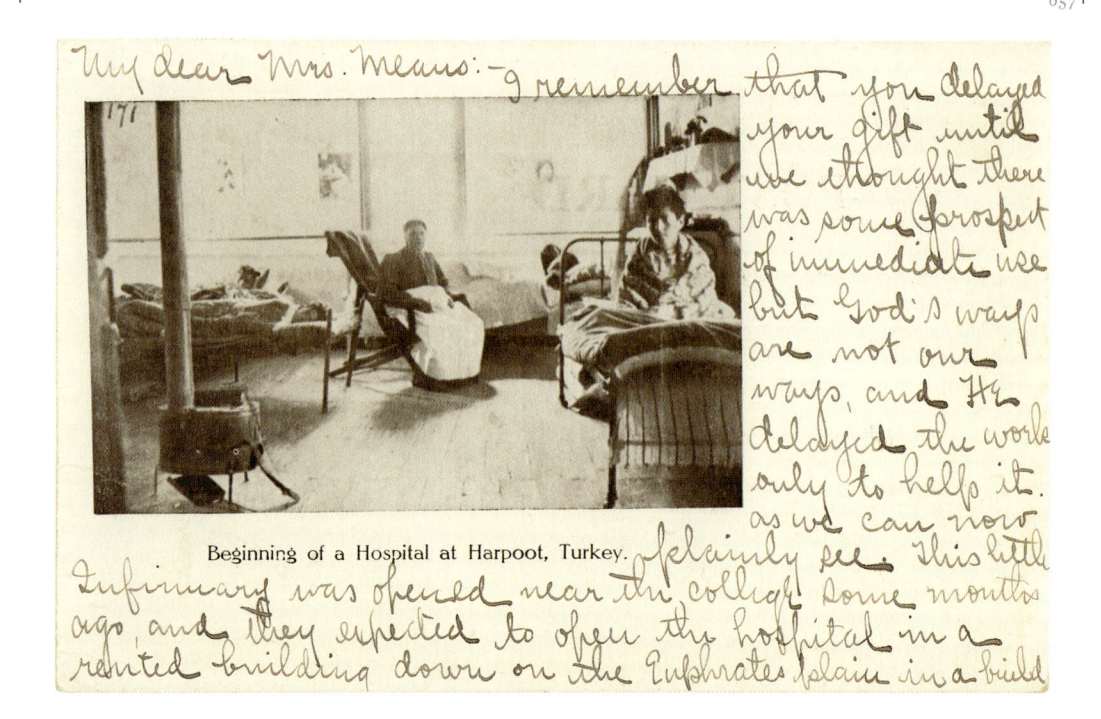

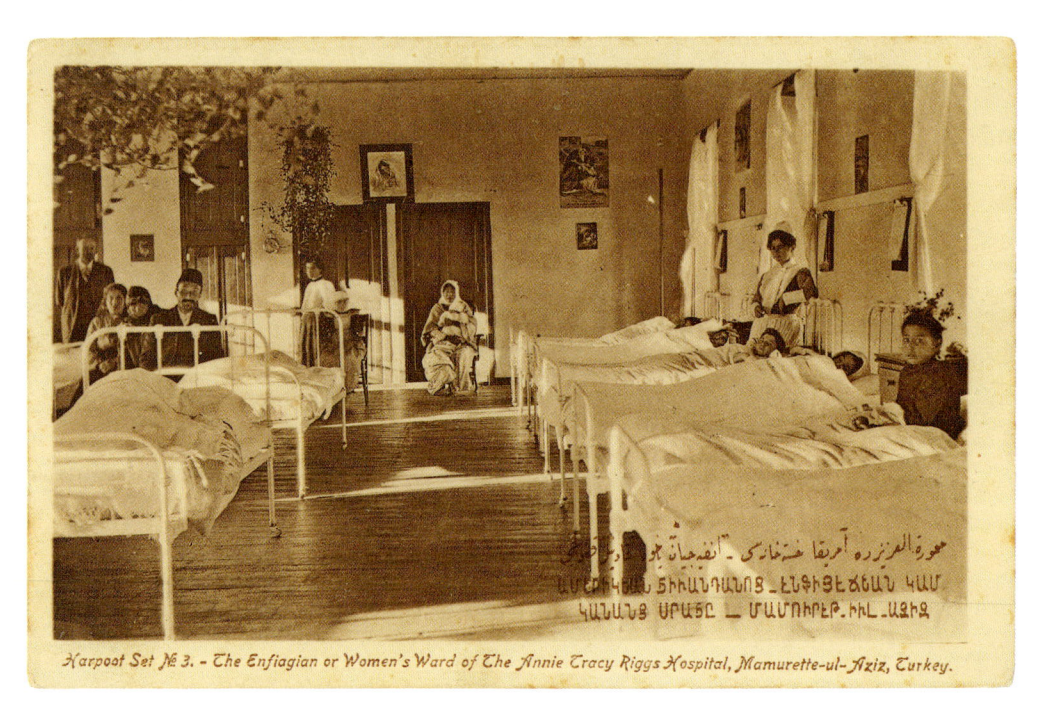

Ամերիկեան հիւանդանոց,
Մամուրէթ-իւլ-Ազիզ, Թուրքիա.

أمريقا خسته خانه سى - معمورة العزيز

Harpoot Series No. 1
Annie Tracy Riggs Hospital, Mezereh, Turkey

DIE PROVINZ MAMURETÜLAZİZ
Harput, Mezre, Arapkir, Eğin, Malatya, Çarsancak, Çemişkezek

311

660 Die Kapuziner-Residenz in Malatya und die St. Expedit (Surp Jeprem) Kapelle.
140* 88. Mission des P. P. Capucins. „Missionshaus in Malatya und Kapelle des St. Expedit, der in der Stadt zum Märtyrer wurde."

661 Eine armenische Familie aus Malatya auf einer Postkarte der Kapuziner.
91 * 141. Mission des P. P. Capucins, 3.

662 Kurdische Schmuggler aus Adıyaman auf einer Postkarte der Kapuziner.
140 * 90. Mission des P. P. Capucins.

663 Eine Fotokarte, die vermutlich zu Beginn der 1920-er Jahre die armenische Kirche und Schule in Arapkir zeigt.
140 * 90.

664 Der Euphrat in der Nähe von Pertek auf einer Postkarte des armenischen Verlegers Chatschik Tscholakjan aus Trabzon.
138 * 90. H. [Hatchik] Tcholakian, Trabzon, 41. "Der Euphrat beim armenischen Dorf Pertag."

Die Provinz Diyarbakır

Diyarbakır, Ergani, Palu, Mardin

Die Provinz Diyabakır setzte sich aus den Bezirken Diyarbakır, Mardin und Ergani zusammen.

In Diyabakır befand sich ein Erzbischofssitz und in Palu ein Bistum, die dem Istanbuler Patriarchat angeschlossen waren. In Mardin befand sich ein Bistum der katholischen Armenier.

Der osmanischen Volkszählung von 1914 zufolge lebten in der Provinz 72.926 Armenier, von denen 55.890 Gregorianer, 9.660 Katholiken und 7.376 Protestanten waren. Die von Maghakja Ormanjan 1912 veröffentlichten Daten geben die armenische Bevölkerung der Provinz mit 80.500 an, wovon 1.500 katholischer und 1.000 protestantischer Konfession waren.

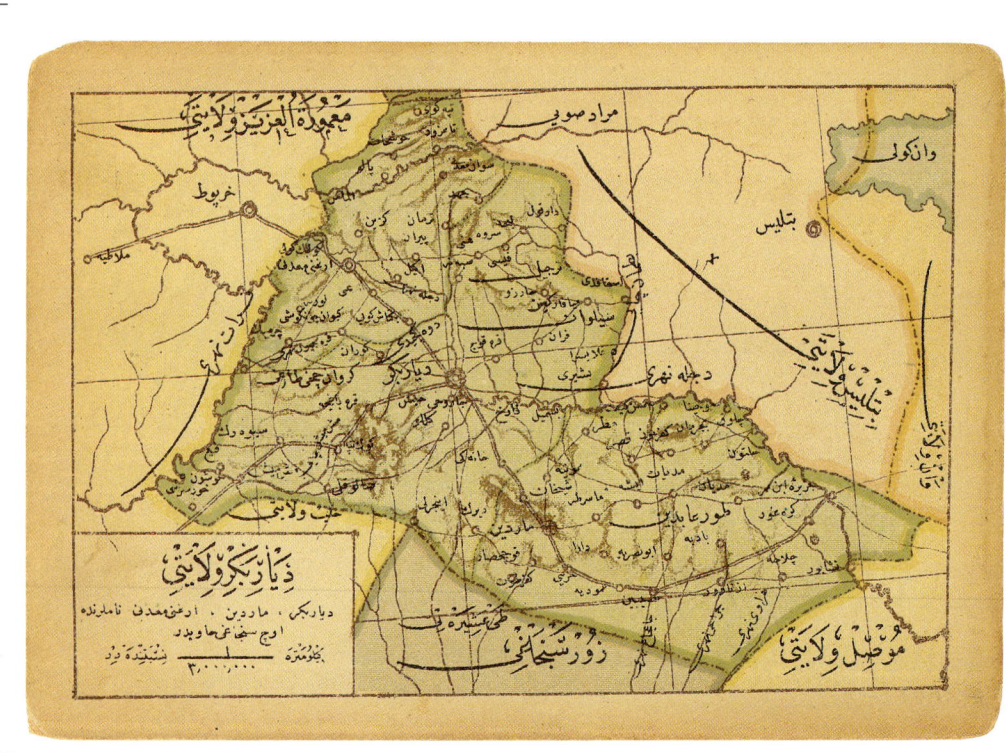

DER BEZIRK DİYARBAKIR

Der Bezirk Diyarbakır setzte sich aus den Landkreisen Diyarbakır, Siverek, Silvan, Lice, Derik und Beşeri zusammen und verfügte den Daten von Maghakja Ormanjan zufolge über 47.000 armenische Einwohner, von denen je 1.000 Katholiken bzw. Protestanten waren.

Von den 35.000 Einwohnern Diyarbakırs (arm. Dikranakert) waren etwa 10.000 Armenier. Armenische Kaufleute und Gewerbetreibende hatten eine wichtige Position im wirtschaftlichen Leben der Stadt. Zu den Gewerben, in denen Armenier führend waren, gehörten die Kupferverarbeitung, das Goldschmiedehandwerk, die Gerberei sowie die Stoff- und die Teppichweberei. Betrachtet man die im Annuaire Oriental 1914 aufgeführten Namen von Personen und Firmen, so wurde das einzige Hotel der Stadt von dem Armenier Mendildschijan betrieben. Alle zwölf aufgeführten Goldschmiedewerkstätten, zehn von elf Maurermeistern, die neun Kupferwarenhändler und die zehn Seidenstoffe herstellenden Firmen sowie 29 von 38 Handelsfirmen, die Baumwolle, Seide, Getreide, Wolle u.ä. Waren verkauften waren armenisch.

Die Weinberge und Gärten von Diyabakır, das von einer Stadtmauer umgeben war, zogen sich bis an die Ufer des Tigris. Es wurde Wein, Obst und Gemüse angebaut und Seidenraupenzucht betrieben. In dem weiten, mit Wasser des Tigris bewässerten Tal wurden Baumwolle und Tabak angebaut.

Auch wenn in der Stadt Christen unterschiedlicher Völker und Konfessionen wie vor allem syrische Christen und Chaldäer lebten, so wurden die Armenier als Repräsentanten der Christenheit der Stadt angesehen. Zum Ende des 19. und Beginn des 20. Jahrhunderts wurde für jede Amtsperiode ein Armenier zum stellvertretenden Bürgermeister Diyarbakırs. Die Hälfte des Stadtrates und ein bedeutender Teil des Provinzrates setzte sich aus Christen, vor allem Armeniern zusammen. Ärzte, Rechtsanwälte und Apotheker in Diyarbakır waren fast ausschließlich Christen, die Mehrheit Armenier. Auch befanden sich stets Armenier in staatlichen Verwaltungen wie der Wahlkommission, der Finanzdirektion und der Steuerverwaltung. Armenier wurden sogar Polizisten oder Gefängniswärter.

Die gregorianischen Armenier verfügten in der Stadt über die Surp Giragos und die Surp Sarkis Kirche. Der Sitz des Erzbischofs grenzte an die Surp Giragos Kirche.

In der Nähe beider Kirchen befand sich je eine Schule. Die Schule im Surp Giragos Viertel wurde 1901 von 480 Jungen und 274 Mädchen, d.h. 754 Schülern, besucht. Im Surp Sarkis Viertel waren es 130 Schüler, davon 80 Jungen und 50 Mädchen.

Trotz ihrer eigenen Schulen besuchte die Mehrheit der katholisch-armenischen Kinder die Bildungseinrichtungen der Kapuziner- und Franziskanermönche. Die protestantischen Kinder zogen demgegenüber die von amerikanischen Missionaren gegründete Schule vor. In diesen Schulen wurden 1901 90 Jungen und 100 Mädchen der gregorianischen Armenier unterrichtet.

Zu Beginn des 20. Jahrhunderts in Diyarbakır erscheinende armenische Periodika waren Angakh Dikris, die 1909 mit nur einer Nummer erschien; die 1910 wöchentlich erscheinende *Dikris* (Tigris); die 1910 alle zwei Wochen erscheinende *Zolker* sowie *Truzig Garmir Dedrag*, eine 1913 herausgegebene Zeitschrift.

Die Provinzzeitung Diyarbakırs erschien Ende des 19. Jahrhunderts einmal wöchentlich in Türkisch mit armenischer Schrift.

In ungefähr zwanzig Dörfern des Landkreises Diyarbakır lebten Armenier, in denen in der Regel auch syrische Christen, Chaldäer und Muslime lebten:

Alipınar mit dem nahegelegenen Surp Asdwadsadsin Kloster. Bahçecik mit der Surp Tanjel Kirche. Çirnik (heute: Pınardüzü) mit der Surp Asdwadsadsin Kirche. Karabaş mit der Surp Simon Kirche. Karakilise (heute: Dökmetaş) mit einer Kirche. Kâbi bzw. Keyabi (heute: Bağıvar) mit der Surp Kristafor Kirche. Keterbel bzw. Kitirbil mit der Surp Hagop Kirche. Satıköy mit der Surp Tuchmanug Kirche und einer Schule. Zemieğik (heute: Elidolu) mit der Surp Jeghja Kirche, sowie Arzoghlu, Çakanyan, Kabasakal (heute: Kozan), Selimi, Şarabi (heute: Nahırkıracı), Taraklı, Tilalo (heute: Karaçalı), Tilkhan (heute: Hantepe), Anşaküğ (heute: Üçkuyu), Yerincil und Zorava.

In der im Westen des Bezirks am Weg nach Urfa gelegenen Kreisstadt Siverek lebten ungefähr 2.500 Armenier. In der Stadt befanden sich die gregorianische Surp Toros Kirche sowie je eine Schule der Gregorianer, Katholiken und Protestanten. Im für seine Wassermelonen, Granatäpfel, Trauben und Feigen bekannten Siverek waren Armenier neben Handel und Handwerk in Weinbergen, Gärten und bei der Produktion von Wein tätig.

Von Armeniern bewohnte Dörfer im Landkreis Siverek waren: Çatak mit der Surp Toros Kirche. Karabahçe mit der Surp Simeon Kirche. Mezre mit der Surp Kework Kirche. Simakhi mit der Surp Krikor Lusaworitsch Kirche. Kharbi mit der Surp Mesrob Kirche. Gori mit der Surp Sahak Kirche sowie Oşin mit der Surp Stepannos Kirche.

In Meyyafarikin, Zentrum des Silvan Kreises, gab es die armenische Surp Sarkis und die Surp Stepannos Kirche und eine Schule. Den osmanischen Volkszählungsdaten von 1914 zufolge lebten im Landkreis 13.083 Armenier, von denen 327 Protestanten waren. Die von Armeniern bewohnte Dörfer waren:

Aynaprig mit der Surp Asdwadsadsin Kirche. Aslo (heute: Darköprü) mit der Surp Tanjel Kirche. Başkha (heute: Altınkum) mit der Surp Asdwadsadsin Kirche. Başıbüyük mit der Surp Asdwadsadsin Kirche. Dersil mit der Surp Kework Kirche. Ekirag bzw. Akrag mit der Surp Hagop Kirche. Hacıcan (heute: Karacalar) mit der Surp Kework Kirche. Haçer bzw. Adeşe mit der Surp Sarkis Kirche. Haknaf mit der Surp Howhannes Kirche. Hassinağa bzw. Hüseyna mit der Surp Asdwadsadsin Kirche. Hazro mit der der Surp Asdwadsadsin und der Surp Schmanow Kirche. Helin (heute: Yuva) mit der Surp Kework Kirche und einer Schule. Feran (heute: Beypınar) mit der Surp Kework Kirche. Kebmiyad mit der Surp Asdwadsadsin Kirche. Kurti (heute: Yolarası) mit der Surp Sarkis Kirche. Kureş mit der Surp Kework Kirche. Mahran mit der Surp Sarkis Kirche. Mezre mit der Surp Hagop Kirche. Mirekule mit der Surp Nschan Kirche. Mar Eliyas (heute: Alibey) mit der Surp Kework Kirche. Payik mit der Surp Toros Kirche. Selikan (heute: Eşme) mit der Surp Towmas Kirche. Sultan mit der Surp Sarkis Kirche. Tercil mit dem nahegelegenen Kloster Surp Towmas. Sebi (heute: Akdere) mit der Surp Kework Kirche. Tirkevank mit dem Kloster Surp Tanjel. Zinzin (heute: Üçbasamak) mit der Surp Tanjel Kirche sowie Bakus (heute: Onbaşılar), Başnik (heute: Bağdere), Boşat (heute: Boyunlu), Çeruk bzw. Çerek, Dassina Derek, Derun (heute: Dutveren), Derviş bzw. Pehlivan, Ferhand (heute: Kayadere), Hacı Çerkez, Klesa (heute: Akyol), Korik, Piraman (heute: Sarıbuğday), Pirehalan (heute: Esköy), Peruşan, Şevkat (heute: Çardak), Şeyhan (heute: Gübreli) und Şerefikan (heute: Uğurlu).

In der nördlich im Bezirk gelegenen Kreisstadt Lice lebten etwa 2.000 Armenier. In der Stadt hatten die Armenier, die neben Landwirtschaft und Weinbau der Schusterei und dem Schmiedehandwerk nachgingen, die Surp Asdwadsadsin Kirche und eine Schule.

Die wichtigsten Siedlungen mit armenischer Einwohnerschaft des Landkreises waren: Comelik mit der Surp Asdwadsadsin Kirche. Şemşan mit der Surp Howhannes Kirche. Antak mit der Surp Stepannos Kirche und dem naheliegenden, über weitläufige Ländereien und Mühlen verfügenden Klosters Megapajezwoz bzw. Magawank (Schwarzes Kloster). Sarnis mit der Surp Towmas, der Surp Sarkis, der Surp Hagop, der Surp Toros und der Surp Schmawon Kirche. Außerdem gab es folgende Dörfer mit armenischer Bevölkerung: Andu mit der Surp Hripsime Kirche. Debne mit der Bedros-Boghos Kirche. Fum (heute: Kumluca) mit der Surp Giragos Kirche. Halhal mit der Surp Kework Kirche. Kerves (heute: Yalaza) mit der Surp Sarkis Kirche. Mizak mit der Surp Giragos Kirche. Nenyas (heute: Ortaç) mit einer Kirche. Peşar mit der Surp Asdwadsadsin Kirche. Riz mit den Ruinen von drei alten Kirchen. Şatik mit der Surp Sarkis Kirche. Zermanik mit der Surp Nschan Kirche sowie Barbeş, Hezan, Herak, Herkin, Zara (heute: Gökçe) und Norşen.

Im südlich im Bezirk gelegenen Derik Kreis lebten etwa 1.500 Armenier, von denen ein großer Teil katholisch oder protestantischer Konfession war. In der Kreisstadt, in der sich die Surp Kework Kirche und eine Schule befanden, gingen die Armenier dem Obst- und Weinanbau nach.

Die Armenier des Dorfes Bayruk bearbeiteten die Felder des nahegelegenen Klosters Surp Tanjel.

Im östlich gelegenen Beşiri Kreis lebten den osmanischen Volkszählungsdaten zufolge 3.427 Armenier, von denen ein Teil Kurdisch sprach. Sie verteilten sich auf mehr als 30 Siedlungen, von denen die wichtigsten die folgenden waren:

Das Städtchen Elmadin mit der Surp Asdwadsadsin Kirche und einer Schule. Azig Varin (Aşağı Azig) mit der Surp Hagop Kirche. Bladur mit einer Kirche. Gantar mit der Surp Kework Kirche. Gundancano mit der Surp Prgitsch Kirche. Geydük (heute: Deveboynu) mit der Surp Towmas Kirche. Kiresiran mit der Surp Jerrortutjun Kirche. Merevan mit einer Kirche. Elun mit der Surp Asdwadsadsin Kirche. Zarikura mit der Surp Kework Kirche. Zercil (heute: Danalı) mit der Surp Giragos Kirche. Bassorig mit der Surp Boghos Kirche. Korig mit der Surp Hagop Kirche. Kertig mit der Surp Garabed Kirche. Teregeamo mit der Surp Kework Kirche. Azig Verin (Yukarı Azig; heute: Değirmenüstü).

DER BEZİRK ERGANİ

In dem aus den Landkreisen Ergani Maden, Palu und Çermik bestehenden Bezirk lebten den Ergebnissen der osmanischen Volkszählung von 1914 zufolge 19.770 Armenier, von denen 17.909 gregorianischer, 1.388 protestantischer und 473 katholischer Konfession waren.

Von den mehr als 7.000 Einwohnern des Bezirkszentrums Ergani waren ca. 3.000 Armenier. Die Armenier der Stadt, in der sich die Surp Sarkis und die Surp Prgitsch Kirche befand, gingen der Landwirtschaft, Tierzucht und dem Bergbau nach.

Ein Großteil der Einwohner der 18 Kilometer nordwestlich bei den Kupferminen entstandenen Stadt Ergani Maden war Armenier. Die Armenier des Ortes, in dem sich die Surp Sarkis und die Surp Asdwadsadsin Kirche befanden, arbeiteten entweder im Bergbau oder gingen der Landwirtschaft nach. 1909 erschien in der Stadt die armenische Zeitung *Asad Khosk*.

Das wichtigste religiöse Zentrum des Landkreises war das Kloster Surp Nschan, das jedes Jahr am Tag der Mutter Gottes von Tausenden von Wallfahrern aufgesucht wurde. Das Kloster befand sich auf einer Insel des im südöstlichen Taurus Gebirge, noch innerhalb der Grenzen der Provinz Mamuretülaziz gelegenen Sees Hazar (arm. Dsowk).

Andere zum Landkreis gehörende armenische Siedlungen waren: Aypega mit der Surp Asdwadsadsin Kirche. Agıl mit der Surp Takawor Kirche und dem Surp Nschan Kloster. Gaplan mit der Surp Garabed Kirche. Payam mit der Surp Prgitsch und der Surp Garabed Kirche. Piran mit der Surp Sarkis Kirche. Tilbağdat mit der Surp Hagop Kirche sowie Topalan mit der Surp Kework Kirche.

Im Landkreis Palu lebten der osmanischen Volkszählung von 1914 zufolge 8.390 Armenier, von denen 166 Protestanten waren. In den von Maghakja Ormanjan veröffentlichten Bevölkerungsdaten findet sich diese Angabe mit 22.000 Armeniern.

Ungefähr die Hälfte der ca. 9.000 Armenier der Kreisstadt waren Armenier. Der zum Istanbuler Patriarchat gehördende Bischofssitz befand sich in der Surp Krikor Lusaworitsch Kirche. Neben dem Surp Asdwadsadsin Kloster befanden sich in der Stadt außerdem die Surp Asdwadsadsin, die Surp Giragos Kirche und die Surp Lusaworitschjan Schule. Zudem verfügten auch die Protestanten über eine Schule.

Neben Gewerben wie Weberei und Gerberei gingen Armenier der Seidenraupenzucht, dem Weinanbau und der Weinherstellung nach.

Das größte armenische Dorf des Landkreises war mit seinen mehr als 1.500 armenischen Einwohnern Havav (auch: Habab). Im Dorf befanden sich die Surp Asdwadsadsin und die Surp Garabed Kirche, das Surp Asdwadsadsin Kloster und die Surp Prgitschjan Schule.

Von Armeniern im Landkreis Palu bewohnte Dörfer waren: Abrank mit der Surp Asdwadsadsin Kirche. Artekhan mit der Surp Minas Kirche und einer Schule. Barena mit der Surp Sarkis Kirche und zwei Schulen. Çayıri Mezre mit der Surp Krikor Lusaworitsch Kirche und einer Schule. Çinaz mit der Surp Hagop Kirche und einer Schule. Gülişgerd mit einer Kirche und einer Schule. Hazarkom mit der Surp Sarkis Kirche und einer Schule. Havak bzw. Karagelik mit der Surp Chatsch Kirche und einer Schule. İsabey mit der Surp Kework Kirche. Kengerli mit der Surp Towmas Kirche und einer Schule. Kamışlı mit der Surp Sarkis Kirche. Haraba mit einer Kirche und einer Schule. Koşmat mit der Surp Asdwadsadsin Kirche und einer Schule. Kümbet mit der Surp Asdwadsadsin Kirche und einer Schule. Kurdikan mit der Surp Chatsch Kirche. Mırçman Mezre mit der Surp Kework Kirche und einer Schule. Nacaran mit der Surp Minas Kirche und einer Schule. Nişmin mit der Surp Garabed Kirche und einer Schule. Nirkhin mit der Surp Asdwadsadsin Kirche und einer Schule. Norküğ mit einer Kirche und einer Schule. Oğu mit der Surp Giragos Kirche und einer Schule. Şeğman mit der Surp Chatsch Kirche und einer Schule gleichen Namens. Sekerat mit der Surp Toros Kirche und einer Schule. Serin mit der Surp Asdwadsadsin Kirche und einer Schule. Tavtig mit der Surp Giragos Kirche und einer Schule. Tepeköy mit der Surp Minas Kirche und einer Schule. Tirkhe mit der Surp Sarkis Kirche und einer Schule. Til mit der Surp Garabed Kirche und einer Schule. Uzunova mit der Surp Asdwadsadsin und der Surp Sarkis Kirche sowie einer Schule. Armican mit der Surp Sarkis Kirche und der Surp Sarkis Schule sowie Zet mit der Surp Toros Kirche und einer Schule.

In der Kreisstadt Çermik, in der sich die Surp Aptilmiseh Kirche befand, lebten etwa 2.000 Armenier. Der Name der Stadt leitet sich vom armenischen Wort „tschermug" ab, das „heiße Quelle" bedeutet. Die Armenier dort gingen Landwirtschaft, Handel und Gewerbe sowie dem Weinbau nach und waren für Rosinen und ihren Wein bekannt.

Das im Landkreis gelegene Verwaltungszentrum Çüngüş hatte eine große armenische Einwohnerzahl. In der Stadt befanden sich die Surp Garabed Kirche sowie je eine Kirche der Katholiken und Protestanten, während sich außerhalb das Kloster Sirahajjaz Surp Asdwadsadsin befand. Neben der Mesrobjan und der Sahakjan Schule verfügten auch die Protestanten über eine eigene Schule. Die Armenier gingen vor allem der Gerberei, aber auch Handel und anderen Gewerben nach.

Eine andere armenische Siedlung des Landkreises war Adış, in der sich die Surp Garabed Kirche befand.

DER BEZIRK MARDİN

Im aus den Landreisen Mardin, Nusaybin, Cizre, Midyat und Avina (heute: Savur) bestehenden Bezirk lebten gemäß der osmanischen Volkszählung von 1914 10.737 Armenier, von denen 344 Gregorianer, 7.070 Katholiken und 3.323 Protestanten waren.

Im Landkreis Mardin konzentrierte sich die mehr als 7.000-köpfige armenische Bevölkerung fast ausschließlich auf die Stadt mit ihren 25.000 Einwohnern. Die katholischen Armenier hatten in der Stadt die Surp Howsep und die Surp Kework Kirche sowie das Surpuhi Warwara Kloster. Mit dem Bau der auch als Mar Yusuf bekannten Surp Howsep Kirche wurde 1887, d.h. zur Zeit der ersten Verfassung, auf Initiative des aus Mardin stammenden Abgeordneten Howsep Kasasjan begonnen. Sie wurde 1894 eröffnet. Der Sitz des katholisch-armenischen Bischofs, zu dessen Zuständigkeitsbereich neben der Region Mardin auch Mosul, Deyrüzzor, Bagdat und Basra gehörten, befand sich in dieser Kirche. Außerdem befand sich in der Kirche, die im Şar Viertel lag, auch ein Priesterseminar.

Die Surp Kework Kirche, aufgrund der Farbe der verwendeten Steine auch „rote Kirche" genannt, stammt aus dem 5. Jahrhundert. In der Kirche, die im Yenimahalle Viertel lag, war auch eine Schule untergebracht.

Die religiösen und staatlichen Bauten sowie die Villen in Mardin sind größtenteils das Werk armenischer Architekten und Steinmetze. Die Armenier der Stadt gingen Handel und Handwerk nach.

Die Missionstätigkeit in Mardin reicht bis in das 16. Jahrhundert zurück. Die katholischen und protestantischen Missionare verfügten über zahlreiche Einrichtungen in der Stadt. In der am Stadteingang beim Diyarbakır-Tor gelegenen amerikanischen Mission befanden sich eine Mädchenschule, ein Jungen-Gymnasium sowie ein Krankenhaus. Die amerikanischen Missionare, die sich nicht nur an die Armenier, sondern auch an die syrischen Christen und Chaldäer wandten, errichteten 1904 an der Hauptstraße der Stadt eine weitere Kirche.

Auch die beiden Missionseinrichtungen der italienischen Kapuziner und der französischen Franziskaner verfügten in der Stadt über Kirchen, Schulen, Altenheime und Waisenhäuser.

In Kızıltepe, einem Verwaltungszentrum von Koçhisar, lebten viele Armenier. In Telarmen, das zu diesem Verwaltungsgebiet gehörte und aufgrund seiner Lage an einem Karawanenweg gut entwickelt war, befand sich die katholisch-armenische Surp Kework Kirche.

Die in der Kreisstadt Nusaybin lebenden 100 Armenier verfügten dort über die Surp Asdwadsadsin Kirche.

In Cizre und den zum Kreis gehörenden Dörfern lebten etwa 2.500 Armenier, von denen ein Teil katholisch war. Sie verfügten über Kirchen und Schulen im Landkreis. Dörfer mit armenischer Bevölkerung waren Arnabad, Mezer, Gundekşeyh, Teldar, Perek, Berebt, Cerahi, Khınktuk, Ceder und Zakho.

In Midyat mit seinen 1.500 armenischen Einwohnern befand sich die Surp Sarkis Kirche.

Die 1.000 Armenier der Kreisstadt von Savur waren fast ausschließlich katholisch.

665 *Karte der Provinz Diyarbakır.*
145 * 101. Tüccarzade İbrahim Hilmi, İstanbul.

666 *Blick von Osten auf Diyarbakır und den Tigris.*
90 * 141. Gebrüder Sarrafian, 456.

667 *Blick auf die Tigris-Brücke und die Mauern von Diyarbakır.*
136 * 89. Mission des P. P. Capucins. Druck: Vereinigte Druckereien Nancy. „Verkauf im Buchgeschäft Sacre-Coeur in Nancy".

DIARBÉKIR-AMIDA (Mésopotamie). - Installation des Lits sur les Terrasses pour les nuits d'été

Mission des PP. Capucins

668 Eine Aufnahme der Umgebung von Yeni Kapı in Diyarbakır vor 1914. Während des heißen Sommers übernachtete man auf den Dächern. Der große Turm in der Mitte ist der Glockenturm der armenischen Surp Giragos Kirche.
139 * 89. Mission des P. P. Capucins. Druck: Vereinigte Druckereien Nancy.

669 Eine Postkarte, die den Vergleich des 1914 errichteten Glockenturms der Surp Giragos Kirche mit seinem Vorläufer zuläßt. Der Turm wurde 1916 abgerissen.
89 * 140. Gebrüder Sarrafian, Beirut, 461.

670 Blick auf Diyarbakır. Die Kirche zur linken ist die protestantische, die zur rechten eine armenisch-katholische.
139 * 92. Osmanisch: „Einer der Ausblicke auf Diyarbakır".

671 Panorama von Diyarbakır.
138 * 89. Gebrüder Wattar, Aleppo, 59.

672 Residenz der Kapuziner in Diyarbakır.
140 * 90. Mission des P. P. Capucins.

673 Christen aus Diyarbakır auf einer Postkarte der Kapuziner.
140 * 89. Mission des P. P. Capucins.

674 Blick auf den Tigris und Kertebel, einem armenischen Dorf des Kreises Diyarbakır, in dem sich die Surp Haçop Kirche befand.
140 * 90. Gebrüder Sarrafian, Beirut, 459.

675 Der amerikanische Missionar Dr. Frederic Douglas Shepard bei der Verschreibung von Medizin für Kurden im Camp Göleük, das zwischen der Provinz Mamuretülaziz und Diyarbakır lag. Shepard, der von 1880 bis 1915 an der medizinischen Abteilung des Central Anatolia College in Antep unterrichtete sowie Chefarzt des amerikanischen Krankenhauses in Antep war, wurde für die unterschiedlichen von ihm ausgeübten Aufgaben sowohl von osmanischer als auch von amerikanischer Seite mehrfach ausgezeichnet. Er verstarb 1915 in Antep an Typhus.
140 * 89. Gebrüder Sarrafian, Beirut, Harput Set, 5.

676 Blick auf das nahe beim zur Provinz Diyabakır gehörenden Bezirkssitz Ergani gelegene und zu einem großen Teil von Armeniern bewohnte Ergani Madeni. Die Armenier des Städtchens, in dem sich die Surp Sarkis und die Surp Asdwadsadsin Kirche befanden, arbeiteten in Minen, von denen eine links auf der Postkarte zu sehen ist.
139 * 88. Mission des P. P. Capucins.

677 Frauen beim Brotbacken in einem armenischen Dorf auf einer Postkarte der Kapuziner.
141 * 91. Mission des P. P. Capucins, 10.

678 Dreschplatz eines armenischen Dorfes auf einer Postkarte der Kapuziner.
140 * 89. Mission des P. P. Capucins, 11.

679 Waschtag in einem armenischen Dorf auf einer Postkarte der Kapuziner.
141 * 90. Mission des P. P. Capucins, 12.

680 Ein Korbmacher in Diyarbakır.
90 * 140.

681 Ziegen melkende und Weizen stampfende Armenierinnen auf einer Postkarte der Kapuziner.
139 * 90. Mission des P. P. Capucins.

682 *Blick auf das verschneite Mardin. Die Armenier, die fast ein Drittel der Bevölkerung stellten, verfügten in der Stadt über die Surp Kework und die Surp Hosew Kirche.*
139 * 90.

683 *Blick auf die Burg von Mardin und die umliegenden Viertel.*
139 * 89. Gebrüder Wattar, Aleppo, 83.

684 *Christen aus Mardin und französische Franziskanernonnen auf einer Postkarte des katholischen Missionsordens der Kapuziner. In Mardin, wo fast alle Armenier katholisch waren, verfügte die französisch-katholische Mission über eine Kirche, eine Jungen- und eine Mädchenschule sowie ein Altersheim.*
141 * 88. Mission des P. P. Capucins.

MÉSOPOTAMIE.

Mission des P. P. Capucins
Sœurs Franciscaines et Chrétiennes de Mardine.

685 Türkische Männer und christliche Frauen in Mardin
auf einer von den Kapuzinern herausgegebenen Postkarte.
138 * 89. Mission des P. P. Capucins.

686 Tischler in Mardin auf einer Karte der armenischen
Verleger Gebrüder Sarrafjan aus Beirut.
139 * 89. Gebrüder Sarrafian, Beirut, 11155.

687 Eine Straße in Mardin auf einer Karte der Gebrüder Sarrafjan.
138 * 90. Gebrüder Sarrafian, Beirut, 11151.

688 Die Innenaufnahme eines Hauses auf einer Karte der Gebrüder Sarrafjan.
139 * 90. Gebrüder Sarrafian, Beirut, 11156.

689 Ausbildung zur Kindergärtnerin in der amerikanischen Mission. Die nahe am Stadteingang gelegene amerikanische Mission verfügte über einen Kindergarten, eine Mädchenschule, ein Jungen-Gymnasium, eine Kirche und ein Krankenhaus.
138 * 89. Gebrüder Sarrafian, Beirut, 11159.

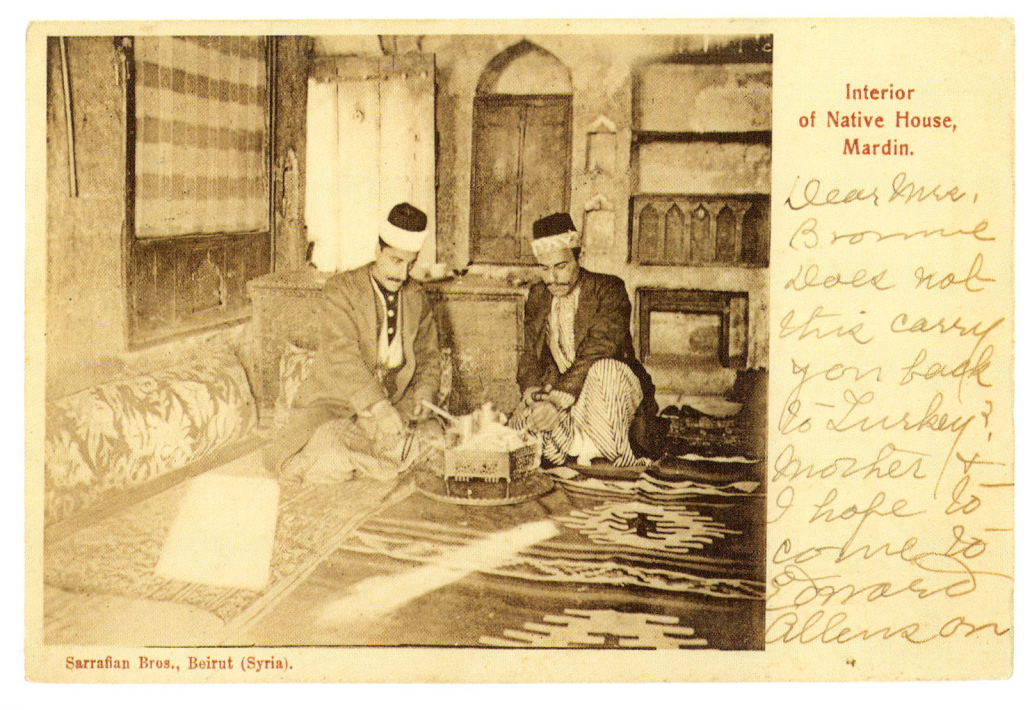

Die Provinz Erzurum

ERZURUM, BAYBURT, KIĞI, ERZİNCAN, KEMAH, BAYEZİD, HINIS

Die Provinz bestand aus den Bezirken Erzurum, Erzincan, Bayezid und Hınıs.

Der Erzbischof von Erzurum unterstand dem Patriachat von İstanbul und war für die Bistümer Erzincan, Bayburt, Pasinler, Tercan, Kemah, Kiği und Bayezid verantwortlich.

Den 1912 von Maşhakja Ormanjan veröffentlichten Daten zufolge lebten in der Provinz 203.400 Armenier, davon 190.000 gregorianischer, 9.500 katholischer und 3.900 protestantischer Konfession. Die osmanische Volkszählung von 1914 gibt die Zahl der in der Provinz lebenden Armenier mit 136.618 an, von denen 125.657 Gregorianer, 8.720 Katholiken und 2.241 Protestanten waren.

DER BEZIRK ERZURUM

Der Bezirk Erzurum setzte sich aus den Landkreisen Erzurum, Bayburt, Pasinler, Kiği, Tercan, Keskim, İspir und Narman zusammen.

Der osmanischen Volkszählung von 1914 zufolge lebten im Bezirk 97.744 Armenier, von denen 1.921 Protestanten, 7.309 Katholiken und 88.514 Gregorianer waren.

In der Provinzhauptstadt Erzurum mit ihren fast 40.000 Einwohnern lebten mehr als 10.000 Armenier. In Erzurum, das auf dem alten Handelsweg Trabzon-Täbris lag, der den Iran mit İstanbul und Europa verband, hatten armenische Kaufleute einigen Einfluß auf das wirtschaftliche Leben. Von den etwa 3.000 Geschäften der Stadt gehörte die Hälfte Armeniern. Armenische Handwerker taten sich in verschiedenen Gewerben wie Schmiedearbeiten und Schmuckherstellung oder auch Waffenproduktion hervor.

Die Hauptkirche der Armenier Erzurums war die Surp Asdwadsadsin. In der Nähe der Kirche befand sich der Sitz des Erzbischofs, der Friedhof und die Sanasarjan Schule. Die Schule war von dem armenischen Wohltäter Mgrditsch Sanasarjan aus Tiflis für die Ausbildung armer Kinder gestiftet worden. Waren in der Umgebung von Erzurum auch Felder und Immobilien für den Unterhalt der Schule gestiftet worden, so wurde, als der Erlös nicht ausreichte, in İstanbul-Sirkeci noch ein Geschäftshaus im Namen der Schule errichtet. Von den 198 Schülern kamen nur 85 aus Erzurum. Die anderen Schulen der Stadt waren die Ardsinjan mit 533 Schülern und 70 Schülerinnen im Jahr 1901, die Hripsimjan mit 405 Schülerinnen, die Misirjan mit mit 186 Schülern und 245 Schülerinnen, die Der-Asarjan mit 111 Schülern und 126 Schülerinnen, die Aghabaljan mit 71 Schülern und 43 Schülerinnen sowie die Arhjesdanoz Schule mit 50 Schülerinnen. Zu den Schulen Ardzinjan, Misirjan und Der-Asarjan gehörte jeweils noch ein Kindergarten. Im Jahr 1909 betrug die Schülerschaft an armenischen Schulen 2.630. Darüber hinaus besuchten armenische Kinder auch die von amerikanischen, italienischen und französischen Missionaren gegründeten Schulen sowie die staatlichen. Außerdem befanden sich armenische Kinder im amerikanischen Waisenhaus. Ein großer Teil der Armenier in Erzurum war gregorianischer Konfession, die Katholiken verfügten in der Stadt über die Surp Asdwadsadsin Kirche und auch die Protestanten besaßen eine Kirche.

Das kulturelle und künstlerische Leben der Stadt war weit entwickelt. Es gab ein Kino der Gesellschaft der Kaukasus-Armenier. Zu den zu Beginn des 20. Jahrhunderts in Erzurum veröffentlichten armenischen Periodika gehörten: Von 1907 bis 1908 erschien monatlich die Zeitung *Asadutjun jew Lujs*. Von 1909 bis 1914 die zunächst wöchentlich, später alle zwei Tage veröffentlichte Zeitung *Haratsch* (Vorwärts) der Armenischen Revolutionären Förderation. Von 1910 bis 1911 erschien die monatliche Schülerzeitung *Sird*, 1914 die alle zwei Tage herausgegebene *Alik* (Welle) sowie ebenfalls 1914 die alle zwei Tage erscheinende *Jergir*.

In der Nähe von Erzurum befanden sich drei große Klöster, das Surp Krikor Lusaworitsch, das Surp Chatsch und das Garmir Wank Kloster, die nicht nur für Armenier sondern auch für manche Griechen und Türken Wallfahrtsorte waren.

In etwa fünfzig zum Landkreis gehörenden Dörfern lebten ungefähr 25.000 Armenier. Die größten von ihnen waren folgende: Çiftlik mit 1.600, sowie mit je 1.200 armenischen

Einwohnern Müdürge (heute: Çayırtepe), Karaerzi, Gez und Hinsk (heute: Dumlu). In Çiftlik befand sich die Surp Hreschdagabed Kirche und zwei Schulen. Im nahe bei Erzurum gelegenen Müdürge (heute: Çayırtepe) die Surp Hapop Kirche und das Surp Krikor Lusaworitsch Kloster. In Karaerzi befanden sich die Surp Asdwadsadsin Kirche und eine Schule, in Gez die Surp Minas Kirche und eine Schule und auch in Hinsk eine Kirche und eine Schule.

Die wichtigsten übrigen zum Landkreis gehörenden Dörfer mit armenischer Bevölkerung waren: Ardzeti mit der Surp Asdwadsadsin und der Surp Nschan Kirche. Arşuni mit der Surp Minas Kirche und einer Schule. Aşkale mit einer Kirche und einer Schule. Badişen (heute: Çayırca) mit der Surp Kework Kirche und einer Schule. Cinis (heute: Ortabahçe) mit der Surp Kework Kirche und einer Schule. Ebülhindi (heute: Alabeyi) mit der Surp Asdwadsadsin Kirche und einer Schule. Garmir Wank, das seinen Namen dem Surp Asdwadsadsin Kloster verdankt und wo sich noch die Surp Nschan Kirche und eine Schule befanden. Kırcınkoz (heute: Yeşilova) mit der Surp Asdwadsadsin Kirche und einer Schule. Özbek mit der Surp Tateos und Partoghimeos Kirche. Grínçk mit der Surp Tatawor Kirche und einer Schule. Haçevank (heute: Aktoprak) mit einer Kirche und einer Schule. Hedelemek (heute: Gülpınar) mit einer Schule. Komk (heute: Altıntepe) mit der Surp Prgitsch und der Surp Garabed Kirche sowie einer Schule. Mördülük (heute: Tınazlı) mit einer Schule. Norşen (heute: Çayırtepe) mit der Surp Hagop Kirche und einer Schule. Pulur (heute: Ömertepe) mit der Surp Kework Kirche und einer Schule. Salasor (heute: Sarıyazla) mit der Surp Stepannos Kirche und einer Schule. Süngeriç (heute: Adaçay) mit der Surp Minas Kirche und einer Schule. Soğukçermik (heute: Soğucak) mit der Surp Hreschdagabed Kirche und einer Schule. Şeyhköy mit der Surp Howhan Kirche und einer Schule. Tivnik (heute: Altınbulak) mit der Surp Asdwadsadsin Kirche und einer Schule. Terkini (heute: Yazıpınar) mit der Surp Asdwadsadsin Kirche und einer Schule. Yergemansur (heute: Çayköy) mit der Surp Kework Kirche und einer Schule. Tuariç (heute: Güzelova) mit einer Schule und einer Kirche. Yerginis (heute: Yerlisu) mit der Surp Asdwadsadsin Kirche und einer Schule.

Im Landkreis Bayburt (arm. Papert) lebten der osmanischen Volkszählung von 1914 zufolge 12.025 Armenier. Von den 6.000 Einwohnern der Kreisstadt, die an den Hängen der nordwestlich von Erzurum verlaufenden Schwarzmeer Berge liegt, bestand mehr als die Hälfte aus Armeniern. Die wichtigsten Gewerbe der Armenier von Bayburt waren die Verarbeitung von Silber, Stofffärberei, Kerzenproduktion, Teppichweberei, Kupferverarbeitung sowie die Herstellung von Schuhen.

Die religiösen Bauten der Stadt waren die Surp Asdwadsadsin, die Surp Hreschdagabed, die Surp Howhannes und die Surp Asdwadsamar Kirche. Die Mesobjan und die Aramjan Schule wurde von mehr als 350 Jungen und Mädchen besucht.

Zu den von Armeniern bewohnten Dörfern des Landkreises Bayburt zählten: Almışka (heute: Uluçayır) mit der Surp Asdwadsadsin Kirche. Aruzka (heute: Gökpınar) mit der Surp Asdwadsadsin Kirche. Everek (heute: Örence) mit der Surp Howhannes Kirche. Balahor (heute: Akça) mit der Surp Krikor Lusaworitsch, der Surp Garabed und der Surp Kework Kirche. Giv (heute: Alınyurt) mit der Surp Asdwadsadsin Kirche. Hayık (heute: Dikmetaş) mit der Surp Howhannes, der Surp Asdwadsadsin und Surp Kework Kirche. Kups mit der Surp Prgitsch und der Surp Sarkis Kirche sowie dem Surp Kristapor Kloster. Lüsünk mit der Surp Asdwadsadsin, der Surp Krikor Lusaworitsch und der Surp Howhannes Kirche. Niv (heute: Arpalı) mit der Surp Asdwadsadsin Kirche. Çakmaz (Yazıyurdu) mit der Surp Howhannes Kirche. Yergi mit der Surp Asdwadsadsin und der Surp Krikor Lusaworitsch Kirche. Varzahan (heute: Uğrak) mit der Surp Asdwadsadsin und der Surp Hamparzum Kirche. Pıncırge (heute: Çiçekli) mit der Surp Asdwadsadsin Kirche. Surp Toros (heute: Oruçbeyli) mit der Surp Asdwadsadsin Kirche.

Im Landkreis Pasinler lebten der osmanischen Volkszählung von 1914 zufolge mehr als 10.000 Armenier. In der Kreisstadt Hasankale, in der sich die Surp Prgitsch Kirche befand, lebten etwa 400 Armenier. Sie beschäftigten sich vor allem mit der Weberei von Schals, Teppichen und Stoffen, dem Schmiede- und dem Steinmetzhandwerk.

Im Landkreis gab es fünf Dörfer, die mehr als 1.000 armenische Einwohner hatten: Delibaba (heute: Yiğitpınarı) mit einer Kirche. Yekebad (heute: Çakıtaş) mit einer Kirche. Hertev (heute: Otlukkapı) mit der Surp Asdwadsadsin Kirche sowie İşhu (heute: Ağcaşar) mit der Surp Harutjun Kirche.

Weitere Dörfer mit armenischer Bevölkerung im Landkreis Pasinler waren: Aha (heute: Kavuşturan), Ahalik (heute: Bademözü), Aliçekrek, Alvar, Adrost, Azap, Badicivan (heute: Esendere), Cireson (heute: Kırklar), Çamurlu, Çiftlik, Dodi (heute: Kemerli), Dzandzağ, Zars, Köprüköy, Gırdabaz, Harsnekar, Horasan, Hıdırilyas, Kanaga (heute: Akçatoprak), Kızılca Kilise, Komatsor (heute: Kırkgözler), Köprüköy, Müceldi (heute: Övenler) Hosraveren, Todaveren (heute: Kükürtlü), Tortan (heute: Uzunark), Yüzveren (heute: Yüzören) und Yağan.

Im Landkreis Kiği (arm. Kığı) lebten der osmanischen Vokszählung von 1914 zufolge fast 15.000 Armenier, von denen etwa 1.000 Protestanten waren. Neben der Surp Hagop Kirche, die zugleich Bischofssitz war, befanden sich in der Kreisstadt die Surp Krikor Lusaworitsch und die Surp Sarkis Kirche sowie die Surp Nschan und die Surp Asdwadsadsin Kapelle und zwei Schulen.

Das Surp Prgitsch, das Surp Giragos und das Surp Garabed Kloster im Landkreis waren für Christen und Muslime gleichermaßen Wallfahrtsorte.

Im Dorf Oror bzw. Horhor (heute: Gökçeli), in dem sich die Surp Asdwadsadsin Kirche befand, lebten ungefähr 500 Armenier. In dem Dorf mit seinen zwei Schulen wurde von 1911 bis 1912 von Schülern die Zeitung *Weradsnunt* herausgegeben.

Zum Kiği Kreis gehörende armenische Dörfer waren: Aboznak mit der Surp Hagop Kirche und einer Schule. Ağbüzüt (heute: Duranlar) mit der Surp Sarkis Kirche. Akrag mit der Surp Minas Kirche. Altunhüseynik (heute: Ayanoğlu) mit der Surp Sarkis Kirche. Amariç (heute: Ayanoğlu) mit der Surp Wartan Kirche. Arek (heute: Eskikavak) mit der Surp Howhannes, der Surp Asdwadsadsin und der Kedahajjaz Surp Asdwadsadsin Kirche. Arnis (heute: Güzgülü) mit dem Surp Prgitsch Kloster und einer Schule. Avirtinik (heute: Naçaklı) mit der Surp Jerrortutjun Kirche und einer Schule. Çan mit der Surp Minas Kirche. Çanakçılar mit der Surp Giragos Kirche. Çaribaş mit der Surp Howhannes Kirche. Cibirköy (heute: Güneyağıl) mit der Surp Asdwadsadsin Kirche. Çelebi mit der Surp Toros Kirche und einer Schule. Çerme (heute: Yedisu) mit der Surp Kework Kirche. Çiftlik mit der Surp Asdwadsadsin Kirche und einer Schule. Lıçig mit der Surp Sarkis Kirche und einer Schule. Melikhan mit der Surp Asdwadsadsin Kirche und einer Schule. Khoşgar mit der Surp Higoghajos Kirche und einer Schule. Sergevik bzw. Arzevik (heute: Günlük) mit der Surp Asdwadsadsin und der Surp Prgitsch Kirche sowie einer Schule. Hergep (heute: Bilekkaya) mit der Surp Asdwadsadsin Kirche. İnak (heute: Aysaklı) mit der Surp Asdwadsadsin Kirche sowie Dinik (heute: Akınlı) mit der Surp Asdwadsadsin Kirche.

Im Kreis Tercan gab es der osmanischen Volkszählung von 1914 zufolge 7.401, den von Maghakja Ormanjan 1912 veröffentlichten Daten zufolge 13.000 Armenier. Während in der Kreisstadt Mamahatun ungefähr 100 Armenier lebten, war die wichtigste armenische Siedlung des Kreises Pakariç (heute: Çadırkaya). In dem Dorf mit seinen mehr als 1.000 armenischen Einwohnern, in dem sich die aus dem Mittelalter stammende Surp Hagop und die Surp Asdwadsadsin Kirche befanden, lebten außerdem ungefähr 900 Türken und Kurden.

Eine armenische Schule befand sich im tiefer gelegenen, die andere im oberen Teil des Dorfes. Außerdem gab es noch eine protestantische Schule. Zudem befand sich im Dorf aus den Zeiten, in denen die Armenier noch nicht zum Christentum übergetreten waren, die Ruinen eines alten Tabernakels.

Die wichtigsten armenischen Dörfer des Landkreises Tercan waren: Abrenk (heute: Üçpınar) mit der Surp Prgitsch Kirche, dem Surp Tavit Kloster und einer Schule. Ağatır (heute: Yuvalı) mit der Surp Prgitsch und der Surp Garabed Kirche sowie einer Schule. Piriz (heute: Çaykent) mit der Surp Jerrortutjun und der Surp Stepannos Kirche sowie einer Schule. Mants mit der Surp Sarkis Kirche und einer Schule. Tivnik (heute: Ortaköy) mit der Surp Sarkis Kirche und einer Schule. Pulk (heute: Balıklı) mit der Surp Kework Kirche und einer Schule. Kharkhin (heute: Altunkent) mit der Surp Asdwadsadsin Kirche und einer Schule. Dzaggari mit der Surp Asdwadsadsin Kirche, dem Surp Tavit Kloster und einer Schule. Goter mit der Surp Kework Kirche und einer Schule. Sarıkaya mit der Surp Asdwadsadsin Kirche und einer Schule. Ğumlar (heute: Başkaya) mit der Surp Nschan Kirche und einer Schule. Ğoğeg (heute: Gökçe) mit der Surp Prgitsch Kirche und einer Schule. Ermenikaçağı (heute: Balkaya) mit der Jerrortutjun Kirche und einer Schule. Vican (heute: Yollarüstü) mit der Surp Kework Kirche sowie Gelinpertek (heute: Gelinpınarı) mit der Surp Asdwadsadsin Kirche.

In der Kreisstadt Keskim (bzw. dem heute zu Artvin gehörenden Yusufeli) lebten etwa 400 Armenier, die dort die Surp Asdwadsadsin und die Surp Hagop Kirche sowie eine Schule hatten.

Das wichtigste armenische Siedlungszentrum des Landkreises war Khodaçür (heute das zu İspir gehörende Sarıkonak), in dem ca. 6.000 katholische Armenier lebten. In der in bergigem Gelände gelegenen, aus sieben aneinandergrenzenden Siedlungen bestehenden Kleinstadt befanden sich die Surp Asdwadsadsin, die Surp Howhannes, die Surp Kework, die Surp Hagop und die Surp Chatsch Kirche. Die Bevölkerung der Kleinstadt lebte von Viehzucht, Wein- und Obstanbau.

Im Landkreis İpsir lebten den osmanischen Bevölkerungsdaten zufolge etwa 3.000 Armenier. In der Kreisstadt mit ihren 250 armenischen Einwohnern befanden sich eine Kirche und eine Schule. In der Nähe der Stadt befand sich das Surp Howhannes Kloster.

Weitere zum İspir Kreis gehörende Dörfer mit armenischer Bevölkerung waren: Cibot mit der Surp Asdwadsadsin Kirche und einer Schule. Aligants (heute: Kumaşkaya) mit der Surp Hreschdagabed Kirche und einer Schule. Hoğeg mit der Surp Hagop Kirche. Hunud (heute: Çamlıkaya) mit der Surp Kework Kirche und einer Schule. Hozahpur (heute: Yaylaözü) mit der Surp Nschan Kirche und einer Schule. Mumans (heute: Demirbilek) mit der Surp Chatsch Kirche und einer Schule. Mezehrek (heute: Göztepe) mit der Surp Asdwadsadsin Kirche und einer Schule. Çinarçor (heute: Çatalkaya) mit der Surp Prgitsch Kirche und einer Schule. Varenses (heute: Gülçimen) mit der Surp Prgitsch Kirche und einer Schule sowie Zagos (heute: Ardıçlı) mit der Surp Krikor Lusaworitsch Kirche und einer Schule.

Im Landkreis Narman lebten nur im Dorf Akrag ungefähr 450 Armenier, die dort eine Kirche und eine Schule hatten.

Dörfer mit armenischer Bevölkerung im Landkreis Tortum waren Bar (heute: Yumaklı), Şipek (heute: Akbaba), Rabat (heute: Kemerkaya), Kharıngos (heute: Yağcılar), Khospirik (heute: Ziyaret), Verinküğ (heute: Uzunkavak), Norşen (heute: Karlı), Korker (heute: Çataldere), Kişka (heute: Uncular), Abernes (heute: Suyatağı) und Hahud.

DER BEZIRK ERZİNCAN

Der aus den Kreisen Erzincan, Kemah, Refahiye, Kuruçay und Kuzucan bestehende Bezirk verfügte der osmanischen Volkszählung von 1914 über eine armenische Bevölkerung von 25.462, von denen 291 Protestanten waren.

Ungefähr die Hälfte der mehr als 23.000 Einwohner von Erzincan (arm. Yerzinga) war armenisch. Die am Euphrat gelegene Stadt war voller Obstgärten und Weinberge. Die wichtigsten Gewerbe der Armenier der Stadt waren Gerberei, die Produktion von Seide, Baumwoll- und Wollstoffen sowie die Kupferverarbeitung.

In der Stadt befanden sich die Surp Nschan, die Surp Prgitsch, die Surp Jerrortutjun, die Surp Sarkis und die Surp Asdwadsadsin Kirche sowie die Jesnigjan, Getronagan, Naregjan, Aramjan und die Krisdinjan Schule. Die im Umkreis der Stadt liegenden Klöster Surp Kework, Surp Nerses, Surp Giragos, Nisipli Surp Hagop, Schoghagat, Surp Garabed, Surp Bedros-Boghos, Surp Tateos Partoghimeos und Surp Asdwadsadsin wurden von Armeniern aller Regionen des Osmanischen Reiches aufgesucht.

In Erzincan, das über ein entwickeltes Kulturleben verfügte, gab es eine professionelle armenische Theatergruppe und drei Bibliotheken. Von 1900 bis 1911 erschien in der Stadt die Zeitung *Arti*, von 1910-1911 wurde außerdem die *Aror* Zeitung herausgegeben.

Dörfer mit armenischer Bevölkerung im Landkreis Erzincan waren: Garmri bzw. Germili (heute: Yeşilçat) mit der Surp Kework Kirche und einer Schule. Güllice mit der Surp Asdwadsadsin, der Surp Kework, der Surp Stepannos und der Surp Toros Kirche sowie der Aramjan Schule. Karakilise mit der Surp Asdwadsadsin Kirche und einer Schule gleichen Namens. Dzatküğ (heute: Değirmendere) mit der Surp Asdwadsadsin Kirche und der Mesrobjan Schule. Karatul mit der Surp Asdwadsadsin Kirche und einer Schule. Mahmudtsig mit der Surp Stepannos und der Surp Asdwadsadsin Kirche sowie der Nersesjan Schule. Mığıtsi (heute: Yalınca) mit der Surp Nschan und der Surp Kework Kirche sowie der Lusaworitschjan Schule. Mitini (heute: Gümüştarla) mit der Surp Hagop und der Surp Chatsch Kirche sowie der Ghewontsjan Schule. Mollaköy mit der Surp Asdwadsadsin Kirche und einer Schule gleichen Namens. Peteriç (heute: Bayırbağ) mit der Surp Sarkis Kirche und der Keschischjan Schule. Pizvan (heute: Yoğurtlu) mit der Surp Nschan und der Surp Kework Kirche sowie der Surp Nschan Schule. Şeyhli (heute: Ulukoy) mit der Surp Minas und der Surp Toros Kirche und einer

Schule. Urik (heute: Sabırlı) mit der Surp Minas und der Surp Toros Kirche. Yergan (heute: Oğulcuk) mit der Surp Asdwadsadsin Kirche und dem Surp Garabed Kloster.

Im Kemah, das früher ein wichtiges armenisches Siedlungszentrum war, lebten zu Beginn des 20. Jahrhunderts nur noch 250 Armenier. Die Surp Asdwadsadsin Kirche, das Surp Tateos, das Surp Lusaworitsch, das Surp Serowpe-Kerowpe und das Surp Nschan Kloster verweisen jedoch auf die Bedeutung der armenischen Vergangenheit der Region. In der Stadt befand sich die Mesrobjan Schule.

Das wichtigste Dorf im Kreis Kemah war das in eine obere und untere Siedlung geteilte Pakariç (heute: Hakbilir). In der unteren Siedlung mit mehr als 1.500 Armeniern befanden sich die Surp Nschan und die Surp Lusaworitsch Kirche sowie zwei Klöster, in der oberen mit ihren etwa 900 armenischen Einwohnern die Surp Hagop, die Surp Asdwadsadsin und die Surp Sarkis Kirche sowie die Klöster Surp Kework und Surp Asdwadsadsin. Jeder Dorfteil verfügte außerdem über je zwei Schulen.

Im Dorf Hoğus (heute: Oğuz) lebten ca. 500 Armenier, die der griechisch-orthodoxen Kirche angehörten.

Weitere Dörfer mit armenischer Bevölkerung im Landkreis Kemah waren: Marik (heute: Aynapınar) mit der Surp Asdwadsadsin und der Surp Sarkis Kirche sowie dem Surp Anardsat Kloster. Hazerik (heute: Tandırbaşı) mit der Surp Asdwadsadsin Kirche und einer Schule. Tortan (heute: Doğan) mit der Surp Asdwadsadsin Kirche und dem Surp Drtad Kloster. Tavginer (heute: Koruyolu) mit der Surp Minas Kirche, den Klöstern Surp Asdwadsadsin, Surp Toros, Surp Kework und Hreschdagabed sowie der Surp Asdwadsadsin Schule. Garni (heute: Gökkaya) mit der Surp Toros und der Surp Sarkis Kirche sowie einer Schule.

Die ungefähr 300 in Gercanis, Zentrum des Refahiye Kreises, lebenden Armenier verfügten über die Surp Krikor Lusaworitsch und die Surp Prgitsch Kirche sowie eine Schule.

Andere armenische Siedlungen des Kreises waren Horopul bzw. Horun (heute: Akçiğdem) mit der Surp Asdwadsamajr Kirche, dem Surp Tamor Kloster und einer Schule sowie Melikşerif (heute: Yurtbaşı) mit der Surp Asdwadsamajr Kirche, dem Surp Jeghja Kloster und einer Schule. In beiden Dörfern lebten mehr als 1.200 Armenier.

In Hasanova, Zentrum des Kreises Kuruçay, lebten etwa 250 Armenier, die dort über die Surp Asdwadsadsin Kirche und eine Schule verfügten.

Die größte armenische Siedlung des Landkreises war Armıdan, in dem ca. 1.300 Armenier lebten. In diesem Dorf befanden sich die Surp Nschan, die Surp Krikor Lusaworitsch und die Surp Karasun Manug Kirche sowie eine Schule. Weitere Dörfer mit armenischer Bevölkerung waren Dantsi (heute: Özlü), Tuğut (heute: Sarıkavak) mit der Surp Kework Kirche sowie Apuşda, wo sich die Surp Teotoros Kirche befand.

In Pülümür, Kreisstadt von Kuzucan, lebten ca. 50 Armenier und hatten dort die Surp Asdwadsadsin Kirche.

Weitere von Armeniern bewohnte Dörfer des Landkreises waren: Gersunut (heute: Ardıçlı) mit der Surp Sarkis Kirche und einer Schule. Pergiri (heute: Yelekli) mit der Surp Minas Kirche und einer Schule. Danzig (heute: Dereboyu) mit der Surp Asdwadsadsin Kirche und den Klöstern Surp Karasun Manganz, Surp Tateos und Surp Sarkis.

DER BEZIRK BAYEZİD

Der Bezirk setzte sich aus den Landkreisen Bayezid, Diyadin, Karakilise, Eleşkirt und Antab zusammen. Die osmanische Volkszählung von 1914 gibt die armenische Bevölkerung mit 13.412 an, wovon 11.972 Gregorianer, 1.411 Katholiken und 29 Protestanten waren. Maghakja Ormanjan gibt für 1912 die Zahl der Armenier des Bezirks mit 15.200 an, von denen 1.000 katholischer und 200 protestantischer Konfession waren.

In der Bezirkshauptstadt Bayezid (heute: Doğubeyazıt) mit ihren 7.000 Einwohnern lebten mehr als 2.000 Armenier. Im Abdigor Viertel befanden sich die Surp Garabed und die Surp Wartan Kirche sowie zwei Schulen und ein Waisenhaus.

Im Landkreis lebten Armenier in folgenden Dörfern: Arzap mit 1.200 Einwohnern verfügte über zwei Kirchen, vier Klöster und zwei Schulen. Mosun mit fast 800 Einwohnern beherbergte eine Kirche, zwei Klöster und zwei Schulen. Korum mit 375 Einwohnern verfügte über eine Kirche und in Meryemana lebten unter der mehrheitlich kurdischen Dorfbevölkerung ungefähr 40 Armenier.

In der Kreisstadt Diyadin lebten etwa 150 Armenier und verfügten über die Surp Asdwadsadsin Kirche.

In den zum Kreis gehörenden Dörfern Tavla, Seydo, Curcan, Karapazar, Üçkilise, Kumlubacağı und Mirzakhan lebten insgesamt ca. 1.500 Armenier.

Ungefähr die Hälfte der 4.500 Einwohner von Karakilise (später Karaköse; heute: Ağrı) war armenisch. In der Stadt befanden sich zwei armenische Schulen, eine für Jungen und eine für Mädchen.

Weitere zum Landkreis gehörende Dörfer, in denen Armenier lebten waren Yerenos, Çamırlı, Kazi (heute: Aslangazi), Khıdır, Mengeser (heute: Yazılı), Mezire, Taşlıçay, Aşkhan, Yeritsu, Yoncalu und Ziro (heute: Murat).

In Toprakkale, Zentrum des Kreises Eleşkirt, lebten etwa 1.400 Armenier. In der Stadt befanden sich die Surp Asdwadsadsin Kirche, das Surp Giragos Kloster sowie die Surp Asdwadsadsin Schule.

Dörfer des Kreises mit armenischer Bevölkerung waren Amad, Khomsur, Koşeg, Molla Süleyman, Yeritsuküğ, Zeydgan und Kayabek.

In Tutak, Zentrum des Antap Kreises, lebte nur eine kleine armenische Gemeinde. Mit ungefähr 400 armenischen Einwohnern und der Surp Asdwadsadsin Kirche war Patnos die wichtigste armenische Siedlung im Landkreis. Weitere Dörfer mit armenischer Bevölkerung waren Araboli, Asmar, Gharğalek, Melan, Mussig, Goşk, Şame, Terek, Camalverdi, Garaköy und Partav.

DER BEZIRK HINIS

Im Bezirk lebten der osmanischen Volkszählung von 1914 zufolge 8.229 Armenier von denen 450 Protestanten waren.

In der Bezirkshauptstadt mit ihren 7.000 Einwohnern lebten etwa 3.000 Armenier. Hınıs, das sich auf dem Schnittpunkt von Karawanenwegen befand, ist seit alters her ein Handelszentrum gewesen, wobei sich Armenier vor allem bei der Produktion von Baumwollstoffen, der Stofffärberei sowie der Weberei von Schals und Teppichen hervortaten.

Die wichtigsten armenischen Siedlungen im Bezirk waren Sarlu, Pazkig, Kharos, Khaçaluys, Elbis, Çevirme, Haramig, Karaköpre, Karaçaban, Güvendik, Gopal und Khozlu. Manche dieser Dörfer und Kleinstädte verfügten über mehr als 2.000 Einwohner.

690 *Karte der Provinz Erzurum.*
145 * 100. Tüccarzade İbrahim Hilmi, İstanbul.

691 *Panorama von Erzurum.*
278 * 91. Osman Nouri, Trabzon, 128.

692 *Eine andere Postkarte mit der gleichen Vorlage. Die nicht abgeschickte Karte trägt auf der Vorderseite die Unterschrift von G. Anuschikjan, einem Armenier aus Trabzon, und auf der Rückseite seinen Stempel.*
141 * 93. Osman Nouri, Trabzon, 11.

693 *Ansicht von Erzurum.*
141 * 90. Osman Nouri, Trabzon, 102.

694 *Blick auf Erzurum.*
139 * 88. Verlagshaus der Mechitaristen, Wien, 1.

695 *Die Einwohner Erzurums in Zelten auf den Straßen nach dem Erdbeben von 1901. Auf der Rückseite findet sich ein Stempel der katholischen Mission in Anatolien mit der Bitte um Spenden.*
139 * 91. 61. Osmanisch: „Erinnerung an Trabzon."

696 *Einwohner Erzurums nach dem Erdbeben in Zelten.*
141 * 91. 62. Die Karte wurde von Erzurum nach İstanbul Kadıköy geschickt.

Souvenir d'Erzéroum
Vue orientale

Souvenir d'Erzeroum. L'établissement des habitants dans les rues de la ville pendant les tremblements de terre du 1901.
N° 61.

Souvenir d'Erzeroum. L'établissement des habitants dans les rues de la ville pendant les tremblements de terre du 1901.
N° 62.

697 Ein Kind, das an einer Feier einer armenischen Schule in Erzurum im Hirtenkostüm teilnimmt.
81 * 135. 187.

698 Die Sanasarjan Schule in Erzurum. Die Schule wurde von dem armenischen Wohltäter Mgrditsch Sanasarjan aus Tiflis zur Ausbildung armer armenischer Kinder gegründet. Auch wenn zum Unterhalt der Schule einige Felder und die Mieteinnahmen einiger Häuser in Erzurum gespendet wurden, stellte sich heraus, dass diese Einnahmen nicht ausreichten. Daraufhin wurde von dem armenischen Architekten Howsep Asnawor ein Geschäftshaus in İstanbul-Sirkeci errichtet. Die Mieteinnahmen des als Sansarjan Han bekannten Gebäudes flossen der Schule zu. Die Schule wurde nach dem Ersten Weltkrieg geschlossen, weil es keine Armenier mehr gab. Vom 23. Juli bis 7. August 1919 wurde das Gebäude Austragungsort des Erzurum Kongresses, der zu den wichtigsten Vorbereitungen für die Gründung der türkischen Republik zählt.
138 * 89. M. J. Riyazoff, Erzurum, 5855.

Souvenir d'Erzuroum.
L'Ecole „Sanassarian".

DIE PROVINZ ERZURUM
Erzurum, Bayburt, Kiği, Erzincan, Kemah, Bayezid, Hınıs

335

699 Eine Postkarte aus Erzurum mit der Surp Asdwadsadsin Kirche, dem Bischofssitz und der Sanasarjan Schule.
139 * 89. Die nicht abgeschickte Postkarte trägt eine mit einem Erinnerungsstempel versehene Briefmarke. In osmanischer Handschrift ist „Erzurum 330-331 [1914-1915]" notiert.

700 Glockentrum der Surp Asdwadsadsin Kirche. Die Karte wurde über die Bistumsverwaltung Samsun an den Schuldirektor Hrant Efendi Wosgeritschjan geschickt.
87 * 137. M. J. Riyazoff, Erzurum, 5853.
„Sehr geehrter Herr Hrant Wosgeritschjan – Samsun.
Geliebter Bruder Hrant Wosgeritschjan,
Deine Einladung zur Hochzeitsfeier haben wir erhalten.
Wir haben uns sehr gefreut und wünschen glückliche Tage.
Grüße auch an Anna, Garabed und Satenik und auch an den uns unbekannten Bräutigam, Herrn Rupen. Möge Gott Eure Tage segnen. Dein Onkel Chatschadur Wosgeritschjan."

701 Die an die Surp Asdwadsadsin Kirche angrenzende Kapelle auf einer Postkarte der Wiener Mechitaristen.
90 * 139. Verlagshaus der Mechitaristen, Wien, 5.

702 Die Ruinen einer armenischen Kirche in Varzahan (heute: Uğrak), das zum Kreis Bayburt gehörte, auf einer Postkarte der Wiener Mechitaristen. Die Kirche hatte die Form eines Achtecks.
139 * 89. Verlagshaus der Mechitaristen, Wien, 22.

703 Eine armenische Burg aus dem Mittelalter bei Tortum im Kreis Erzurum auf einer Postkarte der Wiener Mechitaristen.
137 * 88. Verlagshaus der Mechitaristen, Wien, 14.

704 Die Agrak Kirche von Tortum auf einer Postkarte der Wiener Mechitaristen.
89 * 140. Verlagshaus der Mechitaristen, Wien, 16.

705 Blick auf Bayburt, dessen Bevölkerung zum großen Teil armenisch war.
140 * 90. Osman Nouri, Trabzon, 91.

706 Burg und Stadtzentrum von Bayburt.
139 * 89. Osman Nouri, Trabzon, 103.

707 Das Armenierviertel von Bayburt. In der Mitte ist eine armenische Kirche mit ihrem Kirchturm zu sehen.
138 * 86.

Salut d'Erzindjan. Entre les cinq rues.

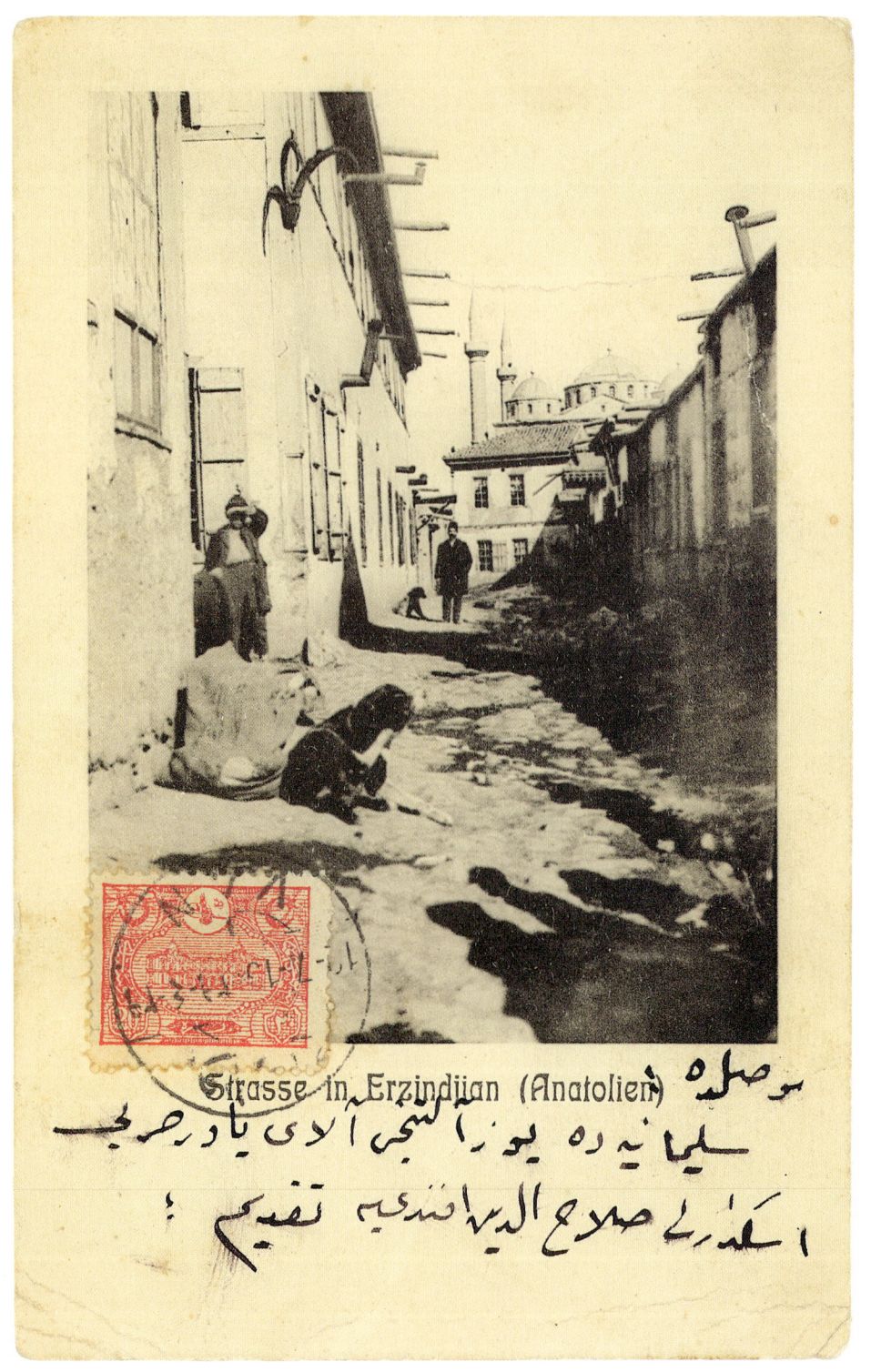

Souvenir d'Erzindjan. Une vue de la Ville.

Strasse in Erzindjian (Anatolien)

708 Blick auf Erzincan, eine Stadt mit hohem armenischen Bevölkerungsanteil.
138 * 89. Osman Nouri, Trabzon, 78.
Auf Osmanisch: „Grüße aus Erzincan. Die Kreuzung der Sivas- und Trabzonstraße."

709 Blick auf Erzincan.
138 * 89. Osman Nouri, Trabzon, 83. Am 19. Juli 1913 von Van nach Süleymaniye (Mosul) geschickt.

710 Eine Straße im Stadtzentrum von Erzincan.
90 * 140. Georg Nentwig, Berlin, Deutschland.

711 Regierungsgebäude von Erzincan.
139 * 89. Die Karte wurde 1914 von Erzincan nach Maraş geschickt.

712 Der Markt im Zentrum von Erzincan.
141 * 90. Georg Nentwig, Berlin, Deutschland.

713 Deutsche und osmanische Offiziere am Eingang eines Dorfes bei Erzincan.
140 * 91. Georg Nentwig, Berlin, Deutschland.

Außerhalb osmanischer Grenzen

KARS, ARDAHAN, ARTVİN, SARIKAMIŞ, OLTU

Die heutigen türkischen Provinzen Kars, Ardahan und Artvin sowie die Siedlungsräume Sarıkamış und Oltu östlich von Kars waren zu Beginn des 20. Jahrhunderts unter russischer Herrschaft.

Diese 1876 von der russischen Armee eroberten Gebiete wurden mit dem Abkommen von San Stefano, mit dem der russisch-osmanische Krieg von 1877-1878 beendet wurde, abgetreten. Dies hielt an, bis nach der russischen Oktober-Revolution von 1917 die Kolonien und besetzten Territorien aufgegeben wurden. Auch wenn mit der Niederlage des Osmanischen Reiches im Ersten Weltkrieg zunächst eine Ungewißheit eintrat, so wurden diese Gebiete 1920 und 1921 Teil der Türkei.

Vor dem osmanisch-russischen Krieg war Kars ein Bezirk der Provinz Erzurum mit den Kreisen Kars, Şureğul (heute: Akyaka), Zaroşad (heute: Arpaçay) und Kağızman. Als das Gebiet unter zaristische Herrschaft kam, erhielt Kars den Status einer Provinz, die der Oberprovinz Zakafkasya mit Sitz in Tiflis zugeordnet war. Die Landkreise Ardahan und Oltu wurden dabei Kars zugeordnet. Artvin, das zur gleichen Zeit unter russische Herrschaft gelangte, wurde ebenso wie Batum als Regionalprovinz direkt Tiflis unterstellt.

Die Provinz Kars setzte sich danach aus den Bezirken Kars, Kağızman, Ardahan und Oltu zusammen.

Zum Bezirk Kars gehörten die Untereinheiten Kars, Saganlug (heute: Sarıkamış), Şureğul (heute: Akkaya), Zaroşad (heute: Arpaçay) und Arbahin. Zum Bezirk Kağızman gehörten Kağızman, Horasan und Nahçavan. Zum Bezirk Ardahan gehörten Ardahan, Poshov (heute: Digor), Çıldır (heute: Zarzini) und Felshi. Zum Bezirk Oltu gehörte der Ort selbst sowie Tausher.

Der osmanischen Volkszählung von 1876 zufolge verfügte der Bezirk Kars sowie die später zugeschlagenen Einheiten Oltu und Ardahan zusammen über eine männliche Bevölkerung von 39.257. Von ihnen wurden lediglich 5.165 als Christen registriert.

Die 1897 durchgeführte zaristische Volkszählung gibt die Konfessionen in der Provinz Kars mit 50.980 Gregorianern, 959 armenische Katholiken und 861 armenische Protestanten an. Während unter der zaristischen Verwaltung ein beschleunigtes Städtewachstum einsetzte, stieg der Anteil der Armenier an der Stadtbevölkerung von 44 auf 78 Prozent.

Dem russischen Jahrbuch für Kars aus dem Jahr 1898 zufolge waren von den 1.166 Grundschülern der Provinz Kars 722 Armenier (563 gregorianisch, 103 katholisch und 56 protestantisch). Zur gleichen Zeit belief sich die Zahl muslimischer Schüler auf lediglich 98.

Neben Landwirtschaft, Tierzucht und traditionellen Gewerben gingen die Armenier von Kars der Produktion pflanzlicher Öle, der Gerberei, dem Betrieb von Ziegeleien sowie von Mühlen nach.

Die russische Volkszählung von 1913 macht für die zu Kars gehörenden Dörfer folgende Angaben: Aliğamarlu (heute: das zu Iğdır gehörende Alikamerli) verfügte über 1.045 armenische Einwohner, eine Kirche und eine Schule. Ağcakala (heute: das zu Arpaçay gehörende Akçakale), gelegen zwischen Kars und Ani, verfügte über 491 armenische Einwohner sowie eine Kirche und eine Schule. In Akarag lebten 260 Armenier und es befanden sich dort zwei Kirchen, die aus dem 5. und 6. Jahrhundert stammten. Arasküğ (heute: das zu Arpaçay gehörende Arazoğlu) verfügte über 492 armenische Einwohner, eine Kirche und eine Schule. In Bayraktar lebten 250 Armenier, die dort über die Surp Hagop Kirche verfügten. Başköy mit der Surp Asdwadsadsin Kirche und einer Schule hatte 803 armenische Einwohner. In Başkatıklar mit der Surp Howhannes Kirche lebten 448 Armenier. In Başsoragyal mit der Surp Howhannes Kirche und der Sahakjan Schule lebten 730 Armenier. In Beyliahmed mit der Surp Asdwadsadsin Kirche lebten 1.200 Armenier. In Pıvig mit der Surp Asdwadsadsin Kirche lebten 207 Armenier. In Perna mit der Surp Lusaworitsch Kirche lebten 283 Armenier. In Kalecik bzw. Karakilise (heute: Gelinalan) lebten 400 Armenier. In Tiknis (heute: Büyükdere) mit der Surp Minas Kirche lebten 390 Armenier. In İlanlu mit der Surp Hagop Kirche lebten 163 Armenier. In Ganiköy mit der Surp Hagop Kirche und einer Schule lebten 342 Armenier. In Karahaç waren es 270 Armenier, in Karamahmed 622, in Hasçiftlik 352, in Kızılçakçak (heute: Kayadibi) 2.243 Armenier,

Карсъ. - Общій видъ города и крѣпости. — Kars. - Vue générale.

in Güzug 342, in Goşavank 313, in Kapanlı 430 Armenier und in Gupat bzw. Eryub 176 Armenier sowie in Oluklu 500 Armenier.

Kağızman verfügte in der Region Kars über die größte armenische Bevölkerung. Der Volkszählung von 1913 zufolge stellten die Armenier 7.911 der 10.181 Einwohner. Die Armenier von Kağızman, die in der Stadt über eine Kirche sowie die von Jungen und Mädchen besuchte Tarkmantschaz Schule verfügten, gingen Weinbau, Handel und der Gewerbe nach.

Von den 71.014 Einwohnern des Bezirks Kağızman waren 30.162 Armenier.

Siedlungen mit armenischer Bevölkerung im Bezirk waren: Akarag, Ahkilisa, Pakran, Kaşkey, Elizabedinsgoye, Yenice, Çırçi, Laloyi-Mavrag, Khar, Khoperan, Garavank, Gulantapa, Goşakilisa, Dzbli, Şadevan, Çankli, Çurug, Bibik Haygagan, Çalal, Sidagan, Nahçavan (heute: das zu Digor gehörende Kocaköy), Ğarapağ, Armutlu, Digor und Kers (heute: Günindi).

Die armenische Bevölkerung von Kaşkey betrug 2.397, die von Nahçavan (heute: das zu Digor gehörende Kocaköy) 2.177. Es folgten Çırçi mit 1.526, Dzibli mit 1.643, Ğarapağ mit 1.046, Armutlu mit 1.141, Pakran mit 796, Khar mit 762, Çankli mit 790, Sidagan mit 872, Bibik Haygagan mit 719, Akarag mit 665, Şadivan mit 657 und die übrigen mit im Allgemeinen mehr als 500 armenischen Einwohnern.

Saganluk bzw. Sarıkamış, der westlichste Punkt des russischen Herrschaftsgebietes, wirkte weniger wie eine zivile Siedlung sondern wie eine Garnison.

In der Stadt Ardahan, in der Armenier sich vor allem mit Handel und Gewerbe beschäftigten, befanden sich die Surp Asdwadsadsin und die Surp Krikor Kirche. Im zu Ardahan gehörenden Dorf Okam (heute: Çayırbaşı) lebten fast 400 Armenier, die dort über eine Kirche verfügten.

714 Blick auf die Burg und die Stadt Kars.
139 * 89. [russischer Druck], 795 (Vorlage: B743).

715 Blick auf Kars.
138 * 87. [russischer Druck], 792 (Vorlage: A77053).

716 Die Burg von Kars, die Brücke über den Fluß und die sich am Fluss entlangziehenden Siedlungen.
138 * 89. [russischer Druck], 2112 (Vorlage Nr. 24567).

Общій видъ – Vue générale

Карсъ – Kars

717 Blick auf Kars. Die Kirche in der Mitte ist die im 10. Jahrhundert erbaute armenische Surp Arakeloz Kirche. 1579 mit der osmanischen Eroberung wurde sie in eine Moschee umgewandelt und erhielt den Namen Kümbet Camii. Als das Gebiet 1878 unter russische Herrschaft gelangte, wurde die Moschee wieder in eine Kirche verwandelt und von der Armee als russisch orthodoxe Kirche benutzt. Obwohl der Glockenturm zur Linken in dieser Zeit errichtet wurde, harmoniert er mit der armenischen Architektur. Nachdem die russischen Truppen sich 1917 zurückzogen, begannen die Armenier die Kirche wieder zu nutzen, bis sie nach Anschluß des Gebietes an die Türkei wieder in eine Moschee umgewandelt wurde.
139 * 88. [russischer Druck], 2110 (Vorlage Nr. 24559).

718 Blick auf Kars.
141 * 86. [russischer Druck], 14.

719 Straßen und Gebäude am Fluß von Kars. Auf der Karte steht in Handschrift „Lebwohl Kars".
136 * 88. [russischer Druck], 800 (Vorlage Nr. A51806).

720 Mädchengymnasium von Kars.
139 * 89. [russischer Druck], 11 (Vorlage Nr. A51811).

Дома, улица и минаретъ. **Карсъ.**
Maisons, rue et minaret. **Kars.**

Карсъ. Новый Военный соборъ.
Kars. Nouvelle église militaire.

721 *Eine Straße in Kars.*
88 * 138. [russischer Druck], 794 (Vorlage Nr. A77155).
(Häuser, Straße und das Minarett.)

722 *Die russische Militärkirche in Kars.*
88 * 138. [russischer Druck], 13 (Vorlage Nr. 89142).

723 *Ortseingang von Artvin, das sich zu Beginn des 20. Jahrhunderts unter russischer Herrschaft befand.*
90 * 141. Scherer, Nabholz & Firma, Moskau, 45. Am 5. Juli 1901 von Moskau nach Frankreich gesandt.

724 *Die Surp Prgitsch Kirche von Ani bei Kars.* Ani, auch „die Stadt der Tausendundeins Kirchen" genannt, war Hauptstadt der Dynastie der Bagratiden. Die Stadt an der Seidenstraße war zu jener Zeit ein Zentrum mit 100.000 Einwohnern. Die Postkarte, für die eine Vorlage des armenischen Malers Fetwadschjan verwendet wurde, ging am 2. August 1907 an Matteos Jerez, der an der armenischen Schule von Filibe in Bulgarien beschäftigt war. Wahrscheinlich aufgrund einer Adressenänderung wurde die Karte dann an die gleiche Person mit der Adresse Kaffeehaus Sasun in Varna weitergesandt.
139 * 89. [russischer Druck], 11.

Die Provinz Bitlis

Bitlis, Muş, Bulanik, Siirt, Sasun

In der sich aus den Bezirken Bitlis, Muş, Siirt und Genç zusammensetzenden Provinz lebten im Jahr 1914 gemäß der osmanischen Volkszählung 119.132 Armenier, darunter 2.788 Katholiken und 1.640 Protestanten. Die von Maghakja Ormanjan 1912 veröffentlichten Daten zeigen eine armenische Bevölkerungszahl von 165.000, darunter 4.000 Katholiken und 2.000 Protestanten.

In Muş residierte ein Erzbischof, der dem Istanbuler Patriarchat unterstellt war, in Bitlis und Siirt gab es jeweils einen Bischofssitz.

DER BEZIRK BİTLİS

Die osmanische Volkszählung von 1914 gibt die armenische Bevölkerung des Bezirks, der sich aus den Kreisen Bitlis, Ahlat, Hizan und Mutki zusammensetzte, mit 35.000, armenische Quellen mit 50.000 an.

Im Landkreis Bitlis lebten der osmanischen Zählung zufolge 19.123 Armenier, darunter 89 Katholiken und 384 Protestanten. In der 25 Kilometer südwestlich des Van Sees gelegenen Bezirkshauptstadt Bitlis (arm. Baghesch) mit ihren 40.000 Einwohnern lebten mehr als 7.000 Armenier. In der am Schnittpunkt mehrerer grüner Täler gegründeten Stadt gingen Armenier neben dem Obstanbau vor allem dem Gold- und Silberschmiedehandwerk sowie der Weberei von Tüchern und Teppichen nach.

In der Stadt befanden sich die Garmirag Surp Giragos, die Surp Sarkis, die Hinkhoran Surp Asdwadsadsin und die Surp Kework Kirche sowie die Klöster Surp Howhannes und Surp Asdwadsadsin. Weitere religiöse Zentren im näheren Umkreis der Stadt waren das Hntragadar Surp Asdwadsadsin Kloster, das Surp Tateos Arakjal Kloster in Avek sowie das Surp Garabed Kloster in Dzabırgor.

Die sechs Schulen der Stadt, die den vier Kirchen sowie dem Surp Howhannes und dem Hntragadar Surp Asdwadsadsin Kloster angeschlossen waren, wurden von fast 500 Schülern besucht.

In der Stadt, in der sich auch eine amerikanische Misson befand, gab es für die protestantischen Armenier außerdem eine eigene Kirche, Schule und ein Waisenhaus.

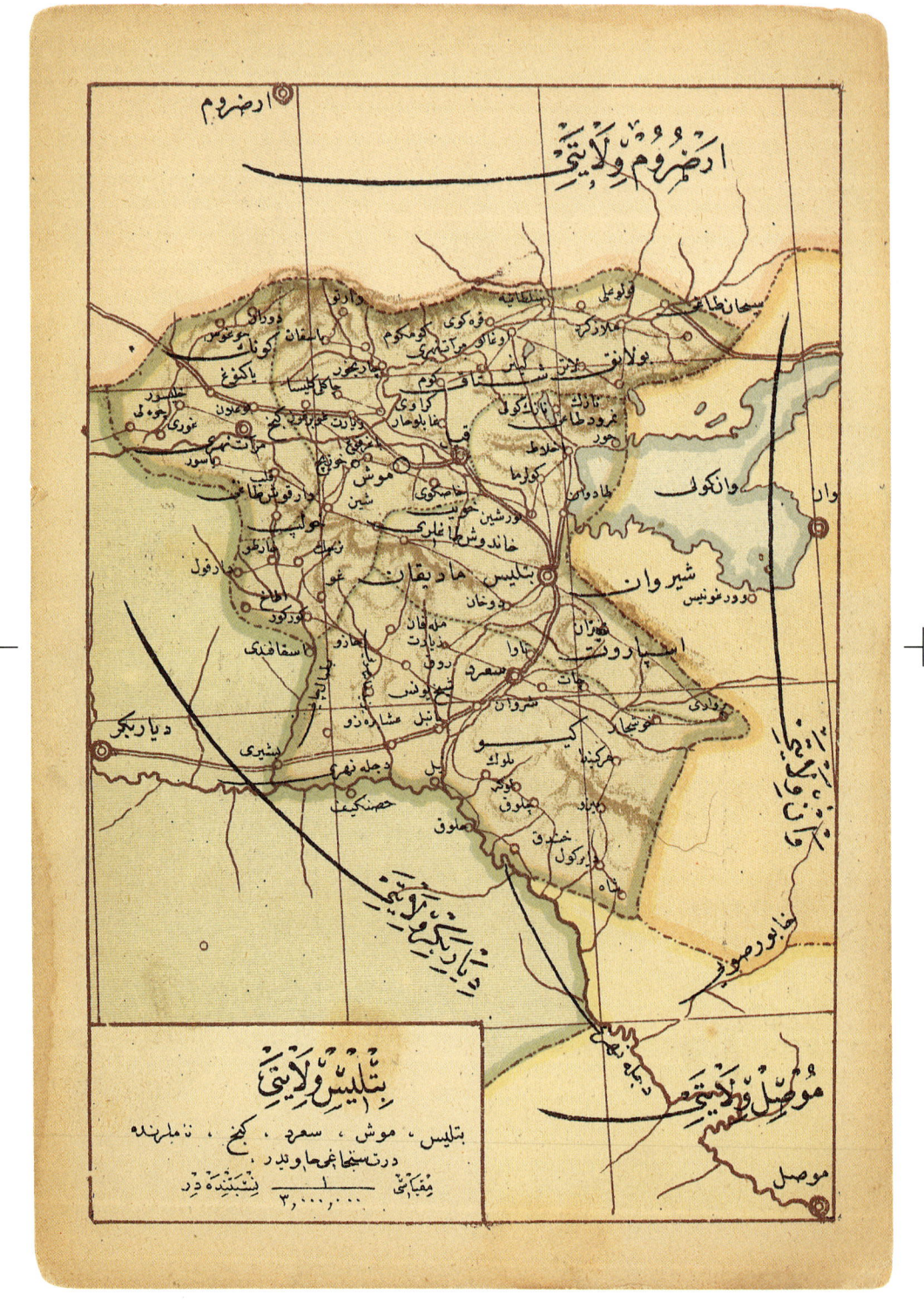

1908 wurde in Bitlis eine armenische Zeitung mit dem Namen *Zankag* (Glocke) herausgegeben.

In Tatvan, dem Hafen von Bitlis am Van See, mit seinen mehr als 1.000 armenischen Einwohnern, befanden sich die Surp Sarkis und die Surp Teotoros Kirche. Die Verbindung zwischen dem Hafen Avants bei Van und Tatvan wurde mit einem von Armeniern betriebenen Dampfschiff hergestellt.

Der osmanischen Volkszählung von 1914 zufolge lebten im Landkreis Bitlis und den zugehörigen Dörfern 19.123 Armenier, darunter 89 Katholiken, 384 Protestanten.

Die 56 Dörfer mit armenischer Bevölkerung befanden sich überwiegend östlich von Bitlis. Das größte Dorf war Khultig mit seinen 2.500 Einwohnern, in dem sich die Surp Kework und die Surp Howhannes Kirche sowie die Surp Kework Schule befanden. In diesem ungefähr zehn Kilometer östlich von Bitlis gelegenen Dorf waren neben dem Weinbau auch Gewerbe wie die Töpferei und Weberei hoch entwickelt.

Die wichtigsten übrigen Dörfer im Landkreis Bitlis waren: Şamiram mit 450 Einwohnern und der Surp Sarkis Kirche sowie einer Schule. Dziggam mit 250 Einwohnern und der Surp Teotoros Kirche. Vanig mit 350 Einwohnern und der Surp Kework Kirche. Çilhor mit 350 Einwohnern und der Surp Asdwadsadsin Kirche. Aşağı und Yukarı Gerb mit 750 Einwohnern, einer Schule sowie den Kirchen Surp Howhannes und Surp Kework . Parkhand mit 230 Einwohnern sowie der Surp Adom Kirche und einer Schule gleichen Namens. Tukh mit 350 Einwohnern sowie der Surp Asdwadsadsin Kirche und einer gleichnamigen Schule. Gamakh mit 400 Einwohnern, den Kirchen Surp Karasun Manuk und Surp Stepannos sowie der Surp Karasun Manuk Schule.

Die nordöstlich von Tatvan am Van See gelegene Kreisstadt Ahlat (arm. Khlat) war seit alters her bis zur Mitte des 19. Jahrhundert ein wichtiges armenisches Siedlungsgebiet. Zu Beginn des 20. Jahrhunderts lebten dort jedoch nur noch 250 Armenier.

Der osmanischen Volkszählung von 1914 zufolge lebten in Ahlat und den zugehörigen Dörfern 9.708 Armenier, von denen 207 Protestanten waren. Der Kreis verfügte über 22 Dörfer mit armenischer Bevölkerung, in denen sich 23 Kirchen und vier Klöster befanden.

Die armenische Bevölkerung des Landkreises Hizan wird von der osmanischen Volkszählung von 1914 mit 5.023, von armenischen Quellen mit mehr als 8.000 angegeben. In Aşağı Karasu, das gegen Ende des 19. Jahrhunderts Kreisstadt wurde, lebten ca. 200 Armenier, die dort die Surp Asdwadsadsin Kirche hatten. Die alte Kreisstadt Hisan, die im 19. Jahrhundert über eine große armenische Bevölkerung verfügte, hatte diese zu Beginn des 20. Jahrhunderts vollkommen verloren. Die Stadt, die früher ein wichtiges theologisches Zentrum gewesen war, beherbergte eine Reihe alter Kirchen.

Konzentriert auf sechs Siedlungen – Aşağı Gerger, Şentsor, Sbargerd, Marmırdank, Nzar und Khoror – befanden sich in 76 Dörfern 48 Kirchen und 10 Klöster. Der zum Katholikosat Ahtamar gehörende Bischofssitz befand sich im Kloster Surp Chatsch im Tal von Şentsor.

Im östlich von Bitlis gelegenen Kreis Mutki (arm. Modgan) lebten den osmanischen Volkszählungsergebnissen von 1914 zufolge 410, armenischen Quellen zufolge mehr als 5.000 Armenier. Im Landkreis, der zum Einzugsgebiet des Bistums Muş gehörte, befanden sich in 27 Dörfern 26 Kirchen und vier Klöster.

DER BEZIRK MUŞ

Die osmanische Volkszählung von 1914 gibt die armenische Bevölkerung des aus den Landkreisen Muş, Malazgirt, Bulanık, Varto und Sasun bestehenden Bezirkes mit 63.911 an, darunter 2.699 katholischer und 530 protestantischer Konfession. Die 1912 von Maghakja Ormanjan veröffentlichten Daten zeigen eine armenische Bevölkerung von 93.000 im Bezirk (inklusive des Bezirkes Genç, der keine so starke armenische Bevölkerung hatte), wovon 3.000 Katholiken und 1.000 Protestanten waren. Manche armenische Quellen geben die armenische Bevölkerung mit mehr als 140.000 an.

Mehr als ein Viertel der Einwohner der Bezirksstadt Muş (arm. Daron) mit ihren 27.000 Bewohnern waren Armenier. In sechs Stadtvierteln befanden sich die Surp Marine, Surp Harutjun, die Surp Asdwadsadsin, die Surp Sarkis, die Surp Giragos und die Surp Kework Kirche. Die Schulen, Surp Marine, Surp Asdwadsadsin, Surp Harutjun und Surp Sarkis für Jungen sowie die Surp Giragos für Mädchen und Jungen, waren den gleichnamigen Kirchen angeschlossen. Außerdem gab es für Mädchen die Izmirjanz Schule. Auch die Protestanten und Katholiken der Stadt verfügten über je eine eigene Schule.

Die Armenier der Stadt waren in den Gewerben Schmuckherstellung, Stoffproduktion, Schneiderei, Färberei, Schmiedehandwerk, Hufeisenproduktion, Töpferei, Tischlerei und Schusterei führend. 1909 waren von den 800 Geschäften und Werkstätten in Muş etwa 500 in armenischem Besitz. 200 von ihnen waren Läden, die übrigen Gewerbetreibenden.

Im Bezirk Muş befanden sich fast 100, im Landkreis Muş mehr als 60 Klöster. Zu den wichtigeren in der Nähe der Stadt zählten das Surp Arakeloz Kloster sowie das im Bergland nordwestlich des Tales gelegene Surp Garabed Kloster und das Kloster Surp Howhannes an den Sasun Bergen. Das Surp Garabed Kloster als religiöses Zentrum der Region wurde nicht nur von Christen, sondern auch von Muslimen aufgesucht. Die drei Klöster verfügten außerdem über Waisenhäuser und Bildungseinrichtungen. Auch das Surp Madnawank Kloster verfügte über eine Schule.

Im Tal von Muş befanden sich etwa 50 Dörfer mit armenischer Bevölkerung. Zu diesen Dörfern gehörten: Ağcan mit mehr als 1.500 Einwohnern, einem Kloster sowie der Surp Asdwadsadsin Kirche und einer gleichnamigen Schule. Alican mit 1.200 Einwohnern, der Surp Asdwadsadsin Kirche sowie der Surp Talila Schule. In Alvarinç, wo sich ein Kloster, die Surp Hagop Kirche und eine gleichnamige Schule befanden, lebten ca. 1.250 Armenier. Avran mit 2.100 Einwohnern sowie zwei Kirchen und der Surp Howhannes Schule. Bağlu mit 310 Einwohnern, der Surp Hreschdagabed und der Surp Asdwadsadsin Kirche sowie der Hreşdagabed Schule. Çrig mit 800 Einwohnern und der Surp Asdwadsadsin Kirche sowie eine gleichnamigen Schule. Hunan mit 600 Einwohnern, der Surp Towmas Kirche und der Surp Hagop Schule. Kızılağaç mit 1.300 Einwohnern, zwei Kirchen und der Surp Kework Schule. Hasköy mit mehr als 4.000 Einwohnern, der Surp Stepannos und der Surp Talila Kirche sowie der Surp Stepannos Schule. Ğeybiyan mit 1.200 Einwohnern, der Surp Asdwadsadsin Kirche und einer gleichnamigen Schule. Koms mit 700 Einwohnern, der Surp Asdwadsadsin Kirche und einer Schule gleichen Namens.

Sordar mit etwa 400 Einwohnern, der Surp Asdwadsadsin Kirche und der Surp Harutjun Schule. Suluk mit etwa 1.025 Einwohnern, zwei Kirchen sowie der Surp Asdwadsadsin Schule. Şeyhalan mit etwa 1.200 Einwohnern, zwei Kirchen und der Surp Sarkis Schule. Ziyaret mit ca. 2.000 Einwohnern, der Surp Asdwadsadsin Kirche und einer gleichnamigen Schule. Vartenis mit mehr als 2.100 Einwohnern, der Surp Asdwadsadsin und der Surp Hagop Kirche. Sirotonk mit ca. 2.500 Einwohnern, der Surp Sarkis und der Surp Hagop Kirche sowie einer Schule. Oğnuk mit etwa 620 Einwohnern, der Surp Sarkis Kirche und einer Schule. Tirmit mit etwa 1.000 Einwohnern und der Surp Kework Kirche. Arkavank mit 800 Einwohnern, drei Klöstern und einer Schule. Azakbor mit 800 Einwohnern, der Surp Asdwadsadsin Kirche und einer Schule.

Garni mit mehr als 850 Einwohnern, einer Kirche, drei Klöstern sowie einer Schule.

In der Kreisstadt Malazgirt (arm. Manazgerd) lebten fast 1.000 Armenier, die überwiegend Gewerbetreibende waren. In der Stadt befanden sich die Surp Asdwadsadsin, die Surp Sarkis und die Surp Hagop Kirche sowie zwei Schulen.

Im Landkreis mit seinen mehr als 10.000 armenischen Einwohnern, die sich auf fast 40 Siedlungen verteilten, befanden sich 25 Kirchen und 20 Klöster. Die größten armenischen Dörfer des Kreises waren Noradin mit 1.700 Armeniern, Khasmig mit fast 700, Derig mit mehr als 900 und Karakaya mit mehr als 700 armenischen Einwohnern.

Die 5.000 Einwohner der Kreisstadt Gop (heute: Bulanık) waren fast ausschließlich Armenier. In der Stadt befanden sich die Surp Asdwadsadsin und die Surp Tuchmanug Kirche sowie zwei armenische Schulen. Der Sitz des zum Istanbuler Patriarchat gehördenden Bischofs befand sich einige Kilometer außerhalb der Stadt im Kloster Surp Tanjel.

Die Armenier verteilten sich im Landkreis, in dem sich 29 Kirchen und drei Klöster befanden, auf 30 Dörfer. Dörfer mit mehr als 1.000 armenischen Einwohnern waren: Hamzaşeyh, Karağel, Khoşgeld, Liz, Odunçur, Şeyh Yakub, Şirvanşeyh, Teğut und Yoncalu.

Von den mehr als 700 Einwohnern der Kreisstadt Gümgüm im Kreis Varto waren die meisten Armenier. In der Stadt befanden sich eine Kirche und eine Schule. Die größte

armenische Siedlung des Landkreises war mit 1.800 Einwohnern Gündemir, in der sich eine Kirche und das Garmir Wank Kloster befanden.

Im Kreis Sasun, der sich über ein Bergland erstreckt, verteilte sich die armenische Bevölkerung auf mehr als 150 Dörfer. In der Kreisstadt Kabulcevaz, deren mehr als 1.000 Einwohner überwiegend Kurden waren, lebten etwa 350 Armenier. Die größten armenischen Siedlungen des Kreises waren: Hazo mit mehr als 700 Armeniern, Ardzvik mit etwa 350, Khizurik mit etwa 250, Pazu mit etwa 400, Şuğek mit mehr als 200, Tağvank mit mehr als 250, Meçküğ mit etwa 450, Ardgunk mit etwa 400, Arkhund mit mehr als 400, Berm mit mehr als 1.000, Eyüp mit mehr als 300, Kup mit mehr als 400 sowie Parkah mit etwa 350 Armeniern.

725 Karte der Provinz Bitlis.
100 * 146. Tüccarzade İbrahim Hilmi, İstanbul.

726 Ausblick auf Bitlis auf einer vom Mechitaristenorden hergestellten Postkarte.
138 * 89. Verlagshaus der Mechitaristen, Wien, 30.

727 Das Surp Arakeloz Kloster bei Muş auf einer vom Mechitaritstenorden hergestellten Postkarte.
140 * 89. Verlagshaus der Mechitaristen, Wien, 24.

728 In Zelten lebende Kurden bei Bitlis auf einer Postkarte des Fotografen und Postkartenherausgebers Hatschik Tscholakjan aus Trabzon.
138 * 89. H. Tcholakian [Trabzon], 40.
Am 5. Dezember 1913 an die in İstanbul erscheinende armenische Zeitung Asatamart geschickt.
„Sehr geehrter Herr Aris Maljan – İstanbul
Ich möchte mich von Herzen für die Gastfreundschaft bedanken, die mir von Ihnen und Ihrer Mutter während meines Aufenthalts zuteil wurde. Ich hoffe, dass es Ihnen allen gut geht. Ist Boghos gut angekommen? Grüßen Sie alle herzlich von mir. In Liebe...
Dein"
(Auf der Vorderseite: „Herzliche Grüße an Deine Mutter und Anjel.")

DER BEZIRK SİİRT

Im Bezirk mit den Landkreisen Siirt, Eruh, Pervari, Garzan und Şirvan lebten den von Maghakja Ormanjan veröffentlichten Bevölkerungsdaten zufolge 25.500 Armenier, von denen 500 der katholischer Konfession angehörten.

Von den etwa 15.000 Einwohnern der Bezirksstadt Siirt waren mehr als 4.000 Armenier. Das dem Istanbuler Patriarchat zugeordnete Bistum hatte seinen Sitz im Kloster Surp Hagop. In der Stadt befanden sich die Surp Tateos Partoghimeos Kirche und eine Schulen für Jungen sowie eine für Mädchen. Diese Schulen wurden 1901 von 130 Schülern und 78 Schülerinnen besucht. Auch die in der Stadt lebenden protestantischen und katholischen Armenier verfügten über je eine Kirche.

In der Kreisstadt Eruh mit ihren mehr als 2.000 armenischen Einwohnern befanden sich die Surp Howhannes und die Surp Asdwadsadsin Kirche.

Im Landkreis Şirvan lebten etwa 3.000 Armenier verteilt auf fast 20 Dörfer.

In Zok (heute: Yanarsu), Kreisstadt von Garzan, befanden sich die Surp Sarkis Kirche und eine Schule. Die armenische Bevölkerung verteilte sich auf etwa 70 Siedlungen im Kreis, in denen sie überwiegend mit Nestorianer zusammenlebten. Mit durchschnittlich hundert armenischen Einwohnern waren die größten von ihnen Melkişan, Norşen, Rendvan, Selend, Bimer, Garinc und Hadhadk.

Der osmanischen Volkszählung zufolge lebten im Landkreis Pervari 1.326 Armenier, die sich auf die Kreisstadt und etwa 15 Dörfer verteilten.

DER BEZIRK GENÇ

Im Bezirk, der sich aus den Landkreisen Genç, Çapakur und Kulp zusammensetzte, lebten den Ergebnissen der osmanischen Volkszählung von 1914 zufolge 5.910 Armenier. Obwohl Arduşen (heute: Genç) ein altes armenisches Siedlungszentrum war, hatte die Stadt zu Beginn des 20. Jahrhunderts ihre armenische Bevölkerung weitgehend verloren.
In der Stadt, in der sich die Surp Boghos Kirche und eine Schule befanden, lebten ca. 250 Armenier.

Die osmanische Volkszählung gibt die armenische Bevölkerung der Kreise mit 1.603 in Genç, 734 in Çapakur und 3.573 in Kulp an.

Die Armenier im Bezirk Genç verteilten sich auf mehr als 20 Dörfer. Das größte von ihnen war mit 800 Einwohnern Oğnat, in dem sich die Surp Kework Kirche und eine Schule befanden.
In Alipiran lebten 150 Armenier, die dort über die Surp Asdwadsadsin Kirche und eine Schule verfügten. In Boğe, wo sich eine Kirche befand, lebten etwa 40 Armenier. Çapgnud verfügte über 250 armenische Einwohner und eine Kirche. Çolig verfügte über etwa 600 armenische Einwohner und die Surp Hagop Kirche sowie eine Schule. In Dek gab es 150 Armenier und eine Kirche. In Gedzuküğ mit der Surp Tanjel Kirche waren es 100, in Kharabe mit einer Kirche waren es 160, in Kilen mit einer Kirche waren es 200, in Madrak mit der Surp Giragos Kirche und einer Schule waren es 450, in Parkhand mit einer Kirche und einer Schule waren es mehr als 500 und in Tokhlan mit der Surp Asdwadsadsin Kirche etwa 150 Armenier.

Die Provinz Van

VAN, GEVAŞ, HAKKÂRİ

Die aus den Bezirken Van und Hakkâri bestehende Provinz verfügte gemäß der osmanischen Volkszählung von 1914 über eine armenische Einwohnerschaft von 67.792. Maghakja Ormanjan gibt in seinen 1912 veröffentlichten Daten die armenische Bevölkerung mit 121.700 an, davon 200 Protestanten und 500 Katholiken.

In Van befand sich ein dem Istanbuler Patriachat unterstehender Erzbischof.

DER BEZIRK VAN

In der Provinz Van mit ihren Landkreisen Van, Mahmudiye, Çatak, Adilcevaz, Gevaş und Erciş lebten der osmanischen Volkszählung zufolge 61.542 Armenier. Armenischen Quellen zufolge waren es mehr als 100.000.

Die östlich des Van Sees gelegene Stadt Van setzte sich aus zwei Teilen zusammen. Der eine Teil war die auf einem felsigen Berg gelegene Burg und an ihren Hängen die Şahesdan genannte, von einer Mauer umgebenene alte Stadt. Die moderne, Aykesdan (Gärten) genannte Stadt hingegen befand sich im Tal inmitten von Gärten.

In Şahesdan befanden sich sechs Kirchen – die Surp Wartan, die Surp Nschan, die Surp Asdwadsadsin, die Surp Boghos-Bedros, die Surp Dsiranawor und die Surp Sahak. Außerhalb der Mauer befanden sich fünf weitere Kirchen – die Surp Hagop, die Surp Diramajr, die Surp Sion, die Surp Asdwadsadsin und die Surp Etschmijadsin Kirche.

Die Häuser der Armenier, die öffentlichen Gebäude, Konsulate, der Markt und die Kirchen von Protestanten und Katholiken befanden sich in Aykesdan.

Die armenischen Schulen der Stadt waren die von Mädchen und Jungen besuchte Hisusjan, Schuschanjan und Surp Tarkmantschaz, die reinen Jungen-Schulen Surp Howhannesjan, Surp Margosjan und die Surp Ghugasjan sowie die als reine Mädchen-Schule die Surp Santuchdjan.

In Van mit seinem hoch entwickelten kulturellen Leben wurden zahlreiche Zeitungen und Zeitschriften veröffentlicht. Die in Van und den zugehörigen Gebieten zu Beginn des 20. Jahrhunderts erscheinenden armenischen Periodika waren: Die 1905 in Ahtamar herausgegebene Zeitschrift *Arjan Zajn*. Von 1906 bis 1907 die alle 15 Tage erscheinende *Hajazk*. Die von 1906 bis 1909 alle 15 Tage erscheinende *Nor Serunt* (Neue Generation). Die von 1907 bis 1908 veröffentlichte *Asad Chosk* (Freie Stimme). Die 1907 monatlich erscheinende Zeitung *Gajds*. Ebenfalls 1907 monatlich erscheinend die *Wdag*. 1908 die monatlich erscheinende Zeitung *Asub*. Die 1908 vom Kloster Warak herausgegebene *Ardswig*. Die 1908 monatlich erscheinde Zeitung *Jergunk*. Die 1908 alle 15 Tage erscheinende Zeitung *Sartir*. 1908 bis 1909 erschien in Gevaş alle 15 Tage die *Dsowag*. Von 1908 bis 1909 wurde die Zeitschrift *Gotschnag* herausgegeben. *Godosch* erschien 1908 in Ahtamar als Satirezeitschrift. *Griw* war 1908 eine in Ahtamar herausgegebene Schülerzeitschrift. Von 1909 bis 1910 erschien die montliche Zeitschrift *Jetsch. Ke. It.* Die Zeitung *Gohag* erschien 1909 alle 15 Tage. Mit nur einer Nummer erschien 1909 die *Majreni Mamul* (Nationale Presse). *Oasis* war eine von 1909 bis 1910 monatlich erscheinende Zeitung. Die Zeitung *Aschkhdank* (Arbeit) erschien zwischen 1910 und 1915 zunächst wöchentlich, später alle drei Tage. *Gargud* war eine von 1910 bis 1911 monatlich erscheinende Satirezeitung. *Van Dosb* begann 1911 bis 1914 mit einem Erscheinungstournus alle 15 Tage, wurde dann 1915 bis 1918 in Tiflis und später in Erivan herausgegeben. *Lujs* war eine von 1913 bis 1914 herausgegebene monatliche Zeitschrift. Die *Warak* erschien 1913.

Die Armenier, die einen großen Bevölkerungsanteil im Bezirk Van hatten, gingen neben der Landwirtschaft, Tierzucht und dem Obstanbau vor allem Gewerben wie der Weberei von Stoff und Teppichen sowie der Herstellung von Schmuck- und Silbersachen nach. Der Van See wurde für den Fischfang und für die Gewinnung von Potassium Salz genutzt. Im Hafen von Avants betrieben Armenier außerdem die Dampffähre mit den Linien Van - Erciş, Tatvan und den Inseln im Van See.

Im Provinzrat waren die Armenier immer mit zwei Mitgliedern vertreten und stellten außerdem einen Vizegouverneur. Auch im Stadtparlament verfügten sie über zwei Sitze.

Das wichtigste der zahlreichen in der Umgebung liegenden Klöster war Surp Chatsch östlich von Van. Das als „Sieben Kirchen" bezeichnete Kloster verfügte über eine Internatsoberschule, in der fortschrittliche Unterrichtsmethoden angewandt wurden.

Andere wichtige Klöster waren das im Bergland gelegene Surp Kework, das Surp Asdwadsadsin Kloster in Garmrawor sowie das in Sirkh gelegene Surp Marine Kloster.

Das Kloster Lim Anabad auf der Insel Lim im nördlichen Van See lag der Stadt am nächsten. Auf der Insel Ahtamar im Südosten des Sees lag das Surp Chatsch Kloster und eine Meile davon entfernt auf der Insel Arder das Kloster Surp Asdwadsadsin. Die übrigen religiösen Zentren des Sees waren das Kloster Gduz auf der Insel Gduz sowie das Surp Asdwadsadsin Kloster auf der versunkenen Insel Tziban.

Die wichtigsten Dörfer mit armenischer Bevölkerung im Landkreis Van waren Avants (İskeleköy) mit fast 1.600 Armeniern, Ardamet mit 720, Aliür mit fast 2.000, Karakunduz mit mehr als 1.500, Mars mit 1.100, Khjişk mit fast 800, Kalacık mit fast 1.200 und Şahbağı mit beinahe 900 Armeniern.

Die Kreisstadt Mahmudiye an der Grenze zum Iran, die bis Ende des 19. Jahrhunderts über einen hohen armenischen Bevölkerungsanteil verfügte, hatte zu Beginn des 20. Jahrhunderts nur noch 800 armenische Einwohner.

Im südöstlich des Van Sees gelegenen Landkreis Gevaş lebten der osmanischen Volkszählung von 1914 zufolge 10.520 Armenier. In der Kreisstadt Vostan, deren Einwohnerschaft bis Ende des 19. Jahrhunderts noch zur Hälfte aus Armeniern bestand, lebten keine Armenier mehr.

Im Umkreis der Kreisstadt befand sich eine Reihe von Klöstern und religiöser Zentren. Das herausragendste Beispiel armenischer Architektur und Steinmetzkunst, die Surp Chatsch Kirche, lag gegenüber Vostan auf der Insel Ahtamar im Van See. Das im 10. Jahrhundert gegründete Nareg Kloster war zugleich ein Ort, an dem Ausbildung in Musik, Naturwissenschaft und Philosophie stattfand. Die Gräber des Theologen Surp Krikor Naregazi und dessen Bruders Howhannes waren häufig aufgesuchte Wallfahrtsorte. Andere wichtige Klöster der Region waren Tscharahan Surp Nschan, Surp Hagop und Garmir Wank.

Im Kreis verteilten sich die Armenier auf 25 Siedlungen. In Pakhner lebten 520, in Pelu etwa 450, in Nareg mehr als 600, in Kantsak mehr als 350 und in Entsag fast 300 Armenier.

Der Adilcevaz Kreis im Norden des Van Sees verfügte der osmanischen Volkszählung von 1914 zufolge über 4.849 armenische Einwohner, armenischen Quellen zufolge waren es 6.460. Die Armenier des Kreises gingen der Pferdezucht, Fischerei, Weizen- und Obstanbau sowie der Zucht von Wein nach. Die armenische Bevölkerung der am Ufer des Van Sees gelegenen Kreisstadt lag bei etwa 400. Von den 25 Siedlungen, auf die sich die Armenier des Kreises verteilten waren Aren mit etwa 700, Azinckos mit mehr als 400, Goceren mit etwa 400, Karakeşiş mit fast 500, Khorants mit etwa 450, Nurşincik mit fast 500, Yukarı Süpan mit 400 sowie Aşağı Süpan mit etwa 300 Armeniern die größten.

Im nordöstlich des Van Sees gelegenen Pergri bzw. Bargiri (heute: Muradiye) lebten etwa 200 Armenier. Die etwa 5.000 Armenier des Gebietes verteilten sich auf 41 Dörfer. In Engüzek lebten 311, in Bızdıkköy bzw. Küçükköy 450, in Keparig etwa 400, in Kaçan 600, in Kordzot 790 sowie in Yukarı und Aşağı Nazarava etwa 200 Armenier.

Im Landkreis Erciş, am Nordufer des Van Sees gelegen, lebten der osmanischen Volkszählung von 1914 zufolge 8.083 Armenier. In der Kreisstadt, in der sich die Surp Tateos und die Surp Kework Kirche befanden, belief sich die armenische Einwohnerschaft auf 2.000. Im Landkreis verteilten sich die Armenier auf 53 Siedlungen, von denen Plurmag mit 645, Sosgun mit 615 und Akserva mit 491 Einwohnern die größten waren.

DER BEZIRK HAKKÂRİ

Der sich aus den Kreisen Başkale, Çölemerik (heute: die Provinzhauptstadt Hakkâri), Gevar (heute: Yüksekova), Şemdinli und Mamuretülhamid (heute: das zu Gürpınar gehörende Kırkgeçit) zusammensetzende Bezirk verfügte der osmanischen Volkszählung von 1914 zufolge über 6.259 armenische Einwohner. Auch wenn die Armenier keinen hohen Bevölkerungsanteil hatten, nahmen sie doch im Wirtschaftsleben von Başkale und Çölemerik eine wichtige Stellung ein.

729 *Karte der Provinz Van.*
146 * 99. Tüccarzade İbrahim Hilmi, İstanbul.

730 *Blick von der Burg auf Van und den See. Außerdem ist der Weg zum Hafen von Avants zu sehen, der die von Armeniern geführte Verbindung zu Erciş, Tatvan und den Inseln im Van See herstellte.*
140 * 91. Decelle, Compiegne.

731 *Ansicht der Burg von Van.*
91 * 140. Decelle, Compiegne.

Turquie d'Asie. - VAN. - La Vieille Ville et le Lac, vue prise de la Citadelle

Turquie d'Asie. - VAN. - La Citadelle, extrémité Est

732 *Das Täbriz Tor im Armenierviertel. Die alte Stadtmauer verfügte über vier Tore, von denen das östliche das Täbriz Tor war.*
91 * 140. Decelle, Compiegne.

733 *Die Neustadt von Van, Aykesdan (Gärten), wo viele Armenier lebten. Die Armenier lebten vor allen in den östlich gelegenen Vierteln Hangoysner, Noraşen, Cavşen, Arak, Boyents, Şabaniye und Karoyan.*
140 * 91. Decelle, Compiegne.

Turquie d'Asie. - VAN. - Boutiques arméniennes.

Arméniennes faisant du Beurre

Mission des PP. Capucins

734 *Armenische Geschäfte in Van.*
140 * 90. Decelle, Compiegne.

735 *Armenische Frauen bei der Butterbereitung mit einem Butterfaß.*
89 * 139. Mission des P. P. Capucins.

736 Die Unterkunft der französischen Dominikanermönche. Das Wohnhaus war Teil der französischen Mission im modernen Teil Vans, Aykesdan (Gärten).
140 * 91. Decelle, Compiegne. Am 18. Oktober von Van abgesandt.

737 Ein antikes Haus in der Burg von Van.
141 * 91. Decelle, Compiegne.

738 Wohnhaus, Kinderheim und Schule der französischen Dominikaner in Aykesdan. Im Viertel Arak von Aykesdan, das ein wichtiger Handelsplatz war, lagen neben der französischen Mission auch eine deutsche und eine amerikanisch-protestantische Mission. Es befanden sich hier auch das französische, das englische, das russische und das persische Konsulat.
140 * 91. Decelle, Compiegne.

Turquie d'Asie. - VAN. Résidence, Ecole et Orphelinat des Sœurs Dominicaines françaises

The Monastery of Charahan St. Nishan, Near Lake Van

Turquie d'Asie. - VAN. - Couvent arménien de Sourp-Krikor
(Saint Grégoire l'Illuminateur)

Turquie d'Asie. - VAN. - " La Forteresse de Terre " (Toprak kal'a) - Au pied, une Eglise arménienne

739 *Das Kloster Tscharahan Surp Nschan im Süden des Van Sees. Es befand sich am Hang eines Berges in der Nähe der Stadt Vostan, die Zentrum des Kreises Gevaş war. Im Kloster befanden sich das Grab des Historikes Jeghische aus dem 5. Jahrhundert sowie sein berühmtes Kreuz, mit dem er Geisteskrankheiten heilte.*
139 * 88. 3837
Die Karte wurde am 13. November 1912 von Bitlis nach Strassburg geschickt.
„Bitlis, 10. November 1912.
Geliebte Mutter, seit zwei Tagen bin ich wieder in Van. Morgen denke ich, werde ich nach Diyarbakır reisen. Von dort werde ich Eure Nachrichten abholen. Gestern habe ich durch die Osmanische Bank in Bitlis 930 Mark an Dich überwiesen. Hier gibt es keine Neuigkeiten vom Krieg. Ich umarme Dich.
Jules"

740 *Das Surp Krikor Kloster 50 Kilometer nördlich von Van.*
140 * 90. Decelle, Compiegne.

741 *Die Hangojsner Surp Asdwadsadsin Kirche, die an einem Hang des Berges Toprakkale im Nordosten der Stadt Van lag.*
141 * 91. Decelle, Compiegne.

742 Das armenische Warak Surp Chatsch Kloster östlich der Stadt Van. Im auch „Sieben Kirchen" genannten Kloster gründete Chirimjan Hajrik, der später Erzbischof wurde, eine Druckerei und gab die Zeitschrift Ardswi Waspuragan heraus. Zum Kloster gehörten außerdem eine Schule und ein Waisenhaus.
139 * 89. Verlagshaus der Mechitaristen, Wien, 29.

743 Die Surp Chatsch Kirche auf der Insel Ahtamar im südöstlichen Van See. Die Kirche, die eines der hervorragendsten Beispiele armenischer Architektur und Steinmetzkunst ist, wurde von 915 bis 921 von König Gagik Ardsruni durch den Hofarchitekten und Bildhauer Manuel gebaut. Das Gebäude ist in mancherlei Hinsicht bemerkenswert: Die für den Bau verwandten Andesit Steine wechseln nach Jahreszeit und Stunden ihre Farben in gelb, rot oder auch grau. Auf der Fassade finden sich Tier- und Pflanzenmotive sowie Geschichten aus der Bibel und dem Alten Testatement.
88 * 136. Verlagshaus der Mechitaristen, Wien, 28.

744 Armenische Bauern auf dem Dreschplatz. Im Hintergrund ist die Südseite der Burg zu sehen.
140 * 91. Decelle, Compiegne.

Turquie d'Asie. - VAN. - Arméniens travaillant sur l'Aire - Dans le fond, la Citadelle (côté Sud)

Armenische Frauen beim Wolle zupfen. (Teppichindustrie in Van.)

745 Armenische Frauen beim Wollezupfen für die Teppichproduktion.
144 * 93. Die Karte wurde zu Spendenzwecken für die deutsche Mission in Van hergestellt.

746 Osmanische Gendamerie in Van.
139 * 91.

747 Das Dorf Koçanis (heute: Konak) 16 Kilometer nordöstlich von Çölemerik im Bezirk Hakkâri. In dem Dorf, in dem 800 Nestorianer lebten, befand sich eine amerikanische Mission.
139 * 89.

Beitrag zur Postgeschichte

Armenische Briefumschläge mit Aufdruck und Stempeln

Einen Teil der Orlando Carlo Calumeno Kollektion machen Briefumschläge mit Aufdruck und Stempeln von Armeniern aus. Während die von Firmen in Druck gegebenen Briefumschläge davon zeugen, dass armenische Firmen zu jener Zeit bereits auf dem Weg der Entwicklung einer – um es mit heutigen Worten zu sagen – „Corporative Identity" weit fortgeschritten waren, zeigt die Verwendung mehrerer Sprachen wie Osmanisch, Armenisch, Französisch, Griechisch und andere die Breite der Adressaten und dass in der osmanischen Gesellschaft, anders als in der heutigen Türkei, verschiedene Sprachen parallel benutzt werden konnten. Die Stempel und Briefmarken sind von einem Reichtum, der einen Beitrag zur türkischen Postgeschichte zu leisten vermag.

Es folgen Briefumschläge mit Stempeln von Armeniern, die in den Jahren 1870, 1890 und 1891 aufgegeben wurden sowie eine Reihe von bedruckten Briefumschlägen von Armeniern und ihren Unternehmen.

748 Ein Umschlag mit dem Stempel von S. A. [Agop] G. Kelekjan in Armenisch, Osmanisch und Französisch. (1870 abgesandt).

749 Ein Umschlag mit dem Stempel von Ohannes Karamanjan, Vertreter des Seetransportunternehmens Paquet in İnebolu, in Armenisch, Osmanisch und Französisch. (1890 abgesandt).

750 Ein Umschlag mit dem Stempel von Mardios Dschiwelekjan und Krikor Simitjan, tätig im Lederhandel und -export in Kastamonu in armenischer, osmanischer und französischer Sprache. (1891 abgesandt).

751 Bedruckter Firmenumschlag von Boghos Kafafjan, der in Bursa mit Materialien für die Schuhherstellung und Schuhen handelte, in Armenisch, Osmanisch und Französisch.

752 Bedruckter Firmenumschlag von Hajk Metschikjan, Lederhändler in Edirne in armenischer, osmanischer und französischer Sprache (Vorder- und Rückseite).

753

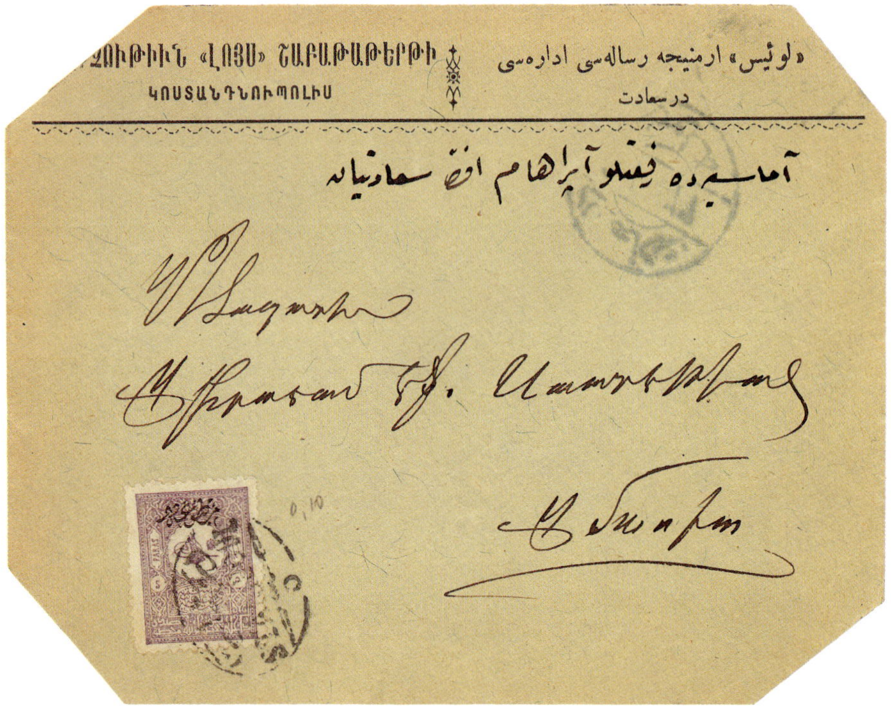

754

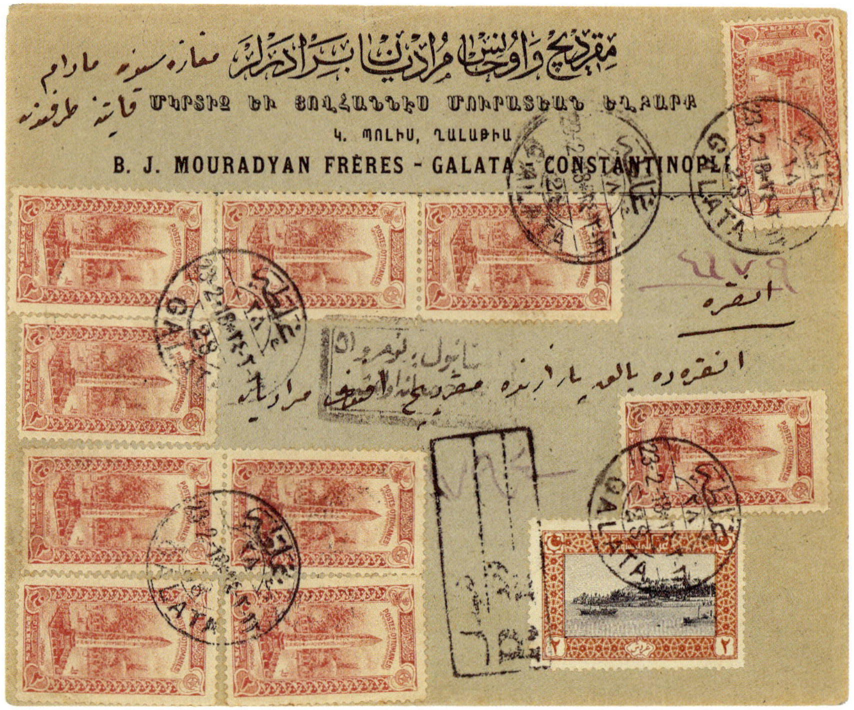

755

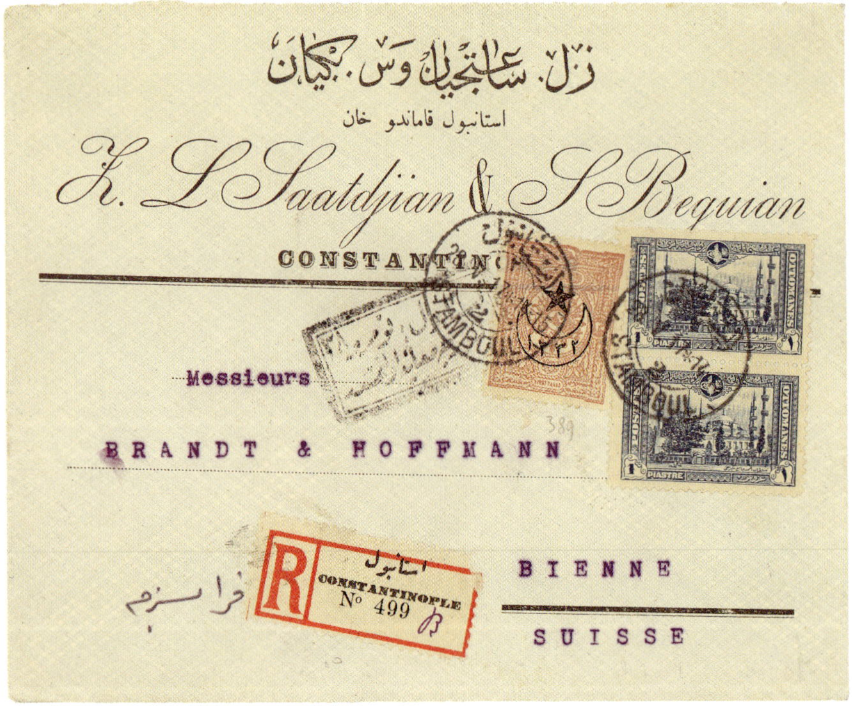

756

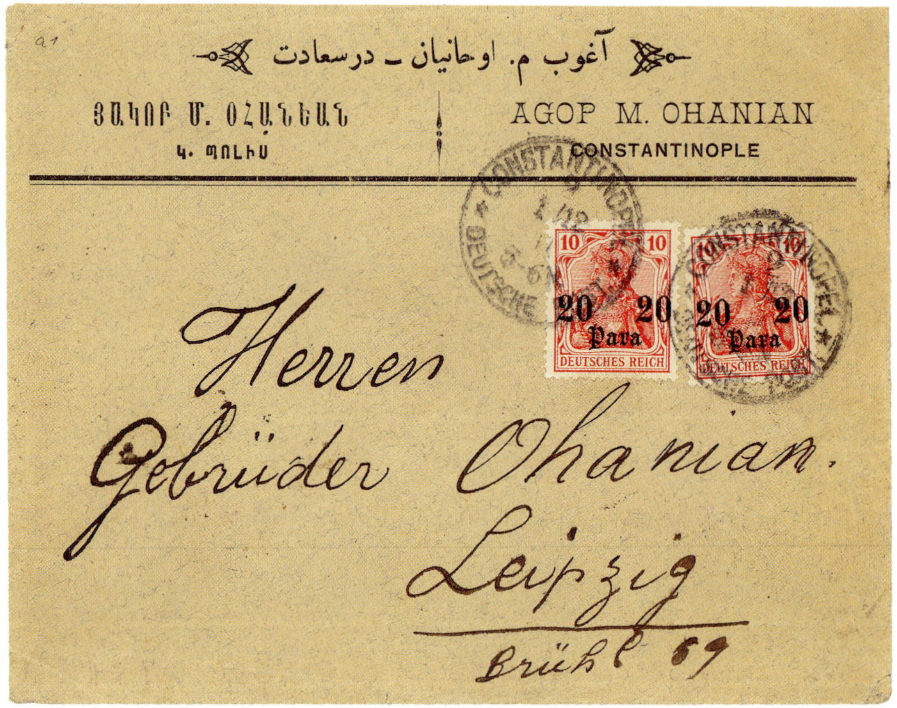

753 Bedruckter Firmenumschlag der in İstanbul erscheinenden armenischen Zeitschrift Lujs in Armenisch und Osmanisch.

754 Bedruckter Firmenumschlag der Gebrüder Baptist (Mgrditsch) und Jean (Howhannes) Muradjan, die in İstanbul-Galata einen Eisenwarenladen hatten.

755 Gedruckter Firmenumschlag von Z. L. Saatdschjan und S. Bejian, die in İstanbul ein Geschäft für luxuriöse Geschenke, Antiquitäten und silberne Ziergegenstände hatten, in osmanischer und armenischer Sprache.

756 Gedruckter Firmenumschlag des İstanbuler Versicherungsmaklers Agop M. Ohanjan in Osmanisch, Armenisch und Französisch.

757 Gedruckter Geschäftsumschlag von Agop Korjan & Firma, Händler für Material zur Stiefelherstellung in İstanbul, in Armenisch, Osmanisch und Französisch.

758 Gedruckter Geschäftsumschlag von B. A. Albojadschjan aus İstanbul in Armenisch, Osmanisch und Französisch (Vorder- und Rückseite).

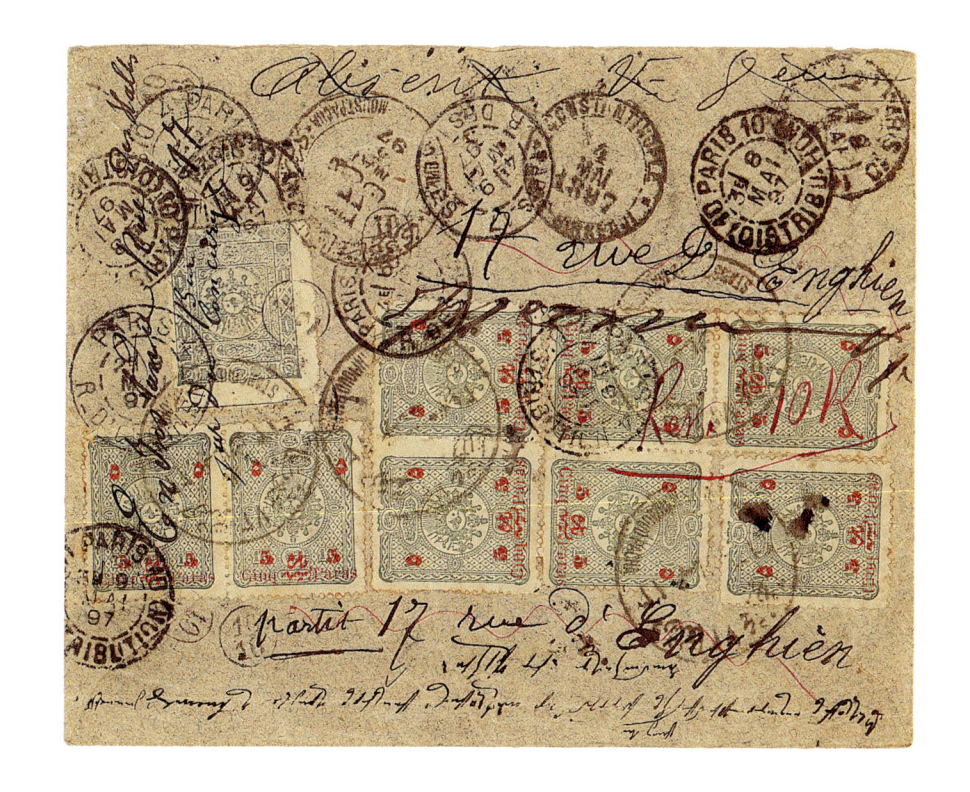

759

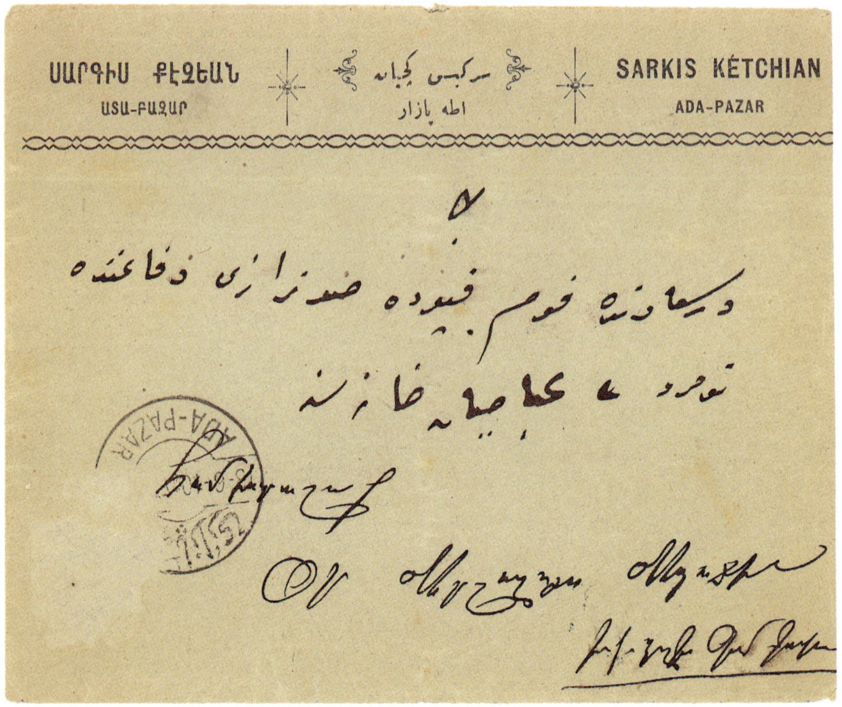

ՍԱՐԳԻՍ ՔԷՉԵԱՆ
ԱՏԱ-ԲԱԶԱՐ

سركيس كچيان
اطه بازار

SARKIS KÉTCHIAN
ADA-PAZAR

760

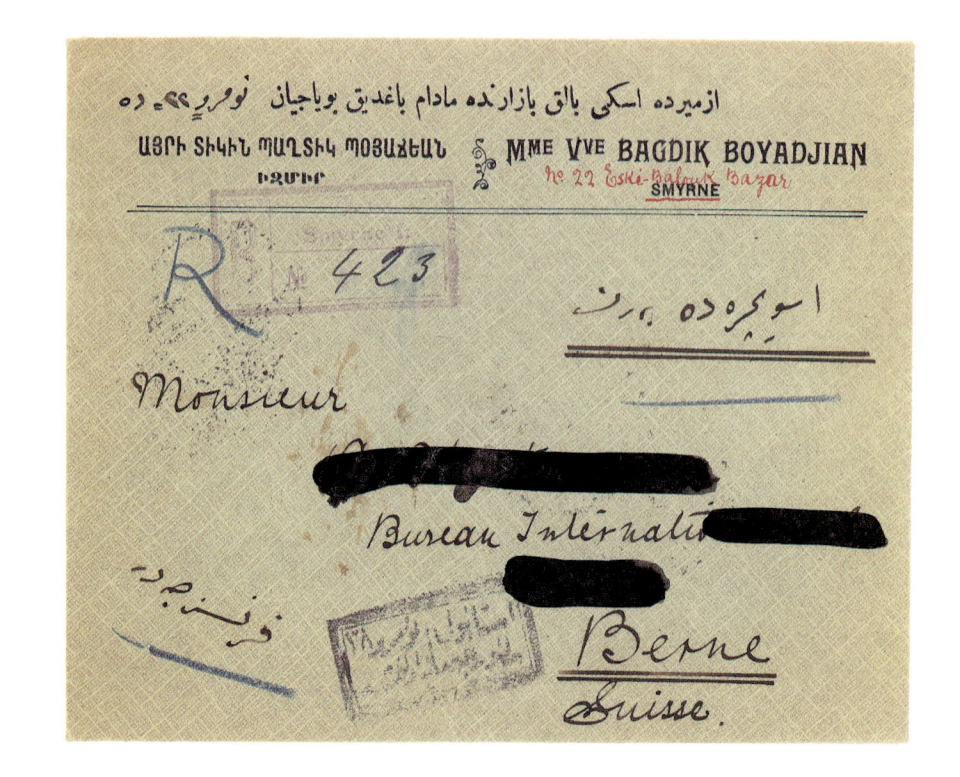

ازميرده اسكى بالق بازارنده مادام باغديق بوياجيان نومرو ۲۲

ԱՅՐԻ ՏԻԿԻՆ ՊԱՂՏԻԿ ՊՈՅԱՃԵԱՆ
ԻԶՄԻՐ

MME VVE BAGDIK BOYADJIAN
No 22 Eski-Balouk Bazar
SMYRNE

Monsieur
~~Bureau Internati~~
BERNE
Suisse

761

خچر نقاشيان - ازمير

Խ. ՆԱԳԱՇԵԱՆ
ԻԶՄԻՐ

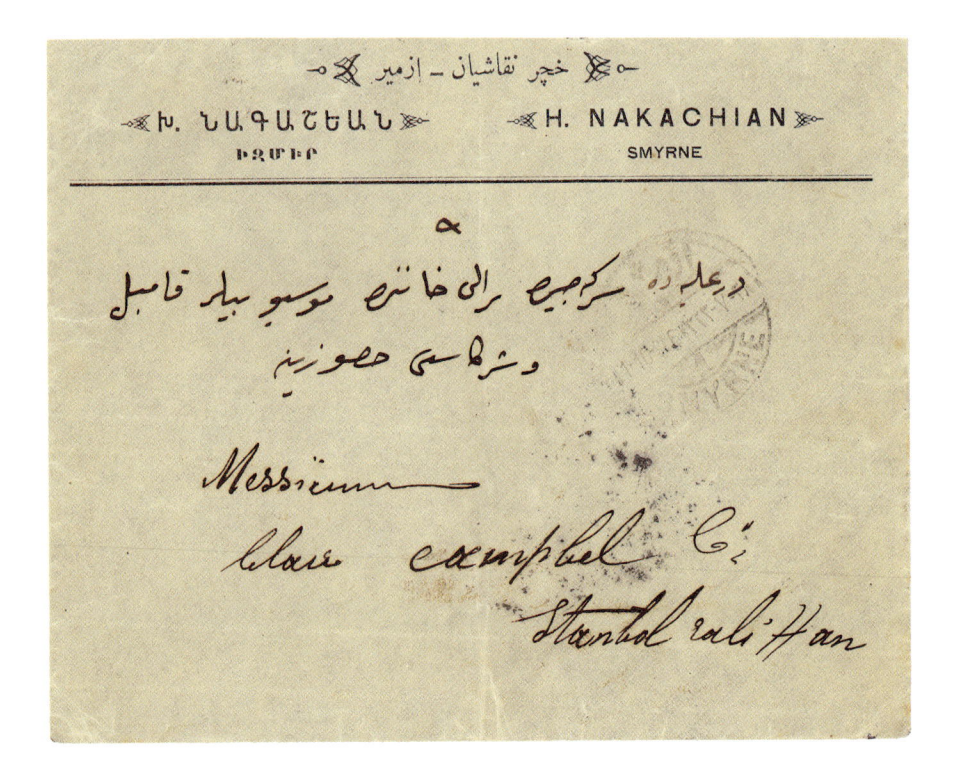

H. NAKACHIAN
SMYRNE

762

باقرجيان برادرلرى - ازمير

ԵՂԲԱՐՔ ՊԱՔՐՃԵԱՆ
ԻԶՄԻՐ

ΑΔΕΛΦΟΙ ΠΜΑΚΙΡΤΖΙΑΝ
ΣΜΥΡΝΗ

759 Gedruckter Geschäftsumschlag des Kaufmanns Sarkis Ketschjan aus Adapazarı in Armenisch, Osmanisch und Französisch.

760 Gedruckter Geschäftsumschlag der verwitweten Kauffrau Baghdik Bojadschjan, die in İzmir am Eski Balık Pazarı (dem alten Fischmarkt) mit getrockneten Früchten handelte, in Armenisch, Osmanisch und Französisch.

761 Gedruckter Geschäftsumschlag von H. Nakaschjan aus İzmir in Armenisch, Osmanisch und Französisch.

762 Gedruckter Geschäftsumschlag der Gebrüder Bakirdschijan aus İzmir in Armenisch, Osmanisch und Griechisch.

763 Gedruckter Geschäftsumschlag von Mihran Ohannesjan aus Eskişehir, der dort mit Teppichen und Versicherungen handelte und im Außenhandel tätig war, in Französisch.

764 Gedruckter Geschäftsumschlag der Lederhändler Gebrüder Hatschik und Mihran G. Simitjan aus Kütahya in Armenisch, Osmanisch und Französisch.

765 Gedruckter Geschäftsumschlag der Firma D. N. K. A. Esaniton aus Kütahya in Armenisch, Osmanisch und Französisch.

371

766

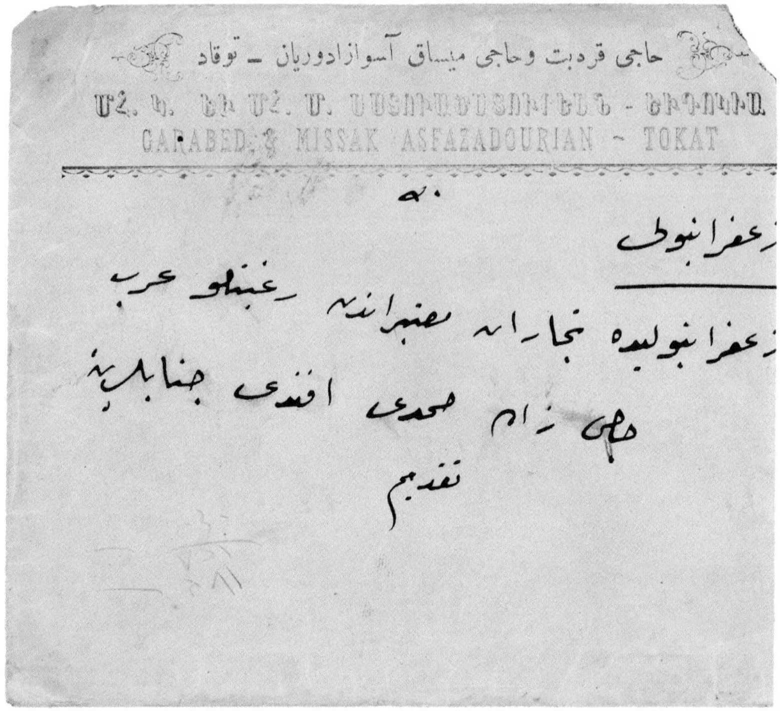

767

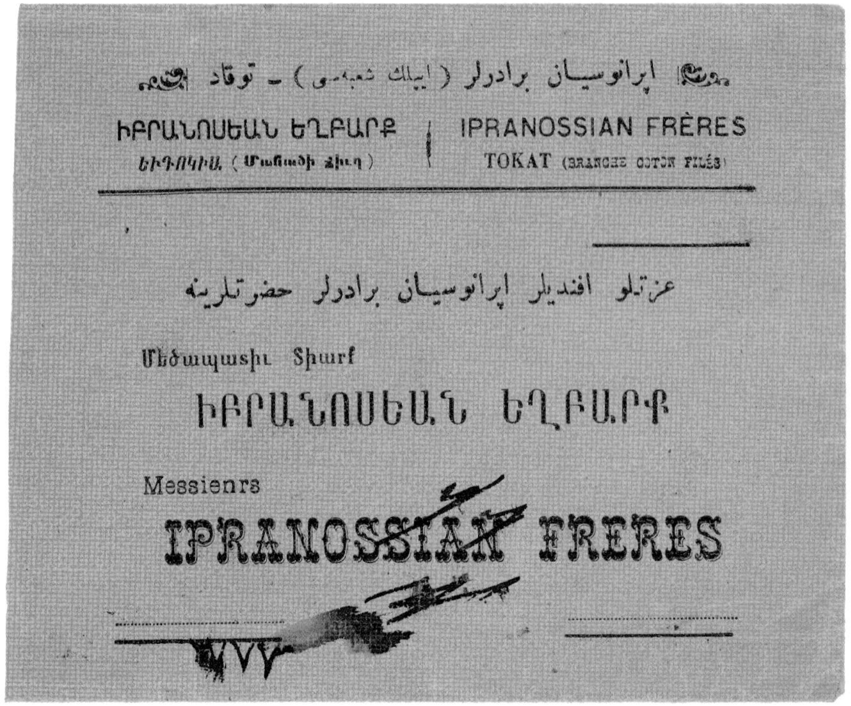

768

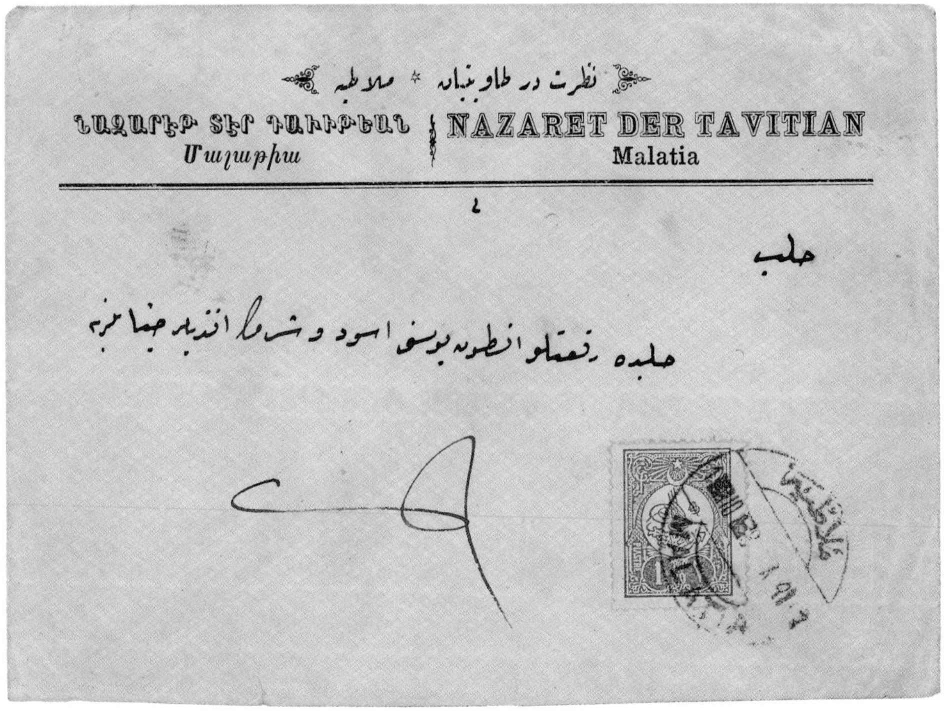

769

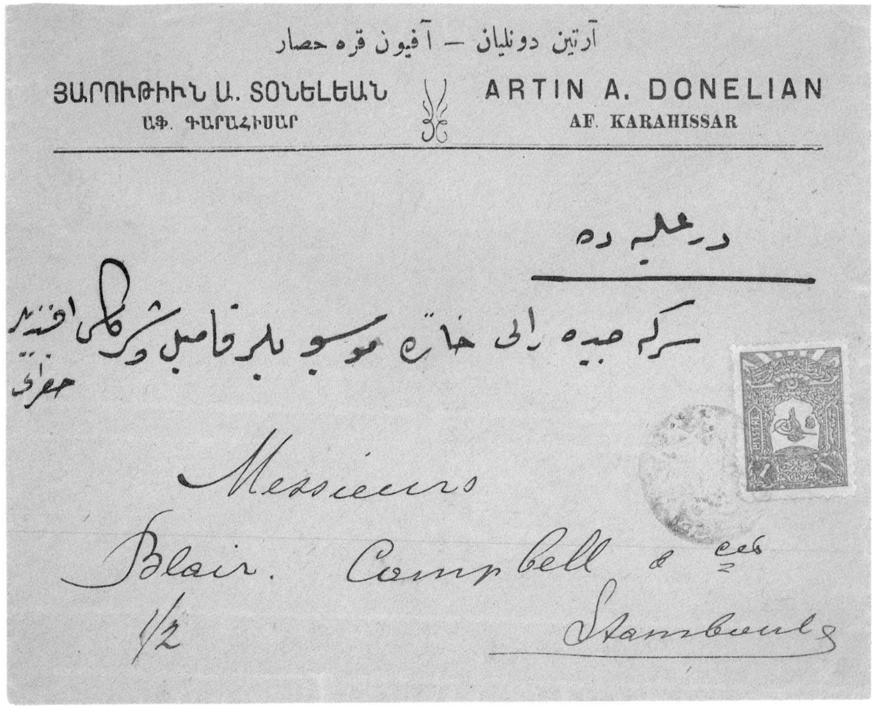

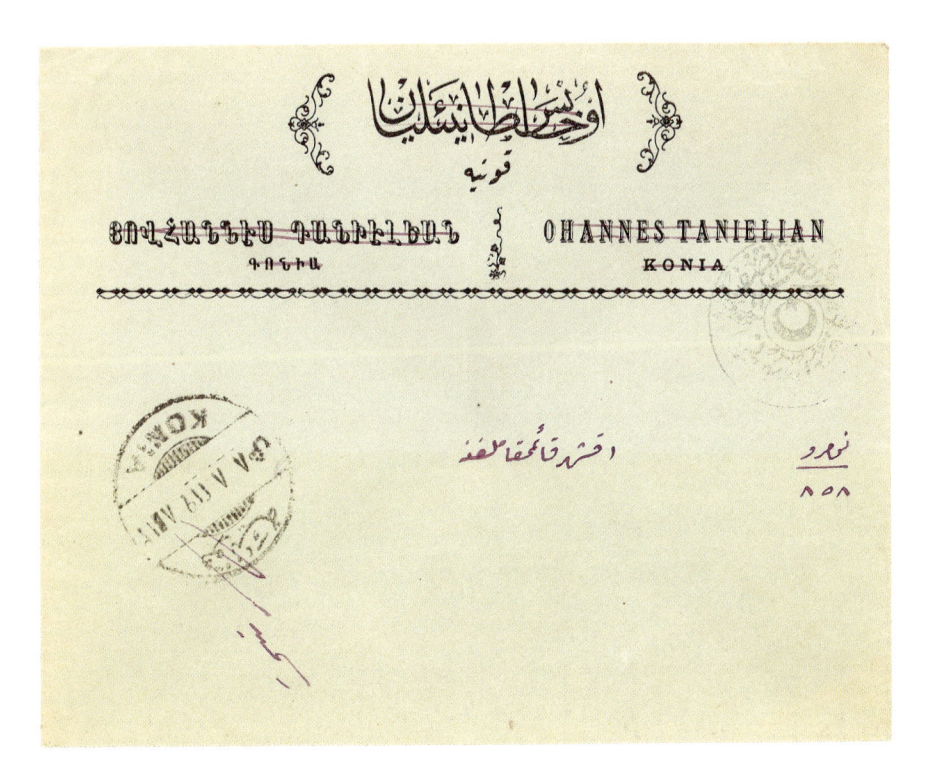

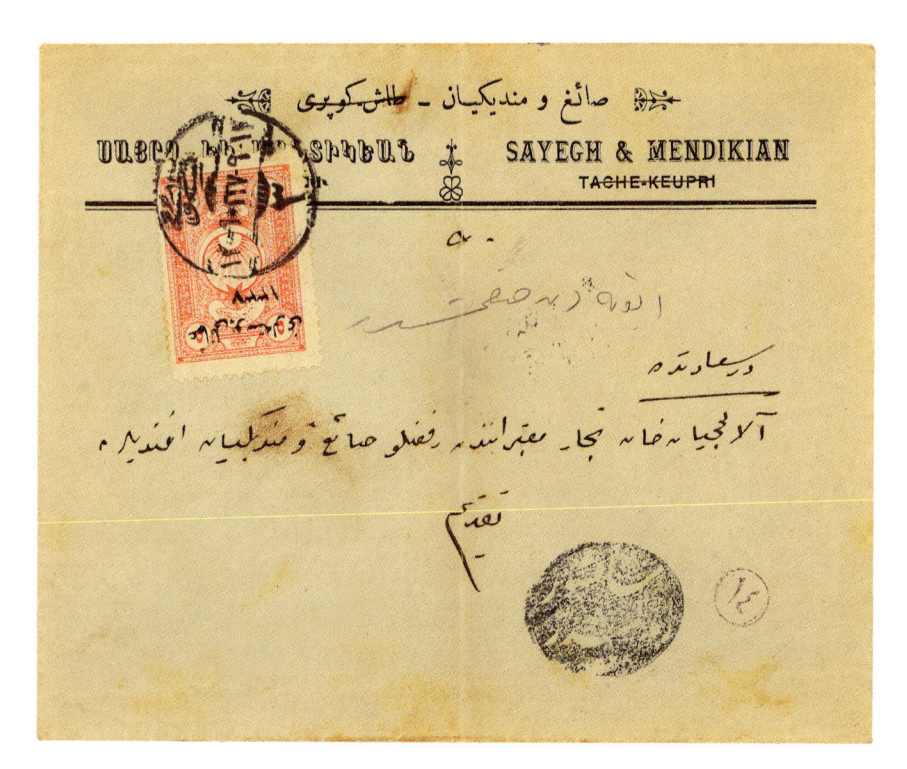

766 Gedruckter Geschäftsumschlag der Exporteure gefärbten Musselin-Stoffs Garabed und Misak Asdwadsadurjan aus Tokat in Armenisch, Osmanisch und Französisch.

767 Gedruckter Geschäftsumschlag der Garnniederlassung Tokat der Gebrüder Ipranosjan, die mit Baumwollgarn, Tüchern, Stoff und Musselin handelten, in Armenisch, Osmanisch und Französisch.

768 Gedruckter Geschäftsumschlag des Kaufmanns Nazaret Der-Tavitjan aus Malatya, der Mohn exportierte, in Armenisch, Osmanisch und Französisch.

769 Geschäftsumschlag des Spediteurs Artin Doneljan aus Afyonkarahisar in Armenisch, Osmanisch und Französisch.

770 Geschäftsumschlag von Ohannes Tanjeljan aus Konya, der Getreide exportierte, Landwirtschaftsgeräte und Versicherungen verkaufte, in Armenisch, Osmanisch und Französisch.

771 Geschäftsumschlag der Produzenten und Kaufleute Sayegh & Mendikjan aus Taşköprü in Kastamonu in Armenisch, Osmanisch und Französisch.

772 Geschäftsumschlag von Hadschi Hatschadur Daldabanjan aus Merzifon, der Garne herstellte und färbte, in Armenisch, Osmanisch und Französisch.

773

KHOUBESSERIAN FRÈRES. — TREBIZONDE

Monsieur

M. Agopian

CONSTANTINOPLE

774

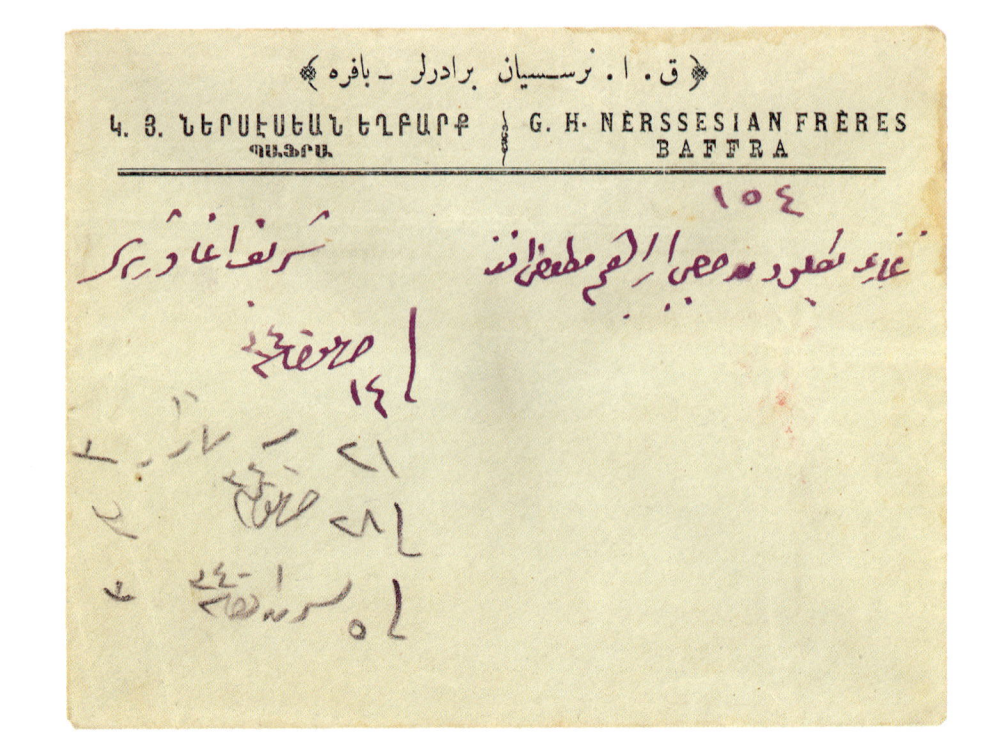

G. H. NERSSESIAN FRÈRES
BAFFRA

775

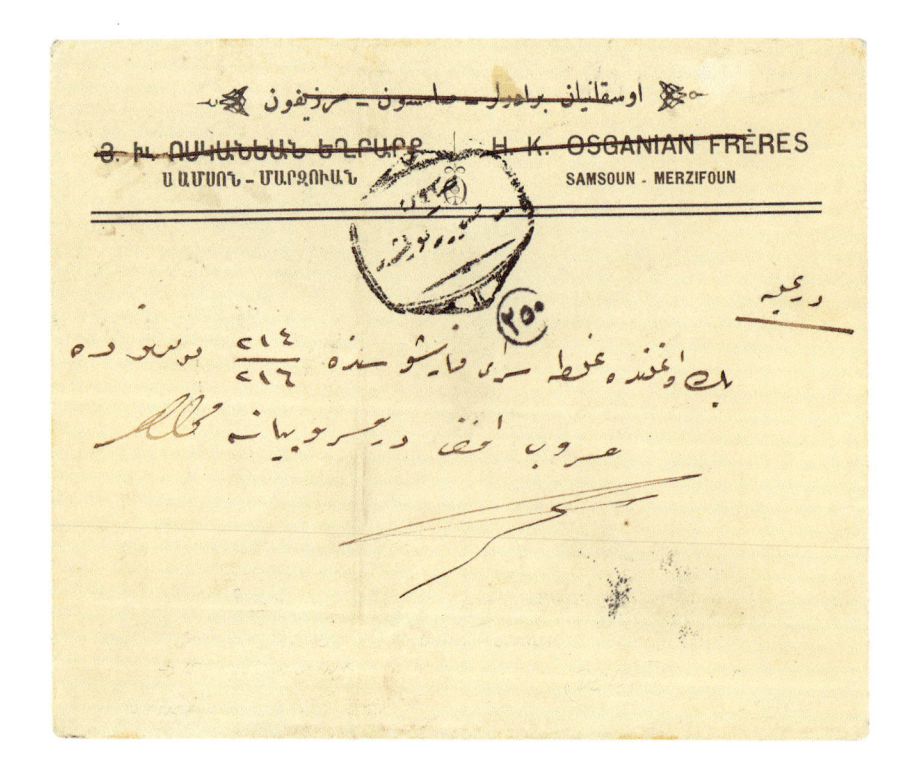

H. K. OSGANIAN FRÈRES
SAMSOUN – MERZIFOUN

776

L. ED. MOURADIAN
Samsoun

Messieurs
Fr. Rosenstern & Co
Dundee
Ecosse

773 *Geschäftsumschlag der Gebrüder Kubesarjan aus Trabzon in Französisch.*

774 *Geschäftsumschlag der Gebrüder G. H. Nersesjan aus Bafra in Armenisch, Osmanisch und Französisch.*

775 *Geschäftsumschlag der Gebrüder H. K. Osганjan, die in Samsun und Merzifon vertreten waren, in Armenisch, Osmanisch und Französisch.*

776 *Geschäftsumschlag von L. Ed. Muradjan aus Samsun, der im Bank-, Versicherungs- und Transportwesen sowie im Tabakexport tätig war, in Französisch.*

777 *Geschäftsumschlag von Ali Argisade & Bali Dschenkdschijan aus Mersin in Armenisch, Osmanisch und Französisch.*

778 *Geschäftsumschlag der Gebrüder Ipranosjan, die in Erzincan Produktion und Handel von Baumwollstoffen und Teppichen betrieben, in Armenisch, Osmanisch und Französisch sowie ihr Stempel auf der Rückseite des Umschlags.*

779 *Geschäftsumschlag von Aşhanik Korkmasjan aus Erzurum in Osmanisch und Armenisch.*

Anhang

Die deutsche Schreibweise der armenischen Heiligen und deren Entsprechungen am Beispiel der Kirchen, Klöster, Schulen, etc.

Surp Anabad Kloster: Wüstenkloster
Surp Anaradhghutjun Kirche: Kirche zur unbefleckten Empfängnis
Surp Andon Kirche: St. Antonkirche
Surp Andreas Kirche: Andreaskirche
Surp Arakeloz Kirche: Apostelkirche
Surp Arakjalk Kirche: Apostelkirche
Surp Asdwadsadsin Kirche: Muttergotteskirche
Surp Asdwadsamajr Kirche: Muttergotteskirche
Surp Asdwadsamajr Kirche: Muttergotteskirche
Surp Bedros Kirche: Petruskirche
Surp Boghos Kirche: Paulskirche
Surp Drtad Kloster: Kloster zum hl. Tiridates
Surp Diramajr Kirche: Muttergotteskirche
Surp Etschmiadsin Kirche: St. Etschmiadsinkirche
Surp Filibos Kirche: Philippuskirche
Surp Giragos Kirche: Kuriakoskirche
Surp Ghugasjan Schule: Schule zum hl. Lukas
Surp Chatsch Kirche: Kreuzkirche
Surp Hagop Krankenhaus: Krankenhaus zum hl. Jakob
Surp Hagop Klchatir Kirche: St. Jakobs Kirche
Surp Hagop Midzpina Kirche: St. Jakobs Kirche
Surp Hamparzum Kirche: Himmelfahrtkirche
Surp Harutjun Kirche: Auferstehungskirche
Surp Hreschdagabed Kirche: Erzengelkirche
Surp Nigoghajos Kirche: Nikolauskirche
Surp Hisus Prgitsch Kirche: Erlöserkirche
Surp Hokekalust Kirche: Pfingstkirche
Surp Jerrortutjun Kirche: Dreifaltigkeitskirche
Surp Hoki Kirche: Heilig-Geist-Kirche
Surp Howhannes Kirche: Johanniskirche
Surp Howhan Kirche: Johanniskirche
Surp Howhan Wosgeperan Kirche: Johanniskirche
Surp Howhannes Awedaranitsch: Apostel Johannes Kirche
Surp Howhannes Garabed Kirche: Johanniskirche
Surp Howhannes Kirche: Johanniskirche
Surp Howhannes Mgrditsch Quelle: Quelle zum hl. Johannes dem Täufers
Surp Howhannes Wosgeperan Kirche: Johanniskirche
Surp Jeghja Kirche: Eliaskirche
Surp Jerek Manug Kirche: Kirche zu den drei hl. Königen (aus dem Morgenland)
Surp Jerewman Kloster: Kloster zur hl. Erscheinung
Surp Jergodasan Kirche: Zwölf(apostel)kirche
Surp Jergodosan Arakjalk Kirche: Zwölfapostelkirche
Surp Jeriz Manganz Kirche: Kirche zu den drei hl. Königen (aus dem Morgenland)
Surp Karasun Manganz Kirche: Kirche zu den hl. vierzig Märtyrern (von Sebaste)
Surp Karasun Manug Kirche: Kirche zu den hl. vierzig Märtyrern (von Sebaste)
Surp Kework Kirche: Georgskirche
Surp Krikor Lusaworitsch Krankenhaus: Krankenhaus zum hl. Georg dem Erleuchter
Surp Krikor Naregazi Kirche: St. Gregor-von-Nareg-Kirche
Surp Kristafor Kirche: Christophoruskirche
Surp Lewon Kirche: St. Leonkirche
Surp Lujs Kloster: Kloster zum hl. Licht
Surp Madnawank (Kloster): Kloster zum hl. Finger (Gottes)
Surp Mamas Kloster: Kloster zum hl. Mamantios
Surp Manug Kirche: Kirche zum hl. Kind (Jesuskind)
Surp Margosjan Schule: Schule zum hl. Markus
Surp Marine Kirche: St. Marinakirche
Surp Megerjos Kirche: St. Makarioskirche
Surp Mesrob Kirche: St. Mesrobkirche
Surp Mikajel Kloster: Michaeliskloster
Surp Minas Kapelle: Kapelle zum hl. Minas
Surp Nerses Kloster: Kloster zum hl. Narses
Surp Nerses Schnorhali Kloster: Kloster zum hl. Narses dem Begnadeten
Surp Nigoghajos Kirche: Nikolauskirche
Surp Nschan Kirche: Kirche zum hl. Zeichen
Surp Parsegh Kirche: Basiliuskirche
Surp Partoghimeos Schule: Schule zum hl. Bartholomäus
Surp Prgitsch Kirche: Erlöserkirche
Surp Sahag Bartew Schule: Schule zum hl. Isaak dem Großen
Surp Sahag Kirche: Isaakkirche
Surp Santuchdjan Schule: Schule zur hl. Treppe (Scala Sancta)
Surp Santuchd Kirche: Kirche zur hl. Treppe (Scala Sancta)
Surp Sarkis Kirche: St. Sergius Kirche
Surp Schmawon Kirche: Simeonkirche
Surp Serowpe-Kerowpe Kloster: Kloster zu den hl. Seraphim-Cherubim
Surp Simeon Kirche: Simeonkirche
Surp Sion Kirche: Zionkirche
Surp Sofja Kirche: St. Sophiakirche
Surp Stepannos Kirche: Stephanskirche
Surp Takawor Kirche: Kirche zum Heiligen König
Surp Talila Kirche: Delilakirche
Surp Tanjel Kirche: Danielskirche
Surp Tateos Arakjal Kloster: Kloster zum hl. Apostel Thaddäus
Surp Tateos Bartoghimeos Kirche: Thaddäus-Bartholomäus-Kirche
Surp Tateos Kirche: Thaddäuskirche
Surp Tateos Partoghimeos Arakyalk Kirche: Kirche zu den hl. Apostel Thaddäus Bartholomäus
Surp Tateos und Partoghimeos Kirche: Thaddäus-Bartholomäus-Kirche
Surp Tavit Kirche: Davidskirche
Surp Teotoros Kirche: Theodoroskirche
Surp Toros Kirche: St. Theodoros Kirche
Surp Towmas Kloster: Kloster zum hl. Thomas
Surp Wartan Kirche: St. Wartankirche
Surp Wartananz Kirche: Wartananzkirche
Surp Warwara Kirche: Barbarakirche
Srpuhi Warwara Kloster: Kloster zur hl. Barbara

Literatur

Aghabatian, Hovhannes-Sarkis. *Armenia through Postage Stamps*. Ekdosis Stohastis, Athen, 1989.

Akbayar, Nuri. *Osmanlı Yer Adları Sözlüğü* [Lexikon osmanischer Ortsbezeichnungen], Tarih Vakfı Yurt Yayınları, İstanbul, 2001.

Akyıldız, Ali. *Osmanlı Dönemi Tahvil ve Hisse Senetleri* [Wertpapiere und Anteilsscheine aus osmanischer Zeit], TEB und Tarih Vakfı, İstanbul, 2001.

Albojadschjan, Arschag. *Badmutyun Hay Gesaryo. Deghakragan, Badmagan jew Askakragan Usumnasirutyun* [Die Geschichte der Armenier in Kayseri: Eine topografische, historische und ethnografische Untersuchung], 2 Bände, Kairo, 1937.

Albojadschjan, Arschag. *Badmutjun Jewtogjo Hajoz. Deghakragan, Badmagan jew Askakragan Deghegutjunner* [Die Geschichte der Armenier in Tokat: Eine topografische, historische und ethnografische Untersuchung], Kairo, 1952.

Anastasiadis, G. I. "Hay-Horum Armenoglossi Ellines" [Die Hajhorum – armenischsprachige Griechen], *Mikrasiatika Hronika*, Band 4, Athen, 1948.

Ankara Ankara, Yapı Kredi Yayınları, İstanbul, 1994.

Ankara Vilayeti Salnamesi 1325 (1907) [Jahrbuch der Provinz Ankara 1325 (1907)], Ankara Enstitüsü Vakfı, Ankara, 1995.

Annuaire oriental [Orient Jahrbuch], İstanbul, 1894.

Annuaire oriental [Orient Jahrbuch], İstanbul, 1914.

Arakeljan, Simon. *1915 Enkare Vukuatı ve Menfilik Hatıratım* [Die Ereignisse in Ankara und meine Erinnerungen an die Verbannung], İstanbul, 1921.

Aydın, Süavi - Emiroğlu, Kudret - Özel, Oktay - Ünsal, Süha. *Mardin: Aşiret-Cemaat-Devlet* [Mardin: Stamm-Glaubensgemeinschaft-Staat], Tarih Vakfı Yayınları, İstanbul, 2001.

Baghdjian, Kevork K. *La Confiscation Par Le Gouvernement Turc, Des Biens Armeniens ... Dits Abandonnes*, Montreal, 1987.

Baljan, Drtad Wrt. [Wartabed]. *Zuzag Hajsagan Zerakraz i Turkia* [Katalog der armenischen Handschriften in der Türkei], Band I: *Gesario Widschag* [Region Kayseri]. Teil 1: *Zuzag Hajsagan Zerakraz S .Sarksi Wanuz i Gesaria* [Katalog der armenischen Handschriften im S. Sarkis Kloster], İstanbul, 1892.

Baljan, Drtad Jebisgobos. *Zuzag Hajeren Zerakraz i Gesaria. Smürnia Jew i Schrtschagajs Nozin* [Katalog der armenischen Handschriften in Kayseri, İzmir und Region], Eriwan, 2002.

Baljan, Drtad Jebs. [Jebisgobos]. *Haj Wanorajk i Turkia* [Armenische Klöster in der Türkei], Band 1: *Kaşhadio, Sepasdio Jew Drabisoni Gusagalutjanz Metsch Jeghads Wanorajk* [Die Klöster in den Provinzen Ankara, Sivas und Trabzon], İzmir, 1914.

Baljan, Drtad. *Zuzag Hajsagan Zerakraz S. Sion Jew S. Lusaworitsch Jegeghezjazi Maghnisa* [Katalog armenischer Handschriften der S. Sion und der S. Lusawortisch Kirche in Manisa], İzmir, 1897.

Baljan, Drtad. *Zuzag Hajeren Zerakraz Wanaz S. Garabedi jew S. Tanjeli i Gesaria* [Katalog der armenischen Handschriften des S. Garabed und des S. Tanjel Klosters in Kayseri], Wien, 1983.

1317 Salname-i Vilayet-i Edirne [Jahrbuch der Provinz Edirne 1317 (1901)], Edirne, 1317 (1901).

Cuinet, Vital. *La Turquie D' Asie*. 4 Bände, Paris, 1890, 1891, 1893, 1894.

Demirdschijan, Wartan Wrt. [Wartabed]. "Medsi Dann Giligio Gatoghigosutjan Anzjali Jew Ajjmu Temeru Widschagakragan Badger 1902-1962," [Portrait des Katholikosats von Kilikien anhand alter und aktueller Statistiken.] *Lampron Darekirk* [Lampron Jahrbuch] Band 1, 1986, S. 80-115.

Der-Andreasyan, Hrand. *Polonyalı Simeon'un Seyahatnamesi 1608-1619* [Reisebericht des Simeon aus Polen 1608-1619], Baha Matbaası, 1964.

Der-Bedrosjan, Howhannes. *Grtagan Scharjumi Trkahajoz Metsch 1600-1900* [Die Bildungsbewegung unter den Armeniern der Türkei 1600 - 1900], Kairo, 1983.

Diyarbakır Salnameleri [Diyarbakır Jahrbücher], 5 Bände, Diyarbakır Büyükşehir Belediyesi, İstanbul, 1999.

Dostoğlu, Neslihan Türkün. *Osmanlı Döneminde Bursa* [Bursa zu osmanischer Zeit], 2 Bände, AKMED, Antalya, 2001.

Etmekjian, James. *The French Influence on the Western Armenian Renaissance 1843-1915*, New York, 1964.

Garabedjan, Rapajel. *Zuzag Hajeren Lrakirneru Woronk Gi Kdnwin Mchitarjan Madenataranin Metsch i Vienna* [Katalog der Zeitungen in der Bibliothek der Wiener Mechitaristen], Wien, 1924.

Genel Nüfus Sayımı, İdari Bölünüş [Allgemeine Volkszählung, Verwaltungsgliederung], 26.10.1975, Başbakanlık Devlet İstatistik Enstitüsü, Ankara, 1977.

Giragosjan, A. [Amalia]. *Haj Barperagan Mamuli Madenakidutjun (1794-1967)* [Bibliografie armenischer Periodika (1794-1967)], Eriwan, 1970.

Hagopjan, T. Ch. Melik-Pachschjan, Sd. Parseghjan, H. Ch., *Hajasdani Jew Haragiz Schrtschanneri Deghanunneri Pararan* [Verzeichnis der Ortsnamen von Armenien und der angrenzenden Regionen], 4 Bände, Eriwan, 1986-1998.

Halep Vilayeti Salnamesi. 1326 (1908) [Jahrbuch der Provinz Aleppo, 1326 (1908)].

Hajgagan Sowedagan Hanrakidaran [Enzyklopädie Sowjet Armeniens] 13 Bände, Eriwan, 1974-1987.

Hovannisian, Richard G. (Hrsg.). Armenian Zopk/Kharpert, Mazda Publishers, Costa Mesa California, 2002.

Hovannisian, Richard G. (Hrsg.). Armenian Van/Vaspurakan, Mazda Publishers, Costa Mesa California, 2000.

Hovannisian, Richard G. (Hrsg.). Armenian Baghesh/Bitlis and Taron/Mush, Mazda Publishers, Costa Mesa, California, 2001.

Hüdavendigar Vilayeti Salname-i Resmiyesi [Offizielles Jahrbuch der Provinz Hüdavendigar] *1325 (1907)*, Bursa, 1325 (1907).

Intarzag Orazujz S. Prgitschjan Hiwantanozi Hajoz / Intarzag Darezujz S. Prgitsch Askajin Hiwantanozi / Intarzag Darekirk S. Prgitsch Askajin Hiwantanozi [Allgemeines Jahrbuch des Surp Prgitsch Krankenhauses], İstanbul, 1900-1910, 1924-1949.

İnciciyan, Ğugas. *18. Asırda İstanbul* [Istanbul im 18. Jahrhundert], 1. Aufl.: İstanbul, 1956; 2. Aufl.: İstanbul, 1976.

Indschigjan, H. K. *Osmanjan Gajsrutjan Angumi* [Der Untergang des Osmanischen Reiches], Eriwan, 1984.

İşli, Emin Nedret – Koz, M. Sabri (Hrsg.). *Edirne: Serhattaki Payıtaht* [Edirne: Die Hauptstadt an der Grenze], Yapı Kredi Yayınları, İstanbul, 1998.

Kaplanoğlu, Raif. *Bursa Yer Adları Ansiklopedisi* [Enzyklopädie der Ortsnamen von Bursa], İstanbul, 1996.

Karagöz, İlyas. *Grek, Bizans ve Eski Türk Kaynaklarına Göre Trabzon Yer Adları* [Ortsnamen von Trabzon gemäß griechischer, byzantinischer und altürkischer Quellen], Algı Yayınları, Ankara, 2004.

Kardaschjan, A. [Ardasches]. H. *Madenakidutjun Hajadar Odar Leswow Dbakir Kirkeru* [Bibliographie in armenischer Schrift gedruckter fremdsprachiger Bücher], Paris, 1987.

Karpat, Kemal H. *Osmanlı Nüfusu (1830-1914) Demografik ve Sosyal Özellikleri* [Osmanische Bevölkerung (1830-1914). Demographische und soziale Besonderheiten], Tarih Vakfı Yurt Yayınları, İstanbul, 2003.

Kasparjan Odjan, Alis. *Badmakirk Angürjo Jew Istanosi Hajoz* [Geschichte der Armenier in Ankara und Istanoz], Beirut, 1968.

Kastamonu Vilayeti Salnamesi- depa 21 [Jahrbuch der Provinz Kastamonu, 21. Ausgabe], Kastamonu, 1321 (1903).

Kayaoğlu, İ. G. - Ciravoğlu, Ö. - Akalın C. (Hrsg.). *Bir Tutkudur Trabzon* [Trabzon – eine Leidenschaft], Yapı Kredi Yayınları, İstanbul, 1997.

Kayseri ve S. Krikor Lusavoriç Kilisesi [Kayseri und die S. Krikor Lusaworitsch Kirche], Türkiye Ermeni Patrikliği, İstanbul, 1986.

Kévorkian, Raymond H. - Paboudjian, Paul. *Les Arméniens dans l'Empire Ottoman A la Veille du Génocide*, Paris, 1992.

Kieser, Hans-Lukas. *Der Verpasste Friede. Mission, Ethnie und Staat in den Ostprovinzen der Türkei 1839-1938*, Zürich, 2000.

Kocabaşoğlu, Uygur. *Anadolu'daki Amerika* [Amerika in Anatolien], İmge Kitabevi, Ankara, 2000.

Kömürciyan, Eremya Çelebi. *İstanbul Tarihi: 17. Asırda İstanbul*, [Geschichte Istanbuls: Istanbul im 17. Jahrhundert] übersetzt und editiert von Hrant Der-Andreasjan, İstanbul, 1952.

Kösejan, Warujan. "Harür Dari Aratsch Trkahaj Warjaranneru Tasakirker" [Armenische Schulbücher in der Türkei vor 100 Jahren], *Jamanak*, 25.September, 1992.

Köy Köy Türkiye Yol Atlası [Straßenatlas Türkei: Dorf für Dorf], İki Nokta Yayınları, İstanbul, 2004.

Köylerimiz [Unsere Dörfer], İçişleri Bakanlığı İller İdaresi Genel Müdürlüğü, Ankara, 1968.

Köylerimiz-Köy Kanunu Tatbik Olunan ve Olunmayan Köy İsimlerini Alpabe Sırasıyla Gösterir [Unsere Dörfer – Alphabetische Liste von Dorfnamen, auf die das Dorfgesetz Anwendung findet und derjenigen, auf die es keine Anwendung findet], Dahiliye Vekaleti Mahalli İdareler Umum Müdürlüğü, İstanbul, 1933.

Krikorian, Mesrob K. *Armenians in the Service of the Ottoman Empire 1860-1908*, London, 1978.

Kujgan Sepasdio [Kapigjan, Garabed]. *Jeghernabadum. Pokun Hajoz Jew Norin Medsi Majrakaghakin Sepasdio* [Geschichte der Tragödie. Kleinarmenien und seine Hauptstadt Sivas], Boston, 1924.

Lewonjan, Karekin. *Hajoz Barperagan Mamuli. Liagadar Zuzag Haj Lrakrutjan. Isgspiz Mintschew Mer Oreri (1794-1934)* [Armenische Periodika. Allgemeiner Katalog der armenischen Presse. Von den Anfängen bis heute (1794-1934)], Eriwan, 1934.

M. Nasrullah, M. Rüşdü, M. Eşref. *Memâlik-i Mahrûse-i Şâhâneye Mahsus Mükemmel ve Mufassal Atlas* [Besonders hervorragender und genauer Atlas mit Ländern und Beobachtungen], İstanbul, 1907. (Neuauflage: Tekin, Rahmi - Baş, Yaşar (Hrsg.), *Osmanlı Atlası 20. Yüzyıl Başları* [Osmanischer Atlas zu Beginn des 20. Jahrhunderts], Osmanlı Araştırmaları Vakfı, İstanbul 2003)

M., H. H. [Mirmirjan, Harutjun]. *Masnagan Badmutjun Haj Medsaduneru. 1400-1900* [Ausschnitt der Geschichte der reicheren Armenier], İstanbul, 1910.

Mutaf, Abdülmecit. *Salnamelerde Karesi Sancağı (1847-1922)* [Der Bezirk Karesi in Jahrbüchern (1847-1922)], Balıkesir, 1997.

19. Yüzyıl İzmir Fotoğrafları [İzmir Fotografien des 19. Jahrhunderts], Akdeniz Medeniyetleri Araştırma Enstitüsü, İstanbul, 1997.

Onur, Oral. *Edirne Ermeni Kolonisi* [Die armenische Kolonie in Edirne], Trakya Ofset, Edirne, 1998.

Ormanian, Malachia. *The Church of Armenia*, London, 1955.

Ormanjan, Maghakja Ark. *Hajoz Jegeghezin Jew Ir Badmutjuni. Wartabedutjuni. Wartschutjuni. Parekordsutjuni. Araroghutjuni. Kraganutjuni U Nerga Gazutjuni.* [Armenische Kirchen, Geschichte, Lehre, Wohltätigkeit, Messe, Literatur und ihr heutiger Zustand] İstanbul, 1911.

Ormanjan, Maghakja Ark. *Askabadum. Haj Ushghapar Jegeghezwo Anzkeri Isgispen Mintschew Mer Oreri Haragiz Askajin Barakanerow Badmads* [Nationale Geschichte. Wichtige Ereignisse der armenisch-orthodoxen Kirche von den Anfängen bis heute sowie der Verlauf der nationalen Geschichte.], 3 Bände, İstanbul/Jerusalem, 1912-1927.

Ormanjan, Maghakja Arkjebisgobos. [Erzbischof] *Hajoz Jegeghezin* [Die armenische Kirche], Buenos Aires, 1949.

Ortaylı, İlber. "Çarlık Rusyası Yönetiminde Kars" [Kars unter zaristisch-russischer Verwaltung], *İÜEF Tarih Enstitüsü Dergisi*, Nr. 9, 1978.

Öz, M. Ali. *Bütün Yönleriyle Gürün* [Gürün aus allen Perspektiven], 1997.

Patschadschjan, Sarkis. *Rodostoji Hajer* [Die Armenier Tekirdağs], Sofia, 1929.

Pamukciyan, Kevork. *Ermeni Kaynaklarından Tarihe Katkılar* [Beiträge zur Geschichte anhand armenischer Quellen], Hrsg. Osman Köker, Aras Yayıncılık, 4 Bände, İstanbul, 2002-2003.

Papasjan, Wahan. *Im Huschers* [Erinnerungen], Band 2, Beirut, 1952.

Paplojan, M. A. "Hajadar Trkeren Mamuli" [Türkische Werke in armenischer Schrift], *Lraper Hasaragagan Kidutjunner*, 11(359), November 1972, S. 79-84.

Paplojan, M [Manuel]. A. *Hay Barperagan Mamuli. Madenakidagan Hamahawak Zuzag (1794-1980),* [Armenische Periodika. Allgemeiner bibliografischer Katalog (1794-1980)], Eriwan, 1980.

Pjischgjan, Minas. *Karadeniz Kıyıları Tarihi ve Coğrafyası,* [Geographie und Geschichte der Schwarzmeerküste] *1817-1819,* übersetzt von Hrand Der-Andreasjan, İstanbul, 1969.

Safrastjan, A. Ch. "Gosdantnubolisi Hajoz Badriarkarani Goghmiz Turkiaji Artaratadutjan jew Tawanankneri Minisdrutjan Nergajazwads Hajagagan Jegeghezineri jew Wankeri Zuzagnern u Takrirneri (1912-1913)" [Liste und Grundeigentumsaufstellung der Kirchen und Klöster, die seitens des Armenischen Patriarchats Istanbul dem Direktorat für Justiz und Konfessionen gegeben wurde], Etschmijadsin, 1965 Nr.: 1, 2-4, 5-7, 10 und 1966 Nr. 2, 3, 6, 7, 8, 10.

Salname-i Devlet-i Aliye-i Osmaniye: 1324 sene-i hicriyesine mahsus [Jahrbuch des großen osmanischen Staates für das Jahr 1324 (1906)], İstanbul, 1906.

Salnamelerde Çankırı: Kastamonu Vilayeti salnamelerinde Çankırı (Kengürü) sancağı: [Çankırı in Jahrbüchern: Der Bezirk Çankırı (Kengürü) in Jahrbüchern der Provinz Kastamonu] *1869-1903,* (Hrsg. Ömer Türkoğlu), Çankırı, 1999.

Salnamelerde Van [Van in Jahrbüchern], Van Belediyesi, Van, 1999.

Salname-i Vilayet-i Erzurum [Jahrbuch der Provinz Erzurum], Erzurum, 1318 (1900).

Salname-i Vilayet-i Sivas [Jahrbuch der Provinz Sivas], Sivas, 1325 (1907).

Sarraf-Hovhannesyan, Sarkis (Tıbir). *Payitaht İstanbul'un Tarihçesi* [Geschichte der Hauptstadt Istanbul], übersetzt von Elmon Hançer, İstanbul, 1996.

Sartarjan, Wahan. *Harüramja Trkahaj Lrakrutjan* [Hundertster Jahrestag der armenischen Presse in der Türkei] 1832-1932, Kairo, 1932.

Sawen Arkebs. [Der-Yeghjajan, Sawen Arkebisgobos]. *Badriarkagan Huschers. Wawerakirner Jew Wsgajutjunner* [Meine Erinnerungen an das Patriarchat. Dokumente und Zeugnisse], Kairo, 1947.

Sdepanjan, H. [Hasmig]. S. *Hajadar Turkeren Krkeri Madenakidutjun.* [Bibliografie türkischer Bücher in armenischer Schrift] 1727-1968, Eriwan, 1985.

Sdepanjan, Hasmig. *Hajadar Turkeren Barperagan Mamul* [Türkische Presse in armenischer Schrift], Eriwan, 1987.

Sdepanjan, Karnik. "Hajadar Turkeren Haj Mamul" [Türkische Presse in armenischer Schrift], Garinjan, A. [Ardasches] P. (Hrsg.), *Haj Barperagan Mamuli Badmutjuniz* [Aus der armenischen Pressegeschichte], Eriwan, 1963.

Seferjan, Nasaret (Hrsg). *Huşabadum* [Andenken. Zum 50. Jahrestag der Maraş-Katastrophe], Beirut, 1970.

Seropyan, Vağarşak. "Ermeni Kiliseleri" [Armenische Kirchen], *Dünden Bugüne İstanbul Ansiklopedisi* [Istanbul Enzyklopädie von gestern bis heute], Kültür Bakanlığı-Tarih Vakfı, Band III, İstanbul, 1994.

Siruni, H. C. [Dschololjan, Hagop]. *Bolisi Jew Ir Teri* [Istanbul und seine Rolle], Band II-IV, Beirut, 1969-1988.

Son Teşkilat-ı Mülkiyede Köylerimizin Adları [Dorfnamen nach dem letzten Verwaltungsstand], Dahiliye Vekaleti Nüfus Müdiriyet-i Umumiyesi, İstanbul, 1928.

Tanjeljan, Jirajr - Altunjan, Dsowag. *Hajgasjan Koledsch. Hajakidagan Krataran. Haj Mamuli Hawakadso* [Hajgasjan Kolleg. Bibliothek armenischer Bücher. Armenischer Pressekatalog], Beirut, 1981.

Tcholakian, Hovhannes J. *L'Eglise Armenienne Catholique en Turquie*, Ohan Matbaacılık, İstanbul, 1998.

Teotig (Hrsg.). *Amenun Darezujz* [Allgemeines Jahrbuch], İstanbul/Venedig/Paris, 1907-1929.

Teotig [Labdschindschijan, Teotoros]. *Dib U Dar* [Druck und Buchstabe], İstanbul, 1912.

Teotig. *Koşhkota. Trkahajoz Hokeworaganutjan Jew Ir Hodin Aghedali 1915 Darin (Nor Ghewontjank)* ["Golgata": im Neuen Testament der Berg, auf dem Jesus gekreuzigt wurde; hier im Sinne von: Ort des Leidens. Das schreckliche Jahr 1915 der armenischen Geistlichen und Gläubigen der Türkei], Band 1, Antilyas, 1966.

Tersijan, Garabed (Hrsg.). *Badmakirk Istanosi Hajoz* [Geschichte der Armenier von Istanoz], Beirut, 1969.

Trabzon Vilayeti Salnamesi [Jahrbuch der Provinz Trabzon], Trabzon Vilayet Matbaası, Trabzon, 1319 (1901).

Tuncer, Orhan Cezmi. *Diyarbakır Kiliseleri* [Die Kirchen Diyarbakırs], Diyarbakır Büyükşehir Belediyesi, Ankara, 2002.

Tunçer, Mehmet. *Ankara (Angora) Şehri Merkez Gelişimi (14.-20. yy.)* [Entwicklung des Stadtzentrum Ankaras (Angora) vom 14.-20. Jahrhundert], T. C. Kültür Bakanlığı Kültür Eserleri, Ankara, 2001.

Umar, Bilge. *Türkiye'deki Tarihsel Adlar* [Historische Namen in der Türkei], İstanbul, 1993.

Usta, Veysel. *Anabasis'ten Atatürk'e Seyahatnamelerde Trabzon* [Trabzon in Reiseaufzeichnungen von Anabasis bis Atatürk], Trabzon, 1999.

Üç İzmir [Drei Izmir], Yapı Kredi Yayınları, İstanbul, 1992.

Widschagazujz Kawaragan Askajin Warjaranaz Turkio [Verzeichnis der ländlichen nationalen Schulen in der Türkei], 1. Heft: *Widschag 1901 Darwo* [Verzeichnis von 1901], İstanbul, 1901.

Widschagazutjs Kawaragan Askajin Warjaranaz Turkio [Verzeichnis der nationalen Schulen in der Türkei], 2. Heft: *Widschag 1901-1902 Darwo* [Verzeichnis von 1901-1902], İstanbul, 1903.

Wosgjan, H. H. *Daron-Duruperani Wankeri* [Klöster der Region Muş und Sason], Wien, 1953.

Wosgjan, H. H. *Garin U Garnezin Jew Garno Wankeri. Yergu Tasachosutjun* [Erzurum, seine Bürger und Klöster. Zwei Konferenzen], Wien, 1950.

Wosgjan, H. H. *Parzr Hajki Wankeri* [Klöster des oberen Armeniens], Wien, 1951.

Wosgjan, H. H. *Wasburagan-Vani Wankeri* [Die Region Van und ihre Klöster], Wien, 1940.

Wosgjan, H. [Hajr/Mönch]. H. [Hamasasb], Wrt. [Wartabed]. *Gilisjaji Wankeri* [Die Klöster Kilikiens], Wien, 1957.

Yarman, Arsen. *Osmanlı Sağlık Hizmetlerinde Ermeniler ve Surp Pırgiç Ermeni Hastanesi Tarihi* [Armenier im osmanischen Gesundheitsdienst und die Geschichte des armenischen Surp Prgitsch Krankenhauses], Surp Pırgiç Ermeni Hastanesi Vakfı, İstanbul, 2001.

Yurt Ansiklopedisi [Heimatenzyklopädie], 11 Bände, İstanbul, 1982-1984.

Index

A
A. Popper und Partner 169, 173
A. Zellich Söhne 83, 92
Abacılarbaşı Straße 19
Abadschjan, H. 273, 275, 279
Abaka 68
Abana 229
Abarabaşı 267
Abaraj 227
Abbasköy 268
Abdigor 331
Abdoğlu 242
Abdülaziz 105, 298
Abdülhamid 73
Abdülmecid 36
Abernes 330
Abgarjan Schule (Eğlence) 151
Abiyon 180, 181
Aboznak 329
Abraham 186
Abrank 316, 330
Abuçeh 300
Acemyan Siedlung 119
Acropole Fotoatelier 124, 130, 133
Adaçay 329
Adana Unruhen (1909) 242, 250, 268

Adana 150, 226, 24-245, 247, 248, 250, 252, 257, 259, 265, 268, 298.
Adapazarı 33, 48, 80, 102, 103, 105, 113, 114, 117.
Adatepe 226
Adeşe 315
Adıyaman 300, 313
Adilcevaz 352, 353
Adinolfi, Umberto 139
Adiş 316
Adrine 97, 98
Adruschan Druckerei 103
Adschemjan, Levon 73
Adschemjan, Yervant 73
Afşin 268
Afyonkarahisar 32, 34, 61, 145
Ägäis 32, 34
Aghabaljan Schule (Erzurum) 328
Aghawni 102, 224
Agıl 316
Agonjan, Onnik 19
Agop Efendi 34
Agopjan, Karnig 56
Agopjan, Sareh 56
Agrak Kirche (Tortum) 338
Ağa Camii 156, 197

Ağabağ 227
Ağaçardı 301
Ağaçlı 301
Ağaçpazarı 12
Ağatır 330
Ağbüzüt 329
Ağcakala 342
Ağcaşar 329
Ağcagüne 182
Ağcan 349
Ağdık 225
Ağıllı 181
Ağlaç 182
Ağmezre-Akmezra 299
Ağravis 229
Ağrı 331
Ağrıt 181
Ağuluç 182
Ağvan 301
Ağvanis-Ağanos 229
Aha 329
Ahalik 329
Ahkilisa 343
Ahlat 348, 349
Ahtabolu 13
Ahtamar 353, 362

Ahur 299
Akabjan Schule (Efkere) 150
Akarag 226, 342, 343
Akbaba 330
Akbez 243
Akbudak 229
Akça 329
Akçaabat 180, 181, 199
Akçadağ 300
Akçakale 199, 342
Akçaköy 181
Akçatoprak 329
Akçiğdem 331
Akdağmadeni 151
Akdem 243
Akdere 267, 315
Akhisar 104, 119
Akıncılar 104, 229
Akınlı 330
Akinson (Dr.) 310
Akkaya 225, 342
Akmeşe 102
Akoluk 181
Akpazar 301
Akpınar 181, 225
Akra dağı 266
Akrag 315, 329, 330
Aksaray 140
Akserva 353
Akşehir 140, 146
Aktarjan, Stepan 20, 21
Aktoprak 329
Akyaka 342
Akyazı 103
Akyol 315
Alâ'üd-Devle Moschee 282
Alaaddin Bey 156
Alaaddin Hügel 144
Alaaddin Siedlung 140
Alabeyi 329
Alaca 151
Alakilise 225
Alakuş 301
Alamunik 229
Alanyazı 301
Alaşehir 119, 137
Alçıören 225
Aleatdschjan, Krikor 127
Aleksanjan 98
Alemdağ 71
Aleppo 226, 266, 267, 269-271, 275, 279, 280, 282, 285, 286, 291, 293, 295, 297, 320, 324
Alevit 301
Alexanian, O. 98
Alexiadés, Jéan, C. 31

Alınca 33
Alınyurt 329
Ali Fakiye Viertel 34
Alibey 315
Alibeyli 169
Alican 349
Aliçekrek 329
Aliğamarlu 342
Aliğants 330
Alik 328
Alikamerli 342
Alipınar 315
Alipiran 351
Aliür 353
Alleinopules 221
Almışka 329
Altes Testament 362
Altımermer 69
Altınbulak 329
Altındağ 158
Altınkum 315
Altıntaş 226
Altıntepe 329
Altunhüseynik 329
Altunkent 330
Alucra 228
Alvar 329
Alvarinç 349
Amad 331
Amanor 68
Amariç 329
Amasia 227
Amasra 168, 169, 180, 224, 227, 228, 232, 235, 236, 237
Ambrga 299
Amenun Darezujzi 67
Amenun Hamar 298
Amerikan Central Anatolia College (Antep) 267
Amerikanische Mädchenschule in Arnavutköy 89
Amerikanische Schule İzmir 133
Amerikanisches Kolleg Merzifon 232, 236, 237, 238
Amerikanisches Kolleg Talas 164
Amerikanisches Kolleg Tarsus 164, 242, 243, 262, 263, 265, 268
Amerikanisches Mädchen Kolleg Üsküdar 89
Amirjanjan, Wartan B. 304
Amsorja Deghegadu 68
Amsterdam 119, 149
Anadolu Kolleg (Amasya) 227
Anadolu Kolleg (Merzifon) 215
Anahid 149
Anaradhghutjun Nonnen 148

Anarathghutjun Kirche (Pangaltı) 70
Anardzad Vartabed 33
Anastasof 19
Ancırti 299
Anderyas 229
Andırın 267
Andriomenes 99
Andu 315
Anegri 229
Aneği 229
Angakh Dikris 314
Ani 342, 347
Anifa 181
Anjel 351
Ankara 142, 145, 148, 149, 152, 155, 156, 158, 168, 174, 216, 227
Anmeghouk, K. 176
Anna 336
Annie Tracy Riggs Krankenhaus 310
Annuaire Oriental 56, 314
Ansar 300
Anşaküğ 315
Antab 331
Antak 315
Antakya 242, 266, 267, 269, 270, 271, 273
Antalya 140, 141, 146
Antep 243, 266-269, 280, 282, 285, 321
Antep Amerikanisches Krankenhaus 321
Anthopoulos, Alexandre J. 208, 210, 213, 218, 241
Antranig 224
Antwerpen 124, 152
Anuschikjan, G. 332
Apçağa 300
Apkarjan Schule (Adana) 242
Aptioğlu 242
Apuşda 331
Arabacı Straße 156, 197
Araboli 331
Arabsun 141
Araç 168
Arakelian, R. D. 74
Araks 68
Aram 83, 103
Aramjan Han 224
Aramjan Kindergarten(Sivas) 224
Aramjan Schule (Adana) 242, 248
Aramjan Schule (Adapazarı) 103
Aramjan Schule (Aram) 103
Aramjan Schule (Bahçe mah.) 149
Aramjan Schule (Bayburt) 329
Aramjan Schule (Bor) 140
Aramjan Schule (Erkilet) 150
Aramjan Schule (Eşme) 104
Aramjan Schule (Ezine) 26
Aramjan Schule (Güllice) 330

Aramjan Schule (İncirli) 151
Aramjan Schule (Kadıköy) 71, 95
Aramjan Schule (Mancısın) 150
Aramjan Schule (Muratça) 33
Aramjan Schule (Sapanca) 103
Aramjan Schule (Sivas) 224
Aramjan Schule (Sökköy) 103
Aramjan Schule (Tamzara) 229
Aramjan Schule (Tavra) 225
Aramjan, Anjel S. 136
Arapkir 298, 299, 313
Araradjan Schule (Medz Norküğ) 32
Arark 355
Arasküğ 342
Aratschamard 68
Arawod 68
Arazoğlu 342
Arbahin 342
Ardahan 342, 343
Ardamet 353
Ardasa Brücke 222
Ardaz 69
Ardgunk 350
Ardıçlı 330, 331
Ardost 329
Ardsinjan Schule (Erzurum) 328
Ardsiw (Falke) 68
Ardsrunjan Schule (Karaçayır)
Ardswi Waspuragan 362
Ardswig 353, 350
Arduşen 351
Ardzeti 329
Arek 329
Arewdur 68
Areweljan Mamul 119
Arewelk 67, 68
Arguvan 300
Arhjesdanoz Schule (Erzurum) 328
Arifiye Straße 59
Arjan Zajn 353
Arka 300
Arkavank 350
Arkhund 350
Armağan 151
Armaş 102, 105, 108
Armenak 282
Armenien 303
Armenien Kolleg 304
Armenische Revolutionäre Förderation 328
Armenischer Friedhof Balıklı 80
Armenisches Krankenhaus İzmir 128
Armenisches Patriarchat İstanbul 12, 32, 102, 118, 140, 148, 168, 180, 181, 193, 210, 224, 298, 299, 314, 316, 328, 348, 350, 351, 352

Armenisches Patriarchat Jerusalem 104
Armenisches Waisenhaus Mersin 259
Armenisch-katholisches Patriarchat 67
Armenuhjan Schule (Kırmastı) 33
Armıdan 331
Armican 316
Armutağ 226
Armutlu 343
Arnabad 317
Arnis 329
Aror 330
Arozik 299
Arpaçay 342
Arpalı 329
Arpavud 299
Arschagunjan Schule (Delihamza) 151
Arschagunjan Schule (Kaleiçi) 12
Arschagunjan Schule (Kıncılar) 104
Arschagunjan Schule (Pera) 70
Arschalujs 119
Arsenjan 24
Arslanbey 102
Arslanik 33
Arslanoğlu, Georges 261
Arsunik 301
Arşin 226
Arşuni 329
Arşuşan 226
Artekhan 316
Arti 330
Artilerie Kaserne Taksim 101
Artsakank 119
Artvin 330, 342, 347
Aruzka 329
Arzap 331
Arzoghlu 315
Asad Khosk 316, 353
Asadamard 68
Asadutjun jew Lujs 328
Asarjan Efendi 86
Asarjan, Mihran 98, 105
Asarlık 33
Aschkhadank 119, 353
Aschkhenjan Schule (Adana) 242
Aschkjan Schule (Aşağı Talas) 149
Aschodjan Schule (Terzili) 151
Asdgh Petlehemi 68
Asdghig Wartanyan 267
Asi Fluss 266 271 273
Asimiades 105
Askajin Joghowadeghi 103
Aslangazi 331
Aslanjan Schule (Sazak) 150
Aslanyurdu 301
Aslo 315

Asmaaltı 193, 194, 208, 210
Asmar 331
Asnawor, Howsep 83, 101, 334
Assimiadès 105, 107, 108
Assumptionsordens 12, 33, 59
Astag 68
Asub 68, 353
Aşağı Adzbıder 229
Aşağı Akçagüney 182
Aşağı Gerger 349
Aşağı Havsi 301
Aşağı Karasu 349
Aşağı Pakariç 331
Aşağı Süpan 353
Aşağı Şuğul 226
Aşağı Talas 149
Aşağı Viertel (Çomaklı) 150
Aşağı Viertel (Yenipazar) 151
Aşkale 329
Aşkhan 331
Aşodi 226
Aşvan 300
Ataköy 70
Atanasjan, Sarkis D. 113, 114, 117
Atik 267
Atina 139, 183
Atranos 32
Au Bon Marché 81, 87, 94, 127
Außerhalb der Stadtmauern 66, 69
Avants 349, 353, 354
Avcılar 104, 268
Avek 348
Avina 316
Avirtinik 329
Avran 349
Awarajr 68
Awedaper 67
Awedaper Dghajoz Hamar 67
Awedaper für Kinder 67
Awedaper Manganz 67
Awedaranagan Amena S. Jerrortutjun Kirche (Pera) 70
Aya Fotini Kirche (İzmir) 123
Aya Yorgi Kirche (İzmir) 123
Aya Yorgi Kloster (Trabzon) 184
Ayanoğlu 329
Ayas 243
Ayastefanos 70, 81
Ayaş 148
Aydın 118, 119, 120, 121, 138
Aydıncık 34
Aydınlar 149
Aykesdan 352, 355, 358
Aynapınar 331
Aynaprig 315

Aypega 316
Aysaklı 330
Ayvacık 26
Ayvalık 34, 65
Ayvaz 227
Ayvoz 299
Azakbor 350
Azap 329
Azatlı 70
Azig 315
Azinckos 353
Aziziye 34, 224, 226

B
B. Mostitzidis & Firma 161
Babaeski 13
Badani 298
Bademözü 329
Badger 67
Badicivan 329
Badişen 329
Badrig 208, 210
Bafra 181, 218
Bagdat 316
Bagdat Hotel 142, 144
Baghdasarjan, Garabed 41
Baghdasarjan, Krikor 41
Baghesch 348
Bağdere 315
Bağlarbaşı 71
Bağlu 349
Bahadırlar 300
Bahçe 243
Bahçe Viertel 149, 150, 228
Bahçecik 102, 103, 108, 225, 315
Bahçekapı 24, 69
Bahçeyaka 181
Baj, Grégoire (Krikor) 38
Bajkar 68, 103, 268
Bakajan, P. 95
Bakırköy 15, 70, 73, 80
Bakus 315
Bâlâ 148
Bâlâ 149
Balagesi 149
Balahor 329
Balaşehir 301
Balat 69
Baldschjan, H. M. 35
Balıkesir 32, 34, 62, 65, 135
Balıklı 330
Balıkpazarı (Fischmarkt) 155
Baljan, Garabed (Amira) 34, 101, 105, 108, 101
Baljan, Garo 76, 93

Baljan, Hajganusch 76
Baljan, Mari 76, 93
Baljan, Mihran 257
Baljan, Nigoghos 73, 101
Baljan, Sarkis 87, 92, 101, 169, 267, 282
Baljan, Senekerim 101
Balkaya 330
Ballık 182
Balya 34
Bandırma 34, 65
Bar 330
Barbeş 315
Barcelona 232
Bardizag (Bahçecik) 103, 108, 225, 301
Barena 316
Bargiri 353
Barmen 297
Barok 282
Baronjan, H. 206
Bartewjan Schule (İğdeli) 151
Bartewjan Schule (Mersin) 242
Bartewjan Schule (Niğde) 140
Bartewjan Schule (Simhacıköy) 228
Bartın 168, 178
Barujr 114
Basbasjan, Aschot 117
Basel 145, 232, 235, 236, 238, 241
Basmadschjan, Stepan Boghos 35
Basmane 119, 124
Basra 316
Bassorig 315
Basu 301
Başıbüyük 315
Başkale 353
Başkatıklar 342
Başkaya 330
Başkha 315
Başköy 342
Başnik 315
Başşoragyal 342
Batum 186, 197, 342
Baudinière 245, 247, 248, 252, 259, 265, 273, 288, 290
Bayburt 328, 329, 337, 339
Bayezid 328, 331
Bayındır 118, 119
Bayıraltı 225
Bayırbağ 330
Bayraklı 119, 129
Bayraktar 342
Bayramiç 26
Bayruk 315
Bebek 87, 92, 93, 151
Bedrosi 225
Bedrosjan (Koçhisar) 225

Behisni 300
Beirut 86, 269, 285, 308, 310, 319, 321, 326, 327
Bekdemir 48
Belen 266, 267, 279
Belören 151, 300
Belviran 151, 300
Benli (Aşağı) 32
Benli (Yukarı) 32
Benoit, A. 88
Bentderesi 158
Berebt 317
Bergama 118, 119
Berlin 97, 139, 188, 203, 275, 297
Berm 350
Beroç 301
Bertarelli 127
Bervedol 301
Besasjan Schule (Makriköy) 70
Besdschijan Schule (Defterdar) 70
Besdschijan Schule (Kartal) 71, 97
Besdschijan Schule (Kumkapı) 69
Besikjan Schule (Sivas) 224
Besni 300
Beşiktaş 70, 71, 92
Beşiri 314, 315
Beşrin 300
Beyazıt Feuerwehrturm 101
Beydalı 299
Beykoz 66, 71, 94
Beylan 266
Beyoğlu 87
Beypazarı 148
Beypınar 315
Beyşehir 140
Beyt Schalom Waisenhaus (Maraş) 268
Beytel (Maraş) 268
Bıçkıdere 102
Bıçkıköy 103
Bızdıkköy 353
Bibik Hajgagan 343
Bıçmekaya 301
Bidsag 180
Bielefeld 229
Biga 26
Bilecik 32, 33, 48
Bilekkaya 330
Bimer 351
Birecik 268, 269, 295
Bischof und Klein 93, 297
Biskincik 227
Bismişan 299, 306
Bitias 266, 267
Bitinja Lizeum 108
Bitlis 298, 348, 349, 361

Bizeri 227
Bizman 301
Bladur 315
Board of Commissions for Foreign Mission 237
Bodamiye 181
Bodelschwingh, Marie von 291
Bodrum 120
Boghikian, Gh. und S. 277
Boghos 351
Boghosjan Schule (Kumkapı) 69
Boğazdelik 243
Boğazdere 225
Boğazlıyan 151
Boğe 351
Bolis 227
Bolu 168, 169
Bolvadin 34
Bondos (Pontus) 180, 204
Bor 140
Bornova 119, 135
Bosporus 66, 70, 71, 73
Boşat 315
Boyabat 169
Boyacıköy 71
Boyacılar Straße (Uşak) 60
Boyadschjan, Aschot 108
Boyadschjan, G. 123
Boyents 355
Boyunlu 315
Bozarmut 226
Bozcaada 26
Bozgedik 301
Boztepe 180, 191, 193
Bozug 300
Bozüyük 48
Braun, Karl 97
Bretocq, Abbe G. 247, 252, 265, 273, 288, 290
Brüssel 252
Buca 133
Budaklı 301
Budschigjan, Howhannes H. 304
Bukarest 73
Bulak 181
Bulancık 181
Bulanık 243, 348, 349, 350
Buldan 120
Bulgarische Kirche in Fener 101
Bulgarmadeni 141
Bulgurlu 183
Bultan 181
Burdur 140, 141
Burgaz 99
Burhan 225
Burhaniye 34

Bursa 14, 32, 33, 35, 36, 38, 39, 41, 42, 44, 45, 47, 50, 73, 102
Burunkışla 151
Buseyid 229
Bünyan 224, 226, 230
Bünyan-ı Hamid 230
Büyük Çekmece 13, 66
Büyük Ermeni Caddesi 113
Büyük Köhne 151
Büyük Yeniköy 32
Büyükada 71, 98
Büyükbağ 301
Büyükdere 70, 71, 73, 342

C

Caferbey Siedlung 149
Caferzade, M. Emin 194
Cağaloğlu 69
Camalverdi 331
Canetti, Isaac J. 14, 17, 19
Canik 180, 181
Canik Hotel 17, 208
Capucins Français en Syrie 273
Caraly, Joseph 279
Cavşen 355
Cebe 301
Cebel-i Bereket 242, 243
Cebrayil 227
Ceder 317
Cedid 32
Cencin 225
Cenova 208
Central Turkey College 285, 321
Cerahi 317
Ceride-i Şarkiye 67
Cerrah 33
Cevizlik 181
Ceyhan 242, 252
Ceyhan Fluss 297
Chalukian, Mihran R. 108, 164, 167
Chambers, R. 108
Charazan 68
Chariskh 180
Chatschadurjan, Samuel 304
Chicago Grocery 85
Chirimjan Hajrik 362
Chorenjan Schule (Ankara) 148
Chorenjan Schule (Bebek) 151
Chorenjan Schule (Tuzkaya) 151
Chorenjan Schule (Yenipazar) 33
Chule Kloster (Harput) 298
Cibin 269
Cibirköy 329
Cibot 330
Cide 168

Cihatlı 32
Cinis 329
Cireson 329
Cisr-i Ergene 12
Cisr-i Mustafapaşa 12
Cizre 316, 317
Comelik 315
Comfort College 310
Compiegne 354, 355, 357, 358, 361
Constantinople 73, 81, 99
Contaxis, C. D. 65
Coşara 181
Cranford 232
Crete Imprimerie 282
Cunard 205
Curcan 331
Cücün 150

Ç

Çadırkaya 330
Çağlarca 301
Çakanyan 315
Çakıltaş 300
Çakırtaş 329
Çakmak 151
Çakmaközü 299
Çakmaz 329
Çal 120
Çalal 343
Çalgara 33
Çalıözü 301
Çamaş 181
Çamırlı 331
Çamlar Hotel (Soğukoluk) 279
Çamlıkaya 330
Çamurlu 329
Çan 329
Çanakçılar 329
Çanakkale 12, 25, 26-28, 30, 31
Çankırı 168, 169
Çankli 343
Çapakçur 351
Çapanoğulları 150
Çapgnud 351
Çardak 315
Çarıbaş 329
Çark Straße 113
Çarsancak 298, 301
Çarşamba 168, 181, 182, 216, 267
Çat 151
Çatak 151, 315, 352
Çatalca 12, 13
Çatalçam 243
Çatalçeşme 299
Çataldere 330

Çatalkaya 330
Çataloluk 229
Çat-ı Kebir (Groß Çat) 151
Çat-ı Sagir (Klein Çat) 151
Çavuşlar 181
Çay Siedlung 277
Çayboyu 225
Çaycuma 168
Çaydamar 177
Çayırbaşı 343
Çayırca 329
Çayıri Mezre 316
Çayıroluk 150
Çayırtepe 328, 329
Çaykent 330
Çayköy 225, 329
Çekirge 32, 42, 44
Çemişkezek 298, 301
Çengiler 33
Çepni 225
Çerkeş 169
Çerme 329
Çermik 316, 300
Çeruk (Çerek) 315
Çeşme 118
Çeşme Platz 259
Çeşmesu 182
Çevirme 225, 331
Çevreli 181
Çevrimtaş 299
Çıldır 342
Çınarlı 168, 181
Çınarlık 30
Çırçı 343
Çırdak 229
Çiçekdağı 149
Çiçekli 229, 329
Çiftlik 33, 227, 328, 329, 330
Çilhor 349
Çimenli 301
Çimenlik Festung 26
Çin 119
Çinaçor 330
Çinaz 316
Çirnik 315
Çobanyatağı 103
Çokak 243
Çokradan 151
Çolig 351
Çomaklı 150
Çorküg 299
Çorlu 12, 13
Çorum 148, 151, 161
Çoşkhod 227

Çozlar 227
Çölemerik 353, 363
Çömlekçi 180, 191
Çrig 349
Çubukluk 182
Çuhacı Han 78
Çuhacı Han Straße 105
Çukur 103, 104, 181, 197, 301
Çurug 343
Çüngüş 316
Çürükkoz 268

D

Daday 168
Dadjan Schule (Makriköy) 70, 80
Dadjan, Boghos 101
Dadjan, Howhannes 101, 108
Dadschadjan Schule (Döngel) 103
Dadschadjan Schule (Gesi) 149
Dadschar 68
Dadschar Manganz 69
Dafjan, Drtad 104
Dağeteği 269
Dağköy 102
Dallıbel 301
Damlık 103
Damlık Yeniköy 103
Danaburan 301
Danalı 315
Dänemark 308
Danışman 151
Danışmentçiftliği 151
Dantsi 331
Dardanellen 13, 26, 27
Dardghan 300
Darende 224, 226
Darezujz 69
Darezujz Lila 68
Darezutjuz Nschan Babigjan 67
Darköprü
Daron 349
Darsiyak 150
Darson 242
Darülaceze 70
Dassina Derek 315
Debne 315
Decelle 354, 355, 357, 358, 361
Decipris 60, 135, 136
Dedeağaç 12
Dedeboyu 299
Dedejan 220
Dedejan, Dikran S. 123, 136
Dedejan, Emma 123
Defterdar-Viertel 70
Değirmendere 180, 191, 193, 268, 330

Değirmenözü 299
Değirmenüstü 315
Dek 351
Delibaba 329
Delihamza 151
Deliktaş 146
Demirbaschjan, Lewon 86
Demirbilek 330
Demirci 119, 128
Demircilik 150
Demirjan, Rupen 53, 56, 59
Dendil 225
Denekmadeni 149
Denizli 118, 120
Der-Azarjan Schule (Erzurum) 328
Dere Viertel 227
Dereboyu 331
Derecik 181
Dereköy 268
Derevank 149
Derghasarjan, Andreas B. 304
Derik 314, 315, 350
Dermont, P. L. 137
Der-Nersesjan, Wahram 127
Derocles 245, 252
Dersil 315
Dersim 298, 301
Der-Stepanjan, Nojig 193, 194, 208, 210
Derun 315
Derunjan 270
Derviş 315
Deutsch 93, 119, 227, 236, 268, 297, 298, 341, 358, 363
Deutsche Orient Mission 289, 293
Deutscher Hilfsbund für Armenien 291
Deutscher Hilfsbund für Armenier 289, 291
Deutschland 28, 35, 179, 229, 250, 265, 297, 341, 361
Deveboynu 315
Devrek 168
Deyrüzzor 316
Diamanten Fabrik 41
Dicle 314, 317, 321
Digor 342, 343
Dikmetaş 329
Dikranakert 314
Dikris (Tigris) 149, 314
Dilanoğce 301
Dilanoğlu 301
Dildiljan Gebrüder 232, 238, 241
Dimetoka 12
Dimitriades, N. 146
Dingiljan, Howhannes H. 304
Dinik 330
Divanlı 267

Divegse 225
Divriği 224, 226
Divriği Ulu Moschee 229
Divrik 226
Diyadin 331
Diyarbakır 298, 314, 315, 317, 319, 320, 321, 323, 361
Diyarbakır-Tor 317
Dodi 329
Doğan 331
Doğankuş 299
Doğubeyazıt 331
Dolmabahçe Palast 73, 101
Dolmadschjan, Lewon 117
Dominikaner 358
Dorana 181
Dökmedschijan, Kardine 156, 197
Dökmedschijan, Mihran 39
Dökmetaş 315
Döngel 103, 268
Dörtyol 243
Dresden 76, 83, 98
Dsaghig 67, 68
Dsaghig Gananz Hadug 67
Dschagadamard 69
Dschanik, Dikran 17
Dschemeran Schule (Antep) 267
Dschemeran Schule (Harput) 298
Dschemeran Schule (Yenimahalle) 71
Dschenanjan Schule (Konya) 140
Dschenanjan Waisenhaus (Maraş) 268
Dschilbirjan 56
Dsiadsan 68
Dsidsernag (Fußballmannschaft) 97
Dsopaz Ardsiw 299
Dsowag 353
Dubat, C. 257
Dumankaya 181
Dumlu 301, 329
Duranlar 329
Durulmuş 225
Dutveren 315
Dümlüç 229
Düzce 168
Düzyayla 225
Dzabılvar 300
Dzabırgor 348
Dzağgari 330
Dzandzağ 329
Dzatküğ 330
Dzbli 343
Dzıggam 349
Dziberi 229
Dzibli 343
Dzovk 316

E
Ebejan, Onnik 105
Ebenezer Waisenhaus (Maraş) 268
Ebruhi 108
Ebülhindi 329
Eceabat 13, 25
Edincik 34
Edirne 12, 13, 14, 15, 17, 19, 21, 26, 113
Edition d'Art de l'Orient 86
Edremit 34, 65
Efkere 150, 167
Efremidi, G. P. 170
Eftychiades, Jean 213, 215
Eğin 104, 298, 300
Eğlence 151, 268
Eğridere 182
Ehneş 269
Ekincik 182
Ekirag 315
Ekreg 226, 301
Elazığ 298
Elbis 331
Elbistan 267, 268, 297
Eleciler 151
Elemdağı 183
Eleşkirt 331
Elevi 181
Elidolu 315
Elimelik 299
Elizabedinsgoye 343
Eljan Hotel (İskenderun) 279
Elmadin 315
Elmalı 103, 141
Elmapınarı 299
Elmasjan, Dschanik 127
Elmasjan, M. 187
Elun 315
Emanuel Kirche (Eminönü) 69
Emil Pinkau 194
Emil Pinkau und Partner 186, 205
Eminönü 69, 113
Emirdağ 34
Emirsultan (Viertel) 32
Emirzé, Jean P. 42
Emrudabad 34
Encegağ 301
Endiz 227
Enfijedschijan 310
Engüri 148
Engüzek 353
Enlilbuc, F. 304
Entsag 353
Erbaa 226, 227
Erciş 352, 353, 354
Erciyes (Berg) 161, 399

Erdek 34
Ereğli 140
Erenkaya 183
Erenler Straße 113
Ergani 314, 316, 321
Ergani Maden 316, 321
Erikli 181
Eriklikuyu 266
Erivan 353
Erkilet 150
Ermenek 243
Ermenikaçağı 330
Ermeniköy (Armenierdorf) 13, 34, 71
Ermişe 102
Ertuğrul 32, 33
Eruh 351
Eryub 342
Erzincan 221, 226-328, 330, 331, 341
Erzurum 183, 221, 328, 329, 332, 334, 336-338, 342
Erzurum Kongreß 334
Esajan Schule (Pera) 70
Esendere 329
Esenyurt 225
Esertepe 300
Eski Malatya 300
Eski Pertag 301
Eskiatça 168
Eskifoça 119
Eskikavak 329
Eskikent 301
Eskiköy 315
Eskişehir 32, 33, 48, 51, 53, 55, 56, 59
Eskişehir Hotel 83
Eskiyurt 225
Eşme 104, 119, 315
Etlik İncirli 156
Eugenides, P. 39, 41
Euphrat 226, 269, 295, 300, 313, 330
Euphrat Kolleg 298, 304, 306, 310
Europäisches Hotel Tadya 59
Everek 150, 329
Eyüp 70, 73, 350
Ezine 26

F
F. M. K. 28
Fakralı 151
Fatih 67
Fatsa 181, 182
Feke 243
Felahiye 151
Felshi 342
Fenerbahçe 36
Fenese 150

Feran 315
Fereşed 225
Ferhand 315
Feriköy 70, 85, 91
Ferizli 103
Fes-Fabrik 102
Fethiye 139
Fetwadschjan 347
Fevzipaşa Quartier 26
Fındıcak 268
Fındıklı 103
Fırnız 268
Filibe 347
Filibosjan, Rafi 123
Filistin 221
Fincancılar 69
Firma Arakeljan 74
Firuz Ağa 12
Flabellin 60
Florio 205
Foça 119
Foçateyn 119
Foçateyn 118
Foduna 181
Fonograf 67
Frankfurt 93, 289, 297
Franziskaner 275
Franziskanermönche 267
Franziskanische Nonnen 314, 324
Französische Franziskanernonnen 317
Französische Handelskammer 38
Französische Kapuzinermönche 181
Französische Post 164, 208
Französisches Handelshaus 38
Französisches Kolleg 111, 152
Französisches Konsulat 31
Fratelli Haim 84
Frau Eftik 41
Frenk Straße 31, 123
Freon, L. 88
Fruchtermann, Max 13, 14, 35, 36, 48, 51, 61, 73, 76, 78, 80, 83, 89, 91, 92, 93, 94, 95, 97, 99, 111, 117, 146, 232
Fru-Fru 68
Fum 315

G
Gadag 69
Gağndek 301
Gajds 68, 181
Gajdser 12
Galata 28, 66, 70, 83, 87, 98, 186
Galata Brücke 76
Galatasaray 74
Galatasaray Insel 92
Galatasaray Lizeum 74, 87

Gamakh 349
Gamaragab 300
Gamis 225
Ganiköy 342
Gantar 315
Gaplan 316
Gapira 224
Garabed 19, 56, 336
Garabed, Hagop 56, 97
Garabedjan 97
Garabedjan Schule (Ilibe) 150
Garabedjan Schule (Kabaceviz) 182
Garabedjan Schule (Köklük) 182
Garabedjan Schule (Ortaoymak) 182
Garaköy 331
Garapnad 68
Garavank 343
Gargud 353
Garinc 351
Garmir Wank (Rotes Kloster) (Gündemir) 350
Garmir Wank (Ankara) 156
Garmir Wank (Van) 353
Garmir Wank (Yergan) 301
Garmirag S. Giragos Kirche (Bitlis) 348
Garmravor 353
Garmri (Germili) 330
Garmri (Germisik) 299, 301
Garni 243, 331, 350
Garuşla 300
Garzan 351
Gasarjan G. 25, 27, 28, 30, 31
Gasarjan, Howhannes 161, 255, 261, 262
Gasma 226
Gavdara 225
Gavrik 300
Gâvur Meydanı (Platz der Ungläubigen) 180, 187, 268
Gâvurköy/Hıristiyanköy/Haykuğ 242, 268
Gawrosch 68
Gawrosch-Gigo 68
Gawroschin Darezujz 68
Gazeller (Adapazarı) 103
Gazhane 146
Gaziantep 266
Gazimağara 225
Gdawschjan, Apraham G. 105
Gduz Insel 353
Gduz Kloster (Van) 353
Gebbengjan, Armenag 164
Gebrüder A. Breger 81, 91, 133
Gebrüder Abdullah 80, 97
Gebrüder Abdülcelil und İsmail Hakkı 20
Gebrüder Amphilohides 206
Gebrüder Batmanidès 65

Gebrüder Boghikjan 277
Gebrüder Cacouli 184, 185, 188, 199, 201, 206, 220
Gebrüder Chouha 275
Gebrüder Fabrikatorjan 298
Gebrüder Gdawdschjan M. und A. 105, 108, 117
Gebrüder Gülmez 73
Gebrüder Hasrdschjan 149
Gebrüder Ipranosjan 227
Gebrüder Kasasjan 21
Gebrüder Kischmischjan 28
Gebrüder Ludwigsohn 45, 85
Gebrüder Mugamjan 152, 155, 156
Gebrüder Neurdein 282
Gebrüder Parigjan 298
Gebrüder Sarrafjan 15
Gebrüder Sarrafjan 269, 285, 308, 310, 317, 319, 321, 326, 327
Gebrüder Schahbasjan 244
Gebrüder Schahnasarjan 105
Gebrüder Torosjan 254, 261
Gebrüder Wattar 275, 280, 282, 285, 286, 295, 320, 324
Gebze 66
Geçimli 301
Geçit 181
Ged 224
Gedikpaşa 69, 91
Gediz 33
Gedzuküğ 351
Gelbe Kaserne (Sarı Kışla) 121
Gelibolu 12, 23, 24, 25, 26
Gelik 176
Gelinalan 342
Gelinpertek 330
Gelinpınarı 330
Gemerek 225
Gemlik 32, 47
Genç 348, 349, 351
Genf 167
Gerb 349
Gercanis 331
Gerede 169
Gerger 301
Germir 149
Germüş 268
Gersunut 331
Gerze 169
Gesarya 227
Gesellschaft der Freunde Istanbuls 86
Gesi 149
Getronagan Schule (Erzincan) 330
Getronagan Schule (Galata) 70
Getronagan Schule (Harput) 298
Getronagan Schule (Maraş) 268

383 INDEX

Getronagan Schule (Mezre) 299
Gevar 353
Gevaş 352, 353, 361
Gevre 225
Gewrek, Nwart 97
Geydük 315
Geyikan 301
Geyve 38, 44, 103, 104, 114, 145
Gez 328, 329
Gezi 149, 150
Gharğalek 331
Ghevontjan Schule (Edincik) 34
Ghevontjan Schule (Gürle) 33
Ghevontjan Schule (İstanoz) 149
Ghevontjan Schule (Karsak) 33
Ghevontjan Schule (Mitini) 330
Gırac 229
Gırdabaz 329
Gigi 226
Gigo 68
Gigoji Darezujzi 68
Giligja 67
Gindo 69
Giresun 180, 181, 201, 202, 203, 221
Girobi 181
Giv 329
Givdiş 301
Giyyom, M. S. 238
Goceren 353
Goçnag 353
Godesberg 297
Godoş 353
Gohag 68, 353
Goldenes Horn 69, 70, 76
Gomigjan, Asadur 114, 117
Gop 350
Gopal 331
Gorcan 301
Gori 315
Goşakilisa 343
Goşavank 342
Goşk 331
Goter 330
Govdun 225
Gozan 300
Gökçe 315, 330
Gökçeada 26
Gökçekent 168
Gökçeli 329
Gökdere 36
Gökgöz 104
Gökkaya 331
Gökpınar 329
Göksun 268
Göktepe 301

Gölcük 316
Göldağ 33, 169
Gölgeli 301
Göllüce 229
Gölpazarı 33
Gölpınar 268, 300
Gömeç 34
Gömedi 150
Gönen 34
Göney 301
Gördes 119, 128
Görele 180, 181
Gövceköy 182
Gözlüçayır 301
Gözne 261
Göztepe 119, 130, 330
Grabmal Seyid Mahmud Hayrani 146
Grand Hotel d' Europe (İskenderun) 279
Grand Hotel Europa (Bursa) 44
Griechenland 23, 97
Griechisch 59
Griechisch Orthodoxe Kirche 23-25, 33, 60, 68, 73, 74, 76, 83, 85, 95, 104, 181, 205, 300, 331
Grinçk 329
Griw 353
Gromila 181
Grottau (Böhmen) 73
Grtasiraz 103, 300
Gschir 103
Gtanots-Krtanos-Kirtanos 229
Gudina 33
Gugug 68
Gulantapa 343
Gulciören 181
Gundancano 315
Gundekşeyh 317
Gupat 342
Gülam 168
Gülbenkjan, Kalust 149
Gülçimen 330
Gülişgerd 316
Güller 243
Güllice 330
Gülpınar 329
Gülşehri 141
Gülyurdu 181
Gülyurt 301
Gümgüm 350
Gümrük 275, 279
Gümrük Platz 261
Gümülcine 12
Gümüşbeli 229
Gümüşçeşme 300
Gümüşgün 269
Gümüşhacıköy 227, 228

Gümüşhane 180, 183, 221-223
Gümüşkaşık 301
Gümüşkonak 151
Gümüştarla 330
Gümüştepe 225
Günboğazı 301
Gündemir 350
Gündoğdu 301
Güneşdere 301
Güneşli 150
Güneyağıl 329
Güneybaşı 301
Güneyharman 301
Güngörmüş 301
Günindi 343
Günlük 330
Günpınar 226
Güntaşı 299
Gürbeli 315
Gürden 151
Güreghjan, A. 41
Güresin 226
Gürle 33
Gürpınar 353
Gürün 224, 226
Güşana 181, 197
Güvençli 151
Güvendik 331
Güzelköy 150
Güzelova 329
Güzelyayla 267
Güzgülü 329
Güzug 342
Gyutnos 243

Ğ
Ğarapağ 343
Ğavraz 225
Ğeybiyan 349
Ğoğeg 330
Ğumlar 330

H
Haase und Firma 229
Habab 316
Hacı Çerkez 315
Hacı Hamza Viertel 268
Hacı Hasan Krankenhaus 137
Hacı Towmas 83
Hacıcan 315
Hacıhabibli 266
Hacıköy 228
Hachal 315
Haçer 315
Haçevank 329
Haçin 150, 242, 243, 268

Hadhadk 351
Hadjigheorghiou [Hacıyorgiyu], G. 23
Hadschinljan, Garabed 53, 55, 56, 59
Hafen von Çanakkale 27, 31
Hafik 224, 225
Hagia Sophia (İstanbul) 73
Hagia Sophia Moschee (Trabzon) 184
Hagop 36
Hagop Kumrujan Waisenhaus (Maraş) 268
Hagopjan Schule (Amasya) 227
Hagopjan Schule (Çubukluk) 182
Hagopjan Schule (Kayseri) 149
Hagopjan Schule (Kocamanbaşı) 182
Hagopjan Schule (Martil) 182
Hagopjan Schule (Pirahmed) 102
Hagopjan Schule (Yağdıburun) 150
Hagopjan Schule (Yenişehir) 33
Hagopjan, Harutjun 101
Hahg-Hajguhjan Schule (Ali Fakiye) 34
Hahud 330
Haj Aschchar 68
Haj Kraganutjun 119
Haj Tbroz 69
Haj Usanogh 68
Hajatsk 353
Hajeg 150
Hajg 300
Hajganuschjan Schule (Antep) 267
Hajganuschjan Schule (Yenikapı)
Hajgasjan Schule (Antep) 267
Hajgasjan Schule (Bilecik) 33
Hajgasjan Schule (Dziberi) 229
Hajgasjan Schule (Kınık) 119
Hajgasjan Schule (Nevşehir) 140
Hajgjan Schule (Çorum) 151
Hajgjan Schule (Kayseri) 149
Hajguni 228
Hajhorum 33, 104, 300
Hajnoz 118
Hajrenaser 102
Hajreni Darezujz 68
Hajrenik 67
Hajreniki Knar 68
Hajuhjaz Schule (Kütahya) 33
Hajun Darezujz 69
Hakbilir 331
Hakikat 267
Hakkâri 352, 353, 363
Haknaf 315
Halfeti 295, 269
Halhal 315
Halil İbrahim Moschee (Urfa) 291
Halkalı Landwirtschaftsschule 91
Halladschjan, Bedros 86

Halvori 301
Halvorivank 301
Hamam 229
Hamburg 93
Hamidiye 141, 168, 224, 226, 228, 230, 242
Hamidiye Krankenhaus 208
Hamidiye Schule 178
Hamidiye Straße 275
Hamidiye Straße 105
Hamparzum 127
Hamparzums Kamel-Feigen 127
Hamzaşeyh 350
Hangojsner 355
Hangojsner S. Asdwadsadsin Kirche (Van) 361
Hanrakidag Albom 67
Hantepe 315
Haraba 316
Haraka 181
Haramig 331
Haratsch 328
Harbiye Nezareti 101
Haresig 301
Harput 298, 299, 303, 304, 306, 308, 310, 321
Harran 268
Harseng 299
Harsnekar 329
Harutjunjan Schule (Taşhan) 150
Hasan Çelebi 300
Hasan Paşa Straße 28
Hasanbeyli 243
Hasandigin 301
Hasankale 329
Hasanova 331
Hasbağ 226
Haschmanjan, Krikor 80
Hasçiftlik 342
Hasköy 70, 349
Hassa 243
Hassinağa 315
Hatchik Tcholakian und Partner 186
Hatip çayı 158
Hauptschule (Mektebi İdadi) Konya 142
Havak 316
Havav 316
Havran 34
Havsa 12
Havşakar 301
Havuzbaşı Viertel (Mersin) 259
Havuzlubahçe 65
Havza 227, 228, 241
Haydarpaşa 88, 111
Hayık 329
Haymana 148, 149
Hayots Küğ (Armenierdorf) 103

Hayrabolu 12, 13
Hayvatlı 301
Hazar 316
Hazari 301
Hazarkom 316
Hazerik 331
Hazo 350
Hazro 315
Hbdid 119
Hedelemek 329
Hegdarinjan Schule (Ortaköy) 71
Hekimhan 300
Hekimjan, M. Garabed 187
Helin 315
Hemşin 103
Hemşinli 183
Hendek 103
Herak 315
Herazajn 69
Herek 227
Hereke 66, 101
Hergep 330
Herkin 315
Hertev 329
Heybeliada 71, 83, 99
Heydrich, E. 36
Hezan 315
Hıdırbey 266
Hıdırılyas 242, 329
Hıdırlık Hügel 158
Hınıs 328, 331
Hırnik 301
Hısnımansur 300
Hi-Hi-Hi 68
Hilal Fotohaus 41
Hilhatir S. Hagop Kirche (Altınmermer) 69
Hilim 301
Hinkhoran S. Asdwadsadsin (Bitlis) 348
Hinsk 328, 329
Hintlijan, Mhrdat (Kieferchirurg)
Hintsor 299
Hisarönü 156
Hisusjan Schule (Tekirdağ) 12
Hisusjan Schule (Van) 352
Hizan 348, 349
Hntragadar S. Asdwadsadsin Kirche (Ortaköy) 71
Hntragadar S. Asdwadsadsin Kloster (Bitlis) 348
Hntragadar S. Asdwadsadsin Kloster (Sivas) 225
Hoğeg 330
Hoğtar 224
Hoğu 299
Hoğus 331

Hopa 183
Horasan 329, 342
Horcorot 181
Horenjan Schule (Balat) 69
Horenjan Schule (Narlıkapı) 69
Horopul (Horun) 331
Horuç 300
Hoschosi Darezujz 69
Hos-Hos 69
Hosraveren 329
Hoşe 301
Hoşnudiye 55
Hoşnudiye Viertel 33
Hoviv 103
Howagimjan, Armenag H. 304
Howhanjan Schule (Manuşag) 103
Howhannes 353
Howhannesjan Schule (Gömedi) 150
Hownanjan Schule (Tekirdağ) 12
Howsep Ağa 104
Hoyla 183
Hozahpur 330
Hozat 301
Hozinküğ 301
Hrant 36
Hret, Sophie S. 114
Hripsimjan Schule (Adapazarı) 103
Hripsimjan Schule (Bolu) 168
Hripsimjan Schule (Erzurum) 328
Hripsimjan Schule (Gelibolu) 13
Hripsimjan Schule (Gürle) 33
Hripsimjan Schule (İzmir) 124
Hripsimjan Schule (Kaleiçi) 12
Hripsimjan Schule (Kurtbelen) 104
Hripsimjan Schule (Manisa) 119
Hripsimjan Schule (Maraş) 268
Hripsimjan Schule (Merzifon) 227, 236
Hripsimjan Schule (Ortaköy) 104
Hripsimjan Schule (Setbaşı) 32
Hripsimjan Schule (Simhacıköy) 228
Hripsimjan Schule (Sivas) 224
Hripsimjan Schule (Sivrihisar) 149
Hripsimjan Schule (Sölöz) 33
Hripsimjan Schule (Sugören) 33
Hripsimjan Vorschule (İzmir) 118
Hripsimjanz Schule (Malkara) 13
Hripsimjanz Schule (Ortaköy) 71
Hromgla 269, 295
Hugo 69
Hujs 69
Hunan 349
Hunud 330
Hurnavil 226
Huscharzan 140
Hussein Husseini und Firma 279

Hut 301
Hüdavendigâr 32
Hünkâr Köşkü 36, 107
Hürriyet Garten 19
Hüseyin Hilmi 50
Hüseyin İkbal und Gebrüder 275, 279
Hüseyinabad 151
Hüseyna 315
Hüseynig 299
Hüsn-i Niyet 68

I-İ
Icadiye 71, 168
İçaksa 181
İçel 242
İçili 242, 243
İçme 299
Igonion 140
Iğdeli 151
Iğdır 342
İhsaniye 13
Ikisu 181
Ilana 181
Ilanlu 342
Ilanots 181
Ile 181
Ilgaz 169
Ilgın 140
Ilibe 150
Iliç 226
Ilieff, A. 15, 17, 19
İlyaslı 150
İmroz 26
İnak 330
İncesu 150
İncirdibi 91
İncirharman 176
İncirli 148, 151
İncirlik 242
Indien 119, 232
Industriemesse 229
Industrieschule Konya 142
İnebolu 168, 170, 173
İnegöl 33, 50
İnkonak 226
Innerhalb der Stadtmauern 66, 69
Insel Arder 353
Intarzag Darekirk Askajin Hiwantanozi 67
Intarzag Daretsujz Askajin Hiwantanozi 67
Intarzag Hamazkajin Oratsujz 67
Intarzag Oratsujz Askajin Hiwantanozi 67
Interasiraz 103
Internationales Rotes Kreuz 167

Iplikjan Efendi 86
Ipranosjan Schule (Amasya) 227
Iran 33, 119, 180, 298, 328, 353, 358
Iranjan 93, 94
Iranli Mehmed Tegi 114
Irgandı Brücke 36, 38
Iris 227
Isa 80
Isabey 316
Isahag Jamharjanz Waisenhaus (Maraş) 268
Isgarhal [Sgarhal] 227
İskeleköy 353
İskenderun 243, 266, 267, 269, 273, 275, 277, 279
İskilip 151
İslâhiye 243
Islam 183
İsmailli 301
İsmailtsik 301
Isparta 128, 140, 141, 146
Ispartalı Han 128
Ispartalı(jan), Takwor 128
Ispartalijan, Hagop 128
Ispartalijan, Howhannes 128
Ispencjan 128
Ispir 328, 330
Israbjan, G. K. 254, 255, 257, 259, 262
İstanbul 13, 14, 17, 24, 34, 35, 36, 41, 42, 45, 48, 51, 61, 66, 67, 69, 70, 71, 73, 74, 76, 80, 81, 83-87, 89, 92-95, 97, 99, 101-105, 107, 111, 113, 114, 117, 121, 123, 127, 138, 141, 145, 146, 148, 156, 161, 164, 168, 169, 180, 184, 186, 191, 193, 194, 197, 202, 208, 210, 213, 220, 230, 232, 235, 244, 248, 262, 269, 275, 300, 303, 317, 328, 332, 334, 351, 354
İstanbul Straße 107
İstanbuljan, Dikran 229
İstanoz 148, 149, 225
İstiklal Straße 84
İstinye 71
İşek 300
İşhan 225
Italienische Schule İzmir 133
Italienisches Konsulat 31
İzmir 60, 118, 119, 121, 123, 124, 127, 128, 129, 130, 133, 135, 136, 137, 138, 140
İzmirjanz Schule (Muş) 349
İzmirlijan H. 53, 55, 56, 59
İzmit 66, 101-105, 107, 108, 111, 114, 117, 168
İzmit Hotel 83
İznik 33
İznik See 32, 33
İzniki Norküğ 33

J
J. M. F 98
Jafa 221
Jähnichen, Hermann 289
Jamanag 68
Jamavayr 103
Jeghische 361
Jeghjajan Schule (Damlık Yeniköy) 103
Jeprad 298
Jerewman S. Chatsch Kirche (Kuruçeşme) 71
Jerez, Matteos 347
Jergir 103, 328
Jergodasan Arakjalk Kirche (Kandilli) 71
Jergrakordsagan Hantes 68
Jergunk 68, 353
Jerusalmi, Joseph B. 20, 21
Jerwant Ağa 105
Jesnigjan Schule (Erzincan) 330
Jessie 310
Jesuitenkloster 227
Jesuitenschule 224, 227
Joghowrtagan Darezujz 67
Joghowurti Zajni-Jamanag 68
Jougla, J. 297
Jsraelowitz, M. 73, 81, 99
Jusuf, Aschod S. 304
Jüdisch 12, 86

K
K & C 41
K. und M. Andreasjan Firma 204
Kabaceviz 182
Kabalak 182
Kabasakal 315
Kâbi 315
Kabulcevaz 350
Kaçan 353
Kadıköy 66, 71, 83, 88, 95, 97, 105, 136, 217, 332
Kadıncık 181
Kadifekale 121
Kadirli 243
Kaffeehaus Sasun 347
Kaghapar 68
Kağızman 342, 343
Kahire 76, 93, 250
Kahramanmaraş 266
Kâhta 300
Kâhyayan 128
Kajianjan Schule (Adapazarı) 103
Kajianjan Schule (Eşme) 104
Kajianjan Schule (İzmit) 102
Kalacık 353
Kaladere 243
Kalafka 181

Kala-i Sultani 12
Kalantarjan Schule (Setbaşı) 32
Kalcılar Han 78
Kaldi 225
Kalecik (Karakilise) 342
Kalecik 148, 149
Kale-i Sultaniye 26
Kaleiçi 12, 15, 187, 188
Kaleönü 181
Kalfajan Efendi 86
Kalfajan, A. 164
Kalonya 181
Kalust 229
Kambouroglou, Georges N. 202
Kamburjan, Boghos 152
Kamel-Feigen 127
Kamışlı 316
Kan 181
Kanaga 329
Kandıra 102
Kandilli 71, 94
Kangal 224, 226
Kantara 300
Kantaroz 225
Kantsak 353
Kapalıçarşı 69, 78
Kapamadschjan Schule (Ayastefanos) 70, 81
Kapamadschjan, Adolf 93
Kapanlı 342
Kapıağzı 227
Kapıdağ 34
Kapısuyu 267
Kaptan Viertel 23
Kapu Moschee 144
Kapuzinermönche 119, 129, 133, 180, 199, 210, 215, 257, 263, 273, 288, 289, 295, 298, 303, 306, 312, 313, 314, 317, 320, 322, 323, 324, 326
Karaağaç 17, 119
Karabahçe 315
Karabaş 102, 315
Karabaş Viertel 102
Karabıyık 151
Karaboğaz 225
Karabulut 301
Karaburun 118
Karacabey 32, 33
Karacalar 315
Karacaören 150
Karaçaban 331
Karaçalı 315
Karaçayır 151
Karaçor 301
Karaerzi 328, 329
Karagelik 316

Karagöl 225
Karagösjan, Aram 86
Karağel 350
Karahaç 342
Karahallı 151
Karahisar 226
Karahisar-ı Garbi 34
Karahisar-ı Sahip 32, 34
Karahisar-ı Şarki 224, 228
Karakaschjan, Kework 56
Karakaschjan, Towmas 201, 202, 203
Karakaya 350
Karakeşiş 353
Karakilise 315, 330, 331
Karakiraz 181
Karaköpre 331
Karaköse 331
Karaköy Platz 83
Karakunduz 353
Karamağara 151
Karamahmed 342
Karaman 140
Karameşe 227
Karameze 227
Karamürsel 102, 104
Karaören 226
Karapazar 331
Karapınar 225
Karasun Manug (Amasya) 227
Karasun Manug Kirche (Maraş) 267
Karataş 119, 130
Karatepe Viertel 226
Karatipi 181
Karatul 330
Karatur 301
Karayakup 151
Karayayup 151
Karesi 32, 34
Karhad 225
Karingerd 299
Karlı 330
Karnig, Agop 56
Karoyan 355
Kars 342, 343, 347
Karsak 33
Karsavuran 243
Kars-i Zülkadriye 243
Karşıyaka 119, 129
Kartal 66, 68, 71, 97
Kartsi 104
Karun 68
Kasaba 119
Kasandschjan, Yerwant 65
Kasardschjan, Mihran 24
Kasasjan, Howsep 316
Kasımpaşa 70

Kastamonu 168, 169, 173
Kaşkey 343
Katholikos(at) von Kilikien 151, 224, 226, 242, 265, 268, 297, 300
Katholikosat Ahtamar 349
Katholische Mission Mesopotamien 298
Katırköy 181
Kavak 225, 226
Kavaklısu 226
Kavakpınar 299
Kavuşturan 329
Kawarin Darezujzi 68
Kayaardı 182
Kayabağ 150
Kayabaşı 181
Kayabek 331
Kayaburun 226
Kayadere 315
Kayadibi 342
Kaymaklı 193, 194
Kaymaz 102
Kayseri 128, 148, 149, 150, 161, 162, 164, 167, 226, 230
Kazi 331
Keban Madeni 298, 300
Kebmiyad 315
Kebusiye 267
Kechaja, Dimitri G. 42
Keçiyurdu 225
Kedağaz 227
Kedahajjaz S. Asdwadsadsin Kirche (Arek) 329
Kediler 151
Keferdiz 301
Keğam 103
Keğcuğ 180
Keğvank 299
Kehamjan Schule (Kovukpelit) 103
Keil, Otto 101
Keldani 314, 315, 317
Kelekjan, Diran 86
Kelkit 183, 222
Keller 151
Kemah 328, 330, 331
Kemaliye 300
Kemalöz Viertel 33
Kemalpaşa 118, 119
Kemer-i Edremit 34
Kemeris 225
Kemerkaya 330
Kemerli 329
Kengerli 316
Kengiri 168, 169
Keparig 353
Kepektaşı 301
Keramet 32
Kerestedschijan, Stepan R. 15
Kerizbaşı 293
Kerkedscheljan, Ardasches 232, 235
Kers 343
Kertig 315
Kervansaray 227
Kerves 315
Kesap 267
Keschischjan Schule (Peteriç) 330
Keserik 299
Keskim 328, 330
Keskin 149
Kesme 226
Keşan 13, 25
Keşifli 268
Keterbel 315, 321
Kethüdazade Hacı Göğüş Efendi 285
Keworkjan Schule (Abdoğlu) 242
Keworkjan Schule (Elemdağı) 183
Keworkjan Schule (Haçin) 243
Keworkjan Schule (Kurşunlu) 182
Keworkjan Schule (Kuyluca) 169
Keworkjan Schule (Setbaşı) 32
Keyabi 315
Khaçaluys 331
Khandzar 225
Khar 343
Kharabe 351
Kharbi 315
Kharıngos 330
Kharkhin 330
Kharos 331
Khaskal 102
Khasmig 350
Khayaçi 301
Khıdır 331
Khınktuk 317
Khırafi 300
Khıtan 102
Khizurik 350
Khjişk 353
Khlat 349
Khodaçür 330
Khoher 267
Khomsur 331
Khoperan 343
Khorants 353
Khores 301
Khorokhon 225
Khoror 349
Khorsana 225
Khospirik 330
Khoşgar 330
Khoşgeld 350
Khozlu 331
Khrandili Kloster (Balaşehir) 301
Khulevank (Khulekuğ) 299
Khultig 349
Khumbesarjan Schule (Aşağı Talas) 149
Khurbet-Mezre 299
Khuylu 299
Kığı 329
Kılıç 104
Kınalıada 71
Kıncılar 104
Kınık 119
Kıraç 301
Kıran 181
Kırankaş 181
Kırca Ali 12
Kırcınkoz 329
Kırıkhan 267
Kırka 33
Kırkağaç 119
Kırkgeçit 353
Kırkgözler 329
Kırkkilise 12, 13, 19
Kırklar 329
Kırklareli 12, 13, 19
Kırşehir 148, 149, 156, 167
Kısacık 181
Kışla (Aleppo) 267
Kıyıköy 13
Kızılağaç 349
Kızılay 299
Kızılca Kirche 329
Kızılcahamam 148, 149
Kızılcık 103, 301
Kızılçakçak 342
Kızılkilise 301
Kızılkoca 151
Kızıltepe 317
Kiçikapı 149, 162
Kiçiköy 149
Kidagiz 68
Kiği 328, 329, 330
Kilen 351
Kilid-i Bahir 25
Kilikien Institut (Antep) 267
Kilis 266, 267, 268, 286
Kilisan 300
Kiliseköy 225
Kino der Gesellschaft der Kaukasus-Armenier 328
Kirazdere 181
Kireçpınarı 268
Kiresiran 315
Kirmastı 32, 33
Kişer 103

Kişka 330
Kitabi Hamdi und Sohn 191, 199, 222
Kitirbil 315
Kiughadndes 298
Klein 297
Klesa 315
Knar 119
Knar Araradjan 68
Knar Hajgagan 68
Knarig 103
Knik 119
Knorr 73
Kocacık 227
Kocaçimen 300
Kocakoç 301
Kocaköy 343
Kocamanbaşı 182
Kocamustafapaşa 69
Kocaoğlu 181
Koçanis 363
Koçgaşı 300
Koçgiri 225
Koçhisar 140, 169, 225, 317
Koçin Artin 169
Koçkuyusu 301
Kojunjan 123, 136
Koltik 301
Komak 301
Komatsor 329
Komeşdun 229
Komisyon Han 186
Komk 299, 329
Koms 349
Komsur 226
Konak 363
Konakalmaz 299
Konaklık 182
Konuklar 151
Konya 140-142, 144-146
Kopeli 228
Kordon 146
Kordschijan, Berdsch 86
Kordzot 353
Korfu adası 97
Korig 315
Korker 330
Korköy 228
Korluca 301
Korneda 225, 301
Korum 331
Koruyolu 331
Koşaca 181
Koşarlar 301
Koşek 301
Koşmat 316
Kotsifas, Alepandose 139

Koury 130, 133
Kovukpelit 103
Koyulhisar 228, 229
Kozan 242, 243, 265, 268, 315
Kozlu 176
Kozluk 102
Kozoluk 243
Köderiç 301
Köhne 151
Köhne-i Kebir 151
Köklüce 301
Köklük 182
Kölbük 301
Kölejan, J. 38
Kölejan, Sarkis K. 304
Kömürkaya 225
König Gagik Ardzruni 362
Königreich Kilikien 242
Köprü 227
Köprübaşı 59
Köprüköy 329
Körpe 299
Köseler 243
Köseoğlu 151
Köstence 186
Kötnü 225
Köyceğiz 120
Kretzschmar 123
Krikor 282
Krikoris 227
Krikorisjan 42
Krisdinjan Schule (Erzincan) 330
Kritsch 68
Kromni 223
Kujumdschijan 243
Kujumdschujan Paşa 86
Kula 119, 128
Kulfallar 104
Kulp 351
Kulunkjan, Setrak A. 20
Kumaşkaya 330
Kumkapı 69, 78, 151
Kumlubacağı 331
Kumluca 315
Kunodi, B. 97
Kup 350
Kupeljan, Mériam 76
Kupeljan, Sylvia 76
Kups 329
Kurbağalıdere 95
Kurdikan 316
Kureş 315
Kurşunlu 182
Kurtbelen 104
Kurti 315

Kurtlukaya 225
Kurtoğlu Viertel 32
Kurtuluş 85
Kuruçay 330, 331
Kuruçeşme 71, 92
Kurum 223
Kuşadası 118, 119, 135
Kuşçu 301
Kuşçu Mezra 301
Kuşluyazı 299
Kuyluca 169
Kuzguncuk 71
Kuzkaya 168
Kuzucan 330, 331
Küçük Çekmece 66
Küçük Küp 103
Küçük Samaruksa 181
Küçükincirli 151
Küçükköy 353
Küghandndesi Darezujz 69
Küğadndes 69
Kükürtlü 329
Kümbet 267, 268, 316
Kümbet Moschee 345
Kümes 225
Küre 173
Kürecik 300
Kürkçü 151
Kürkçü Han 108
Kürkdschijan, Takwor 35
Kürktschüjan, Hosrow 298
Kürktschüjan, Krikor 298
Kütahya 32, 33, 51, 52, 128, 149

L

L. F. 17, 97
La Pensée 245, 247, 252
Lacour, E. 269, 271
Ladik 227, 228
Ladino 73, 95
Lağana 181
Laledere 104
Laloji-Mavrag 343
Lapseki 26
Larende Moschee 144
Latif El Manzar Hotel (İskenderun) 279
Laz 184, 220
Lazarus 91, 243
Lazistan 180, 183
Lazvan 301
Le Cartophile 38
Leblebidschi 68
Lefke 33, 48
Leipzig 41, 186, 194, 205
Lemk 301

Leonar 230
Lepsius, Johannes (Dr.) 289, 291
Levy Fils 259
Lewonjan Schule (Yenice) 150
Lewonjan und Wartuchjan Schule (Topkapı) 69
Lıçig 330
Libraire Internationale 259
Librairie Abajoli 121
Librairie Française 257
Librairie Internationale 247, 248, 252
Lice 314, 315
Liegende Diana 127
Lila 68
Lim (Insel) 353
Lim Anabad Kloster (Van) 353
Lisanlı 225
Liz 350
Londra 33, 36, 128
Lraper 68
Lro Kir Medsi Derutjanin Osmanjan 67
Ludwigsohn, J. 36
Lujs 67, 353, 369
Lujs Gananz Hadug 67
Lusarzag 68
Lusaschawigh 299
Lusaworitschjan Schule (Ağcagüne) 182
Lusaworitschjan Schule (Bandırma) 34
Lusaworitschjan Schule (Bolu) 168
Lusaworitschjan Schule (Boyabat) 169
Lusaworitschjan Schule (Elmalı) 103
Lusaworitschjan Schule (Gelibolu) 13
Lusaworitschjan Schule (Giresun) 181
Lusaworitschjan Schule (Göldağ) 33
Lusaworitschjan Schule (İzmit) 102
Lusaworitschjan Schule (Karaağaç) 12
Lusaworitschjan Schule (Konaklık) 182
Lusaworitschjan Schule (Kumkapı) 69
Lusaworitschjan Schule (Lağana) 181
Lusaworitschjan Schule (Manisa) 119
Lusaworitschjan Schule (Mığıtsi) 330
Lusaworitschjan Schule (Palu) 316
Lusaworitschjan Schule (Pera) 70
Lusaworitschjan Schule (Platana) 181, 199
Lusaworitschjan Schule (Sölöz) 33
Lusaworitschjan Schule (Tirebolu) 181, 199
Lusaworitschjan Schule (Trabzon) 180
Lusaworitschjan Volksschule (Galata) 70
Lusin 68
Lusinjan Schule (Kalecik) 149
Lusinjan Schule (Maden) 151
Lusinjan Schule (Sivas) 224
Lusinjan Schule (Tarsus) 242
Lüleburgaz 13
Lüledschijan, Donabed 304

Lüsünk 329
Lyon 33, 38, 303, 298
Lyon Sacre-Coeur Kitabevi 317

M
M. F. 152, 155
M. P. 59
M. J. C. 50
Maçka 180, 199
Madam Bremond 252
Mädchen Kollege Maraş 268
Maden 151
Madrak 351
Magapajezwoz bzw. Magawank (Schwarzes Kloster) (Antak) 315
Mağara 226
Mahmat 181, 229
Mahmudiye 352, 353
Mahmudtsig 330
Mahmutpaşa 17, 69, 76
Mahran 315
Mahsin Brücke 36
Maison Homère 135
Majreni Mamul 353
Makaroğlu 151
Makri 120, 139
Makriköy 15, 70, 73, 80
Makruhjan Schule (Beşiktaş) 71, 92
Mala 181
Malacılar Viertel 103
Malatya 243, 298, 300, 312
Malazgirt 349, 350
Maljan, Aris 351
Malkara 12
Malkayası 227
Malta Viertel 119
Maltepe 226
Malumat Druckerei 229
Mamahatun 330
Mamaş 301
Mamigonjan Schule (Arslanbey) 102
Mamigonjan Schule (Karahallı) 151
Mamigonjan Schule (Malkara) 13
Mamigonjan Schule (Yeniköy) 71
Mamigonjan, M. 186
Mamigonjan-Hripsimjan Schule (Keramet) 32
Mamigonjan-Schuschanjan Schule (Çarşamba) 182
Mamsa 301
Mamuretülaziz 298, 303, 306, 308, 316, 321
Mamuretülhamid 353
Manana 69
Manazgerd 350
Manchester 67, 119, 80
Mancılık 226

Mancısın 150
Mangagan Gjank Gam Mer Porzeri 69
Mangeot, C. 135
Manisa 118, 119, 120, 136, 137
Manisadschjan H. B. 145, 232, 235, 236, 238, 241
Manissadjian, Jean Jean 236
Mants 330
Manuk 220
Manukjan Efendi 86
Manuşag 103
Manyas 34
Manzume-i Efkâr 67
Mar Eliyas 315
Mar Yusuf - S. Hovsep Kirche (Mardin) 316
Maranjan, H. und H. E. 208
Maranjs 208
Maraş 242, 243, 266, 267, 297, 341
Mardin 314, 316, 317, 324, 326, 327
Margig 301
Margosjan Schule (Çomaklı) 150
Margosjan, Ohannes 56
Marientag 210, 213
Marik 331
Marmara 26, 32, 45, 69, 71, 300
Marmaracık 33
Marmaris 120, 139
Marmarjan, Hovsep 187
Marmırdank 349
Marmnamars 68
Mars 353
Marsilya 33, 119, 215, 269, 271
Martil 182
Masis 67
Maşkır 300
Mateosjan, Stepan 21
Mavroyannis, D. G. 265
Mazgirt 331
Mdrag 228
Mechitar aus Sivas 148
Mechitaristen Schule (İzmir) 119
Mechitaristen Schule (Sivas) 224
Mechitaristenmönche 70, 337, 338, 351
Mecidiye 102, 149
Mecitözü 227, 228
Mecmua-i Ahbar 67, 68
Meçküğ 350
Médecine Française 152
Medrese Viertel 224
Medz Norküğ 32
Meğu 69, 103
Mehyan 69
Meisenbach 297
Mekece 33, 48
Mekteb-i Sultani 62, 74, 87

Melachrinos, C. 45
Melan 331
Meles 128, 151
Melikhan 330
Melikjan, Ardawast 201, 203
Melikşerif 331
Melkişan 351
Melkonjan, Armen K. 304
Melkonjan, H. 76
Mendildschijan 314
Menekşe 103
Menemen 118, 119
Mengeser 331
Mentese 118, 120, 151
Mer Darezujzi 68
Meranzi, J. D. 178
Merdigöz 104
Merdisi (Merdis) 301
Merevan 315
Mergeryanlar 120
Meriç Brücke 13, 14
Meriç Fluss 12
Mersin 161, 164, 242, 247, 248, 250, 252, 254, 255, 257, 259, 261, 262, 265
Mert 208
Merzifon 180, 215, 224, 227, 228, 232, 236, 238, 241
Mesrobjan Schule (Adapazarı) 103
Mesrobjan Schule (Alınca) 33
Mesrobjan Schule (Antep) 267
Mesrobjan Schule (Bayburt) 329
Mesrobjan Schule (Çüngüş) 316
Mesrobjan Schule (Dzatküğ) 330
Mesrobjan Schule (Erbaa) 227
Mesrobjan Schule (Ermeniköy) 34
Mesrobjan Schule (Fenese) 150
Mesrobjan Schule (Feriköy) 70
Mesrobjan Schule (Fındıklı) 103
Mesrobjan Schule (Gasma) 226
Mesrobjan Schule (Gümüşhane) 183, 221
Mesrobjan Schule (Güşana) 181, 197
Mesrobjan Schule (Hamidiye) 226
Mesrobjan Schule (Hısnımansur) 300
Mesrobjan Schule (Hoşnudiye) 33
Mesrobjan Schule (İzmir) 118, 124
Mesrobjan Schule (Karatul) 330
Mesrobjan Schule (Kasımpaşa) 70
Mesrobjan Schule (Kelkit) 183, 222
Mesrobjan Schule (Kemah) 331
Mesrobjan Schule (Maraş) 267
Mesrobjan Schule (Marmaracık) 33
Mesrobjan Schule (Pangaltı) 70
Mesrobjan Schule (Samatya) 69
Mesrobjan Schule (Sugören) 33
Mesrobjan Schule (Şana) 181

Mesrobjan Schule (Tavlasun) 149
Mesrobjan Schule (Tavşanlı) 33
Mesrobjan Schule (Ünye) 182
Mesrobjan Schule (Zefanos) 180
Mesrobjan Schule (Zile) 227
Mesrobjan-Santuchdjan Schule (Eskişehir) 55
Mesrobjan-Schuschanjan Schule (Kartsı) 104
Messageries Maritimes 275
Mesudiye 229
Meşrag 301
Metropoulos, P. D. 179
Meydan Straße 187
Meyvehoş 113
Meyyafarikin 315
Mezehrek 330
Mezer 317
Mezire 331
Mezre (Mezra) 298, 299, 308, 310, 315
Mgrditschjan, Aram 257
Mığıtsi 330
Mırçman Mezre 316
Mışagnots 229
Miadun 225
Mıçaküğ 32
Midilli 65
Midyat 316, 317
Midye 13
Midzpinjan Schule (Muncusun) 150
Miesler, J. 188
Mignon 217
Miguirdidjian, Aram 257, 259, 262
Mihaliç 32, 33
Mihalıççık 148, 149
Mijutjun, Haratsch 62, 65
Mikajeljan Schule (Şakşak) 104
Mikajeljan, Hagop 183
Mikhal 268
Milano 20, 127, 229, 33
Mimar Sinan 14
Mimera 181
Mimos 69, 119
Minasjan, Minas 47
Minasjan, Onnik 41
Minasjans 41
Mimar 181
Mioutune, Haratch 62, 65
Mirekule 315
Mirzakhan 331
Misirjan Schule (Erzurum) 328
Misirlijan 273
Misirlijan, Arschag 14
Misis 242
Miskdschijan, Hagopik 36
Mission de P. P. Capucins 91, 199, 288, 289, 290, 293, 295, 303, 306, 312, 313,

317, 319, 320, 321, 322, 323, 324, 326, 357
Missirlian, K. 273
Mişak 229
Mişrak 301
Mitini 330
Mitrani, Is. [Isaac] 19
Miyadın 301
Mizak 315
Mizrahi, G. 245, 247, 252, 259
Modgan 349
Modzag 180
Molko, J. 124, 130, 133
Molla Süleyman 331
Mollaköy 330
Moloz 187
Monsieur Jetwart 41
Monteverde 133
Morenik 299
Mosajik 67
Moskova 347
Mosun 331
Mouradian, L. Ed. 205
Mourcatides, J. 184
Mowgim Kahana 13
Mowsesjan Schule (Ordu) 181
Mönche der Christlicher Schulen 152
Mördülük 329
Mrvana 226
Mudanya 32, 33, 36, 41, 45
Muğla 118, 120
Mumans 330
Mumcujan 105, 107, 108
Muncusun 150
Munedig 119
Muradiye 353
Muradiye Moschee 35
Muradiye Viertel 35
Muradjan A. 76, 92
Muradjan, L. Ed. 205
Murat 331
Muratça 33
Muratçık 300
Murdsch 68
Musa dağı (Moses Berg) 266, 267
Musahacılı 150
Musakırık 181
Muschegkjan Schule (Şebinkarahisar) 228
Musevi 91
Musluca 34
Mussig 331
Mustafakemalpaşa 32, 33
Musul 316, 341
Muş 348, 349
Muşaka 300

Muşovga 300
Mutki 348, 349
Muzuroğlu 299
Müceldi 329
Müdürge 328, 329
Mühürdar 83
Münih 121
Münze 300
Mürefte 13
Müslümabat 225
Mütevelliçiftliği 136

N

Nacaran 316
Nacarlı 243
Naçaklı 329
Nahabedjan, N. H. 81
Nahçavan 342, 343
Nahırkıracı 315
Nahigjan, Chatschadur K. 304
Nallıhan 148, 149
Nancy 295
Nap, C. P. 304
Nareg 353
Nareg Kloster 353
Naregjan Schule (Eğin) 300
Naregjan Schule (Kırkağaç) 119
Naregjan Schule (Pera) 70
Narince 301
Narlıkapı 69
Narman 328, 330
Nasreddin Hoca Grab 146
Navril 300
Nawasart 69
Nawasartjan, Toros B. 108
Nazımiye 301
Nazilli 118, 119, 120
Near East Relief 97, 297
Necat-i Millet 68
Nemçeler Viertel 103
Nentwig, Georg 341
Nenyas 315
Nergizlik 267, 279
Nersesjan Jermonjan Schule (Kuzguncuk) 71
Nersesjan Schule (Adapazarı) 103
Nersesjan Schule (Akhisar) 104
Nersesjan Schule (Altınmermer) 69
Nersesjan Schule (Amasya) 227
Nersesjan Schule (Antep) 267
Nersesjan Schule (Biga) 26
Nersesjan Schule (Çalgara) 33
Nersesjan Schule (Çemişkezek) 301
Nersesjan Schule (Darsiyak) 150
Nersesjan Schule (Eğin) 300
Nersesjan Schule (Hasköy) 70
Nersesjan Schule (Kengiri) 169
Nersesjan Schule (Kınalıada) 71, 99
Nersesjan Schule (Kurtbelen) 104
Nersesjan Schule (Mahmudstig) 330
Nersesjan Schule (Nirze) 150
Nersesjan Schule (Samsun) 181, 210
Nersesjan Schule (Sivas) 224
Nersesjan Schule (Sivrihisar) 149
Nersesjan Schule (Sungurlu)
Nersesjan Schule (Uşak) 33
Nersesjan Schule (Yalakdere) 104
Nersesjan Waisenhaus (İzmir) 118
Nersesjan-Schuschanjan Schule (Bardizag) 103
Nerso, H. L. 238, 241
Neuilly 88
Nevşehir 140, 141
Newa Gam Seda-ji Ermenjan 68
Newsal-i Ermenjan 68
Nif 118, 119
Nigoghajosjan Schule (Beykoz) 71
Nigoghosjan Schule (Amasya) 227
Nigoghosjan, R. H. 237
Niğde 140, 141, 146
Nikolaidis, N. D. 208, 210, 213, 218, 241
Nikometya 102, 105
Niksar 226, 227
Niran 226
Nirin 301
Nirkhin 316
Nirze 150
Nischanjan Schule (Suluca) 183
Nişantaşı 83, 95
Nişmin 316
Nittis, Constantin 95
Niv 329
Nize 150
Nizip 269
Nono 136
Nor Aschchar 68
Nor Ajk 228
Nor Hosank 68
Nor Karun 299
Nor Pem 68
Nor Serunt 149, 353
Noradin 350
Noradunkjan, Kaprijel 226
Noraşen 355
Norhadjan Schule (Sivas) 224
Norküğ 33, 301, 316
Norşen 315, 329, 330, 351
Notre-Dame de Sion 88, 91, 129
Nschan 136
Nschdrag 224
Nukhadzana 181
Nunjan-Wartuchjan Schule (Samatya) 69, 78
Nunyan Schule (Adapazarı) 103
Nurşincik 353
Nusaybin 316, 317
Nüt 67
Nzar 349

O

O. P. F. 74
Oazis 353
Obruktaşı 301
Obstmarkt 216
Ocaklı 243
Odjan, Jerwant 300
Odunçur 350
Odur 226
Of 180
Oğnat 351
Oğnuk 350
Oğu 316
Oğulcuk 331
Oğulkaya 181
Oğuz 331
Ohanjan Schule (Tuzkaya) 151
Okam 343
Okkabaz (Gaukler) 68
Olasa 181
Oltu 342
Olukluk 301, 342
Onbaşılar 315
Orakir 68
Orchester des Französischen Santa Barbara Kollegs 111
Ordu 180, 181, 202, 204
Ordu Yeri Viertel 178
Orduz 300
Orhaneli 32
Orhangazi 32, 102
Orhanlar 34
Orient Hotel (İskenderun) 279
Orient Jahrbuch 69
Orient Verlag 297
Orient Waisenhaus (Bursa) 32, 41
Orientteppiche (The Oriental Carpet) 56
Ormanjan, Maghakja 12, 32, 66, 69, 102, 118, 140, 148, 168, 180, 224, 226, 228, 242, 266-268, 298, 300, 314, 316, 328, 330, 331, 348, 351, 352
Oror 329
Orta Mahalle (Yenipazar) 151
Ortabahçe 329
Ortaç 315
Ortaköy 12, 32, 71, 104, 114, 330
Ortaköy Moschee 73
Ortaoymak 182
Oruçbeyli 329
Orul 267
Osman Nouri 170, 184-187, 194, 199, 204, 205, 218, 220-223, 332, 339, 341
Osmancık 151
Osmaneli 33, 48
Osmanische Bank 144, 155, 361
Osmaniye 243
Ostern 123, 156
Oşin 315
Otlukkapı 329
Ovacık 103, 301

Ö

Ödemiş 118, 119
Öreğibel 182
Ören Viertel 226
Örence 329
Örençay 299
Örmeli 301
Österreichische Post 137, 206
Österreichisches Postamt 232
Övenler 329
Özbek 329
Özlü 331

P

P. Cojounian und Söhne 123, 136, 137
Pağnik 301
Pah 301
Pajlewank Kloster (Odur) 226
Pakariç 330
Pakhner 353
Pakin 68
Pakradunjan Schule (İşhan) 225
Pakran 343
Palanga 226
Paloulian J. 277
Paluljan, Hagop 277
Palu 314, 316
Pampir 69
Pamukova 104
Pandermali, Foti 47
Pangaltı 70
Panper 69
Panper Bardisagjan 103
Pantir 69
Papadopoulos, Kyriakos 247, 248, 252, 259
Papasjan, Bedros 14
Papasjan, Garabed 42
Papasjan, Heghine 19
Papasjan, Mihran 44
Papasjan, Setrak 56
Papert 329
Papertsian 238, 241
Pargam 226
Paris 14, 36, 76, 81, 83, 88, 91, 97, 133, 135, 137, 152, 155, 186, 206, 222, 238, 245, 247, 248, 252, 254, 259, 265, 269, 273, 282, 288, 290, 297
Parkah 350
Parkhand 349, 351
Paros 103
Partav 331
Pasinler 328, 329
Paşaköy 225
Paşavank Mezra 301
Pater Gabriyel 304
Pathe Kino 261
Patnos 331
Patrenos-Patrenköy 225
Pavlidis, Anastasse 65
Payam 316
Payas 242, 243
Payik 315
Pazapun 301
Pazar 183, 227
Pazar Straße 21
Pazarcık 267, 268
Pazarköy 32, 102
Pazarsu 181
Pazkig 331
Pazmaşen 306
Pazu 350
Pegir 300
Pelitliyatak 182
Pelu 353
Pembedschijan, Setrak 168
Pendik 24, 97, 98
Pera 45, 66, 70, 83, 84, 87, 94, 114
Perag 301
Perçenc 299
Perek 317
Pergri 331, 353
Peri 301
Perna 342
Pertag 313
Peruşan 315
Pervari 351
Peşar 315
Petag 69, 119, 181
Peteriç 330
Peyiğ 301
Peylivan 315
Phébus 93
Photides, N. K. Hadji 179
Pijişg 180
Pınarbaşı 36, 224, 226, 268
Pınardüzü 315
Pıncırge 329
Pırknik 225
Pıvig 342
Pialoglu, Lazare C. 217
Pingyan 226
Pirahmed 102
Piraman 315
Piran 316
Pirehalan 315
Piriz 315
Pizvan 330
Platana 181, 199, 202
Plurmag 353
Poğpoç 228
Polathane 181, 199
Pontus 204
Porsuk Bach 33, 55
Poshov 342
Postes Françaises 36, 250, 252, 261, 265
Poşa 69, 103
Pötürge 298, 300, 301
Prapert 225
Prgitschjan Schule (Sivas) 224
Prinzeninseln 71, 66,
Puhreng 151
Pulk 330
Pulur 329
Puntsch 67
Püragn 225
Püragn 67, 68
Pürk 229
Püsantion 67
Pütanja 102, 103
Pütanja 68

R

Raban 300
Rabat 330
Rahnuma 68
Rahwira 68
Rahwira-Mendor 268
Ramgavar 69
Rebin, Adele 14
Refahiye 330, 331
Regnier Sœurs 303
Reklame 181
Rendvan 351
Riffarth 297
Riggs, Annie Tracy 310
Riggs, Ernst 310
Riggs, Henry Harrison 304, 310
Rio de Janeiro 223
Riz 315
Rizayoff, M. J. 334, 336

Rize 180, 183, 193, 220
Robert College 73, 89
Rochat, E. F. 86
Rodosto 12, 13, 20, 21, 26
Rodosto, Carlino 20
Roma 69, 103
Royal Exchange Assurance 38
Römisch Katholisch 36, 67, 85, 119, 300
Römmler und Jonas 76, 83, 98
Rubattino 205
Rubinjan Schule (Everek) 150
Rumänien 13
Rumdigin 151
Rumelihisarı 71
Rumkale (Hromgla) 268, 269, 295
Rumlu 243
Rupen 237, 336
Rupinjan Schule (Adapazarı) 103
Rupinjan Schule (Darende) 226
Rupinjan Schule (Ferizli) 103
Rupinjan Schule (Sivas) 224
Russisch 358
Russisch Orthodoxe Kirche 345
Rußland 298, 342, 347

S

S. Adom Kirche (Parkhand) 349
S. Anabad Kloster (Tavra) 225
S. Anaradhghutjun Kirche (Samatya) 69
S. Anardsat Kloster (Marik) 331
S. Andon Kirche (Aşağı Havsi) 301
S. Andon Kirche (Tarabya) 71
S. Andon Kloster (Kuşçu) 181
S. Andreas Kirche (Darsiyak) 150
S. Aptilmiseh Kirche (Çermik) 316
S. Arakeloz Kirche (Kars) 345
S. Arakeloz Kloster (Muş) 349
S. Arakeloz Schule (Kandilli) 71, 94
S. Arakeloz Schule (Yenikapı) 69
S. Arakjalk Kirche (Tarsus) 242
S. Arisdages (Wallfahrtsort) (Amasya) 227
S. Asdwadsadsin (Antakya) 266
S. Asdwadsadsin (Wallfahrtsort) (Amasya) 227
S. Asdwadsadsin Kapelle (Kığı) 329
S. Asdwadsadsin Kapelle (Tokat) 227
S. Asdwadsadsin Kirche (Gümüşhane) 221
S. Asdwadsadsin Kirche (Kümbet) 316
S. Asdwadsadsin Kirche (Abrank) 316
S. Asdwadsadsin Kirche (Adana) 242
S. Asdwadsadsin Kirche (Afyon Karahisarı) 34
S. Asdwadsadsin Kirche (Ağcan) 349
S. Asdwadsadsin Kirche (Ağdık) 225
S. Asdwadsadsin Kirche (Ağmerze) 299
S. Asdwadsadsin Kirche (Ağravis) 229
S. Asdwadsadsin Kirche (Akhisar) 104, 119
S. Asdwadsadsin Kirche (Aksaray) 140
S. Asdwadsadsin Kirche (Alamunik) 229
S. Asdwadsadsin Kirche (Ali Fakiye) 34
S. Asdwadsadsin Kirche (Alican) 349
S. Asdwadsadsin Kirche (Alipiran) 351
S. Asdwadsadsin Kirche (Almışka) 329
S. Asdwadsadsin Kirche (Amasya) 227
S. Asdwadsadsin Kirche (Anderyas) 229
S. Asdwadsadsin Kirche (Aneği) 229
S. Asdwadsadsin Kirche (Antep) 267, 280, 282, 285
S. Asdwadsadsin Kirche (Arapkir) 299
S. Asdwadsadsin Kirche (Ardahan) 343
S. Asdwadsadsin Kirche (Ardzeti) 329
S. Asdwadsadsin Kirche (Arek) 329
S. Asdwadsadsin Kirche (Arslanbey) 102
S. Asdwadsadsin Kirche (Aruzka) 329
S. Asdwadsadsin Kirche (Aşağı Adzbıder) 229
S. Asdwadsadsin Kirche (Aşağı Karasu) 349
S. Asdwadsadsin Kirche (Aşodi) 226
S. Asdwadsadsin Kirche (Aydın) 119
S. Asdwadsadsin Kirche (Aynaprig) 315
S. Asdwadsadsin Kirche (Aypega) 316
S. Asdwadsadsin Kirche (Ayvaz) 227
S. Asdwadsadsin Kirche (Ayvoz) 299
S. Asdwadsadsin Kirche (Azakbor) 350
S. Asdwadsadsin Kirche (Azatlı) 70
S. Asdwadsadsin Kirche (Bağlu) 349
S. Asdwadsadsin Kirche (Bakırköy) 80
S. Asdwadsadsin Kirche (Ballık) 182
S. Asdwadsadsin Kirche (Bandırma) 34
S. Asdwadsadsin Kirche (Bardizag) 301
S. Asdwadsadsin Kirche (Bartın) 168
S. Asdwadsadsin Kirche (Başıbüyük) 315
S. Asdwadsadsin Kirche (Başkha) 315
S. Asdwadsadsin Kirche (Başköy) 342
S. Asdwadsadsin Kirche (Bayburt) 329
S. Asdwadsadsin Kirche (Bayındır) 119
S. Asdwadsadsin Kirche (Bebek) 151
S. Asdwadsadsin Kirche (Benli) 32
S. Asdwadsadsin Kirche (Bergama) 119, 135
S. Asdwadsadsin Kirche (Besni) 300
S. Asdwadsadsin Kirche (Beşiktaş) 71
S. Asdwadsadsin Kirche (Beşiktaş) 92
S. Asdwadsadsin Kirche (Beyliahmed) 342
S. Asdwadsadsin Kirche (Birecik) 269, 295
S. Asdwadsadsin Kirche (Bismişan) 299
S. Asdwadsadsin Kirche (Boğazlıyan) 151
S. Asdwadsadsin Kirche (Bolu) 168
S. Asdwadsadsin Kirche (Bor) 140
S. Asdwadsadsin Kirche (Bulanık) 350
S. Asdwadsadsin Kirche (Burdur) 141
S. Asdwadsadsin Kirche (Burunkışla) 151
S. Asdwadsadsin Kirche (Büyükada) 98
S. Asdwadsadsin Kirche (Ceyhan) 242
S. Asdwadsadsin Kirche (Cibirköy) 329
S. Asdwadsadsin Kirche (Cibot) 330
S. Asdwadsadsin Kirche (Comelik) 315
S. Asdwadsadsin Kirche (Cücün) 150
S. Asdwadsadsin Kirche (Çakmak) 151
S. Asdwadsadsin Kirche (Çalgara) 33
S. Asdwadsadsin Kirche (Çarhapan) 182
S. Asdwadsadsin Kirche (Çarşamba) 182
S. Asdwadsadsin Kirche (Çat-ı Sagir) 151
S. Asdwadsadsin Kirche (Çayköy) 225
S. Asdwadsadsin Kirche (Çemişkezek) 301
S. Asdwadsadsin Kirche (Çiftlik) 329
S. Asdwadsadsin Kirche (Çilhor) 349
S. Asdwadsadsin Kirche (Çırnik) 315
S. Asdwadsadsin Kirche (Çrig) 349
S. Asdwadsadsin Kirche (Çukur) 103, 104
S. Asdwadsadsin Kirche (Danzig) 331
S. Asdwadsadsin Kirche (Darende) 226
S. Asdwadsadsin Kirche (Demircilik) 150
S. Asdwadsadsin Kirche (Dendil) 225
S. Asdwadsadsin Kirche (Denekmadeni) 149
S. Asdwadsadsin Kirche (Denizli) 120
S. Asdwadsadsin Kirche (Devrek) 168
S. Asdwadsadsin Kirche (Dinik) 330
S. Asdwadsadsin Kirche (Divriği) 226
S. Asdwadsadsin Kirche (Diyadin) 331
S. Asdwadsadsin Kirche (Döngel) 268
S. Asdwadsadsin Kirche (Dörtyol) 243
S. Asdwadsadsin Kirche (Düzce) 168
S. Asdwadsadsin Kirche (Dzaggari) 330
S. Asdwadsadsin Kirche (Dzatküğ) 330
S. Asdwadsadsin Kirche (Dzavılbar) 300
S. Asdwadsadsin Kirche (Ebülhindi) 329
S. Asdwadsadsin Kirche (Eğin) 300
S. Asdwadsadsin Kirche (Eğlence) 151, 268
S. Asdwadsadsin Kirche (Ehneş) 269
S. Asdwadsadsin Kirche (Ekrek) 226
S. Asdwadsadsin Kirche (Elmadin) 315
S. Asdwadsadsin Kirche (Elun) 315
S. Asdwadsadsin Kirche (Ereğli) 140
S. Asdwadsadsin Kirche (Erenkaya) 183
S. Asdwadsadsin Kirche (Ergani Maden) 316, 321
S. Asdwadsadsin Kirche (Eruh) 351
S. Asdwadsadsin Kirche (Erzincan) 330
S. Asdwadsadsin Kirche (Erzurum) 328, 336, 337
S. Asdwadsadsin Kirche (Eski Pertag) 301
S. Asdwadsadsin Kirche (Eşme) 104
S. Asdwadsadsin Kirche (Eyüp) 70
S. Asdwadsadsin Kirche (Fakralı) 151
S. Asdwadsadsin Kirche (Fenese) 150
S. Asdwadsadsin Kirche (Feriköy) 70
S. Asdwadsadsin Kirche (Ferizli) 103
S. Asdwadsadsin Kirche (Fındıcak) 268
S. Asdwadsadsin Kirche (Foduna) 181
S. Asdwadsadsin Kirche (Gamaragab) 300
S. Asdwadsadsin Kirche (Gamis) 225
S. Asdwadsadsin Kirche (Garmri) 301
S. Asdwadsadsin Kirche (Garuşla) 300
S. Asdwadsadsin Kirche (Gasma) 226
S. Asdwadsadsin Kirche (Gelinpertek) 330
S. Asdwadsadsin Kirche (Gemerek) 225
S. Asdwadsadsin Kirche (Germüş) 269
S. Asdwadsadsin Kirche (Gesi) 150
S. Asdwadsadsin Kirche (Girobi) 181
S. Asdwadsadsin Kirche (Giv) 329
S. Asdwadsadsin Kirche (Gorcan) 301
S. Asdwadsadsin Kirche (Govdun) 225
S. Asdwadsadsin Kirche (Gövceköy) 182
S. Asdwadsadsin Kirche (Gulciören) 181
S. Asdwadsadsin Kirche (Güllice) 330
S. Asdwadsadsin Kirche (Gümüshane) 183
S. Asdwadsadsin Kirche (Gürden) 151
S. Asdwadsadsin Kirche (Gürün) 226
S. Asdwadsadsin Kirche (Güvençli) 151
S. Asdwadsadsin Kirche (Ğeybiyan) 349
S. Asdwadsadsin Kirche (Hacıhabibli) 266
S. Asdwadsadsin Kirche (Haçin) 243
S. Asdwadsadsin Kirche (Hamidiye) 226
S. Asdwadsadsin Kirche (Haresig) 301
S. Asdwadsadsin Kirche (Harseng) 299
S. Asdwadsadsin Kirche (Hasanova) 331
S. Asdwadsadsin Kirche (Hassinağa) 315
S. Asdwadsadsin Kirche (Havav) 316
S. Asdwadsadsin Kirche (Hayık) 329
S. Asdwadsadsin Kirche (Hazerik) 331
S. Asdwadsadsin Kirche (Hazro) 315
S. Asdwadsadsin Kirche (Hekimhan) 300
S. Asdwadsadsin Kirche (Hergep) 330
S. Asdwadsadsin Kirche (Hertev) 329
S. Asdwadsadsin Kirche (Hısnımansur) 300
S. Asdwadsadsin Kirche (Horuç) 300
S. Asdwadsadsin Kirche (İle) 181
S. Asdwadsadsin Kirche (İnak) 330
S. Asdwadsadsin Kirche (İncirli) 151
S. Asdwadsadsin Kirche (İnebolu) 168
S. Asdwadsadsin Kirche (İsmailtsik) 301
S. Asdwadsadsin Kirche (Isparta) 141
S. Asdwadsadsin Kirche (Karabaş) 102
S. Asdwadsadsin Kirche (Karacaören) 150
S. Asdwadsadsin Kirche (Karaçayır) 151
S. Asdwadsadsin Kirche (Karaerzi) 329
S. Asdwadsadsin Kirche (Karagöl) 225
S. Asdwadsadsin Kirche (Karakilise) 330
S. Asdwadsadsin Kirche (Karaman) 140
S. Asdwadsadsin Kirche (Karapınar) 225
S. Asdwadsadsin Kirche (Karatul) 330
S. Asdwadsadsin Kirche (Karhad) 225
S. Asdwadsadsin Kirche (Karsak) 33
S. Asdwadsadsin Kirche (Karşıyaka) 119, 129
S. Asdwadsadsin Kirche (Kartsi) 104
S. Asdwadsadsin Kirche (Kastamonu) 168
S. Asdwadsadsin Kirche (Kayseri) 149
S. Asdwadsadsin Kirche (Keban Madeni) 300
S. Asdwadsadsin Kirche (Kebmiyad) 315
S. Asdwadsadsin Kirche (Keçiyurdu) 225
S. Asdwadsadsin Kirche (Kelkit) 183, 222
S. Asdwadsadsin Kirche (Kemah) 331
S. Asdwadsadsin Kirche (Kengiri) 169
S. Asdwadsadsin Kirche (Keramet) 32
S. Asdwadsadsin Kirche (Kervansaray) 227
S. Asdwadsadsin Kirche (Keserik) 299
S. Asdwadsadsin Kirche (Keskim) 330
S. Asdwadsadsin Kirche (Kharkhin) 330
S. Asdwadsadsin Kirche (Khodaçür) 330
S. Asdwadsadsin Kirche (Khorsana) 225
S. Asdwadsadsin Kirche (Kınalıada) 71
S. Asdwadsadsin Kirche (Kıncılar) 104
S. Asdwadsadsin Kirche (Kınık) 119
S. Asdwadsadsin Kirche (Kırcınkoz) 329
S. Asdwadsadsin Kirche (Kırkağaç) 119
S. Asdwadsadsin Kirche (Kızılcık) 301
S. Asdwadsadsin Kirche (Kiçikapı) 149, 162
S. Asdwadsadsin Kirche (Kirazdere) 181
S. Asdwadsadsin Kirche (Komeşdun) 229
S. Asdwadsadsin Kirche (Koms) 349
S. Asdwadsadsin Kirche (Komsur) 226
S. Asdwadsadsin Kirche (Konakalmaz) 299
S. Asdwadsadsin Kirche (Konya) 140
S. Asdwadsadsin Kirche (Koşaca) 181
S. Asdwadsadsin Kirche (Koşmat) 316
S. Asdwadsadsin Kirche (Koyulhisar) 229
S. Asdwadsadsin Kirche (Körpe) 299
S. Asdwadsadsin Kirche (Krikoris) 227
S. Asdwadsadsin Kirche (Kumkapı) 69
S. Asdwadsadsin Kirche (Kurtbelen) 104
S. Asdwadsadsin Kirche (Kuşadası) 119, 135
S. Asdwadsadsin Kirche (Kuşçu) 301
S. Asdwadsadsin Kirche (Kuyluca) 169
S. Asdwadsadsin Kirche (Kürkçü) 151
S. Asdwadsadsin Kirche (Kütahya) 33, 51, 52
S. Asdwadsadsin Kirche (Lazvan) 301
S. Asdwadsadsin Kirche (Lice) 315
S. Asdwadsadsin Kirche (Lüsünk) 329
S. Asdwadsadsin Kirche (Mağara) 226
S. Asdwadsadsin Kirche (Mahmat) 229
S. Asdwadsadsin Kirche (Mahmudstig) 330
S. Asdwadsadsin Kirche (Makaroğlu) 151
S. Asdwadsadsin Kirche (Makriköy) 70
S. Asdwadsadsin Kirche (Malatya) 300
S. Asdwadsadsin Kirche (Malazgirt) 350
S. Asdwadsadsin Kirche (Mancısın) 150
S. Asdwadsadsin Kirche (Manuşag) 103
S. Asdwadsadsin Kirche (Maraş) 267
S. Asdwadsadsin Kirche (Marik) 331
S. Asdwadsadsin Kirche (Maşkır) 300
S. Asdwadsadsin Kirche (Mazgirt) 301
S. Asdwadsadsin Kirche (Melikhan) 330
S. Asdwadsadsin Kirche (Menteşe) 151
S. Asdwadsadsin Kirche (Merzifon) 227, 236
S. Asdwadsadsin Kirche (Mezahrek) 330
S. Asdwadsadsin Kirche (Mezre) 299
S. Asdwadsadsin Kirche (Miçaküğ) 32
S. Asdwadsadsin Kirche (Misis) 242
S. Asdwadsadsin Kirche (Miyadın) 301
S. Asdwadsadsin Kirche (Mollaköy) 330
S. Asdwadsadsin Kirche (Mrvana) 226
S. Asdwadsadsin Kirche (Muratça) 33
S. Asdwadsadsin Kirche (Muş) 349
S. Asdwadsadsin Kirche (Muşovga) 300
S. Asdwadsadsin Kirche (Niğde) 140
S. Asdwadsadsin Kirche (Niksar) 227
S. Asdwadsadsin Kirche (Nirkhin) 316
S. Asdwadsadsin Kirche (Niv) 329
S. Asdwadsadsin Kirche (Nizip) 269
S. Asdwadsadsin Kirche (Nusaybin) 317
S. Asdwadsadsin Kirche (Ocaklı) 243
S. Asdwadsadsin Kirche (Ordu) 181
S. Asdwadsadsin Kirche (Oror) 329
S. Asdwadsadsin Kirche (Ortaköy) 104
S. Asdwadsadsin Kirche (Orul) 267
S. Asdwadsadsin Kirche (Öreğibel) 182
S. Asdwadsadsin Kirche (Pakariç) 330
S. Asdwadsadsin Kirche (Palu) 316
S. Asdwadsadsin Kirche (Papazun) 301
S. Asdwadsadsin Kirche (Pargam) 226
S. Asdwadsadsin Kirche (Patnos) 331
S. Asdwadsadsin Kirche (Patrenos-Patrenköy) 225
S. Asdwadsadsin Kirche (Pegir) 300
S. Asdwadsadsin Kirche (Pera) 70
S. Asdwadsadsin Kirche (Peri) 301
S. Asdwadsadsin Kirche (Peşar) 315
S. Asdwadsadsin Kirche (Pıncırge) 329
S. Asdwadsadsin Kirche (Pıvig) 342
S. Asdwadsadsin Kirche (Pingyan) 226
S. Asdwadsadsin Kirche (Platana) 181, 199
S. Asdwadsadsin Kirche (Pülümür) 331
S. Asdwadsadsin Kirche (Pürk) 229

S. Asdwadsadsin Kirche (Rumdıgın) 151
S. Asdwadsadsin Kirche (S. Toros) 329
S. Asdwadsadsin Kirche (Saatli) 151
S. Asdwadsadsin Kirche (Saçlı) 151
S. Asdwadsadsin Kirche (Samuku) 300
S. Asdwadsadsin Kirche (Sapanca) 103
S. Asdwadsadsin Kirche (Saray) 151
S. Asdwadsadsin Kirche (Sarıhamzalıçiftliği) 151
S. Asdwadsadsin Kirche (Sarıkamış) 299
S. Asdwadsadsin Kirche (Sarıkaya) 330
S. Asdwadsadsin Kirche (Sayaca) 181
S. Asdwadsadsin Kirche (Sazak) 150
S. Asdwadsadsin Kirche (Sergevik) 330
S. Asdwadsadsin Kirche (Serin) 316
S. Asdwadsadsin Kirche (Setbaşı) 32, 36
S. Asdwadsadsin Kirche (Sivas) 224
S. Asdwadsadsin Kirche (Sordar) 349
S. Asdwadsadsin Kirche (Soreg) 301
S. Asdwadsadsin Kirche (Söke) 120, 139
S. Asdwadsadsin Kirche (Sökköy) 103
S. Asdwadsadsin Kirche (Sungurlu) 151
S. Asdwadsadsin Kirche (Sürmene) 181
S. Asdwadsadsin Kirche (Şebinkarahisar) 228
S. Asdwadsadsin Kirche (Şepig) 299
S. Asdwadsadsin Kirche (Şeyhacı) 299
S. Asdwadsadsin Kirche (Tahtoba) 227
S. Asdwadsadsin Kirche (Tamzara) 229
S. Asdwadsadsin Kirche (Tarsus) 242, 262, 265
S. Asdwadsadsin Kirche (Taşhan) 150
S. Asdwadsadsin Kirche (Tavginer) 331
S. Asdwadsadsin Kirche (Tavra) 225
S. Asdwadsadsin Kirche (Temecik) 225
S. Asdwadsadsin Kirche (Terkini) 329
S. Asdwadsadsin Kirche (Tivnik) 329
S. Asdwadsadsin Kirche (Tokat) 227
S. Asdwadsadsin Kirche (Tokhlan) 351
S. Asdwadsadsin Kirche (Toprakkale) 331
S. Asdwadsadsin Kirche (Tortan) 331
S. Asdwadsadsin Kirche (Trabzon) 180
S. Asdwadsadsin Kirche (Tukh) 349
S. Asdwadsadsin Kirche (Tuzkaya) 151
S. Asdwadsadsin Kirche (Türkmen) 33
S. Asdwadsadsin Kirche (Ulaş) 226
S. Asdwadsadsin Kirche (Urfa) 268, 291
S. Asdwadsadsin Kirche (Uşak) 33
S. Asdwadsadsin Kirche (Uzunova) 316
S. Asdwadsadsin Kirche (Ürneç) 151
S. Asdwadsadsin Kirche (Vakıflı) 266
S. Asdwadsadsin Kirche (Van) 352
S. Asdwadsadsin Kirche (Vartenis) 350
S. Asdwadsadsin Kirche (Varzahan) 329
S. Asdwadsadsin Kirche (Vazgert) 301
S. Asdwadsadsin Kirche (Yapaltun) 225

S. Asdwadsadsin Kirche (Yeniköy) 71
S. Asdwadsadsin Kirche (Yenipazar) 151
S. Asdwadsadsin Kirche (Yergan) 331
S. Asdwadsadsin Kirche (Yergi) 329
S. Asdwadsadsin Kirche (Yerginis) 329
S. Asdwadsadsin Kirche (Yoğunoluk) 266
S. Asdwadsadsin Kirche (Yukarı Hokh) 299
S. Asdwadsadsin Kirche (Yukarı Pakariç) 331
S. Asdwadsadsin Kirche (Yukarı Talas) 149
S. Asdwadsadsin Kirche (Zeytun) 268
S. Asdwadsadsin Kirche (Ziyaret) 350
S. Asdwadsadsin Kloster (Alıpınar) 315
S. Asdwadsadsin Kloster (Ankara) 156
S. Asdwadsadsin Kloster (Bitlis) 348
S. Asdwadsadsin Kloster (Erzincan) 330
S. Asdwadsadsin Kloster (Garmir Vank) 329
S. Asdwadsadsin Kloster (Halvori) 301
S. Asdwadsadsin Kloster (Havav) 316
S. Asdwadsadsin Kloster (İncirli) 148
S. Asdwadsadsin Kloster (Lemk) 301
S. Asdwadsadsin Kloster (Palu) 316
S. Asdwadsadsin Kloster (Tadem) 299
S. Asdwadsadsin Kloster (Tomarza) 150
S. Asdwadsadsin Kloster (Van) 353
S. Asdwadsadsin Kloster (Yukarı Pakariç) 331
S. Asdwadsadsin Kloster (Zeytun) 268
S. Asdwadsadsin Schule (Arpavud) 299
S. Asdwadsadsin Schule (Dörtyol) 243
S. Asdwadsadsin Schule (Muş) 349
S. Asdwadsadsin Schule (Ocaklı) 243
S. Asdwadsadsin Schule (Silifke) 243
S. Asdwadsadsin Schule (Suluk) 349
S. Asdwadsadsin Schule (Tavginer) 331
S. Asdwadsadsin Schule (Toprakkale) 331
S. Asdwadsadsin Schule (Yertmanik) 299
S. Asdwadsamajr Kirche (Horopul) 331
S. Asdwadsamajr Kirche (Melikşerif) 331
S. Asdwadsamar Kirche (Bayburt) 329
S. Barsam Kirche (Morenik) 299
S. Bedros-Boghos Kirche (Abana) 229
S. Bedros-Boghos Kirche (Ankara) 148
S. Bedros-Boghos Kirche (Debne) 315
S. Bedros-Boghos Kloster (Erzincan) 330
S. Boghos Armenisch Katholische Kirche (Büyükdere) 93
S. Boghos Kirche (Bassorig) 315
S. Boghos Kirche (Genç) 351
S. Boghos Kirche (Tarabya) 71
S. Boghos Kirche (Tarsus) 242
S. Boghos Kloster (Hoşe) 301
S. Boghos-Bedros Kirche (Akşehir) 140
S. Boghos-Bedros Kirche (Tomarza) 150

S. Boghos-Bedros Kirche (Van) 352
S. Chatsch Kapelle (Tomarza) 150
S. Chatsch Kirche (Bornova) 119, 135
S. Chatsch Kirche (Çeşmesu) 182
S. Chatsch Kirche (Gesi) 149
S. Chatsch Kirche (Havak) 316
S. Chatsch Kirche (İstanoz) 225
S. Chatsch Kirche (Karaboğaz) 225
S. Chatsch Kirche (Kayseri) 149
S. Chatsch Kirche (Khodaçür) 330
S. Chatsch Kirche (Kumkapı) 69
S. Chatsch Kirche (Kurdikan) 316
S. Chatsch Kirche (Mancısın) 150
S. Chatsch Kirche (Mecidiye) 102
S. Chatsch Kirche (Mihalıççık) 149
S. Chatsch Kirche (Mitini) 330
S. Chatsch Kirche (Mumans) 330
S. Chatsch Kirche (Musahacılı) 150
S. Chatsch Kirche (Pelitliyatak) 182
S. Chatsch Kirche (Seğman) 316
S. Chatsch Kirche (Selamiye) 71
S. Chatsch Kirche (Sıtmasu) 182
S. Chatsch Kirche (Şahin) 225
S. Chatsch Kirche (Tekirdağ) 12
S. Chatsch Kirche (Van) 362
S. Chatsch Kirche (Virancık) 33
S. Chatsch Kirche (Yenihan) 225
S. Chatsch Kirche (Zartariç) 299
S. Chatsch Kloster (Şentsor) 349
S. Chatsch Kloster (Van) 353
S. Chatsch Schule (Sivrihisar) 149
S. Chatsch Viertel 12
S. Diramajr Kirche (Van) 352
S. Drtad Kloster (Tortan) 331
S. Dsiranawor Kirche (Van) 352
S. Etschmiadsin Kirche (Çermug) 300
S. Etschmiadsin Kirche (Kabalak) 182
S. Etschmiadsin Kirche (Van) 352
S. Etschmiadsin Schule (Kütahya) 33
S. Filibos Kirche (Kan) 181
S. Garabed Internatsoberschule 167
S. Garabed Kapelle (Tomarza) 150
S. Garabed Kirche (Abbasköy) 268
S. Garabed Kirche (Adapazarı) 103
S. Garabed Kirche (Adış) 316
S. Garabed Kirche (Ağatır) 330
S. Garabed Kirche (Ağdık) 225
S. Garabed Kirche (Alibeyli) 169
S. Garabed Kirche (Bafra) 181, 218
S. Garabed Kirche (Balahor) 329
S. Garabed Kirche (Bayezid) 331
S. Garabed Kirche (Bolu) 168
S. Garabed Kirche (Bultan) 181
S. Garabed Kirche (Cebrayil) 227
S. Garabed Kirche (Çüngüş) 316

S. Garabed Kirche (Damlık Yeniköy) 103
S. Garabed Kirche (Edirne) 12
S. Garabed Kirche (Ekincik) 182
S. Garabed Kirche (Gaplan) 316
S. Garabed Kirche (Göktepe) 301
S. Garabed Kirche (Güresin) 226
S. Garabed Kirche (Harput) 298
S. Garabed Kirche (Havav) 316
S. Garabed Kirche (Hoviv) 103
S. Garabed Kirche (Jamavayr) 103
S. Garabed Kirche (Kabaceviz) 182
S. Garabed Kirche (Kalecik) 149
S. Garabed Kirche (Kapıağzı) 227
S. Garabed Kirche (Karataş) 119, 130
S. Garabed Kirche (Kayaardı) 182
S. Garabed Kirche (Kertig) 315
S. Garabed Kirche (Komk) 329
S. Garabed Kirche (Köklük) 182
S. Garabed Kirche (Kuşçu Mezra) 301
S. Garabed Kirche (Maraş) 267
S. Garabed Kirche (Medz Norküğ) 32
S. Garabed Kirche (Merdigöz) 104
S. Garabed Kirche (Nişmin) 316
S. Garabed Kirche (Ortaoymak) 182
S. Garabed Kirche (Payam) 316
S. Garabed Kirche (Sivas) 225
S. Garabed Kirche (Soreg) 301
S. Garabed Kirche (Sursur) 299
S. Garabed Kirche (Til)
S. Garabed Kirche (Torossi) 225
S. Garabed Kirche (Yağdıburun) 150
S. Garabed Kirche (Yenimahalle) 71
S. Garabed Kirche (Yukarı Adzbıder) 229
S. Garabed Kirche (Yukarı Ağınsi) 299
S. Garabed Kloster (Halvorivank) 301
S. Garabed Kloster (Dzabırgor) 348
S. Garabed Kloster (Efkere) 150
S. Garabed Kloster (Erzincan) 330
S. Garabed Kloster (Fırnız) 268
S. Garabed Kloster (Kayseri) 167
S. Garabed Kloster (Kiği) 329
S. Garabed Kloster (Muş) 349
S. Garabed Kloster (Yergan) 331
S. Garabed Kloster 167
S. Garabed Mgrditsch Kirche (Yeniköy) 229
S. Garabed Schule (Yukarı Hokh) 299
S. Geghemes Kirche (Ankara) 148
S. Geghemes oder S. Chatsch Kirche 148
S. Ghugasjan Schule (Van) 352
S. Giragos Kirche (Çanakçılar) 329
S. Giragos Kirche (Diyarbakır) 314, 319
S. Giragos Kirche (Fum) 315
S. Giragos Kirche (Khurbet-Mezre) 299
S. Giragos Kirche (Khuylu) 299

S. Giragos Kirche (Madrak) 351
S. Giragos Kirche (Mızak) 315
S. Giragos Kirche (Muş) 349
S. Giragos Kirche (Oğu) 316
S. Giragos Kirche (Palu) 316
S. Giragos Kirche (Tavtig) 316
S. Giragos Kirche (Zercil) 315
S. Giragos Kloster (Erzincan) 330
S. Giragos Kloster (Kiği) 329
S. Giragos Kloster (Toprakkale) 331
S. Giragos Schule (Muş) 349
S. Hagop Hastanesi (Pera) 70
S. Hagop Kılhatir Kirche (Çubukluk) 182
S. Hagop Kirche (Aboznak) 329
S. Hagop Kirche (Ağabağ) 227
S. Hagop Kirche (Akrag) 315
S. Hagop Kirche (Alvarinç) 349
S. Hagop Kirche (Arapkir) 299
S. Hagop Kirche (Azig Varin) 315
S. Hagop Kirche (Bardizag) 103
S. Hagop Kirche (Bayraktar) 342
S. Hagop Kirche (Çatak) 151
S. Hagop Kirche (Çiftlik) 227
S. Hagop Kirche (Çınaz) 316
S. Hagop Kirche (Çolig) 351
S. Hagop Kirche (Çomaklı) 150
S. Hagop Kirche (Dzıberi) 229
S. Hagop Kirche (Ekreg) 301
S. Hagop Kirche (Elbistan) 268, 297
S. Hagop Kirche (Ganiköy) 342
S. Hagop Kirche (Gazimağara) 225
S. Hagop Kirche (Gömedi) 150
S. Hagop Kirche (Gürün) 226
S. Hagop Kirche (Güvençli) 151
S. Hagop Kirche (Harput) 298
S. Hagop Kirche (Hırnik) 301
S. Hagop Kirche (Hoğeg) 330
S. Hagop Kirche (İlanlu) 342
S. Hagop Kirche (Kaldi) 225
S. Hagop Kirche (Karagöl) 225
S. Hagop Kirche (Karahallı) 151
S. Hagop Kirche (Karayakup) 151
S. Hagop Kirche (Keskim) 330
S. Hagop Kirche (Keterbel) 315, 321
S. Hagop Kirche (Khodaçür) 330
S. Hagop Kirche (Kısacık) 181
S. Hagop Kirche (Kiği) 329
S. Hagop Kirche (Kocamanbaşı) 182
S. Hagop Kirche (Konya) 140
S. Hagop Kirche (Korig) 315
S. Hagop Kirche (Koşhisar) 225
S. Hagop Kirche (Köhne-i Kebir) 151
S. Hagop Kirche (Krikoris) 227
S. Hagop Kirche (Lisanlı) 225
S. Hagop Kirche (Malazgirt) 350

S. Hagop Kirche (Mazgirt) 301
S. Hagop Kirche (Mezre) 315
S. Hagop Kirche (Mışagnots) 229
S. Hagop Kirche (Mitini) 330
S. Hagop Kirche (Müdürge) 329
S. Hagop Kirche (Norşen) 329
S. Hagop Kirche (Pakariç) 330
S. Hagop Kirche (Pazarsu) 181
S. Hagop Kirche (Pırahmed) 102
S. Hagop Kirche (Puhreng) 151
S. Hagop Kirche (Pürk) 229
S. Hagop Kirche (Sarnis) 315
S. Hagop Kirche (Simhacıköy) 228
S. Hagop Kirche (Sirotonk) 350
S. Hagop Kirche (Sivas) 224
S. Hagop Kirche (Tilbağdat) 316
S. Hagop Kirche (Todorag) 225
S. Hagop Kirche (Uzunlu) 151
S. Hagop Kirche (Van) 352
S. Hagop Kirche (Vartenis) 350
S. Hagop Kirche (Voğnovid) 225
S. Hagop Kirche (Yenice) 33, 225
S. Hagop Kirche (Yenişehir) 33
S. Hagop Kirche (Yukarı Pakariç) 331
S. Hagop Kirche (Zeytinburnu) 70
S. Hagop Kirche (Zeytun) 268
S. Hagop Kirche (Zile) 227
S. Hagop Kloster (Amasya) 227
S. Hagop Kloster (Aşodi) 226
S. Hagop Kloster (Haçin) 243
S. Hagop Kloster (Maraş) 267
S. Hagop Kloster (Siirt) 351
S. Hagop Kloster (Tavra) 225
S. Hagop Kloster (Van) 353
S. Hagop Midzpina Kirche (Ağuluç) 182
S. Hagop Midzpina Kirche (Benli) 32
S. Hagop Midzpina Kirche (Kasımpaşa) 70
S. Hagop Midzpina Kirche (Martil) 33
S. Hagop Midzpina Kirche (Yağbasan) 182
S. Hagop Schule (Hunan) 349
S. Hagop Waisenhaus 68
S. Hamparzum Kirche (Terme) 182
S. Hamparzum Kirche (Varzahan) 329
S. Harutjun Kirche (Anifa) 181
S. Harutjun Kirche (Arslanik) 33
S. Harutjun Kirche (Edincik) 34
S. Harutjun Kirche (Gırac) 229
S. Harutjun Kirche (İşhu) 329
S. Harutjun Kirche (İzmir) 118
S. Harutjun Kirche (Kumkapı) 69
S. Harutjun Kirche (Malatya) 300
S. Harutjun Kirche (Melez) 151
S. Harutjun Kirche (Muş) 349
S. Harutjun Kirche (Pera) 70
S. Harutjun Kirche (Yergan) 301

S. Harutjun Schule (Muş) 349
S. Harutjun Schule (Sordar) 349
S. Hisus Prgitsch Kirche (Galata)
S. Hokekalust Kirche (Göztepe) 119
S. Hoki Kirche 148
S. Howagim Anna Kloster (Tokat) 227
S. Howannes Kirche (Çorküğ) 299
S. Howannes Kirche (Haknaf) 315
S. Howannes Kirche (Sevindik) 229
S. Howhan Kirche (Şeyhköy) 329
S. Howhan Vosgeperan Kloster (Bizeri) 227
S. Howhan Wosgeperan Kirche (Pera) 70
S. Howhannes (Wallfahrtsort) (Amasya) 227
S. Howhannes Avedaraniç Kirche (Gedikpaşa) 69
S. Howhannes Avedaraniç Kirche (Narlıkapı) 69
S. Howhannes Garabed Kirche (Antalya) 141
S. Howhannes Garabed Kırche (İstinye) 71
S. Howhannes Garabed Kirche (Kilis) 267, 286
S. Howhannes Kirche (Arek) 329
S. Howhannes Kirche (Başkatıklar) 342
S. Howhannes Kirche (Başşoragyal) 342
S. Howhannes Kirche (Bayburt) 329
S. Howhannes Kirche (Biskincik) 227
S. Howhannes Kirche (Çakmaz) 329
S. Howhannes Kirche (Çarıbaş) 329
S. Howhannes Kirche (Eruh) 351
S. Howhannes Kirche (Everek) 329
S. Howhannes Kirche (Gerb) 349
S. Howhannes Kirche (Hayık) 329
S. Howhannes Kirche (Keğam) 103
S. Howhannes Kirche (Khodaçür) 330
S. Howhannes Kirche (Khultig) 349
S. Howhannes Kirche (Lüsünk) 329
S. Howhannes Kirche (Sisne) 301
S. Howhannes Kirche (Şemşan) 315
S. Howhannes Kirche (Trabzon) 180
S. Howhannes Kirche (Zeytun) 268
S. Howhannes Kirche (Nukhadzana) 181
S. Howhannes Kloster (Bitlis) 348
S. Howhannes Kloster (İspir) 330
S. Howhannes Kloster (Muş) 349
S. Howhannes Mgrditsch Kirche (Hurnavil) 226
S. Howhannes Mgrditsch Kirche (Yeniköy) 71
S. Howhannes Mgrditsch Quelle (Samatya) 69
S. Howhannes Schule (Avran) 349
S. Howhannes Wosgeperan Kirche (Asarlık) 33

S. Howhannes Wosgeperan Kirche (Marmaracık) 33
S. Howhannes Wosgeperan Kirche (Nallıhan) 149
S. Howhannesjan Schule (Van) 352
S. Howsep Kirche (Mardin) 316, 324
S. Hreschdagabed Kirche (Adapazarı) 103
S. Hreschdagabed Kirche (Ališants) 330
S. Hreschdagabed Kirche (Bağlu) 349
S. Hreschdagabed Kirche (Balat) 69
S. Hreschdagabed Kirche (Bayburt) 329
S. Hreschdagabed Kirche (Cerrah) 33
S. Hreschdagabed Kirche (Çiftlik) 329
S. Hreschdagabed Kirche (Khorokhon) 225
S. Hreschdagabed Kirche (Pegir) 300
S. Hreschdagabed Kirche (Pingyan) 226
S. Hreschdagabed Kirche (Sivas) 225
S. Hreschdagabed Kirche (Soğukçermik) 329
S. Hreschdagabed Kirche (Sölöz) 33
S. Hreschdagabed Kirche (Yalakdere) 104
S. Hreschdagabed Kloster (Sivas) 225
S. Hreschdagabed Kloster (Tavginer) 331
S. Hreschdagabed Schule (Bağlu) 349
S. Hripsime Kirche (Andu) 315
S. Hripsime Kirche (Büyükdere) 71, 93
S. Hripsime Kirche (Nazilli) 120
S. Hripsime Kirche (Ödemiş) 119
S. Hripsimjanz Schule (Büyükdere) 71, 93
S. Jeghja Kirche (Defterdar) 70
S. Jeghja Kirche (Demircilik) 150
S. Jeghja Kirche (Kocamanbaşı) 182
S. Jeghja Kirche (Ovacık) 103
S. Jeghja Kirche (Zemieğik) 315
S. Jeghja Kloster (Melikşerif) 331
S. Jeghja Kloster (Zeytun) 268
S. Jerewman Kloster (Garuşla) 300
S. Jergodasan Kirche (Kandilli) 94
S. Jergodasan Arakyalk Kirche (Sis) 229
S. Jergodasan Arakyalk Kloster (Sis) 229
S. Jeriz Manganz Kirche (Boyacıköy) 71
S. Jeriz Manganz Kirche (Pingyan) 226
S. Jerrortutjun Kirche (Akhisar) 104
S. Jerrortutjun Kirche (Akşehir) 140
S. Jerrortutjun Kirche (Aşağı Talas) 149
S. Jerrortutjun Kirche (Avirtinik) 329
S. Jerrortutjun Kirche (Aziziye) 226
S. Jerrortutjun Kirche (Darende) 226
S. Jerrortutjun Kirche (Divriği) 226
S. Jerrortutjun Kirche (Eğridere) 182
S. Jerrortutjun Kirche (Ermenikaçağı) 330
S. Jerrortutjun Kirche (Erzincan) 330
S. Jerrortutjun Kirche (Galatasaray) 74
S. Jerrortutjun Kirche (Göztepe) 119
S. Jerrortutjun Kirche (Güresin)) 226
S. Jerrortutjun Kirche (Hazari) 301

S. Jerrortutjun Kirche (Hoşnudiye) 33
S. Jerrortutjun Kirche (Hoyla) 183
S. Jerrortutjun Kirche (İşhan) 225
S. Jerrortutjun Kirche (Kiresiran) 315
S. Jerrortutjun Kirche (Malatya) 300
S. Jerrortutjun Kirche (Pera) 70, 84
S. Jerrortutjun Kirche (Piriz) 330
S. Jerrortutjun Kirche (Sivrihisar) 149
S. Jerrortutjun Kirche (Tokat) 227
S. Jerrortutjun Kirche (Tuzkaya)
S. Jerrortutjun Kirche (Zımara) 226
S. Karasun Manganz Kirche (Istanoz) 149
S. Karasun Manganz Kirche (Paşavank Mezra) 301
S. Karasun Manganz Kirche (Vazgert) 301
S. Karasun Manganz Kloster (Danzig) 331
S. Karasun Manug Kirche (Armıdan) 331
S. Karasun Manug Kirche (Gamakh) 349
S. Karasun Manug Kirche (Tokat) 227
S. Karasun Manug Schule (Gamakh) 349
S. Kework Kirche (Abdoğlu) 242
S. Kework Kirche (Abuçeh) 300
S. Kework Kirche (Ağavni-Ağanos) 229
S. Kework Kirche (Ahur) 299
S. Kework Kirche (Anifa) 181
S. Kework Kirche (Arapkir) 299
S. Kework Kirche (Armutağ) 226
S. Kework Kirche (Arozik) 299
S. Kework Kirche (Arpavud) 299
S. Kework Kirche (Aşvan) 300
S. Kework Kirche (Badişen) 329
S. Kework Kirche (Balahor) 329
S. Kework Kirche (Bardizag) 225
S. Kework Kirche (Belviran) 151
S. Kework Kirche (Bitlis) 348
S. Kework Kirche (Buseyid) 229
S. Kework Kirche (Cinis) 329
S. Kework Kirche (Çanakkale) 26, 28
S. Kework Kirche (Çırdak) 229
S. Kework Kirche (Çerme) 329
S. Kework Kirche (Çorlu) 13
S. Kework Kirche (Çorum) 151
S. Kework Kirche (Demircilik) 150
S. Kework Kirche (Derik) 315
S. Kework Kirche (Dersil) 315
S. Kework Kirche (Eğin) 300
S. Kework Kirche (Elbistan) 268, 297
S. Kework Kirche (Elemdağı) 183
S. Kework Kirche (Elimelik) 299
S. Kework Kirche (Erciş) 353
S. Kework Kirche (Ezine) 26
S. Kework Kirche (Feran) 315
S. Kework Kirche (Gantar) 315
S. Kework Kirche (Garmrı) 330
S. Kework Kirche (Gemerek) 225

S. Kework Kirche (Gerb) 349
S. Kework Kirche (Goter) 330
S. Kework Kirche (Gtanoz-Krtanos-Kirtanos) 229
S. Kework Kirche (Güllice) 330
S. Kework Kirche (Gürle) 33
S. Kework Kirche (Gürün) 226
S. Kework Kirche (Hacıcan) 315
S. Kework Kirche (Hacıköy) 228
S. Kework Kirche (Haçin) 243
S. Kework Kirche (Halhal) 315
S. Kework Kirche (Havşakar) 301
S. Kework Kirche (Hayık) 329
S. Kework Kirche (Helin) 315
S. Kework Kirche (Hintsor) 299
S. Kework Kirche (Hoğu) 299
S. Kework Kirche (Hunud) 330
S. Kework Kirche (Içaksa) 181
S. Kework Kirche (Isabey) 316
S. Kework Kirche (Kâhta) 300
S. Kework Kirche (Kalafka) 181
S. Kework Kirche (Karatipi) 181
S. Kework Kirche (Kediler) 151
S. Kework Kirche (Khodaçür) 330
S. Kework Kirche (Khultig) 349
S. Kework Kirche (Kırşehir) 149
S. Kework Kirche (Köderiç) 301
S. Kework Kirche (Kureş) 315
S. Kework Kirche (Kurşunlu) 182
S. Kework Kirche (Mahmat) 299
S. Kework Kirche (Mala) 181
S. Kework Kirche (Mar Eliyas) 315
S. Kework Kirche (Balahor) 329
S. Kework Kirche (Maraş) 267
S. Kework Kirche (Mardin) 316, 324
S. Kework Kirche (Mezre) 315
S. Kework Kirche (Mığıtsi) 330
S. Kework Kirche (Mırçman Mezre) 316
S. Kework Kirche (Muş) 349
S. Kework Kirche (Norküğ) 301
S. Kework Kirche (Oğnat) 351
S. Kework Kirche (Palanga) 226
S. Kework Kirche (Paşaköy) 225
S. Kework Kirche (Pizvan) 330
S. Kework Kirche (Pulk) 330
S. Kework Kirche (Pulur) 329
S. Kework Kirche (Sağarçal) 227
S. Kework Kirche (Samatya) 69, 78
S. Kework Kirche (Sarıhasan) 225
S. Kework Kirche (Sarıoğlan) 226
S. Kework Kirche (Sebi) 315
S. Kework Kirche (Sigedig) 301
S. Kework Kirche (Silivri) 13
S. Kework Kirche (Sincan) 226
S. Kework Kirche (Sivas) 224
S. Kework Kirche (Sorpiyan) 301

S. Kework Kirche (Şana) 181
S. Kework Kirche (Şeyhmurad) 242
S. Kework Kirche (Tamurdağ) 301
S. Kework Kirche (Taşlıgeçit) 151
S. Kework Kirche (Taşoluk) 268
S. Kework Kirche (Tavginer) 331
S. Kework Kirche (Tekeli) 225
S. Kework Kirche (Telarmen) 317
S. Kework Kirche (Teregeamo) 315
S. Kework Kirche (Tirmit) 350
S. Kework Kirche (Tokat) 227
S. Kework Kirche (Topalan) 316
S. Kework Kirche (Tuğut) 331
S. Kework Kirche (Vanig) 349
S. Kework Kirche (Vertetil) 299
S. Kework Kirche (Vezirköprü) 228
S. Kework Kirche (Vican) 330
S. Kework Kirche (Yartmış) 227
S. Kework Kirche (Yergemansur) 329
S. Kework Kirche (Zarikura) 315
S. Kework Kloster (Erzincan) 330
S. Kework Kloster (Khulevank) 299
S. Kework Kloster (Sursur) 299
S. Kework Kloster (Tamzara) 229
S. Kework Kloster (Van) 353
S. Kework Kloster (Yukarı Pakariç) 331
S. Kework Schule (Khulevank) 299
S. Kework Schule (Khultig) 349
S. Kework Schule (Kızılağaç) 349
S. Krikor Kirche (Ardahan) 343
S. Krikor Kirche (Balaşehir) 301
S. Krikor Kirche (Basu) 301
S. Krikor Kirche (Yukarı Mezre) 299
S. Krikor Kloster (Lemk) 301
S. Krikor Kirche (Van) 361
S. Krikor Kolleg (Ürneç) 151
S. Krikor Lusaworitsch Armenisches Krankenhaus (Izmir) 118
S. Krikor Lusaworitsch Kirche (Abıyon) 181
S. Krikor Lusaworitsch Kirche (Adapazarı) 103
S. Krikor Lusaworitsch Kirche (Ağçagüne) 182
S. Krikor Lusaworitsch Kirche (Ağrıt) 181
S. Krikor Lusaworitsch Kirche (Alamunik) 229
S. Krikor Lusaworitsch Kirche (Alınca) 33
S. Krikor Lusaworitsch Kirche (Anifa) 181
S. Krikor Lusaworitsch Kirche (Arapkir) 299
S. Krikor Lusaworitsch Kirche (Armıdan) 331
S. Krikor Lusaworitsch Kirche (Aziziye) 34
S. Krikor Lusaworitsch Kirche (Balahor) 329

S. Krikor Lusaworitsch Kirche (Bolis) 227
S. Krikor Lusaworitsch Kirche (Boyabat) 169
S. Krikor Lusaworitsch Kirche (Caferbey mah.) 149
S. Krikor Lusaworitsch Kirche (Çamaş) 181
S. Krikor Lusaworitsch Kirche (Çavuşlar) 181
S. Krikor Lusaworitsch Kirche (Çayıti Mezre) 316
S. Krikor Lusaworitsch Kirche (Çomaklı) 150
S. Krikor Lusaworitsch Kirche (Dorana) 181
S. Krikor Lusaworitsch Kirche (Dörtyol) 243
S. Krikor Lusaworitsch Kirche (Elmalı) 103
S. Krikor Lusaworitsch Kirche (Eskiatça) 168
S. Krikor Lusaworitsch Kirche (Fındıklı) 103
S. Krikor Lusaworitsch Kirche (Galata) 70
S. Krikor Lusaworitsch Kirche (Gemerek) 225
S. Krikor Lusaworitsch Kirche (Gercanis) 331
S. Krikor Lusaworitsch Kirche (Giresun) 181
S. Krikor Lusaworitsch Kirche (Gromila) 181
S. Krikor Lusaworitsch Kirche (Güvençli) 151
S. Krikor Lusaworitsch Kirche (Hamam) 229
S. Krikor Lusaworitsch Kirche (Hayots Küğ) 103
S. Krikor Lusaworitsch Kirche (Hurnavil) 226
S. Krikor Lusaworitsch Kirche (Izmir) 118, 119
S. Krikor Lusaworitsch Kirche (Kalafka) 181
S. Krikor Lusaworitsch Kirche (Karaağaç) 12
S. Krikor Lusaworitsch Kirche (Karabıyık) 151
S. Krikor Lusaworitsch Kirche (Kayseri) 149
S. Krikor Lusaworitsch Kirche (Kınalıada) 71, 99
S. Krikor Lusaworitsch Kirche (Kiği) 329
S. Krikor Lusaworitsch Kirche (Kırmastı) 33
S. Krikor Lusaworitsch Kirche (Konaklık) 182
S. Krikor Lusaworitsch Kirche (Kuzguncuk) 71

S. Krikor Lusaworitsch Kirche (Ladik) 228
S. Krikor Lusaworitsch Kirche (Lağana) 181
S. Krikor Lusaworitsch Kirche (Lüsünk) 329
S. Krikor Lusaworitsch Kirche (Manisa) 119
S. Krikor Lusaworitsch Kirche (Mersin) 242, 259
S. Krikor Lusaworitsch Kirche (Mesudiye) 229
S. Krikor Lusaworitsch Kirche (Nevşehir) 140
S. Krikor Lusaworitsch Kirche (Norküğ) 33
S. Krikor Lusaworitsch Kirche (Ortaköy) 71
S. Krikor Lusaworitsch Kirche (Ovacık) 103
S. Krikor Lusaworitsch Kirche (Özerli) 243
S. Krikor Lusaworitsch Kirche (Palu) 316
S. Krikor Lusaworitsch Kirche (Rumlu) 243
S. Krikor Lusaworitsch Kirche (Satari) 181
S. Krikor Lusaworitsch Kirche (Sifter) 181
S. Krikor Lusaworitsch Kirche (Simakhi) 315
S. Krikor Lusaworitsch Kirche (Taşoluk) 181
S. Krikor Lusaworitsch Kirche (Tepeköy) 181
S. Krikor Lusaworitsch Kirche (Tirebolu) 181, 199
S. Krikor Lusaworitsch Kirche (Tmluc) 229
S. Krikor Lusaworitsch Kirche (Tokat) 227
S. Krikor Lusaworitsch Kirche (Uzunmahmud) 181
S. Krikor Lusaworitsch Kirche (Verana) 181
S. Krikor Lusaworitsch Kirche (Yeniköy) 33
S. Krikor Lusaworitsch Kirche (Yergi) 329
S. Krikor Lusaworitsch Kirche (Zagos) 330
S. Krikor Lusaworitsch Kirche (Zakar) 103
S. Krikor Lusaworitsch Kirche (Zara) 225
S. Krikor Lusaworitsch Kloster (Hurnavil) 226
S. Krikor Lusaworitsch Kloster (Malatya) 300
S. Krikor Lusaworitsch Kloster (Müdürge) 329
S. Krikor Lusaworitsch Kloster (Navril) 300
S. Krikor Lusaworitsch Kloster (Nirze)
S. Krikor Lusaworitsch Schule (Aydın) 119
S. Krikor Lusaworitsch (Hisarönü) 148
S. Krikor Naregatsi Kirche (Eğin) 300
S. Kristafor Kirche (Kâbi) 315

S. Kristafor Kloster (Kups) 329
S. Kristafor Kloster (Zımara) 226
S. Lewon Kirche (Kadıköy) 71, 95
S. Lujs Kloster (İsmailtsik) 301
S. Lusaworitsch Kirche (Aşağı Pakariç) 331
S. Lusaworitsch Kirche (Elevi) 181
S. Lusaworitsch Kirche (Pera) 70
S. Lusaworitsch Kirche (Perna) 342
S. Lusaworitsch Kirche (Sürmene) 181
S. Lusaworitsch Kirche (Zeytun) 268
S. Lusaworitsch Kloster (Kemah) 331
S. Madnawank Kloster (Muş) 349
S. Mamas Kloster (Keserik) 299
S. Manuk Kirche (Zımara) 226
S. Margosjan Schule (Van) 352
S. Marine Kirche (Muş) 349
S. Marine Kloster (Van) 353
S. Marine Schule (Muş) 349
S. Megerjos Kirche (Kayseri) 149
S. Megerjos Tag 149
S. Mesrob Kirche (Kharbi) 315
S. Mikajel Kloster (Zartariç) 299
S. Minas Kapelle (Pera) 70
S. Minas Kirche (Akrag) 329
S. Minas Kirche (Alakilise) 225
S. Minas Kirche (Arşuni) 329
S. Minas Kirche (Artekhan) 316
S. Minas Kirche (Bandırma) 34
S. Minas Kirche (Bardizag) 103
S. Minas Kirche (Boğazlıyan) 151
S. Minas Kirche (Çan) 329
S. Minas Kirche (Çozlar) 227
S. Minas Kirche (Enceğag) 301
S. Minas Kirche (Gez) 329
S. Minas Kirche (Hayvatlı) 301
S. Minas Kirche (Katırköy) 181
S. Minas Kirche (Khayaçi) 301
S. Minas Kirche (Mıhriyar) 181
S. Minas Kirche (Muncusun) 150
S. Minas Kirche (Muzuroğlu) 299
S. Minas Kirche (Nacaeran) 316
S. Minas Kirche (Navril) 300
S. Minas Kirche (Pağnik) 301
S. Minas Kirche (Pergiri) 331
S. Minas Kirche (Püragn) 225
S. Minas Kirche (Sivas) 224
S. Minas Kirche (Sugören) 33
S. Minas Kirche (Süngeriç) 329
S. Minas Kirche (Şeyhli) 330
S. Minas Kirche (Tavginer) 331
S. Minas Kirche (Tepeköy) 316
S. Minas Kirche (Tiknis) 342
S. Minas Kirche (Tokat) 227
S. Minas Kirche (Urik) 331
S. Minas Kirche (Ünye) 182

S. Minas Kirche (Yukarı Havsi) 301
S. Nerses Kloster (Erzincan) 330
S. Nerses Schnorhali Kloster (Eğin) 300
S. Nigoghajos Kirche (Beykoz) 71, 94
S. Nigoghajos Kirche (Bulancak) 181
S. Nigoghajos Kirche (Cibin) 269
S. Nigoghajos Kirche (Delihamza) 151
S. Nigoghajos Kirche (Gigi) 226
S. Nigoghajos Kirche (İçme) 299
S. Nigoghajos Kirche (İşhan) 225
S. Nigoghajos Kirche (Khoşgar) 330
S. Nigoghajos Kirche (Samsun) 181, 210
S. Nigoghajos Kirche (Şakşak) 104
S. Nigoghajos Kirche (Topkapı) 69
S. Nigoghosjan Kirche (Amasya) 227
S. Nschan Kapelle (Kiği) 329
S. Nschan Kirche (Abuçeh) 300
S. Nschan Kirche (Ambrga) 299
S. Nschan Kirche (Ancırti) 299
S. Nschan Kirche (Ardzeti) 329
S. Nschan Kirche (Armıdan) 331
S. Nschan Kirche (Aşağı Pakariç) 331
S. Nschan Kirche (Dağköy) 102
S. Nschan Kirche (Ermeniköy) 71
S. Nschan Kirche (Erzincan) 330
S. Nschan Kirche (Garmir Vank) 329
S. Nschan Kirche (Ğumlar) 330
S. Nschan Kirche (Harput) 298
S. Nschan Kirche (Hozahpur) 330
S. Nschan Kirche (Kartal) 71, 97
S. Nschan Kirche (Kavak) 225
S. Nschan Kirche (Kılıç) 104
S. Nschan Kirche (Komk) 299
S. Nschan Kirche (Mihriyer) 148
S. Nschan Kirche (Mirekule) 315
S. Nschan Kirche (Muncusun) 150
S. Nschan Kirche (Pizvan) 330
S. Nschan Kirche (Sardere) 243
S. Nschan Kirche (Sivas) 225
S. Nschan Kirche (Suluca) 183
S. Nschan Kirche (Vağşen) 300
S. Nschan Kirche (Van) 352
S. Nschan Kirche (Yeğeki) 299
S. Nschan Kirche (Zermanik) 315
S. Nschan Kloster (Ağıl) 316
S. Nschan Kloster (Aşağı Adzbıder) 229
S. Nschan Kloster (Ergani) 316
S. Nschan Kloster (Keğvank) 299
S. Nschan Kloster (Kemah) 331
S. Nschan Kloster (Sivas) 225
S. Nschan Schule (Perçenc) 299
S. Nschan Schule (Pizvan) 330
S. Nschan Schule (Yeğeki) 299

S. Parsegh Kirche (Muncusun) 150
S. Partoghimeos Schule (Gemlik) 32
S. Partoghimeos Schule (Yenice) 33
S. Prgitsch Kirche (Komk) 330
S. Prgitsch Kirche (Abrenk) 330
S. Prgitsch Kirche (Ağatır) 330
S. Prgitsch Kirche (Ani) 347
S. Prgitsch Kirche (Ankara) 148
S. Prgitsch Kirche (Arapkir) 299
S. Prgitsch Kirche (Balaşehir) 301
S. Prgitsch Kirche (Besni) 300
S. Prgitsch Kirche (Çinaçor) 330
S. Prgitsch Kirche (Endiz) 227
S. Prgitsch Kirche (Ergani) 316
S. Prgitsch Kirche (Erzincan) 330
S. Prgitsch Kirche (Garuşla) 300
S. Prgitsch Kirche (Gavdara) 225
S. Prgitsch Kirche (Gercanis) 331
S. Prgitsch Kirche (Gromila) 181
S. Prgitsch Kirche (Gundancano) 315
S. Prgitsch Kirche (Gürün) 226
S. Prgitsch Kirche (Ğoğeg) 330
S. Prgitsch Kirche (Hasankale) 329
S. Prgitsch Kirche (Havza) 228, 241
S. Prgitsch Kirche (Hekimhan) 300
S. Prgitsch Kirche (Hıdırbey) 266
S. Prgitsch Kirche (Hısnımansur) 300
S. Prgitsch Kirche (Hozat) 301
S. Prgitsch Kirche (Iğdeli) 151
S. Prgitsch Kirche (İstanoz) 149
S. Prgitsch Kirche (Karaboğaz) 225
S. Prgitsch Kirche (Kups) 329
S. Prgitsch Kirche (Kurtlukaya) 225
S. Prgitsch Kirche (Maraş) 267, 268
S. Prgitsch Kirche (Orduz) 300
S. Prgitsch Kirche (Payam) 316
S. Prgitsch Kirche (Perçenc) 299
S. Prgitsch Kirche (Sergevik) 330
S. Prgitsch Kirche (Sivas) 224
S. Prgitsch Kirche (Söğütlü) 150
S. Prgitsch Kirche (Şebinkarahisar) 228
S. Prgitsch Kirche (Tavşanlı) 225
S. Prgitsch Kirche (Varenses) 330
S. Prgitsch Kirche (Zeytun) 268
S. Prgitsch Kloster (Arnis) 329
S. Prgitsch Kloster (Gümüşhane) 183
S. Prgitsch Kloster (Kaymaklı) 180, 193
S. Prgitsch Kloster (Kiği) 329
S. Prgitsch Kloster (Zeytun) 268
S. Prgitsch Krankenhaus 67, 69
S. Prgitsch Schule (Özerli) 243
S. Prgitschjan Schule (Havav) 316
S. Prgitschjan Schule (Şebinkarahisar) 228
S. Prgitschjan Schule (Zeytinburnu) 70

S. Sahak Bartev Schule (Germir) 149
S. Sahak Kirche (Gori) 315
S. Sahak Kirche (Palu) 316
S. Sahak Kirche (Van) 352
S. Santchudjan Schule (Van) 352
S. Santuchd Kirche (Rumelihisarı) 71
S. Sarkis (Ergani Maden) 316
S. Sarkis Kirche (Ağbüzüt) 329
S. Sarkis Kirche (Akkaya) 225
S. Sarkis Kirche (Altunhüseynik) 329
S. Sarkis Kirche (Anderyas) 229
S. Sarkis Kirche (Ansar) 300
S. Sarkis Kirche (Armican) 225
S. Sarkis Kirche (Arsunik) 301
S. Sarkis Kirche (Aşvan) 300
S. Sarkis Kirche (Balaşehir) 301
S. Sarkis Kirche (Barena) 316
S. Sarkis Kirche (Bitlis) 348
S. Sarkis Kirche (Burhan) 225
S. Sarkis Kirche (Çepni) 225
S. Sarkis Kirche (Demircilik) 150
S. Sarkis Kirche (Diyarbakır) 314
S. Sarkis Kirche (Döngel) 103
S. Sarkis Kirche (Eğin) 300
S. Sarkis Kirche (Erenkaya) 183
S. Sarkis Kirche (Ergani Maden) 321
S. Sarkis Kirche (Ergani) 316
S. Sarkis Kirche (Ermeniköy) 34
S. Sarkis Kirche (Erzincan) 330
S. Sarkis Kirche (Garni) 331
S. Sarkis Kirche (Garzan) 351
S. Sarkis Kirche (Gersunut) 331
S. Sarkis Kirche (Gevre) 225
S. Sarkis Kirche (Giresun) 181
S. Sarkis Kirche (Güşana) 181, 197
S. Sarkis Kirche (Haçer) 315
S. Sarkis Kirche (Havşakar) 301
S. Sarkis Kirche (Hazarkom) 316
S. Sarkis Kirche (Kaldi) 225
S. Sarkis Kirche (Kamışlı) 316
S. Sarkis Kirche (Karahisar) 226
S. Sarkis Kirche (Karameze) 227
S. Sarkis Kirche (Kayseri) 149
S. Sarkis Kirche (Kebusiye) 267
S. Sarkis Kirche (Kedağaz) 227
S. Sarkis Kirche (Kerves) 315
S. Sarkis Kirche (Khandzar) 225
S. Sarkis Kirche (Khorsana) 225
S. Sarkis Kirche (Khulevank) 299
S. Sarkis Kirche (Kiği) 329
S. Sarkis Kirche (Komeşdun) 229
S. Sarkis Kirche (Komsur) 226
S. Sarkis Kirche (Kozoluk) 243
S. Sarkis Kirche (Kötnü) 225

S. Sarkis Kirche (Kups) 329
S. Sarkis Kirche (Kurti) 315
S. Sarkis Kirche (Lazvan) 301
S. Sarkis Kirche (Liçig) 330
S. Sarkis Kirche (Mahran) 315
S. Sarkis Kirche (Malazgirt) 350
S. Sarkis Kirche (Mants) 330
S. Sarkis Kirche (Maraş) 267
S. Sarkis Kirche (Marik) 331
S. Sarkis Kirche (Markis) 317
S. Sarkis Kirche (Menemen) 119
S. Sarkis Kirche (Meyyafarikin) 315
S. Sarkis Kirche (Mezre) 299
S. Sarkis Kirche (Mışagnots) 229
S. Sarkis Kirche (Miadun) 225
S. Sarkis Kirche (Mihaliç) 33
S. Sarkis Kirche (Mikhal) 268
S. Sarkis Kirche (Muş) 349
S. Sarkis Kirche (Oğnuk) 350
S. Sarkis Kirche (Paşavank) 301
S. Sarkis Kirche (Peteriç) 330
S. Sarkis Kirche (Pırknik) 225
S. Sarkis Kirche (Piran) 225
S. Sarkis Kirche (Saltan) 315
S. Sarkis Kirche (Sarnis) 315
S. Sarkis Kirche (Sirotonk) 350
S. Sarkis Kirche (Sivas) 224
S. Sarkis Kirche (Şamiram) 349
S. Sarkis Kirche (Şana) 181
S. Sarkis Kirche (Şatik) 315
S. Sarkis Kirche (Şentil) 299
S. Sarkis Kirche (Şeyhacı) 299
S. Sarkis Kirche (Şinkörek) 225
S. Sarkis Kirche (Taşçığıç) 182
S. Sarkis Kirche (Tatvan) 349
S. Sarkis Kirche (Tavşanlı) 225
S. Sarkis Kirche (Temecik) 225
S. Sarkis Kirche (Tımaç) 225
S. Sarkis Kirche (Til Pertagi) 301
S. Sarkis Kirche (Tilenzig) 299
S. Sarkis Kirche (Tirkhe) 316
S. Sarkis Kirche (Tivnik) 330
S. Sarkis Kirche (Topaç) 225
S. Sarkis Kirche (Uzunova) 316
S. Sarkis Kirche (Varaz) 227
S. Sarkis Kirche (Verana) 181
S. Sarkis Kirche (Yarhisar) 225
S. Sarkis Kirche (Yenice) 228
S. Sarkis Kirche (Yukarı Pakariç) 331
S. Sarkis Kirche (Zalini) 299
S. Sarkis Kirche (Zavriya) 181
S. Sarkis Kirche (Zeytun) 268
S. Sarkis Kloster (Derevank) 149
S. Sarkis Kloster (Ehneş) 269

S. Sarkis Kloster (Kelkit) 183, 222
S. Sarkis Kloster (Urfa) 268, 290, 291
S. Sarkis Kloster Danzig 331
S. Sarkis Schule (Armican) 316
S. Sarkis Schule (Muş) 349
S. Sarkis Schule (Sarıkamış) 299
S. Sarkis Schule (Şeyhalan) 350
S. Schmawon Kirche (Hazro) 315
S. Schmawon Kirche (Sarnis) 315
S. Serowpe-Kerowpe Kloster (Kemah) 331
S. Simeon Kirche (Karabahçe) 315
S. Simeon Kirche (Karabaş) 315
S. Sion Kirche (Manisa) 119
S. Sion Kirche (Van) 352
S. Sofja Kirche (Tarsus) 242
S. Sofja Kloster (Sis) 243
S. Stepannos (Adana) 242
S. Stepannos Kirche (Adapazarı) 103
S. Stepannos Kirche (Aram) 103
S. Stepannos Kirche (Arka) 300
S. Stepannos Kirche (Ayastefanos) 70
S. Stepannos Kirche (Damlık) 103
S. Stepannos Kirche (Demircilik) 150
S. Stepannos Kirche (Erbaa) 227
S. Stepannos Kirche (Gamakh) 349
S. Stepannos Kirche (Germir) 149
S. Stepannos Kirche (Güllice) 330
S. Stepannos Kirche (Harput) 298
S. Stepannos Kirche (Hasköy) 349
S. Stepannos Kirche (Hasköy) 70
S. Stepannos Kirche (İzmir) 118, 124
S. Stepannos Kirche (İzmir) 123
S. Stepannos Kirche (Khuylu) 299
S. Stepannos Kirche (Kıran) 181
S. Stepannos Kirche (Kiçiköy) 149
S. Stepannos Kirche (Mahmudstig) 330
S. Stepannos Kirche (Malatya) 300
S. Stepannos Kirche (Maraş) 267
S. Stepannos Kirche (Meyyafarikin) 315
S. Stepannos Kirche (Oşin) 315
S. Stepannos Kirche (Piriz) 330
S. Stepannos Kirche (Salasor) 329
S. Stepannos Kirche (Sarıkaya) 227
S. Stepannos Kirche (Tavşanlı) 33
S. Stepannos Kirche (Tokat) 227
S. Stepannos Kirche (Trabzon) 180
S. Stepannos Kirche (Yeşilköy) 81
S. Stepannos Kloster (Fırnız) 268
S. Stepannos Schule (Hasköy) 349
S. Stepannos Schule (Khuylu) 299
S. Takawor Kirche (Ağıl) 316
S. Takawor Kirche (Arşuşan) 226
S. Takawor Kirche (Bardizag) 103
S. Takawor Kirche (Bayraklı) 119

S. Takawor Kirche (Grinçk) 329
S. Takawor Kirche (Kadıköy) 71, 95, 97
S. Takawor Kirche (Şorda) 301
S. Takawor Kirche (Tamzara) 229
S. Takawor Kirche (Tekirdağ) 12
S. Takawor Kloster (Zara) 225
S. Talila Kirche (Hasköy) 349
S. Talila Schule (Alican) 349
S. Tamor Kloster (Horopul) 331
S. Tanjel Kirche (Aslo) 315
S. Tanjel Kirche (Bahçecik) 315
S. Tanjel Kirche (Gedzuküğ) 351
S. Tanjel Kirche (Zinzin) 315
S. Tanjel Kloster (Bayruk) 315
S. Tanjel Kloster (Bulanık) 350
S. Tanjel Kloster (Gesi) 149
S. Tanjel Kloster (Tirkevank) 315
S. Tarkmantschaz Schule (Kuruçeşme) 70
S. Tarkmantschaz Schule (Ortaköy) 71
S. Tarkmantschaz Schule (Van) 352
S. Tateos Arakjal Kloster (Avek) 348
S. Tateos Bartoghimeos Kirche (Musakırık) 181
S. Tateos Kirche (Erciş) 353
S. Tateos Kloster (Danzig) 331
S. Tateos Kloster (Kemah) 331
S. Tateos Partoghimeos Arakjalk Kirche (Yenikapı) 69
S. Tateos Partoghimeos Kirche (Gemlik) 32
S. Tateos Partoghimeos Kirche (Siirt) 351
S. Tateos Partoghimeos Kloster (Erzincan) 330
S. Tateos und Partoghimeos Kirche (Özbek) 329
S. Tateosjan Schule (Rumelihisarı) 71
S. Tavit Kirche (Khuylu) 299
S. Tavit Kloster (Abrenk) 330
S. Tavit Kloster (Dzağgari) 330
S. Teotoros Kirche (Apuşda) 331
S. Teotoros Kirche (Dzığgam) 349
S. Teotoros Kirche (Malkara) 13
S. Teotoros Kirche (Tatvan) 349
S. Toros (Wallfahrtsort) (Amasya) 227
S. Toros 329
S. Toros Kirche (Afyon Karahisarı) 34
S. Toros Kirche (Balaşehir) 301
S. Toros Kirche (Bilecik) 33
S. Toros Kirche (Burunkışla) 151
S. Toros Kirche (Çatak) 315
S. Toros Kirche (Çat-ı Kebir) 151
S. Toros Kirche (Çelebi) 329
S. Toros Kirche (Çemişkezek) 301
S. Toros Kirche (Çokradan) 151
S. Toros Kirche (Çomaklı) 150

S. Toros Kirche (Derevank) 149
S. Toros Kirche (Ekrek) 226
S. Toros Kirche (Erkilet) 150
S. Toros Kirche (Everek) 150
S. Toros Kirche (Gamis) 225
S. Toros Kirche (Garmri) 299
S. Toros Kirche (Garni) 331
S. Toros Kirche (Gelibolu) 13
S. Toros Kirche (Göldağ) 33
S. Toros Kirche (Güllüce) 330
S. Toros Kirche (Haçın) 243
S. Toros Kirche (Incesu) 150
S. Toros Kirche (Istanoz) 225
S. Toros Kirche (Kâhta) 300
S. Toros Kirche (Kaleiçi) 12
S. Toros Kirche (Kantaroz) 225
S. Toros Kirche (Kocaoğlu) 181
S. Toros Kirche (Kütahya) 33
S. Toros Kirche (Maden) 151
S. Toros Kirche (Mamsa) 301
S. Toros Kirche (Mancısın) 150
S. Toros Kirche (Nirze) 150
S. Toros Kirche (Payik) 315
S. Toros Kirche (Prapert) 225
S. Toros Kirche (Sarıoğlan) 226
S. Toros Kirche (Sarnis) 315
S. Toros Kirche (Sekerat) 316
S. Toros Kirche (Siverek) 315
S. Toros Kirche (Sürmene) 181
S. Toros Kirche (Şana) 181
S. Toros Kirche (Şeyhli) 331
S. Toros Kirche (Tavginer) 331
S. Toros Kirche (Tavlasun) 149
S. Toros Kirche (Terzili) 151
S. Toros Kirche (Teşgeg) 301
S. Toros Kirche (Urik) 331
S. Toros Kirche (Vazgert) 301
S. Toros Kirche (Yarhisar) 226
S. Toros Kirche (Yenice) 150
S. Toros Kirche (Zefanos) 180
S. Toros Kirche (Zet) 316
S. Toros Kloster (Güresin) 226
S. Toros Kloster (Lemk) 301
S. Toros Kloster (Mancılık) 226
S. Toros Kloster (Yenipazar) 151
S. Toros Quelle (Kumkapı) 69
S. Toros Schule (Tatvan) 349
S. Towmas Kirche (Arkavank) 350
S. Towmas Kirche (Arslanbey) 102
S. Towmas Kirche (Geydük) 315
S. Towmas Kirche (Hunan) 349
S. Towmas Kirche (Karinger) 299
S. Towmas Kirche (Kengerli) 316
S. Towmas Kirche (Odur) 226

S. Towmas Kirche (Sarnis) 315
S. Towmas Kirche (Selikan) 315
S. Towmas Kloster (Tercil) 315
S. Towmas Kloster (Teşgeg) 301
S. Tuchmanug Kirche (Bulanık) 350
S. Tuchmanug Kirche (Satıköy) 315
S. Wartan Kirche (Amariç) 329
S. Wartan Kirche (Bayezid) 331
S. Wartan Kirche (Van) 352
S. Wartananz Kirche (Feriköy) 70
S. Warwara Kirche (Hüseybig) 299
S. Warwara Kirche (Soreg) 181
S. Warwara Kirche (Yertmanik) 299
S. Warwara Schule (Hüseynig) 299
S. Wlas Kirche (Sivas) 224
S. Wortworts Worodman Kirche (Kumkapı) 69
S. Yereg Manug Kirche (Pegir) 300
Saatçılar 105
Saatli 151
Saatli Han 128
Sabah Viertel 33
Sabırlı 331
Saçlı 151
Safran Han 152
Saganlug 342, 343
Sağ Viertel 226
Sağarçal 227
Sahakjan Schule (Afyon Karahisar) 34
Sahakjan Schule (Aşodi) 226
Sahakjan Schule (Başşoragyal) 342
Sahakjan Schule (Çüngüş) 316
Sahakjan Schule (Dağköy) 102
Sahakjan Schule (Karşıyaka) 119, 129
Sahakjan Schule (Konya) 140
Sahakjan Schule (Merdigöz) 104
Sahakjan Schule (Merzifon) 227, 236
Sahakjan Schule (Miçaküğ) 32
Sahakjan Schule (Muşovga) 300
Sahakjan Schule (Norküğ) 33
Sahakjan Schule (Ortaköy) 104
Sahakjan Schule (Samatya) 69, 78
Sahakjan Schule (Sivas) 224
Sahakjan Schule (Vezirköprü) 228
Sahakjan-Mesrobjan Schule (Haçın) 243
Saimbeyli 150, 242, 243, 268
Saint Basile Französisches Kolleg 12, 17
Saint Benoit Kolleg 87
Saint Clement Französisches Kolleg 152
Saint Croix (Heiligkreuz) Französisches Kolleg 33, 59
Saint Joseph Französisches Kolleg Izmir 133
Saint Joseph Kolleg 88, 119, 217
Saint Paul Tor (Tarsus) 265

Sainte Euphémie Internat 88
Sainte Pulcherie Collegè für Mädchen (Pera) 87
Sakarjan Schule (Bıçıköy) 103
Sakarjan, Sareh 17, 220
Sakarya 102, 114
Sakarya Brücke 114
Sakarya Fluss 103 104
Salasor 329
Salihli 119
Salmadin 301
Saltan 315
Samandağ 266
Samatya 69, 78
Samsat 300
Samsun 170, 173, 179-181, 184, 205, 206, 208, 210, 213, 215, 216, 217, 218, 232, 237, 241, 298, 336
Samuelides, M. 85
Samuku 300
Samurkaschjan, A. 235
San Stefano Abkommen 342
Sanasarjan Schule (Erzurum) 328, 334, 336
Sanasarjan, Mgrditsch 334, 328
Sandıklı 34
Sansarjan Hanı 334
Santuchdjan Schule (Adapazarı) 103
Santuchdjan Schule (Hoşnudiye) 33
Santuchdjan Schule (Karsak) 33
Santuchdjan Schule (Konya) 140
Santuchdjan Schule (Medz Norküğ) 32
Santuchdjan Schule (Miçaküğ) 32
Sapanca 103
Sapanca See 103
Saraçlar Straße 19
Saraçlı 104
Sarakiyotti, Vasilaki 168
Saray 151, 181
Saray Straße 293
Saraybaşı 299
Sarayburnu 73, 86
Saraykent 151
Sarayköy 120
Sardere 243
Sargawakin Darezuzji 69
Sarıbuğday 315
Sarıçubuk 299, 306
Sarıhamzalıçiftliği 151
Sarıhasan 225
Sarıkamış 299, 342, 343
Sarıkavak 331
Sarıkaya 227, 330
Sarıkonak 300, 330
Sarıoğlan 226
Sarıyazla 329

Sarıyer 70, 213
Sarjan, Mardiros 120
Sarkis Gümüschjan Schule (Kayseri) 149
Sarkisbey Insel 92
Sarkisjan Schule (Cücün) 150
Sarkisjan Schule (Kılıç) 104
Sarlu 331
Sarnis 315
Sarptsik 299
Sartir 353
Sasun (Sason) 68, 348, 349, 350
Sa-Ta-Na 69
Satari 181
Satenik 336
Satıköy 315
Saül, Jaques 15
Savadiye 227
Savur 316, 317
Sayaca 181
Saylakkaya 269
Sayvan 181
Sazak 150
Sbargerd 349
Schahinjan, Hatschadur 130
Schamdandschjan, Lewon S. 105
Schant 68
Schant 69
Schatz 123
Scherer, Nahbalz und Firma 347
Schirinjan, Mardiros 181
Schnorhali, Nerses 269, 295
Schogh 68
Schoghagat Kloster (Erzincan) 330
Schuschan 69
Schuschanjan Schule (Van) 352
Sébah und Joaillier 76, 89, 92, 99
Sebi 315
Seferihisar 118, 119
Seğman 316
Seidenisntitut Bursa 39
Sekerat 316
Selamiye 71
Selamsız Viertel 71
Selanik 19, 39, 73, 128, 232
Selend 351
Selikan 315
Selimi 315
Selimiye Moschee 14
Serbe, Carl Hermann 41
Sergevik (Arzevik) 330
Serin 316
Setbaşı Brücke 36
Setbaşı Viertel 32, 36
Setirge 301

Setjan Schule (Boğazlıyan) 151
Sevindik 229
Sew Gadu 68
Seydişehir 140
Seydo 331
Seyhan 245
Seyhan Fluss 243, 244
Shepard, Frederic Douglas Dr. 321
Sımpadjan Schule (Karacaören) 150
Sındırgı 34
Sırpuhi Warwara Kloster (Mardin) 316
Sıtmasu 182
Sıtmasuyu 182
Sıvgın 226
Sidagan 343
Sifter 181
Sigedig 301
Sig-Sag 68
Siirt 348, 351
Silifke 242, 243, 261
Silikcijan 128
Silivri 12, 13
Silpius Hügel 273
Silvan 314, 315
Simakhi 315
Simav 33
Simhacıköy (Gümüşhacıköy) 228
Simon 136
Sincan 226
Sinop 168, 169, 179
Sirahajjaz S. Asdwadsadsin Kloster (Cüngüş) 316
Sird 328
Sirkeci 69, 76, 328, 334
Sirkh 353
Sirotonk 350
Sis 229, 242, 243, 265, 268
Sisne 301
Sisorta 229
Sivas 128, 224, 225, 226, 229, 230, 341
Siverek 314, 315
Sivrihisar 148, 149
Société des Amis de Stamboul 86
Societe General d'Assurance Ottoman 38
Société Ottomane d'Héraclée 174
Soghigjan, Garabed M. 304, 306
Soğanlı 243
Soğanpazarı 191
Soğucak 329
Soğukçermik 329
Soğukoluk 267, 279
Sokhag 69
Solakjan, Garabed K. 142, 144, 146
Soma 119
Sordar 349
Soreg 301

Sorgun 151
Sorpiyan 301
Sosgun 353
Sotirioutis, Dimitri 217
Southwick 232
Söğüt 33, 50
Söğütlü 150
Söke 119, 120, 139
Sökköy 103
Sölöz 33
Speiser 232, 236, 238
Splendid Hotel 42
St. Expedit (S. Yeprem) Kapelle 312
St. Jean Viertel 123
St. Joseph de Lyon (Französisches Kolleg) 162
St. Paul Kirche (Antakya) 273
Stadtpark Reşadiye 19
Stano 19
Stepanjan, A. 113, 164, 167
Stepanjan Schule (İncesu) 150
Stepannosjan Schule (Akşehir) 140
Stepannosjan Schule (Damlık) 103
Stepannosjan Schule (Kiçiköy) 149
Stylianides, Theodore 188, 223
Succursale de la Société des Producteurs de France 174, 177
Sugören 33
Sukias 136
Sukiasjan, Takwor J. 23, 24, 25
Sultan Ahmed Moschee 73
Sultanahmet Platz 76
Sultanhamam 69, 127
Suluca 183
Suluk 350
Sulumjan, Setrag G. 304
Summer Palace 84
Sungurlu 151
Surfaz 300
Surhantag 67
Sursur 299
Suruç 268, 295
Suşehri 228, 229
Suyatağı 330
Suyolu 180, 191
Süleymaniye 341
Süleymanlı 267, 268, 297
Süngeriç 329
Sünni 301
Süpürgeciler Viertel 12
Sürenjan Schule (Niksar) 227
Sürmene 180, 181
Süveydiye 266
Syrien 267
Syrisch-christlich 91, 250, 314, 315, 317

Ş
Şabaniye 355
Şabi 300
Şadevan 343
Şahbağı 353
Şahesdan 352
Şahin 225
Şahinkaya 299
Şahinyurdu 32
Şahveled, Hagop 237
Şakşak 104
Şamantağ 180
Şamboyad 300
Şame 331
Şamiram 349
Şamuşi 299
Şana 181
Şanlıurfa 266, 268
Şar 316
Şarabi 315
Şarjum 180
Şarkışla 224, 225
Şarköy 13, 243
Şarlatan Hacı Ahmed Ağa 144
Şatik 315
Şavkin 301
Şebinkarahisar 224, 228
Şekerdere 267
Şekerli Viertel 268
Şemdinli 353
Şemşan 315
Şentil 299
Şentsor Tal 349
Şepig 299
Şepor 149
Şerefikan 315
Şevkan 301
Şevkat 315
Şeyh Murat 301
Şeyh Yakub 350
Şeyhalan 350
Şeyhan 315
Şeyhhacı 299
Şeyhköy 329
Şeyhli 331
Şeyhmurad 242
Şeyran 183, 223
Şile 66
Şinkörek 225
Şipek 330
Şiran 183, 223
Şirro 301
Şirvan 351
Şirvanşeyh 350

Şirzi 300
Şişli 70, 85
Şorda 301
Şuğek 350
Şuğul Viertel 226
Şureğul 342

T
Tabakhane 188
Tabakmonopol 14, 105, 215
Tadem 299
Tadja Oteli 59
Tağvank 350
Tahtabağ 227
Tahtoba 227
Tajlajlig 69
Takavor Viertel 12
Talas 149, 164, 167
Tamurdağ 301
Tamzara 229
Tandırbaşı 331
Tarabya 71, 84, 86
Tarakçılar 128
Taraklı 315
Tarkmantschaz 343
Tarkmantschaz Schule (Derevank) 149
Tarkmantschaz Schule (Sivas) 224
Tarsus 265
Taschtschjan H. 230
Taş Medrese (Steinschule) 146
Taşbaşı 181
Taşçığıç 182
Taşhan 150
Taşköprü 168, 245
Taşlıçay 331
Taşlıgeçit 151
Tatschink 119
Taşoluk 181, 268
Tatavla 85
Tateosjan, Boghos 141
Tateosjan, Manug 41
Tatlısu 34
Tatvan 353, 349, 354
Tausher 342
Tavas 120
Tavdir 300
Tavginer 331
Tavitjan Schule (Tavra) 225
Tavitjan, Sarkis 168
Tavla 331
Tavlusun 149
Tavra 225
Tavşanlı 33, 225
Tavtig 316

Tawutjan, Howhannes K. 304
Tchigtemoglou, S. [Simeon] 170, 173, 206, 208, 213, 216, 217, 218, 241
Tchohatarides, Adamantios G. 208
Tebriz 328
Tebriz kapısı 355
Ted 299
Tefenni 141
Teğut 350
Teke 140, 141
Tekeli 225
Tekevli 225
Tekfurdağı 12, 13, 20, 21, 26
Tekirdağ 12, 20, 21, 26
Tekmen 225
Teknepınar 266
Telarmen 317
Teldar 317
Temecik 225
Temsiyaz 301
Tenedos 26
Tenekedschijan, Diran 304
Tenekedschijan, Nigoghos 304
Tengürjan, Rafael 83
Tepebaşı Theater 83
Tepehan 301
Tepeköy 181, 316
Tercan 328, 330
Tercil 315
Teregeamo 315
Terek 331
Terkidi 301
Terkini 329
Terkmal 33
Terlemesjan, Takuhi 204
Terme 181, 182
Terpetil 300
Tersijan, Yerwant 86
Terzili 151
Teşgeg 301
Thausis-zade Mehmed Nazif 101, 105, 108
Thévenet C. L. 271, 279, 280, 285, 286, 291, 293, 297
Thrakien 12, 13
Tıbroz 181
Tımaç 225
Tınazlı 329
Tırnova 13, 19
Tiflis 328, 334, 342, 353
Tiknis 342
Til 316
Til Pertagi 301
Tilalo 315
Tilbağdat 316
Tilenzig 299

Tilkhan 315
Tilkuran 269
Tillo 301
Tingirjan, Rafayel 95
Tire 118, 119
Tirebolu 180, 181, 199
Tirkewank 315
Tirkhe 316
Tirmit 350
Tivnik 329, 330
Tmluc 229
Todaveran 329
Todorag 225
Tohumof, Aşil 215, 238
Tokat 224, 226, 227, 230, 298
Tokatlian, K. M. 210, 218
Tokatljan 42, 241
Tokatljan Oteli 84
Tokatljan, Mgrditsch 84
Tomarza 150
Tonos 224
Tonus 225
Topaç 225
Topalan 316
Topalyan Han 35
Topkapı 69
Toprakkale 331, 361
Torkomjan Schule (Aksaray) 140
Torkomjan Schule (Bafra) 181, 218
Torkomjan Schule (Çomaklı) 150
Torkomjan Schule (Edirne) 12
Torkomjan Schule (Efkere) 150
Torkomjan Schule (Kırmastı) 33
Torkomjan Schule (Sivas) 224
Torkomjan Schule (Tomarza) 150
Torkomjan Schule (Türkmen) 33
Torkomjan, Dr. Aram 45
Torkomjan, Dr. Wahram 39
Torkomjan, Kework 39
Torosjan Schule (Söğütlü) 150
Torossi 225
Tortan 329
Tortan 331
Tortum 330, 338
Torul 183, 222
Tosunlu 301
Tosya 168
Toulouse 17
Toybelen 300
Tökeli İmre 107
Trabzon 170, 180, 181, 183-188, 191, 193, 194, 197, 199, 202, 204-206, 210, 218, 220, 221-223, 226, 227, 232, 313, 328, 332, 339, 341, 351
Trachd 68

Truzig Garmir Dedrag 314
Tsahtsor Viertel 226
Tschakmakdschjan 248
Tschalukjan 164, 167
Tscharahan Surp Nschan Kloster (Van) 353, 361
Tscharhapan Surp Asdwadsadsin Kirche (Armaş) 102
Tscharhapan Surp Asdwadsadsin Kloster (Korköy) 228
Tschiftesarraf, Onnik 136, 202
Tschighdemoghlu, Simeon 206
Tscholakjan, Haçik 186, 188, 191, 193, 194, 197, 220, 221, 313, 351
Tscholakjan, M. 221
Tschukurjan, Tomas 56
Tsolker 314
Tsorag 300
Ttschah 68
Tuariç 329
Tuğluçeşme 180
Tuğut 331
Tuht 169
Tukh 300, 349
Tunca (Brücke) 14
Tunca (Fluss) 13
Turgutlu 119
Turjan, Ghewont (Bischof)
Tutak 331
Tuzhisar 225
Tuzkaya 151
Tüccarzade İbrahim Hilmi 13, 73, 105, 121, 141, 169, 184, 244, 269, 303, 317, 332, 351, 354
Türkmen 33, 150
Tziban Insel 353

U
Uğrak 329, 337
Uğurlu 181, 315
Ulaş 226
Ulniya 268
Ulu Cami (Urfa) 268
Uluborlu 141
Ulucami 161
Uluçayır 329
Uludağ 42
Ulukent 299
Ulukışla 141
Uluköy 331
Uluşiran 183
Umrun 301
Uncu, Apik 168
Uncular 330
Union de Trieste Bank 205

Urema 300
Urfa 266, 268, 269, 288, 290, 293, 295, 315
Urik 331
Urla 118
Urla 119, 133
Urumguş 146
USA 232, 241, 293, 306
Usum 267
Usumnaran 68
Uşak 32, 33, 60, 128, 146
Uzun Sokak 180, 199
Uzun Yol 146
Uzunark 329
Uzunkavak 330
Uzunkaya 226
Uzunköprü 12
Uzunlu 151
Uzunmahmud 181
Uzunoluk 267
Uzunova 316
Uzuntarla 299

Ü
Üçbasamak 315
Üçkilise 331
Üçkuyu 315
Üçpınar 330
Ülbüş 301
Ünye 181, 182
Ürgüp 128, 141
Ürneç 151
Üsküdar 108
Üsküdar 66, 71, 73, 93, 94
Üzülmez 177

V
V. F. 152
Vağşen 300
Vakfıkebir 180
Vakıflı 266
Van 104, 298, 341, 352-355, 357, 358, 362, 363
Van Dosb 353
Van See 348, 349, 352-354
Vanig 349
Vanküğ 301
Vapur İskelesi Straße 15
Varaz 227
Vardı Sokak 146
Varenses 330
Varlıkonak 301
Varna 347
Vartenig 300
Vartenis 350
Varto 349, 350
Vazgert 301

Venedik 119, 149, 120, 180,
Verana 181
Verinküğ 330
Verlag S. H. Weiss 36
Verlagshaus der Mechitaristen 265, 291, 295, 332, 337, 338, 351, 362
Verreinigte Druckereien Nancy 317, 319
Vertetil 299
Vertil 299
Vezirhan 33, 48
Vezirköprü 228
Vican 330
Vierzig Märtyrer von Sivas 149
Virancık 33
Vize 13, 183
Voğnovid 225

W
Wahanjan Schule (Asarlık) 33
Wahanjan Schule (Çırdak) 229
Wahanjan Schule (Çukur) 104
Wahanjan Schule (Eskiatça) 168
Wahanjan Schule (Hoviv) 103
Wahanjan Schule (Karayakup) 151
Wahanjan Schule (Tuzkaya) 151
Wahram 17
Warak S. Chatsch Kloster (Van) 362
Warsahan 329, 337
Wart Badrigjan Schule (Yukarı Talas) 149
Wartan 300
Wartanjan Schule (Ancırtı) 299
Wartanjan Schule (Antep) 267
Wartanjan Schule (Bartın) 168
Wartanjan Schule (Çemişkezek) 301
Wartanjan Schule (Elevi) 181
Wartanjan Schule (Karataş) 119, 130
Wartanjan Schule (Sivas) 224
Wartanjan, Antranik 224
Wartanjan-Wartuchjan Schule (Ovacık) 103
Wartuchjan Schule (Karşıyaka) 119
Wartuchjan Schule (Karşıyaka) 129
Wartuchjan Schule (Kınık) 119
Wartuchjan Schule (Kırkağaç) 119
Warwarjan Schule (Aneği) 229
Warwarjan Schule (Kumkapı) 69
Warwarjan Schule (Narlıkapı) 69
Warwarjan Schule (Silivri) 13
Wdag 353
Weradsnunt 69, 329
Werjin 210
Wertschin Lur 69
Wien 121, 232, 265, 295, 332, 337, 338, 351, 362, 362
Wirabjan A. 130
Wollstoff Fabrik 108

Wormerjan, Mgrditsch S. 304
Wosdan 68
Wosgeritschjan, Hatschadur 336
Wosgeritschjan, Hrant 336

Y
Y. M. 155
Yabanabad 148, 149
Yachtclub Prinkipo 98
Yağan 329
Yağbasan 182
Yağcılar 330
Yağdıburun 150
Yağe Viertel 243
Yağlıçayır 229
Yağmurlu 301
Yaka 300
Yakacık 243
Yalakdere 104
Yalaza 315
Yalı Straße 28
Yalınca 330
Yalova 33, 102, 104, 117
Yalvaç 141
Yanarsu 351
Yapaltun 225
Yapraklı 169
Yarbaşı 173
Yarhisar 225, 226
Yarımcaköy 228
Yarpuz 243, 268
Yarsuvat 242
Yartmış 227
Yaya 34
Yaylacı 243
Yaylacık 299
Yayladalı 301
Yaylaözü 330
Yazıkışla 151
Yazıkonak 299
Yazılı 331
Yazıpınar 329
Yazıyurdu 299
Yazmakaya 300
Yedikule 69, 70
Yedisu 329
Yeğeki 299
Yeğyaobası 268
Yekebad 329
Yelekli 331
Yelkonak 301
Yeni Kaplıca 35
Yeni Köprü 55
Yeni Malatya 300

Yeni Ömür 267
Yenice 33, 150, 225, 228, 343
Yenicekale 268
Yenifoça 119
Yenihan 225
Yenikapı 69, 146, 299, 319, 316
Yenikent 148
Yeniköy 32, 33, 71, 229
Yenimahalle 71, 180
Yenipazar 33, 151
Yenisölöz 33
Yenişehir 33, 50
Yenitoprak 180
Yerebakan 243
Yerenos 331
Yergan 301, 331
Yergemansur 329
Yergi 329
Yerginis 329
Yerincil 315
Yeritsu 331
Yeritsuküğ 331
Yerlisu 329
Yertmanik 299
Yerzinga 330
Yeşilcat 330
Yeşildağ (Üzülmez) 176
Yeşilırmak 182, 227
Yeşilköy 70, 81, 169
Yeşilova 329
Yeşilyayla 229
Yeşilyurt 150
Yetesya 268
Yıldızeli 224, 225
Yiğitpınarı 329
Yoğunoluk 266
Yoğurtlu 330
Yoldaş Pançuni 300
Yolarası 315
Yolbaşı 181
Yollarüstü 330
Yolyanı 268
Yomra 180
Yoncalu 331, 350
Yozgat 148, 150, 151, 243
Yukarı Adzbıder 229
Yukarı Ağınsı 299
Yukarı Akçagüney 182
Yukarı Havsi 301
Yukarı Hokh 299
Yukarı Mahalle (Boğazlıyan) 151
Yukarı Mahalle (Çomaklı) 150
Yukarı Mezre 299
Yukarı Pakariç 331

Yukarı Süpan 353
Yumaklı 330
Yumurtalık 243
Yurtbaşı 299, 331
Yusufeli 330
Yuva 300, 315
Yuvacık 103
Yuvalı 330
Yüksek Kaldırım Straße 83
Yüksekova 353
Yünbüken 301
Yüzören 329
Yüzveren 329

Z
Zachariou 130, 133
Zagos 330
Zajn Grtutjan 68
Zakafkasya 342
Zakho 317
Zalini 299
Zalli, Anastase G. 136
Zankag 349
Zara 224, 225, 315
Zaroşad 342
Zars 329
Zartariç 299
Zarzini 342
Zavriya 181
Zefanos 181
Zemieğik 315
Zeravikan 301
Zercil 315
Zeri 301
Zermanik 315
Zet 316
Zeydgan 331
Zeytinburnu 70
Zeytun 267, 268, 297
Zımara 226
Zieher, Ottmar 121
Zile 226, 227
Zinzin 315
Zir 148
Ziro 331
Ziya Paşa 74
Ziyaret 330, 350
Zok 351
Zolk 69
Zonguldak 168, 174
Zorava 315
Zoulidès 30, 31
Zoumpoulides, Spyr. 178
Zurna 68, 300
Zürich 123

Die Griechen in der Türkei vor 100 Jahren

Ein Teil der Postkarten in der Orlando Carlo Calumeno Kollektion betrifft die in der Türkei lebenden Griechen. Zur Kollektion gehören zahlreiche Karten, die griechische Siedlungen in verschiedenen Regionen, Kirchen, Klöster, Schulen, Krankenhäuser, Friedhöfe abbilden. Außerdem gibt es Aufnahmen von Griechen oder ihrer Betriebe sowie Karten, die von griechischen Verlegern herausgegeben oder mit griechischer Beschriftung versehen sind.

Wir möchten einige Beispiele aus dem geplanten Buch des Verlags Birzamanlar Yayıncılık „Die Griechen in der Türkei vor 100 Jahren mit Postkarten der Kollektion Orlando Carlo Calumeno" vorstellen.

780 Griechenviertel in Adana.

781 Griechische Mädchenschule in Aydın.

782 Griechischer Friedhof in İnebolu.

783 Die N. Nikitaidis Villa in İstanbul Yeşilköy, die vom Architekten N. G. Nikola errichtet wurde.

784 Griechische Mädchenschule Zapyon in Edirne.

785 Die französich-griechische Hacıhristo Schule in İstanbul Pera.

398

786 Souvenir de Kérassunde — Tombeau de Mr le Capitaine Yorki. Editeur O. Nouri, Trébizonde - N. 108

787 Zindjidere. Γυμναστικὸς ὅμιλος "ΑΡΓΑΙΟΣ" τῆς Ἱερ. Σχολῆς Καισαρείας 1907-08

788 Aïvaly — Vue de la cour interieure de l'hopital grec

789 Ecole grecque Dardanelles.

786 Das Grab des Bürgermeisters von Giresun, Kaptan Yorgi.

787 Der Argeos (Erciyes) Gymnastikclub der Schüler der religiösen Schule in Kayseri Zincidere 1907-1908.

788 Griechisches Krankenhaus in Ayvalık.

789 Griechische Schule in Çanakkale.

790 Griechischer Friedhof in Trabzon.

791 Die Ankunft des griechischen Metropoliten Germanos von Amasya in Samsun.

792 Griechische Kirche in Samsun.

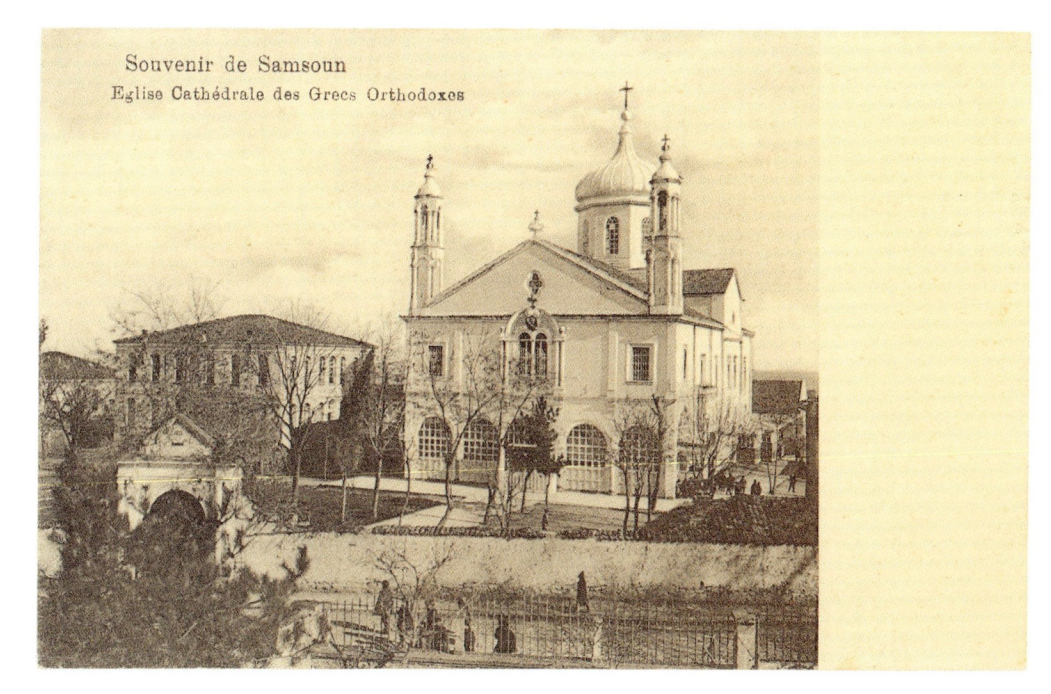